TOURISM

U0854164

京师职教
JingShi Vocational Education

高等职业教育
旅游大类系列教材

■ 丛书总主编：魏庆华 王克勇 姜海涛

LÜYOUXUE
GAILUN

旅游学概论

■ 主　编：姜海涛　庞　羽　刘春玲
■ 副主编：王艳丽　张育英　麻广波
■ 参　编：奥　森　丁　珂

北京师范大学出版集团
BEIJING NORMAL UNIVERSITY PUBLISHING GROUP
北京师范大学出版社

图书在版编目(CIP)数据

旅游学概论/姜海涛，庞羽，刘春玲主编．—北京：北京师范大学出版社，2020.10
高等职业教育旅游大类系列教材
ISBN 978-7-303-26368-4

Ⅰ.①旅… Ⅱ.①姜… ②庞… ③刘… Ⅲ.①旅游学—高等职业教育—教材 Ⅳ.①F590

中国版本图书馆CIP数据核字(2020)第181275号

营 销 中 心 电 话　010-58802181　58805532
北师大出版社职业教育分社网　http://zjfs.bnup.com
电 子 信 箱　zhijiao@bnupg.com

LÜYOUXUE GAILUN
出版发行：北京师范大学出版社　www.bnup.com
北京市西城区新街口外大街12-3号
邮政编码：100088
印　　刷：北京玺诚印务有限公司
经　　销：全国新华书店
开　　本：889 mm×1194 mm　1/16
印　　张：19.5
字　　数：400千字
版　　次：2020年10月第1版
印　　次：2020年10月第1次印刷
定　　价：42.80元

策划编辑：易　新　　责任编辑：马力敏　李锋娟
美术编辑：焦　丽　　装帧设计：焦　丽
责任校对：康　悦　　责任印制：陈　涛

版权所有　侵权必究
反盗版、侵权举报电话：010-58800697
北京读者服务部电话：010-58808104
外埠邮购电话：010-58808083
本书如有印装质量问题，请与印制管理部联系调换。
印制管理部电话：010-58808284

前　言

旅游职业教育以行业企业需求为导向，以社会就业为目标，使学生学习够用的基本理论知识，积累其他相关知识，熟练掌握岗位技能。在调研旅游行业发展趋势、旅游企业人才需求、岗位要求、国家相关技能标准、学生生涯成长需求和学生就业市场反馈的基础上，结合高职院校学生的特点，以简明理论为血肉，以实用技能为骨架，以旅游发展新理念、新思路、新业态为脉络，指导学生构建旅游及旅游活动的知识体系。

旅游学概论是旅游类专业一门重要的专业基础课，是学习和研究旅游发展规律，培养从事旅游工作所需基本素质的入门课程。课程内容阐述旅游活动与社会经济发展的关系，旅游活动的产生、发展、内容界定、本质、基本属性和特点，旅游者、旅游资源、旅游企业、旅游组织、旅游市场以及由旅游活动引起的各种关系和现象，解析旅游对接待地区经济、文化和环境的影响，结合旅游发展的新业态分析旅游业的发展趋势。

为适应我国旅游业发展和技术技能型旅游服务人才培养的需要，我们在总结多年来教学经验的基础上，广泛征求和听取业内有关人士的意见和建议，参考国内外最新旅游信息及研究成果，整理编写了本教材。立足高职层次教学实际，以实用性、应用性为目标，结合产业发展和新的学术成果整合构建教材内容体系，按照“模块整合—项目分类—任务驱动”的思路组织教材内容，以项目为引领，以任务为单位，以知识目标、能力目标为培养导向，遵循“任务导入、课堂活动、任务导读、知识链接、知识拓展、课间思考、项目小结、项目练习、实训项目”的编写体例，实现教学内容、教学重难点、学生能力结构及评价标准的有效衔接。

本书由内蒙古农业大学职业技术学院、呼和浩特职业学院、内蒙古商贸职业学院、乌兰察布职业技术学院、包头钢铁职业技术学院等单位共同编写。具体分工为：内蒙古农业大学职业技术学院姜海涛对本书的编写思路与大纲进行总体策划，指导全书的编写，对全书进行统稿，并编写模块三项目一；内蒙古农业大学职业技术学院王艳丽协助完成统稿工作并编写模块二项目三；内蒙古农业大学职业技术学院奥森编写模块一项目一；乌兰察布职业技术学院张育英编写模块一项目二、模块二项目二；包头钢铁职业技术学院丁珂编写模块一项目三、项目四；呼和浩特职业学院庞羽编写模块二项目一、模块三项目二；内蒙古商贸职业学院麻广波编写模块三项目三。本书在编写过程中，参阅了一些专家、学者的著作，也引用了部分网络资源，由于时间仓促，部分资料的原始出处和作者未能查到和注明。在此，对有关作者表示诚挚的感谢，也欢迎作者与我们联系。

由于编者水平有限，加之旅游新业态发展很快，因此书中难免有不足之处，敬请专家和读者批评指正。

编　者

目　录

模块一　旅游者的旅游活动

模块二　旅游业的旅游活动

模块三　分析旅游活动发展趋势

模块一　旅游者的旅游活动

项目一　分析旅游活动

知识目标

理解关于旅游活动的多种定义；

深刻理解旅游的本质、基本属性和特点；

了解旅游的产生和发展过程。

能力目标

能够独立分析现代旅游的特点；

能够将旅游学的学习方法应用于本课程的学习中；

能清晰地勾画出旅游与几个相关范畴(如旅行、迁徙和旅游业)的关系；

能够讨论不同学者对旅游定义的差异和得失。

关键术语

旅游　旅游活动　旅行活动　旅游学

人类的旅游活动发展到今天已有相当长的历史，作为一种广泛的社会现象已有170多年历史，国外对它的研究已有100多年的历史。旅游活动在我国成为一种广泛的社会现象则较晚，至今仅有30多年的历史，对它的研究几乎是与其出现同时进行的。人们对旅游的认识和理解在逐步地深入，旅游理论也在逐步发展和成熟。旅游是一个内涵丰富的概念，人们给予旅游什么具体的规定性，旅游活动的本质是什么，有哪些特点，这是旅游学中最为基本的问题，也是本项目要着重探讨的问题。

>> 任务一　认识旅游活动 <<

任务导入

老李夫妇是农民，辛苦了大半辈子，把三个孩子抚养长大，孩子们如今事业有成，成立了幸福的家庭。为了尽孝心，孩子们争相邀请父母来自己家居住。大儿子是北京一所高校的老师，二儿子是上海一家外企的经理，小女儿在纽约定居。老李夫妇先在女儿家住了两年，在女儿的资助下游览了美国很多风景名胜。然后他们又到大儿子家住了半年，游览了北京的名胜古迹。之后到二儿子家住了两个月，参观了上海外滩、世博园等景区，最后回到家里。

课堂活动

学生以小组形式讨论上述案例，试分析老李夫妇的探亲算不算旅游，如何理解旅游的本质。教师引导学生归纳出旅游的定义。

任务导读

什么是旅游活动？要回答这个问题，我们就要观察一下身边的旅游现象。

生活在21世纪，很少有人从未旅游过，或者至少可以说很少有人没有见过别人的旅游行为。在同学们读小学、上中学时，老师或学生社团就安排大家一起春游踏青，参观博物馆、展览馆，走访名人故居，祭拜先贤先烈。有的同学会接受亲友的邀请到其他省份或城市探亲访友。有的同学所在的城市有可能承办各种展览会，甚至是奥运会或世博会，或者大型的演出活动，或者在元宵节、中秋节、春节期间举办庆祝仪式。对于这些活动，多数人都有亲身体验。参加这些活动时，人们一般要走出家门或校门，有时还要旅行一定距离到另一个地方去。这些都可以成为我们研究的问题，有的属于郊外游玩，有的属于参观展览，有的属于远距离出行……参加这些活动的目的也很多，有的是教育培训，有的是陶冶情操，有的是锻炼身体，有的是放松娱乐，甚至有的是谋求事物发展。

再想一想，我们就会发现要顺利地参加这些活动，实现教育、娱乐、商务等目的，需要很多部门和机构提供服务和保障。出门旅行需要坐车、乘飞机；到了外地需要住酒店、进餐馆；如果是出国，还要申领护照和签证；人生地不熟需要请一个导游帮忙出谋划策、指点迷津……这些部门和机构由一个复杂的社会、经济、文化系统支持着，这个综合体系就是旅游系统。如果仅从经济行业来看，它们组成了一个庞大的产业——旅游业。从带来的经济价值、创造的就业机会和产生的社会环境影响来看，旅游业称得上是世界上规模最大的行业。

知识链接

1.1 旅游活动的界定

旅游是什么？这是旅游研究中首先要面对的问题。然而由于种种主客观原因，国内外学者对旅游的定义可谓仁者见仁，智者见智，至今仍未达成共识。当前，随着旅游活动在人类日常生活中的地位与作用日益凸显，明确旅游的概念更成为旅游学界与业界共同致力的课题。

1.1.1 “旅游”一词的出现

现代英语中tourism一词，在《牛津字典》中指离家远行，又回到家里，在此期间参观游览一个或几个地方。在它出现以前用的是 travel 一词。汉语的“旅游”是由 tourism 翻译而来的，我国《现代汉语词典》(第 7 版)中解释为“旅行游览”。“旅游”一词是在第二次世界大战之后才被广泛使用的。

在我国古代，“旅”和“游”是两个独立的概念。旅是客寄之名、羁旅之称，失其本居而寄他方。这是我国最早关于“旅行”的定义，指人们在空间上从一个地方到另一个地方的移动过程。游，即游览，就是外出游览、观光、娱乐的意思。《礼记·学记》中有“息焉游焉”，古人把“游”解释为“闲暇无事之为游”，表明我国先民对于外出游览活动必须在业余时间进行的观念是很强的。旅和游连用便组成旅游。仅就旅游一词，从现有的文献资料来看，最早出现于南朝梁诗人沈约(411—513)的《悲哉行》一诗：“旅游媚年春，年春媚游人。徐光旦垂彩，和露晓凝津。时嘤起稚叶，蕙气动初蘋。一朝阻旧国，万里隔良辰。”这首诗中的旅游已含有外出旅行游览的意思，与当今人们对旅游概念的理解非常相近。

总而言之，从旅与游的分别表述，到旅与游的连用，为我们提供了一个具有历史意义的信息，即旅游一词的出现，不但标志着人类游览空间的拓展，而且表明古人已经形成旅行、游览、旅游三个不同的概念，明确了旅游必须是通过旅行并在异地进行游览活动的内涵，并延伸至今。

1.1.2 几种定义的分析

基于不同的目的——理论研究的、统计的、立法和行政的、市场开拓的目的，人们对旅游所下的定义也不尽相同。归纳起来，主要有以下几种。

1. 经济型定义

奥地利经济学家赫尔曼·冯·舒拉认为，旅游是外国或外地人口进入非定居地并在其中逗留和移动所引起的经济活动的总和。此定义强调旅游所引起的经济现象，没有涉及旅游的本质。

2. 交往定义

1927 年，德国以蒙根·罗特为代表的学派，在其出版的《国家科学词典》中给旅游下的定义是：狭义的理解是那些暂时离开自己的住地，为满足生活和文化的需求，或个人各种各样的愿望，而作为经济和文化商品的消费者逗留在异地的人的交往。在德语中，“旅游”一词是由“陌生者”和“交往”两个词复合而成的。此定义突出了旅游文化的内容和“交往”的本质含义，故取名为“交往定义”。

3. 国际机构定义

1942 年，瑞士学者汉泽克尔和克拉普夫在他们合著的《普通旅游学纲要》中给旅游下的定义是：旅游是非定居者的旅行和暂时居留而引起的现象和关系的总和。这些人不会永久居留，而且不从事任何赚钱的活动。这个定义的深刻之处在于，不是把旅游看作某种单纯的活动，而是指出旅游活动中必将产生的相关的经济关系和广泛的社会关系，即游客和旅游地、旅游企业之间存在着经济关系。这一定义在 20

世纪 70 年代为“国际旅游科学专家协会”(International Association of Scientific Experts in Tourism，AIEST)所采用，所以也被称为“艾斯特”定义。

4. 目的定义

20 世纪 50 年代，奥地利的维也纳经济大学旅游研究所给旅游下的定义是：旅游可以理解成是暂时在异地的人的空余时间活动，主要是出于休养原因的旅行；其次是出于受教育、扩大知识和交际的原因的旅行；再次是参加这样或那样的组织活动，以及改变有关的关系和作用。这一定义把各种旅游目的综合在一起作了通俗浅显的说明。

5. 流动定义

1972 年，英国萨里大学的伯卡特和梅特利克认为，旅游发生于人们前往和逗留在各种旅游地的流动，是人们离开平时居住和工作的地方，短期暂时前往一个旅游目的地运动和逗留在该地的各种活动。这个定义指出旅游最动态的特征——流动，一切旅游都包含着流动，但并非一切流动都是旅游。

6. 时间定义

1979 年，美国通用大西洋集团的马丁·普雷博士到中国讲学时说，旅游是为消遣而进行的旅行，在某一国逗留的时间超过 24 小时。他将停留时间引入旅游定义中。根据旅游这一特殊的社会经济活动与其他活动不同而作出时间的限制，既对旅游业的开发有利，又便于对旅游者进行统计分析和研究。

7. 文化定义

法国学者让·美特森认为，旅游是一种休闲活动，包括旅行或在离开定居地点较远的地方逗留。其目的在于消遣、休息或丰富经历和文化教育。该定义强调了旅游的休闲本质和文化特性。

8. 相关定义

1980 年，美国密执安大学的罗伯特·麦金托什和夏希肯特·格波特两位教授在《旅游学——要素·实践·基本原理》一书中指出，旅游可定义为：在吸引和接待游客与来访者的过程中，由于游客、旅游设施、东道国政府和接待团体的相互影响，所产生的现象和关系的总和。这个定义实际上是对国际机构定义的补充说明和发挥。

本书作者认为，在给旅游下定义时，应该对旅游这个领域有全面的理解，必须考虑到参与并影响旅游活动的各种因素。

1.1.3 定义的共性

综合人们对旅游定义的不同表述，我们可以看到人们至少在以下三个方面已经达成共识：

第一，旅游是人们离开自己的定居地，去异国他乡访问的活动。这一点反映了旅游活动的异地性。

第二，旅游是人们前往旅游目的地，并在那里做短暂停留的访问活动。这种短期停留有别于移民性的永久居留。这一点反映了旅游活动的暂时性。

第三，旅游是人们的旅行和暂时居留而引起的各种现象和关系的总和。它不仅包括旅游者的活动，而且涉及这些活动在客观上所产生的一切现象和关系。这一点反映了旅游活动的综合性。

1.1.4 定义的差异性

1. 本质特征的差异

上述定义大多没有强调旅游最本质的属性——审美性和娱乐性，有些只是说，旅游是一种休闲活动或一切现象和关系的总和等，没有从本质上说明旅游目的。

2. 概念上的差异

概念上的差异往往因旅游的目的或旅游产生的结果而容易混淆。如对于以工商事务及出席会议为代表的差旅型外出是否应纳入旅游范畴，人们并未形成统一认识。上述有关定义认为，旅游者“不从事任何赚钱的活动”，但商务谈判、洽谈合同以及展览推销等工作事务也是公司企业赚钱活动的组成部分。如果严格按照消遣的定义来界定旅游的话，则会把诸如商务旅游的人们排除在旅游者之外。事实上，工商事务及参加会议等差旅活动，几乎都伴有不同程度的消遣旅游活动。旅游接待国或地区都把因事来访者的消费纳入本国或本地区的旅游收入，没有把消遣旅游和事务访问分立为两个账户。因为两者的访问目的虽然不同，但他们在目的地的消费对该地经济的客观影响是一样的，世界旅游组织等国际机构也因此公认事务访问者属于旅游者。可见，虽然现代旅游的主要构成是消遣旅游，但将差旅型访问亦纳入旅游范畴是不无道理的。这种差异给旅游概念理论和技术的界定带来了困难，但突出旅游审美、娱乐的目的性，仍应是界定其概念的关键，对于其他包含旅游内容的活动，我们可以用时间、空间、流动、停留等技术手段来区分或界定其性质，而不应该根据其所取得的效应将其笼统地纳入旅游范畴。

1.1.5 旅游定义的界定

参照世界上现有的较具代表性的旅游定义，依据现代旅游发展的客观实际，我们将旅游的定义归纳为：旅游是人们离开常住地到异国他乡的旅行和暂时停留所产生的审美、社交、求知等综合性消闲活动的总和。

这个定义的要点在于：

第一，旅游的根本目的在于参与审美、娱乐和社会交往活动，这是旅游的本质内容和核心所在。

第二，旅游的社会属性和发展特征，决定了它是人们体验异地政治、文化、经济生活的一种高级消费活动，并已成为人们社会生活中不可缺少的高级需要形式。

第三，旅游是通过旅行和暂时停留的动与静的组合来进行的，故而体现出异地性、流动性和暂时性的特点。

1.2 旅游的本质、基本属性和旅游活动的特点

从发展过程来看，旅游是一种复杂的社会现象，其审美和娱乐的核心本质构成了旅游者的追求目的。现代旅游者是以追求愉快和美好为目的而去参加旅游活动的。尽管受客观因素的影响，旅游者在旅游过程中，有时会表现出一些与其旅游目的相矛盾的行为，如消费攀高、道德弱化、藐视当地文化等，但这并不影响其目的的实现。换句话说，一个旅游者到异国他乡去旅游，是带着追求审美、享乐和消闲目的出发的，当其到达旅游目的地后，或多或少会受到自然、社会、经济、文化等差异因素的影响。这些因素会强化或弱化他的旅游目的，但在旅游结束后大多数旅游者会觉得，他们已经达到了审美和欢愉的目的。

从历史发展的眼光来看，旅游的本质是由旅游的目的决定的，这种目的在旅游过程中起着支配旅游活动的主导作用，并受不同旅游形式的影响而产生出不同的旅游行为。旅游者的行为特征是由旅游目的特征决定的，旅游的目的特征是产生并决定旅游其他特征的前提。

1.2.1 旅游的本质

1. 旅游是一种综合性的审美实践活动

旅游是一种主要以追求愉快和美好为目的的审美过程，是人类社会发展到一定阶段时生活中不可或缺的活动。就构成现代旅游主要组成部分的消遣旅游而言，它在综合实践的全过程中，可体现出一种以审美为突出特征的本质属性。人们在物质需求之外，还要追求美，审美活动是人类生活的基本内容之一，审美享受是人们生活中最具有价值的财富。旅游的全过程充满了为人们所津津乐道的自然美、艺术美、生活美等多种美的成分，人们可以通过欣赏和享受美的东西，而达到欢愉的目的，提高生活的质量和自身的修养。

旅游的目的主要是实现审美、娱乐和休闲，不同于日常生活中维持生存需要的生理活动和责任性很强的外出公差活动，与出于社交目的而进行的应景往来也有区别。旅游中所体现的休闲，是自然的、随意的、新奇的、完美的和轻松愉快的，这与日常生活和工作相比，多的是欢乐，少的是责任和压力。

从活动结构来看，旅游的休闲性主要体现在多功能娱乐方面。在日常的社会生活中，人们在工作之余，也会有休闲的时间，参加诸如观光、游览、体育健身、看电影、听音乐、访友、聚餐等活动。而旅游活动把这些休闲活动的精华集中起来，展现在旅游者面前，使其在较短时间内充分体验到休闲的欢愉性。

2. 旅游是人类一种积极而健康的社会交往活动

交往是人类历史发展的必然现象，也是人类生活中一种最基本的社会活动，体现了人所共有的心理需求。就社会而言，没有人的交往就不能称其为社会；就人而

言，正是通过交往结成人群，人类才具有了改造自然、改造社会的力量。2000多年前，希腊哲学家亚里士多德曾说，任何人都不能与世隔绝而独立生存；中国先秦思想家荀子也说过，“人生不能无群”，“力不若牛，走不若马，而牛马为用，何也？曰：人能群，彼不能群也”。

人们通过交往可以交流思想、观点和感情，目的是沟通、协调并建立一定的人际关系。如果说，自然经济的社会因缺乏广泛交往的政治生活和经济生活还显示不出其缺陷的话，那么到了现代社会，生产力和科学技术迅速发展，新的信息像潮水般涌现，人们迫切需要及时了解和掌握它们，自然会越来越重视社会交往的作用。生活水平的提高，生产方式的变革，使人们要求有更多的闲暇时间从事社交活动，以陶冶情操、增长见识、结交新友。

旅游所体现出来的交往，从形式和特点上看，是一种短暂的、平等的、在异地进行的，并以感情沟通和物质交易为主的行为，在隔离、浅交、示意、互动和竞争等行为的影响下，反映出不同的发展程度。因此旅游接待地的人能在与旅游者短暂的交往中发展同旅游者的友谊，是吸引游客、拓展旅游市场的关键。一般而言，旅游交往的理想形式是“旅游者—朋友模式”。要达到这种高级的交往境界，关键在于旅游者能够真正融入旅游地的文化之中，成为当地文化的受益者。这就要求旅游地的文化内容，在精神和物质方面具有较高水平，能够真正产生美的效应。要尊重、理解和热爱旅游者，这样才能消除他们在交往中的心理障碍，加深其参与程度，使其体验和模仿当地文化的精髓，从而发挥出交往的积极效应。

3. 旅游是人类生活的高级需求和高层次的消费活动

旅游是一种高层次的需求活动，并正在发展成为人们生活中一种重要需求。人在与客观环境的相互作用过程中，在积极的生产活动和社会活动中，会产生多种多样的需求。既有为延续和发展自己生命所必需的物质需求，也有发展智力、道德、审美等方面的精神需求。而且，随着社会生产力的发展，人们物质需求和精神需求的层次不断提高。按照马斯洛的需求层次理论，人的需求可分为生理需求、安全需求、社交需求、尊重需求和自我实现的需求。这五个需求层次是逐级上升的，当低一级的需求获得相对满足后，高一级的需求就会成为奋进的动力。旅游需求是人总体需求的一个组成部分。人们在满足日常的衣、食、住、行等基本需求之后，便自然而然地追求更高层次的享受，产生旅游的需求。因为在旅游中，人们社交、受尊重和自我实现的需求都可以得到满足。旅游是人们生活需求层次提高的表现，是一种高级的消费活动。

旅游是一种消费水平较高的社会活动，这是由旅游主体参加旅游的目的性和旅游客体的价值性决定的。旅游者为了达到审美和享乐的目的，需要利用闲暇时间，动用自己的劳动积累，去异地旅游，购买当地的旅游产品，这种行为丝毫不能为其创造可供消费的资料，而要在食、住、行、游、购、娱的旅游过程中，支出超过日常生活所需的钱财。当旅游客体的价值含量超出旅游者的期望时，这种消费就会不断增长。因此，旅游本身虽然是以追求精神享受为主的活动，但必须在旅游主、客体的物质条件达到一定水平之后，才能真正成为具有规模的社会生活。

1.2.2 旅游的基本属性

旅游作为一种复杂的社会现象，本质上具有特殊的属性，具体表现如下。

1. 文化属性

旅游的需求是在满足人类最基本的生存和安全需求以后产生的一种享受和发展的需求。这种需求既有精神的，也有物质的，但更多地表现为人们对增长见识、陶冶情操、充分获得个性满足的需求。因此，旅游需求是一定文化背景下的产物，是文化驱使的结果。没有文化的发展，就不可能激发人们的旅游动机，也就不可能产生旅游。旅游资源是旅游的吸引物，反映了一定的社会文化环境，特别是人文旅游资源，譬如文物古迹、民族风情，都是人类生产、社会生活的产物，属于文化的范畴。所以，旅游资源自身就凝聚着人类的精神文化神韵，是旅游地社会文化环境的体现。旅游设施和旅游服务在内容和形式上也体现了鲜明的文化特色，譬如建筑、服饰、饮食等。因此，旅游业既是一定社会文化环境创造出来的物质和非物质的旅游媒介，又是一定社会文化环境的自我表现。

2. 社会属性

大众旅游发端于产业革命时期的英国，伴随着中产阶级和相对便宜的交通方式的出现而兴起。随着社会经济的发展和现代交通工具的普遍使用，旅游得以快速增长和扩展。现代科技的发展、高度的城市化及高矗的居住形式导致社会关系的缩减，劳动分工和由此引起的过分专业化使人际交流贫乏，人与人之间变得较过去分隔和孤立，旅游显然适应了这一普遍的社会演变。在不同的社会条件下，人们的旅游需求受时代的影响很大，人们的旅游消费方式随着社会的变化而发生了很大的变化。比如，过去是以集体形式为主的消费方式(乘坐公共交通车旅行)，消费品的批量生产导致了个人消费方式(驾驶私家汽车旅行)的产生。20世纪60年代，在西方兴起3S模式——sea、sun、sand，随着人们观念的变化，今天这种模式已经被崇尚个性的旅游所代替。除了旅游需求和旅游消费方式表现出社会性外，旅游行为也体现了一种社会象征意义。20世纪中叶前，旅游通常是那些既拥有时间又拥有金钱的人从事的活动，因为这是社会地位高的标志和象征，他们花费奢侈，以显示自己的社会知名度。如今这种象征性虽然有所改变，但并未完全消失。旅游不再简单地化为阶级的象征，而是通过消费和参与某些娱乐活动，归属于某一社会类别，如购买大功率的越野车、在旅游度假区拥有一幢别墅等，所有这些都是一种社会类别的象征。社会的评价不仅限于个人所从事的职业和收入，也体现在他利用休闲时间的方式上。

3. 休闲属性

从主观上看，人们外出旅游旨在借助各种休闲活动来调节原有的程式化生活。

在旅游观光体验的过程中，人们短暂地进入一种相对自由状态，没有了生活与工作的压力，也无须劳作，真正达到了“身”与“心”的双重休整。旅游还是人们打发闲暇时间的一种积极手段。不同于其他的消闲方式，旅游既可以增长见识，又能扩大社会交往，健康医疗类的旅游活动还有益于生命机体的调试，因而备受人们青睐。在我国，周末和节假日是旅游的高峰期，一般来说，周末和“五一”小长假等适宜近程旅游休闲，春节和“十一”则适宜到较远的地方去体验异域风情。

4. 消费属性

人类的活动包括生产和消费两大领域。生产领域肩负着物质生活资料和精神生活资料生产的使命，消费活动是指出于维持个体生存、保证劳动能力的再生产乃至实现个人的社会发展目的而对物质生活资料和精神生活资料的耗用。就旅游而言，它不为旅游者创造任何外在的可供消费的资料，相反，还耗费着旅游者的积蓄和他人的劳动成果。如仅限于个人的流连山水，陶醉于大自然(而非人化)美的恩赐，旅游者也是在消磨本可以用于创造财富的生产时间。旅游者的消费不仅贯穿于食、住、行、娱、购等过程，还包含在娱乐、游览过程中所享受到的具有无形效用的精神价值中。所以，旅游不是生产行为，而是消费行为，并且是在满足了基本的生存和生活需求层次之后的高级消费形式。

1.2.3　旅游活动的特点

旅游活动是一种内容丰富、类型多样、涉及面很广的社会经济活动，是现代社会中人类一种短期性的特殊生活方式。现代旅游活动与一般的社会经济活动相比具有不同的特点。

1. 审美性

旅游是一种综合性的审美活动，集自然美、艺术美、生活美为一体，融风光、文物、古迹、建筑、雕刻、绘画、书法、音乐、戏剧、风情、美食等于一体，可以满足人们多种多样的审美情趣。旅游活动本身就是一种审美的社会实践，是一种生动形象、自然具体的审美教育活动。审美性贯穿于旅游活动的各个要素。

从旅游主体来看，审美追求是旅游者普遍的旅游动机之一。旅游者的旅游形式和内容可能会千差万别，但有一个共同点就是为了陶冶情操、愉悦身心，获得美的享受。旅游活动的食、住、行、游、购、娱等每一个环节都能给旅游者带来美感。

从旅游客体来看，旅游资源是美的载体。旅游资源同其他资源的区别，就在于它具有美学特征和观赏价值。旅游资源蕴含着丰富的自然美、社会美和艺术美，对旅游者产生极大的吸引力。

从旅游媒体来看，旅游业是创造美和生产美的行业。旅游业不同于一般产业，它生产以服务为核心的综合性产品，通过生产和提供美的景观、美的商品、美的艺术、美的服务，来满足旅游者高层次的物质文化需求——审美需求。

2. 异地性

旅游时人们离开日常的环境到另一个地方做短时期停留，欣赏异地风光，体验异域风情，身心得到充分的放松和休息。每个人都生活在一定的时间和空间里，这一定的时间和空间既是人们认识客观世界的基础，也是人们认识客观世界的限制。出于“求新、求乐”的心理动机，人们借助旅游来开阔眼界，增长知识，这是旅游异地性产生的主观基础。另外，对旅游者产生吸引力的旅游资源，由于与旅游目的地的时空环境紧密相连，具有地理上不可移动的特点，因此旅游者只有克服空间障碍，离开自己的常住地前往旅游目的地才能实现旅游活动，这是旅游异地性产生的客观前提。一个地区的异地性越强，它对旅游者产生的吸引力就越大。

3. 流动性

旅游活动的异地性，决定了旅游具有流动性。因为旅游者为了实现旅游目的，首先要从自己的常住地转移到异地景区，然后从一个景区向另一个景区转移，这就产生了空间流动，也就是旅行。只有流动，游览才能获得更为广阔的空间形式，所以，旅游必须以旅行为前提。

4. 暂时性

从时间性上来说，旅游是人们前往旅游目的地，并在那里做短期停留的访问活动。这种短期停留有别于移民性的永久居留，体现为旅游的暂时性。对于大多数旅游者而言，旅游是其利用工作之余的闲暇时间所从事的活动。其动机或是为了恢复体力、愉悦身心，或是为了扩大眼界，增长见识，不论出于何种动机，旅游都是一种短期的生活方式。因为闲暇时间只是人全部时间构成中的一小部分，休闲娱乐也只是人们在工作之余才能从事的活动，旅游是人们暂时性的行为。

5. 综合性

旅游活动的综合性集中表现在以下几点。第一，旅游活动的内容除包括人们通常说的食、住、行、游、购、娱六大要素的需求外，还包括通信、医疗、洗理、修补、出入境等方面的需求，几乎包括人类消费需求的各个方面。第二，旅游活动既涉及自然方面的事物和因素，又涉及社会方面的事物和因素。在社会方面，既有文化的内涵，又有经济、社会乃至意识形态的内容。第三，旅游需求使目的地国家或地区许多部门和行业提供服务。既有经济部门，也有非经济部门，经济部门有酒店业、餐饮业、交通运输业、建筑业、商业等行业的部门，非经济部门有文教、卫生、公安、海关等方面的部门。

知识拓展

旅游活动的“六要素”

1991年孙尚清主编的《中国旅游经济发展战略研究报告》中提出了旅游活动最基本的要素，即“行、游、住、食、购、娱”六要素。这六要素是针对旅游主体——旅游者而言的旅游客体和媒体，是旅游者在旅游活动中必须涉及的，是旅游者的基本旅游需求。

行：它是六要素中非常重要的条件，是帮助旅游者完成空间转移，从居住地到目的地的必要条件。

游：它是六要素中最主要的环节，是旅游者最期待的内容，也是旅游者外出旅游的目的，其他五个要素都是围绕游览这个中心衍生的辅助条件。旅游质量的高低，在很大程度上是看游的质量如何。

住：住宿是旅游者在旅行游览过程中非常重要的一个方面。旅游者通过休息放松，及时恢复体力和精力，顺利地进行第二天的游览活动。

食：饮食是一种文化，也是旅游的一个重要内容。人们在旅游过程中享受各地的风味小吃、特产瓜果等，既满足了胃口，又领略了不同地区的饮食文化。

购：通过购物，旅游者可以买到有意义的旅游纪念品，馈赠亲朋好友，或是留作纪念。

娱：目前，我国旅游者的娱乐活动主要是看一些文艺演出。具有当地风情的文艺表演，如桂林漓江的《印象·刘三姐》、登封的《禅宗少林·音乐大典》等，具有很高的欣赏价值。

（资料来源：常永翔《旅游概论》，北京，中国劳动社会保障出版社，2009）

课间思考

1. 如何理解旅游的概念？
2. 根据本节内容，分析现代旅游活动有哪些特点。

>> 任务二　了解旅游活动的产生和发展 <<

任务导入

冰雪旅游正成为落实习近平总书记“冰天雪地也是金山银山”“三亿人参与冰雪运动”指示精神的支撑产业。我国已是冰雪旅游资源和旅游经济大国，以冰雪旅游为核心的冰雪产业体系不断完善。以冰雪观光为主体，冰雪休闲、滑雪度假为补充的中国特色冰雪旅游发展模式正在形成，冰雪旅游的时代已经到来。设立“中国冰雪日”、构建冰雪旅游品牌、补齐冰雪旅游标准化和人才短板、加强国际交流与协作应为下一阶段发展方向。

从政策面来讲，我国迎来冰雪旅游跨越发展的黄金机遇期。近年来，相关部委联合密集出台了一系列涉及支持冰雪旅游发展的产业政策，冰雪旅游正在成为国家战略交汇点和地方经济社会发展新支柱。北京、吉林、黑龙江、河北以及长春市、张家口市等地从政府层面出台了涉及冰雪旅游发展的意见，推动冰雪旅游大发展。在各方努力下，我国正在形成冰雪旅游发展的合力。

从市场面来讲，冰雪旅游经济大国地位确立。根据中国旅游研究院综合测算，2016—2017年冰雪季（2016年11月至2017年3月），我国冰雪旅游市场规模达到1.7亿人次，冰雪旅游收入约合2700亿元，旅游业成为落实习总书记“冰天雪地也是金山银山”和“三亿人参与冰雪运动”指示精神的首要支柱产业。以冰雪旅游城市、特色冰雪小镇、冰雪民俗村、滑雪场等为支撑的冰雪旅游发展体系已经初步形成。

从产业面来讲，冰雪经济呈现以冰雪旅游为核心、冰雪文创为引领的产业体系。

从空间面来讲，黑龙江、吉林、京冀形成冰雪旅游三足鼎立态势，其中，黑龙江省、吉林省得到全国冰雪市场认可，京冀是以北京延庆、密云和河北张家口为典型的奥运冰雪旅游核心。正在崛起的一带是以新疆和内蒙古为主体的新兴冰雪旅游增长带，同时，辽宁、青海、甘肃等也成为新兴冰雪旅游增长带不可忽视的崛起力量。云南、四川、山东、贵州、山西等省形成了我国冰雪旅游多点开花的局面，一些南方城市以滑雪场为代表的冰雪旅游成为当地冬季旅游业的亮点。

从产品面来讲，呈现大众观光为主导、休闲度假为补充的中国特色冰雪旅游发展模式。

（资料来源：韩元军《关于发展冰雪旅游的几点思考》，《中国旅游报》，2019-02-15）

课堂活动

学生以小组形式收集相关信息并讨论上述案例，分析冰雪旅游活动的产生原因，以及未来的发展方向。

任务导读

旅游是人类一种古老的行为。在没有旅游的概念之前，旅游的行为就在古代的文明社会中出现了，旅游是旅行发展演进的产物。旅游活动是在一定社会经济条件下产生的社会现象，直到 20 世纪 60 年代，旅游才作为一项大众性的社会活动走进千家万户。人类的旅游需求和社会生产力发展水平之间的矛盾，是推动和制约旅游发展的基本力量。研究旅游活动的产生和发展，有助于扩大视野，加深对旅游的全面认识，了解旅游产生与发展的大体脉络。

知识链接

2.1 旅游的产生与发展

世界旅游组织在 1980 年发表的《马尼拉宣言》中指出，旅游是人类的基本需要。就整个世界而言，人类有意识的短暂外出旅行活动始于原始社会末期，在奴隶制社会时期得到了迅速发展。中国是世界上旅游活动产生最早的国家之一，在长达 2000 多年的封建社会，形成了以各朝京都为中心的道路网，完善的道路、邮传和馆舍制度为旅行活动提供了良好的物质基础。

19 世纪中叶被认为是现代旅游的起点。英国的产业革命到 19 世纪 30 年代末基本完成，美、法、德、日等国也在 19 世纪内先后完成产业革命。产业革命给人类社会的各个方面带来了巨大而深远的影响。在此期间，人类旅游活动的发展实现了从“前旅游时代”向“现代旅游”的过渡，具有划时代的意义。产业革命加速了城市化进程，使人们工作和生活的重心从农村转移到工业城市。这一变化最终导致人们需要适时逃避节奏紧张的城市生活，产生返回自由、宁静的大自然中的需要，这成为旅游发展的刺激因素；产业革命带来了阶级关系的新变化，提高了工业资产阶级的地位，使社会财富不再只流向封建贵族和大土地所有者，而是大部分分流到了资产阶级的口袋中，从而增加了有财力外出旅游的大群数量；产业革命改变了人们的工作性质和生活方式，为旅游的大众化创造了条件；产业革命推动了新式交通工具的产生，使较大范围内、较远距离的外出旅行成为可能。

一般将第二次世界大战结束至今的旅游活动称为大众旅游活动。在这之前，休闲只是少数人的权利。现代化打破了“休闲阶级”的壁垒，休闲权利被细分并配置到所有人的生活中。进入大众化旅游时代后，旅游活动呈现出广泛性、愉悦性，服务专业化、标准化等特征。从世界范围来看，主要的旅游活动发生在欧美国家和地区之间。当然，随着社会经济和旅游业的发展，欧美以外的一些地区的旅游活动在20世纪90年代之后迅速发展起来，特别是亚太地区不仅吸引了世界各地的众多旅游者，而且日渐成为重要的客源产生地，亚太地区的旅游活动已在全球占据越来越重要的地位。进入21世纪，人们进行旅游活动的频率更高，旅游活动的空间范围更广，活动方式和内容更加多样化。

1964年，中国旅行游览事业管理局作为国务院的直属机构正式成立。“旅行”“游览”二词合起来简称“旅游”，“旅游”逐步演化为一个固定用语，管理机构的名称也变成了“旅游局”。1978年至20世纪80年代中期，中国旅游活动以入境旅游为主，入境旅游的接待带有较浓重的政治色彩。1991年制定的《中华人民共和国国民经济和社会发展十年规划和第八个五年计划纲要》正式明确地将旅游业的性质定位为产业（而非事业），并将其列为加快发展的第三产业中的重点。在此政策的推动下，中国旅游业得到空前发展，参加旅游活动的国民人数大幅增加。2012年，中国居民的总出游人次数（含国内旅游和出境旅游）已经达到30亿人次。

2.2 旅游业的形成

作为一个综合性的经济产业，旅游业的出现或产生不是以某一种现象的出现为标志的，而是具有多种表现和标志。19世纪中叶现代旅游业出现的标志性事件主要有以下几个。

1. 人类首次组团（group tour）

1841年7月5日，英国旅行商托马斯·库克利用包租火车的方式，组织了一次从莱斯特前往洛赫伯勒的团体旅游。参加这次旅游活动的有570人之多，当日往返全程24英里（约38.6千米），票价1先令，目的是参加在洛赫伯勒举行的禁酒大会。托马斯·库克组织的这次旅游活动，标志着现代旅游业的诞生。

2. 旅行社（travel agency）的出现

世界上最早的旅行社是由托马斯·库克创立的，他也因此被誉为“旅行社之父”。1845年，托马斯·库克决定开办旅行代理业务，并于当年夏季首次组织了一次有350人参加的由莱斯特到利物浦的团体愉悦旅游，为期一周，按人收取费用。

3. 旅游指南(guidebook)的出现

世界上第一本现代意义的旅游指南出现在1839年，德国出版商贝德克尔出版了一本专门介绍荷兰和比利时旅游线路的旅游计划指导书——《旅游指南》。贝德克尔是步行旅游的爱好者。在该书中，他对旅途中的见闻详加记录，包括何处设有咖啡馆、糖果店等，并绘出了城市旅游图。贝德克尔出版《旅游指南》，无论是对旅游活动还是对旅游业的发展，都具有开创性的意义。因为这一贡献，他与托马斯·库克并列，被誉为现代旅游业的创始人。

4. 导游员(tourist guide)的出现

1851年，英国伦敦举办了第一届世界博览会，有16万人参加并进行旅游活动。会议期间，出现了专门为旅游者提供向导服务的专业人员，“导游”服务这一新的行业和职业由此开始。

5. 旅行支票(traveler's check)的出现

1891年，世界著名的旅游企业美国运通公司为了帮助旅游者解决出门旅行携带大量现金、跨国旅游需要兑换不同货币等困难，开始发行旅行支票。这打破了国际币制不同的障碍，推动了旅游业的发展。人们再也不用携带大量现金去旅游，只要带上一本旅行支票，就可以在世界各地支付消费，既方便又安全。

知识拓展

如何看待“黑色旅游”

“颜色”旅游的兴起大体上与人们的多样化旅游需求有关。在红色旅游、绿色旅游(生态旅游)、蓝色旅游(海洋旅游)方兴未艾的情境下，黑色旅游也开始施展魅力。与其他“颜色”旅游不同，黑色旅游是一个颇具争议的领域。它虽然可以使旅游者获得深刻的精神体验，但游览或再现历史中的悲剧性现场或时刻，备受伦理学方面的责难。

2014年在中山大学旅游学院主办的旅游科学国际学术研讨会上，有专家建议，应当大胆推行黑色旅游。笔者曾经游历浙江遂昌金矿，在整个游程中，矿难的遗址以及模拟再现的情景具有极大的震撼力。此后，每每忆及，都是印象深刻。黑色旅游能够满足人们对战争、地震、水灾等灾难事件的好奇、探索、纪念以及受教育的需求，其需求层次在马斯洛的理论中属于较高层次。《国务院关于促进旅游业改革发展的若干意见》指出，旅游业要加快转变发展方式，以转型升级、提质增效为主线，推动旅游产品向观光、休闲、度假并重转变，满足多样化、多层次的旅游消费需求。随着人们多元化的旅游需求日益突显，开发旅游产品不应谈“黑”色变，可以正确引导，适当开发具有教育性、纪念性的黑色旅游产品。

课间思考

根据以上案例，并查阅相关资料，谈一谈黑色旅游景点的商业包装和过分宣传，甚至渲染是否会让黑色旅游变味，如何平衡黑色旅游的经济效益和社会效益。

项目小结

旅游是人们短暂离开惯常环境的移动行为，具有异地性和暂时性特征。根据人们进行旅游活动目的的不同，旅游活动可以分为愉悦旅游和商务旅游等。

旅游活动的发展经历了长期的历史演变。19 世纪中叶被认为是现代旅游的起点。1841 年托马斯·库克的有组织、有计划活动标志着全球现代旅游活动的开始。旅游业出现的标志性事件包括人类首次组团旅游，旅行社、导游员、旅游指南以及旅行支票的出现等。第二次世界大战以后，航空业的发展促进了国际大众旅游的发展。

项目练习

一、填空题(共 2 题，每空 10 分，合计 30 分)

1. 旅游具有社会属性、文化属性、(　　)和(　　)。

2. 英国人(　　)开创了旅游业的先河，被誉为近代旅游业的创始人。

二、单选题(4 个选项，有且只有一个选项正确；共 2 题，每题 15 分，合计 30 分)

1. (　　)开创了旅行的先河。

A. 采猎人　　B. 奴隶主　　C. 商人　　D. 统治阶级

2. 在我国，“旅游”一词最早出现于以下什么著作当中(　　)。

A.《礼记·学记》　B.《悲哉行》　C.《史记》　D.《徐霞客游记》

三、多选题(每题有 4 个或 5 个选项，至少有 2 个选项正确；共 2 题，每题 20 分，合计 40 分)

1. 下列属于旅游活动特点的有(　　)。

A. 审美性　　B. 异地性　　C. 流动性　　D. 暂时性

E. 综合性

2. 下列属于描述旅游本质的有(　　)。

A. 审美活动　　B. 社交活动　　C. 旅行活动　　D. 消费活动

参考答案

一、填空题

1. 休闲属性　消费属性

2. 托马斯·库克

二、单选题

1. C　解析：商人的经商旅行是旅行的最早形式。

2. B　解析：根据文献记载，《悲哉行》当中的句子：“旅游媚年春，年春媚游人”当中出现了“旅游”一词。

三、多选题

1. ABCDE　解析：旅游活动的特点是审美性 、异地性、流动性、暂时性、综合性。

2. ABD　解析：旅游活动既是一种审美活动，又是一种社交活动，还是一种消费活动。

实训项目

1. 调查一下你周围的人去过哪些地方旅游，在什么时候去的，旅游地的风景如何，旅游回来的感受如何。

调查目的：了解旅游活动的本质和特点。

调查工具：相机、摄像机、录音笔等。

调查要求：分组调查。

调查报告：以小组为单位形成调查报告，阐述调查之后对旅游本质的理解，以及提炼旅游活动的特点，结合所学知识，谈一谈现代旅游发展的特点，1000～1500字。

2. 小组合作编写一份关于某一旅游景点的《旅游发展状况报告》。

编写目的：了解旅游的发展，学会团队合作编纂调查报告。

编写要求：图文并茂，用PPT展示。

项目二 认识旅游活动主体
——旅游者

知识目标

了解有关旅游组织对旅游者的定义，明确我国对于旅游者的界定；

了解旅游者类型的划分目的和方法，掌握不同类型旅游者需求的特点；

掌握旅游者产生的主客观条件。

能力目标

通过掌握我国对于旅游者的解释，能够准确地界定国内旅游者与国际旅游者；

能够分析影响个人旅游需求的客观因素和主观因素。

关键术语

旅游组织　旅游者　国内旅游者　国际旅游者　旅游需求　旅游动机

>> 任务一　认识旅游者<<

开篇案例

今年上半年全国旅游经济平稳运行

李志刚

8 月 1 日，中国旅游研究院发布 2019 年上半年全国旅游经济运行情况。统计显示，2019 年上半年旅游经济平稳运行。2019 年上半年文化和旅游消费活跃，也更趋日常化，国内旅游稳步增长，入出境旅游平稳发展。上半年旅游经济运行综合指数处于 118.2 的“相对景气”水平，较去年同期上升 1.26 个点，旅游经济主要指标能够达到预期目标，群众参与度和获得感稳步提升。2019 年上半年，全国旅游人数预计 30.8 亿人次，国内旅游收入 2.78 万亿元，分别同比增长 8.8%和 13.5%。

统计显示，国内文化和旅游市场潜力不断释放。假日旅游消费成为新民俗，春节、清明、“五一”、端午期间，国内旅游总人数分别同比增长7.6%、10.9%、13.7%、7.7%，实现国内旅游收入分别同比增长8.2%、13.7%、16.1%、8.6%。中国旅游研究院与银联商务联合实验室的数据显示，博物馆、历史文化型景区、红色旅游型景区及文化艺术场馆节假日消费平均增幅超过20%。

统计还显示，上半年我国出境旅游稳步增长，入境旅游市场的上升趋势进一步稳固。预计入境旅游人数7269万人次，国际旅游收入649亿美元，均同比增长5%；出境旅游人数约8129万人次，同比增长14%。在入境旅游方面，俄罗斯、马来西亚、韩国、泰国、印度尼西亚、英国等国家的入境旅游增长较快，美国市场未受中美贸易关系影响，保持稳步增长。在出境旅游方面，出境主要目的地国家和地区仍主要集中在亚洲市场，欧洲市场亮点频现。

（资料来源：《中国旅游报》，2019-08-02）

课堂活动

假如你是旅行社的一名员工，现在公司派你去做市场调研，要求你调查“60后”“70后”“80后”“90后”以及“00后”各10名旅游者的情况，包括他们旅游的预算、旅游的目的地等。

任务导入

请同学们分组展开调查，形成调查报告。调查中注意如下问题：你的调查对象必须是旅游者，如何界定旅游者和非旅游者，旅游者有哪些类型，各自有什么特点。

项目导读

由于旅游者及其活动，旅游业产生了。无论在什么时候，旅游业都必须关注旅游者的需求。只有提供各种满足旅游者需求的产品和服务，旅游业才能获得生存和发展。没有旅游活动这一社会现象，便不会有旅游业。因此，旅游者是基础，学习旅游，首先就要研究旅游者。

知识链接

请看下面的对话。

甲：我住在深圳，但是在香港上班。我每天都要来回深港，有时候还可以去维多利亚港玩玩。

乙：这个寒假，我和同学约好了去海南玩几天。

丙：我这次去大连学习，正好可以去那边的景点玩玩，太棒了！

以上甲、乙、丙三人都提到“玩”，他们三人到底谁是真正的旅游者呢？

1.1 国际上关于旅游者的定义

国际社会习惯上以是否跨越国界为标准，将旅游者划分为国际旅游者和国内旅游者。对于国际旅游者的界定，已取得了较为统一的认识，但对于国内旅游者的界定，还存在着相当大的分歧。

1.1.1 国际旅游者

1. 国际联盟的定义

1937 年，国际联盟统计专家委员会认为国际旅游者是指“离开自己的居住国，到异国旅行和访问至少 24 小时的人”，并且将旅游者和非旅游者进行了界定。

可列入国际旅游者统计范围的人员包括：

①为了消遣、娱乐、家庭事务和身体健康方面的目的而出国旅行的人。

②为出席国际会议或作为各国公务代表而出国旅行的人。

③为工商业务而出国旅行的人。

④在海上巡游过程中停靠某国登岸访问的人员，即使其停留时间不超过 24 小时，也看作旅游者。

不可列为国际旅游者的人员包括：

①到某国就业任职者，不管其是否订有合同。

②到国外定居者。

③到国外学习，膳宿在学校的学生。

④居住在边境地区，日常跨越国境到邻国工作的人。

⑤临时过境，但不做法律意义上停留的人，即使在境内时间超过 24 小时。

2. 国际官方旅游组织联盟的定义

1950 年，国际官方旅游组织联盟(世界旅游组织的前身)对国际旅游者的定义进行了修正，具体如下：

①到国外且膳宿在学校的学生同样被视为旅游者进行统计。

②到他国访问且停留时间不超过 24 小时的人员被视为国际短程旅游者。

③途径他国，但不做法律意义上停留的人员被视为过境旅游者。

3. 罗马会议的定义

1963 年，联合国在意大利罗马召开国际性旅游会议，即罗马会议。会议出于统计工作需要，对 1937 年国际联盟的定义做了修改和补充，就各国对旅游者的统计口径做了新的规范，并提出了“游客”(visitor)这一总体概念。在“游客”下分为两类：一类是过夜旅游者，称为旅游者(tourist)；另一类是不过夜的当日往返者，称一日游游客或短程游览者(excursionist)。具体定义如下：

①游客指除为获得有报酬的职业以外，基于任何原因到一个不是自己常住的国家去访问的任何人。

②过夜旅游者，即到一个国家做短期访问至少逗留 24 小时的游客，其旅游目的可属下列之一：其一，消遣，包括娱乐、度假、疗养保健、学习、宗教、体育运动；其二，工商业务、家庭事务、公务出差、出席会议。当日往返旅游者，即到一个国家做短暂访问逗留不足 24 小时的游客（包括海上巡游旅行者）。

通过这个定义可总结出以下特点：其一，以来访者的目的区分其是否属于旅游者；其二，根据来访者的定居地(通常为居住国)，而不是根据其国籍来界定其是否属于国际旅游者；其三，根据来访者停留时间，将国际旅游者分为过夜旅游者和一日游游客（或短程游览者)。

1968 年，国际官方旅游组织联盟通过了这一定义。1970 年，经济合作与发展组织旅游委员会也采纳了这个定义，由此，关于国际旅游者的技术性定义，人们基本上取得了共识。自此以后，国际组织和世界各国对国际旅游者的统计，大都以此定义为标准。

4. 世界旅游组织的定义

1981 年出版的《国内与国际旅游统计资料收集与提供方法手册》对罗马定义做了补充和完善。

可列入国际旅游者统计范围的人员包括：

①为了娱乐、医疗、宗教仪式、家庭事务、体育活动、会议、学习等过境进入另一国家者。

②外国轮船船员或飞机机组成员中途在某国稍事停留者。

③停留时间不足一年的外国商业或公务旅行者，包括为安装机械设备而到达的技术人员。

④负有持续时间不足一年使命的国际团体雇员或回国进行短期访问的旅行侨民。

不可列为国际旅游者的人员包括：

①意图向目的国移民或在该国谋求就业的。

②以外交官身份或军事人员身份进行访问的。

③上述人员的随从人员。

④流亡者、流浪者或边境上的工作人员。

⑤打算停留一年以上者。

1.1.2 国内旅游者

国内旅游者和国际旅游者的根本区别在于是否跨越国界。就目前而言，国内旅游者没有一个统一的定义，每个国家参考世界旅游组织的定义结合本国的情况提出了自己的定义。

①世界旅游组织的定义：1984 年，参照国际旅游者的定义，世界旅游组织对国内旅游者进行了界定，采用的界定标准与国际旅游者的界定标准基本一致。在这一定义中，与国际游客的划分类似，国内游客也被区分为国内旅游者和国内短程游览者。国内旅游者指任何因消遣、度假、体育、商务、公务、会议、疗养、学习等目的而在其居住国内进行 24 小时以上、一年之内旅行的人。此后又补充规定，国内旅游者不包括那些外出就业的人。国内短程游览者指基于任何以上目的在访问地逗留不足 24 小时的人。

②加拿大的定义：离开居住地边界至少 50 英里（约 80 千米）去旅行的人。

③美国的定义：基于工作上下班之外的其他任何原因而离家外出旅行至少 50 英里的人，不管其在外过夜还是当日返回。

④英国的定义：基于上下班之外的任何原因，离开居住地外出旅行过夜至少一次的人。

⑤法国的定义：基于上下班之外的原因离开自己的主要居所，外出旅行超过 24 小时但未超过 4 个月的人。

1.2　中国关于旅游者的定义

1.2.1　中国关于国际旅游者的解释

改革开放后，我国的入境游客日益增多，国家统计局为了统计的需要对国际旅游者做了界定。入境旅游者主要是指来我国参观、访问、旅行、探亲、访友、休养、考察、参加会议，和从事经济、科技、文化、体育、宗教等活动的外国人、华侨、港澳台同胞。其中外国人是指拥有外国国籍的人(包括外籍华人)；华侨是指侨居国外的中国公民；港澳台同胞是指居住在我国港澳台地区的中国同胞。游客是出于上述目的离开常住国（或地区)到我国内地连续停留时间不超过 12 个月，并且主要目的不是通过所从事的活动获取报酬的人。常住国（或地区)指一个人在近一年的大部分时间内所居住的国家(或地区)，或虽然在这个国家(或地区)只居住了较短的时间，但在 12 个月内仍将返回的这个国家（或地区)。

按照在我国大陆访问期间停留时间的差别，入境游客可划分为入境旅游者和入境一日游游客。入境旅游者是在我国大陆旅游住宿设施内停留至少一夜的入境游客，又称为过夜游客。入境一日游游客是未在我国大陆旅游住宿设施内过夜，而是当日往返的入境游客，又称为不过夜游客。

但是，下列人员不属于入境游客：

(1)应邀来华访问的政府部长以上官员及随从人员。

(2)外国驻华使领馆官员、外交人员及随行的家庭服务人员和受赡养者。

(3)在我国驻期已达一年以上的外国专家、留学生、记者、商务机构人员等。

(4)乘坐国际航班过境，不需要通过护照检查进入我国口岸的中转旅客。

(5)边境地区（因日常工作和生活而出入境）往来的边民。

(6)回大陆定居的华侨、台湾同胞，回内地定居的港澳同胞。

(7)已经在我国大陆定居的外国人和原已出境又返回我国大陆定居的外国侨民。

(8)归国的我国出国人员。

1.2.2　中国关于国内旅游者的解释

我国国内游客包括国内旅游者和一日游游客。

国内旅游者是指我国大陆居民和在我国常住 1 年以上的外国人、华侨、港澳台同胞离开常住地，在境内其他地方的旅游住宿设施内至少停留一夜，连续停留时间最长不超过 6 个月的人。

国内一日游游客是指我国大陆居民和在我国常住 1 年以上的外国人、华侨、港澳台同胞前往常住地 10 千米以外，出游时间超过 6 小时，但又不足 24 小时，并未在境内其他地方的旅游住宿设施内过夜的人。

下列人员不在国内游客统计范围内：

①到各地巡视工作的部以上领导。

②驻外地办事机构的临时工作人员。

③调遣的武装人员。

④到外地学习的学生。

⑤到基层锻炼的干部。

⑥到其他地区定居的人员。

⑦固定居住地的无业游民。

⑧外地务工的农民。

>> 任务二　认识旅游者类型及其行为特征<<

2.1　旅游者的类型

划分的标准不同，旅游者的类型不同。

1. 按旅游目的划分

观光型旅游者、娱乐消遣型旅游者、公务型旅游者、个人及家庭事务型旅游者、医疗保健型旅游者、文化知识型旅游者、生态/探险型旅游者、宗教型旅游者。

2. 按地理范围划分

国际旅游者、国内旅游者、洲际旅游者、环球旅游者。

3. 按组织形式划分

团体旅游者、散客旅游者。

4. 按计价方式划分

全包价旅游者、半包价旅游者、零包价旅游者。

5. 按费用来源划分

自费旅游者、公费旅游者、社会旅游者、奖励旅游者。

6. 按消费水平划分

豪华型旅游者、标准型旅游者、经济型旅游者。

7. 按旅游交通划分

航空旅游者、铁路旅游者、公路旅游者、水上旅游者、徒步旅游者。

8. 按旅游距离划分

短程旅游者、远程旅游者。

9. 按旅游活动划分

文化旅游者、人文旅游者、观光旅游者、访古旅游者、会议旅游者、疗养旅游者及专项旅游者。

10. 按年龄划分

老年旅游者、中年旅游者、青年旅游者和少年旅游者。

知识链接

背包客

背包客(Backpacker)，又称驴友，是指三五成群或者单枪匹马四处游逛的人，也就是背着背包做长途自助旅行的人，现主要以群体登山、徒步、探险等寻找刺激的人为主，目的在于通过游历认识世界，认识自我，挑战极限等。

驴友一般喜结伴出行，有的准备有帐篷、睡袋，露宿在山间旷野。另一种说法是，取自“旅友”的谐音，即旅行之友的意思。台湾多称呼他们为自助旅行玩家或自助旅游者，香港则称为背囊友。

背包客，提倡的是花最少的钱，走最远的路，看别人难以看到的风景。实施的手段是自助，寻找的是一种体验，这种体验贯穿于旅行全程。背包客一开始的时候，只知道一个大致的目的地，需要自己去搜集资料，计划线路，置办装备，估算行程时间，精打细算。背包客出去旅行，不仅仅是去某个地方看风景，旅途本身就是很重要的体验。火车汽车毛驴车，宾馆旅社大车店，青山绿水大漠孤烟，荒郊野岭繁华都市，古道西风高速公路，醉酒高歌风餐露宿，旅行的苦与乐都是冷暖自知。“移舟泊烟渚，日暮客愁新。野旷天低树，江清月近人。”这首诗反映了多少旅人的复杂思绪。

随着背包客的发展，其在社会上的影响力越来越大，受到的关注也越来越多。现在越来越多的人加入背包客一族，越来越多的企业开始将注意力转移到背包客身上。

2.2 旅游者的行为特征

1. 公务型旅游者

公务型旅游者是根据工作需要，以贸易合作、商务洽谈、出席会议、举办展览、科学文化交流等为主要目的，在完成公务的前提下进行参观游览等活动的旅游者。其特点是：有一定的身份地位；对旅游产品和服务质量要求较高；费用主要由团体的公费开支，支付能力较强，对价格不大敏感，消费较高；因为公务在身，对旅游目的地和旅游时间没有太多选择余地，一般以就近短途和短时旅游为多；人数相对较少，但出行次数较多，季节性不强。

2. 娱乐消遣型旅游者

娱乐消遣型旅游者以松弛精神、享受临时变换环境所带来的欢娱为主要目的。由于娱乐消遣型旅游能够调节人们的生活节奏，使其摆脱日常紧张工作带来的烦恼，因此该类型的旅游者日趋增多。在发达国家的旅游者中，娱乐消遣型旅游者所占比重最大。其特点是：追求娱乐、参与、消遣、刺激和享受；对旅游产品的质量、旅游安全和价格比较敏感；外出季节性较强，几乎都会选择旅游目的地最好的季节，利用带薪假期外出旅游；对旅游目的地和旅行方式的选择自由度大；重游率较高，出游和停留时间较长。

3. 观光型旅游者

观光型旅游者以观赏游览异国他乡的名胜古迹等为主要目的，同时还可以与购物、娱乐、考察、公务等相结合，是世界上最古老、最常见、最基本的旅游者类型，也是我国旅游者类型的主体。其特点为：希望通过观赏游览异国他乡的自然景观和人文景观，增长见识，开阔视野，陶冶情操，获得新、奇、异、美、特的感受，在旅游地逗留时间短、重游率低、花费较少，对旅游景点特色和价格比较敏感。

4. 个人及家庭事务型旅游者

这类旅游者的需求比较复杂。他们在需要方面不同于娱乐消遣型和公务型旅游者，但又兼具两者的某些特点。例如，在出游时间上，他们中虽有不少人利用带薪假期探亲访友，但相当多的人选择传统节假日外出探亲，而各国传统节假日又不尽相同。此外，很多家庭及个人事务，如出席婚礼、参加开学典礼等日期限制较紧。因此，其总体特点是：出行季节性较差，对旅游价格比较敏感，没有选择旅游目的地的自由。

5. 医疗保健型旅游者

医疗保健型旅游主要有疗养旅游、休闲度假旅游、温泉旅游、森林旅游、体育保健旅游、气功专修旅游等形式。主要目的是通过参加有益于身心健康的旅游活动，治疗某些慢性疾病，消除日常工作疲劳。其特点是：有较高的收入、较多的闲暇时间；保持健康或恢复健康的欲望较强；对旅游项目中保健、康体、医疗等功能比较敏感；中老年人比重较大，停留时间较长；近距离旅游者为多。

6. 文化知识型旅游者

文化知识型旅游是一种旨在观察社会、体验民族民俗民风、丰富历史文化积累、增长知识的旅游形式。主要目的是通过文化知识旅游进行积极的休息和娱乐，同时获得知识的启迪和充实。其特点是：具有较高的文化素养、较强的求知欲；具有某种专长或特殊兴趣，乐于与人切磋交流；对导游的文化知识基础有较高的要求，对旅游日程安排的周密性和旅游线路的科学性比较敏感。

7. 生态/探险型旅游者

生态/探险型旅游是目前国际、国内旅游市场新兴起的一种高级旅游形式，它强调观光旅游、自然保护与文化保存相结合，是一种肩负环境责任、具备环境伦理的旅游新项目。主要目的是通过旅游接触大自然、了解大自然、宣传和保护大自然，并进行积极的休息和娱乐。其特点是：具有较高的自然科学、社会科学综合知识和生态意识，具有较强的求知欲；具有某种专长或特殊兴趣，乐于与当地居民交流；一般经过专门的培训，有基本生存本领；对接待设施和服务内容相对较宽容，但对旅游日程安排的周密性和旅游线路的科学性比较敏感。

8. 宗教型旅游者

宗教型旅游者的主要目的是通过旅游进行宗教交流，以陶冶身心、祈求平安。其特点是：具有宗教信仰、知识或出于兴趣；注重宗教景点场所的原真性和接待形式的规范性，强调灵验性和归宿感；具有很高的市场稳定性和重游率。

知识拓展

年轻人已不满足于去传统景点，喜欢能“秀”在社交平台的地方

网红景点靠什么长留客

李宝花

上海哪些景点最火？除了众所周知的外滩、陆家嘴、城隍庙等，如今越来越多出现在朋友圈的，可能是佘山世茂洲际酒店即“深坑酒店”、teamLab 艺术展或某个不知名景点的“打卡”照。这些网红打卡式景点中，除了一部分本身具有资源稀缺性或艺术内涵外，也有一些非知名景点通过“搭车”热门影视剧场景、集合网络流行语等吸引游客拍照晒照，二次传播吸引客流。

申城涌现众多网红景点

从去年冬天开始，深坑酒店在迎来大批住客的同时，也迎来络绎不绝的参观客。近期来沪出差的天津市民汪迪就专门将深坑酒店列入“打卡”日程。她希望在酒店住一晚，顺便体验水下餐厅。

像汪迪这样对深坑酒店抱着巨大好奇心的游客不在少数。记者从佘山世茂洲际酒店了解到，酒店自去年年底开业以来接待住店客人超 8 万人次，餐饮接待客人约 30 万人次，访问人数超出酒店预期。从住客和参观者反馈来看，酒店有三大热门打卡点，其一是位于酒店负 14 楼的地心观景平台，此处面对悬崖峭壁，可见湖水如镜、瀑布飞泻；其二是位于酒店负 15 楼的渔火餐厅，这里主打海鲜及西式美味，10 米深的水族馆装置环绕四周，宛如置身五彩斑斓的海底世界；其三则是酒店每天 20 时开始的激光水幕秀，炫丽的灯光配合激昂的音乐，在 60 米宽、20 米高的扇形水幕上徐徐展开一幅幅生动画卷。

近期不时在朋友圈刷屏的网红景点，要数本月 5 日开启的 teamLab 上海无界常设展。展览利用声光电技术以及大量回环往复的走廊和镜子打造出迷宫的效果，参观者晒出的画面都相当酷炫，也在社交媒体上形成二次传播。

在城隍庙区域，看似名不见经传的环球奇趣艺术馆内也汇聚了众多打卡因素，如“工资两万多一点 2000.0”“少壮不努力，老大常加班”等网络流行语，以及由大量光柱、日月星辰形状的灯加镜面组成的充满视觉冲击感的空间等，令这里成为网红打卡地，不少年轻人组团来拍照，在这里可以待上大半天。在此之前，上海的武康路、田子坊、思南公馆等原本非传统景点，也已在游客中颇具知名度。

网红景点需更多内容支撑

近两年，国内外都出现众多网红打卡式景点。旅游达人姜雁近日就在云南大理古城附近的喜洲古镇发现一处汇集天空之境、天国阶梯、火烈鸟、透明船、鲜花秋千、白色教堂等诸多网红元素的景点。原本在当地随处可见的田园风光嫁接了这些元素后，变成一个收费30元的打卡景点。网红景点还有重庆的魔幻4D洪崖洞、李子坝的轻轨穿过居民楼，因《长安十二时辰》大火的西安火晶柿子等。境外目的地如巴厘岛背景是热带丛林的鸟窝大秋千等，都成为一部分游客到访时必打卡的去处。在姜雁看来，如今年轻人已不满足于去传统景点旅游，更喜欢去那些他们觉得能“秀”在社交平台上的地方走走，网红景点被迅速传播。

对于网红景点而言，要想长久红下去，需更多内容支撑，给游客更好的综合体验。旅游行业人士建议，当下的部分网红打卡景点要进一步增加精细度，加强配套服务，而不是只在一个地方摆上几个粗制滥造的网红类道具就收费。从长远来看，景点应更好地与周边环境融为一体，发掘出更有深度的故事。

（资料来源：《解放日报》，2019-11-11）

>> 任务三　如何成为旅游者 <<

课堂活动

每逢节假日，人们总会谈论旅游的事情。那么什么是旅游者？你认为旅游者应该具备什么样的条件？

任务导入

听歌曲《我想去桂林》，说说歌曲要表达什么意思。

我想去桂林（节选）

演唱者：韩晓

我想去桂林呀，我想去桂林，
可是有时间的时候我却没有钱，
我想去桂林呀，我想去桂林，
可是有了钱的时候我却没时间。
在校园的时候曾经梦想去桂林，
到那山水甲天下的阳朔仙境。

（资料来源：《好歌人人唱》，海口，海南出版社，1995）

项目导读

旅游活动是人类社会发展到一定阶段的产物，它帮助旅游者提高了生活品质。

在日常生活中，我们也能发现一个问题，有些人经常外出旅游，而有些人却很少甚至从不外出旅游，那么究竟是什么原因导致每个人对旅游活动的需求不相同呢？

知识链接

恩格尔系数

恩格尔系数是根据恩格尔定律得出的比例系数。19 世纪中期，德国统计学家、经济学家恩格尔对比利时不同收入家庭的消费情况进行了调查，研究了收入增加对消费需求支出的影响，提出了带有规律性的原理，即恩格尔定律。其主要内容是一个家庭或个人收入越少，用于购买生存性食物的支出在家庭或个人收入中所占的比重就越大。对国家而言，一个国家越穷，每个国民的平均支出中用来购买食物的费用所占比例就越大。恩格尔系数由食物支出金额在总支出金额中所占的比重来最后决定。恩格尔系数达 59％以上为贫困，51％～59％为温饱，40％～50％为小康，30％～39％为富裕，低于 30％为最富裕。

3.1　旅游者形成的客观条件

3.1.1　可自由支配收入

旅游是一种消费活动，而且是一种层次较高的消费活动。因此要成为旅游者的首要条件是必须具有一定的经济实力。对于旅游者而言，他的收入并非全部都可以用于旅游，一个人能否实现旅游，实际上取决于他的可自由支配收入。所谓可自由支配收入就是指可随意支配的收入，是在一定时期内（通常为一年），个人或家庭总收入中扣除全部纳税、社会消费（如健康和人寿保险、老年退休金和失业补贴的预支等）、日常生活必需消费（衣、食、住、行等）之后余下的收入部分。

收入的多少不仅会影响人们的消费水平，还会影响人们的旅游消费结构。此外，收入水平也会影响旅游者对目的地和旅游方式的选择。由此可见，收入水平对旅游者的产生起到了决定性的作用，是人们能否成为旅游者的一个重要的客观条件。

根据国际惯例，当一国人均国民生产总值达到 800～1000 美元时，居民将普遍产生国内旅游动机；当达到 4000 美元以上时，居民将普遍产生出国旅游动机；当超过 1 万美元时，居民将普遍产生洲际旅游动机。

3.1.2　闲暇时间

旅游活动的一个基本特征就是异地性，旅游者必须离开常住地去异地参观游览，这一特征要求旅游者有足够的闲暇时间。因此，闲暇时间是成为旅游者的另一个客观条件。

一般而言，人的时间可分为工作时间、生活时间和闲暇时间三个部分。其中工作时间是指人们为了维持生存出外工作以赚取货币的时间；生活时间是指人们为了满足生理需要如吃饭、睡觉以及处理日常琐事等而花费的时间；闲暇时间是指人们在日常工作、生活、学习及其他必需时间之外，可用于自由支配从事娱乐、社交、消遣或其他自己感兴趣的事情的时间，又称为可自由支配时间。

闲暇时间也并非都能用来进行旅游活动，闲暇时间可以分为以下四个部分。

1. 每日闲暇时间

每日闲暇时间是指每天在工作、学习、生活等必需时间之外的剩余时间。这部分时间不够集中，不能用于旅游，只能用于休息和娱乐。

2. 每周闲暇时间

周末休息日或每周轮休日，一般有1～2天。目前，我国大部分地区实行每周5天工作日，周末假日为两天，适合进行一些周边的短途旅行。

3. 法定年节假日

法定年节假日是由国家法律、法规统一规定的用于开展纪念、庆祝活动的休息时间。由于各国历史传统文化不同，节假日分布和时间长短也不尽相同。如我国就有春节、元旦、清明节、劳动节、端午节、中秋节、国庆节等法定年节假日。

知识链接

2019年国庆出境游哪儿中国人最多？泰国赶超日本排名第一？

中国内地规模最大的在线旅行社“携程旅游”7日发布的《2019年国庆旅游账单》(本文以下简称“账单报告”)称，根据该平台跟团游和自由行订单数据，2019年中国“十一”国庆黄金周，人气最高的前十大出境游目的地依次是泰国、日本、越南、俄罗斯、印度尼西亚、新加坡、美国、意大利、菲律宾和土耳其。

账单报告指出，在出境跟团游和自由行市场中，人气最高的泰国游人均花费为4620元(人民币)。

中国“80后”“90后”群体已经成为今年国庆假期出游的主力人群，占出行总人数的51%；“50后”群体则是最舍得花钱的出游人群；带父母出游的游客人均花费最高，达到了3988元。

泰国持续推动经济走廊经济特区建设

泰国总理巴育在国家经济与社会发展委员会(NESDC)年度会议上发表讲话，政府一直在积极推动《国家20年发展战略规划》(2018—2037)，以期促进地方经济发展，并加快重大基础设施项目和东部经济走廊等经济特区的建设。并将提出南部经济走廊项目，旨在刺激泰国南部的经济增长，同时通过伊洛瓦底江—湄南河—湄公河经济合作战略促进与邻国的合作，推动与柬埔寨、老挝、缅甸和越南的旅游互联互通。

泰国国家经济与社会发展委员会秘书长托萨蓬说，政府希望到2030年，旅游业对泰国GDP的贡献率从今年的约20%提高到30%。在不久的将来，旅游业将在国民经济中占据更大比重。

泰国仍是“十一”黄金周第二大目的地

根据安可达(agoda)的预订数据，在10月1日至7日的国庆黄金周期间，泰国将再次成为仅次于日本的中国旅客第二大目的地，这是泰国最繁忙的旅行时段之一。

在国庆黄金周期间，曼谷已经连续三年保持国人海外度假游玩的第一大旅游胜地的位置，普吉岛和清迈争夺第二和第三名。

中国人喜爱泰国的沿海美景，在泰国最受欢迎的十个目的地中，南部的城市和岛屿占了七个。在普吉岛之后，名单包括苏梅岛、芭堤雅、甲米、兰塔岛、华欣、七岩和丽贝岛。

影响中国人到泰国旅游的主要因素之一是相对较低的消费费用，泰国政府已将免落地签证费政策有效期延长至明年4月底，因此国庆游客量或将刷新泰国新纪录。

泰国房价稳步上升

截至2019年第二季度，泰国全国房价同比上涨2.59%，分别为2019年第一季度上涨2.29%，2018年第四季度上涨3.58%、第三季度上涨5.13%、第二季度上涨5.01%和第一季度上涨6.1%。在最近一个季度，房价轻微下跌0.29%。

4. 带薪假期

带薪假期包括国家规定的带薪年休假和企业内部给予员工的福利假期，员工在享受假日时，享有正常薪水待遇。企业给予员工的福利假期可能是企业的成立日、周年庆，甚至是工龄达到一定年限的无条件带薪假期。一般没有固定日期，只有固定天数，由员工根据自己的需要安排放假日。

【小思考】

我国是否应该推行带薪假期？如何推行？

分析：结合我国的带薪假期政策分析。

知识链接

带薪年休假怎么算

[工作时间计算]

在不同用人单位工作时间将累计

职工在同一或者不同用人单位工作期间，以及依照法律、行政法规或者国务院规定视同工作期间，应当计为累计工作时间，职工连续工作满12个月以上的方可享受带薪年休假。

例如，李某先后在三家公司工作了5个月、4个月、6个月，其累计工作时间为15个月，按照已满1年不满10年的标准，本年度应享受5天带薪年休假。张某在三家公司先后工作时间为9年、3年和6个月，按照已满10年不满20年的标准，可享受10天带薪年休假。

[跳槽人员休假]

以当年在本单位剩余日历天数计算

跳槽人员的带薪年休假天数：新进用人单位职工的带薪年休假天数=(当年度在本单位剩余日历天数÷365天)×职工本人全年应当享受的带薪年休假天数。折算后不足1整天的部分不享受带薪年休假。

例如，李某如果进入最后一家公司的时间是今年5月1日，李某在本年度该单位剩余日历天数就为245天，李某应享受的带薪年休假天数就应计算为(245÷365天)×5≈3.356。李某享受带薪年休假天数为3天，其中小数点后部分不足1整天不享受带薪年休假。

[应休未休工资]

按日工资收入300%支付

用人单位确因工作需要除不能安排职工带薪年休假外，跨1个年度安排带薪年休假的，要征得职工本人同意。不安排带薪年休假或者安排职工带薪年休假天数少于应休天数的，应休未休天数按日工资收入300%支付。职工因本人原因且书面提出不休带薪年休假的，用人单位可以只支付其正常工作期间的工资报酬。

以上四种闲暇时间主要是针对在职人员而言的，公务旅游和离职人员的旅游不受时间因素的限制。此外，教师和学生有较长的寒暑假，这两个假期是他们外出旅游的最佳时间。

3.1.3 其他客观条件

除了可自由支配收入和闲暇时间等主要的客观条件外，旅游者的形成还受到其他一些客观因素的影响，主要表现为外部因素和内部因素两个方面。

1. 外部因素

外部因素包括旅游目的地(国家或地区)的社会因素和政治因素两方面。

社会因素包括旅游交通的完善程度和旅游地政府对发展旅游业的重视程度。第一，旅游交通条件制约着旅游目的地的可进入程度，旅游交通条件如果无法满足旅游者进入，就会极大地影响旅游者的旅游兴趣和倾向。第二，政府是否重视旅游业的发展，不仅决定了当地旅游业的发展程度，而且影响当地居民对旅游业的认知。

政治因素也是影响旅游者形成的重要因素，旅游业具有脆弱性的特点，容易受到战争、自然灾害、恐怖袭击等各类问题的影响。例如，2008年汶川地震对四川地区的旅游业发展影响很大，震后不仅九寨沟、都江堰等景区受到了影响，而且有去四川省旅游意向的旅游者少之又少。2014年MH 370航班失去联系后，马来西亚政府的态度不给力使该国入境旅游者人数出现下降的趋势，给该国旅游业造成重创。

2. 内部因素

内部因素来自旅游者个人，人们外出旅游会受到年龄、性别、职业、受教育程度、身体状况、家庭人口结构等个体因素的影响。其中，身体健康状况是最为重要的一个条件，因为旅游活动客观上要求旅游者有一个健康的身体。20 世纪末，根据国家旅游局对入境国际旅游者的统计，50 岁以下旅游者占旅游总人数的 80%左右。近年来，随着收入水平和医疗保健水平的提高，人类的身体状况和平均寿命均得到了提高，老年人也成为旅游市场的主力军。另外，家庭人口结构也是旅游者形成的一个条件，调查表明，拥有 4 岁以下婴幼儿的家庭出外旅游的可能性较小。

3.2　旅游者形成的主观条件

一个人即使具备可自由支配收入、闲暇时间等条件也不一定会成为旅游者，他还必须具有外出旅游的愿望和兴趣，即一个人只有具有旅游动机，才会把金钱和时间投入旅游市场，因此形成旅游者的主观条件就是旅游动机。

3.2.1　旅游需要与旅游动机

旅游需要是旅游者出游的内驱动力。需要分为生理的和心理的，也可以说是物质的和精神的，人们不仅有对温饱、安全、生存和繁衍等方面的基本需要，而且有对文化、娱乐、理想实现等方面的高层次的需要。旅游可以缓解人们的精神压力，是超脱一般生理需要的高级需求形式，是社会发展到现代文明阶段的产物。原始人和从前很传统的人，只有在极端情况驱使下才离开自己的出生地。

现代人对自身环境的依附性越来越低，他们更愿意改变环境，尤其是暂时性的，并且有更强的能力去适应新环境，他们对新鲜的事物、景观、习俗和文化很感兴趣。逐渐地，一个新价值观形成了，即崇尚新奇的经历。这种经历使人们感到兴奋、愉快、满足。旅游所满足的需要属于心理需要的范畴，只有在物质生活和精神生活提高到一定层次后，社会才能为人们创造出生活富裕、时间充裕和信息发达的旅游条件，旅游才能真正以需要的形式在人们的心理上成为一种追求的对象。

对于旅游活动而言，旅游动机是指一个人外出旅游的主观愿望，来源于人的某种需要，主要是精神上的需要。

知识链接

马斯洛需求层次理论

1943 年，美国著名心理学家马斯洛在《人类激励理论》论文中提出了需求层次理论，该理论把需求分成生理需求、安全需求、社交需求、尊重需求和自我实现需求五类，依次由较低层次到较高层次排列。在自我实现需求之后，还有自我超越需求，但通常不作为马斯洛需求层次理论中必要的层次，大多数人将自我超越需求合并至自我实现需求当中。

通俗理解：假如一个人同时缺乏食物、安全、爱和尊重，那通常对食物的需求是最强烈的，其他需求则显得不那么重要。此时人的意识几乎全被饥饿所占据，所有能量都被用来获取食物。在这种极端情况下，人生的全部意义就是吃，其他什么都不重要。只有当人从生理需求的控制下解放出来时，才可能出现更高级的、社会化程度更高的需求如安全的需求。参见图1-1。

图1-1　马斯洛需求层次理论图

①生理需求。为了生存而对必不可少的基本生活条件产生需求，如由于饥渴冷暖而对吃、穿、住产生需求。

②安全需求。指维护人身安全与健康的需求。

③社交需求。参与社会交往，获得社会承认和归属感的需求。

④尊重需求。指在社交活动中受人尊敬，取得一定社会地位、荣誉和权力的需求。一个人在家时，一切需要自理，而作为旅游者则全程有人提供服务，可以享受到受尊重的感觉。

⑤自我实现需求。发挥个人最大能力，实现理想与抱负的需求。有的人为了实现自我抱负或谋求自我发展而外出旅游考察，从中获取信息或启示，以寻求发展机会。如考察旅游、会议旅游，再如驾车或徒步游全国、全球，跨越某大洲等，以此展示其成就，实现一种自我价值，引起人们的关注。

在这五个层次的需求中，前两种属于基本物质需求，后三种属于精神需求。旅游动机的产生与需求层次理论中后三个层次的需求关系密切。

3.2.2　旅游动机的类型

动机是需要的表现形式。由于需要多种多样，因此人们的旅游动机也越来越丰富多样。各国学者从不同角度对旅游动机进行了分类，较著名的如德国学者格里克斯曼、日本学者田中喜一、美国学者罗伯特·麦金托什、澳大利亚学者波乃克的分类。

1. 格里克斯曼的分类

德国学者格里克斯曼是最早尝试对旅游动机进行分类的学者。他在1935年出版的《一般旅游论》中，将旅游行为的动机分为四大类型，分别为心理动机、精神动机、身体动机和经济动机。

2. 田中喜一的分类

日本学者田中喜一对格里克斯曼的四类旅游动机作了进一步细分，具体如下：

第一，心理的动机：思乡心、交友心、信仰心。

第二，精神的动机：知识的需要、欢乐的需要、见闻的需要。

第三，经济的动机：购物和商务。

第四，身体的动机：治疗、修养、运动。

3. 麦金托什的分类

美国学者罗伯特·麦金托什也把旅游动机分为四类。

第一，身体健康的动机：休息、运动、游戏、治疗等。

第二，文化方面的动机：艺术、风俗、语言、宗教等。

第三，人际方面的动机：在异地结识新的朋友、探亲访友、摆脱日常工作和家庭事务等。

第四，地位与声望的动机：考察、交流、会议、从事个人感兴趣的研究、求学等。

4. 波乃克的分类

澳大利亚学者波乃克把旅游动机分为以下六种。

第一，修养动机：异地疗养等。

第二，文化动机：修学旅行、参观、参加宗教活动等。

第三，体育动机：观摩比赛、参加运动会等。

第四，社会动机：蜜月旅行、亲友旅行等。

第五，政治动机：政治性庆典活动的观瞻等。

第六，经济动机：参加订货会、展销会等。

由于各个学者所采用的分类标准以及观察问题的角度不同，因此，他们对旅游动机的分类也有所不同。对于旅游者来说，他们的旅游决策，并不仅仅是由某种单一的动机引发的，而往往是多种动机综合作用的结果，因此，只有深入研究旅游者的各类动机，了解旅游者的各种需求，才能开发和提供旅游者真正需要的旅游产品和服务。

小思考

双休日人们进行短线旅游的动机是什么？

分析：现代都市人的工作压力大，周末解压。

知识链接

世界旅游联盟发布中国入境游报告

海外游客最爱北上广深

赵　珊

世界旅游联盟近日发布了《2019中国入境旅游数据分析报告》。报告整合了酷旅互动数据、猫途鹰、高科数聚、联通智慧足迹等多家数据资源，以2018年中国入境旅游整体数据概况为出发点，对入境旅游游客行为、未来趋势、发展潜力进行综合分析。

近十年来，中国入境游客人次呈现规律波动总体保持稳定的趋势。2018年中国入境旅游市场规模总量创下历史新高，入境旅游1.41亿人次，比上年同期增长1.2%。中国入境旅游面临新的战略机遇期。

报告显示，中国宏伟的名胜古迹、优美的自然风光、博大精深的历史人文吸引了大量海外游客的目光，其中，历史古迹类和自然风光类的景点最受海外游客喜爱。北京故宫博物院、上海外滩、天安门广场、颐和园、西安兵马俑、慕田峪长城、杭州西湖、湖南张家界、八达岭长城和上海迪士尼乐园是入境游的热门景点。

报告显示，游客入境旅游前最关注目的地城市口碑及酒店两方面；特色体验和基础配套是入境游客来华考虑的主要因素；网络是入境游客主要的信息获取渠道；搜索引擎是游客获取旅游网络信息最常用的入口。2018年入境游客最关注的中国城市是北京、上海、广州、深圳，其次是三亚、西安、成都等。张家界、海口和义乌的关注度增幅较高。在入境旅游中，亚洲游客入境人次居多，访华目的以休闲观光为主。

为继续提振中国入境游，报告建议，应不断提升中国旅游的国际化公共服务水平，加强外文标识系统、解说系统的开发建设；完善外文导航地图的开发和普及；加紧推进入境游客移动支付功能、国际银行卡消费功能的开通。在文化旅游融合的时代背景下，着重加强可参与、可激发入境游客情感互动类产品的开发力度。此外，应重视科技、文化与旅游产品融合。随着物联网、AR/VR、全息投影、5G等先进技术的兴起及逐渐成熟，借助高科技手段创新旅游产品，为入境游客沉浸式体验中国文化、中国故事，对文化旅游产业链的延伸及价值挖掘提供新的可能。

（资料来源：《人民日报》(海外版)，2019-09-20）

3.2.3 影响旅游动机的因素

影响旅游动机的因素有很多，这些因素有的来自人们自身，有的来自外部的客观环境。

1. 个性心理特征

所谓个性心理特征，就是个体在其心理活动中经常地、稳定地表现出来的特征，主要体现在人的气质、性格和能力三个方面。气质是人典型的、稳定的心理特征，性格是指人们在对现实的态度和行为方式上所表现出来的比较稳定的、独特的心理特征，能力则是成功地完成某种活动所必需的个性心理特征。

由于先天性的心理素质及所处社会环境的不同，每个人都表现出不同的个性特征，个性特征对人的旅游倾向和旅游内容的选择有很大的影响。心理学家把人的个性心理特征进行了分类，其中较有代表性的是美国心理学家斯坦利·帕洛格的旅游者消费心理类型模式。他把人们的个性心理模式分为五种心理类型，即自我中心型、近自我中心型、中间型、近多中心型和多中心型。

其中最主要的是三种心理类型。

(1)自我中心型

属于这种心理类型的人所共有的人格特征主要包括，思想上封闭而保守，谨小

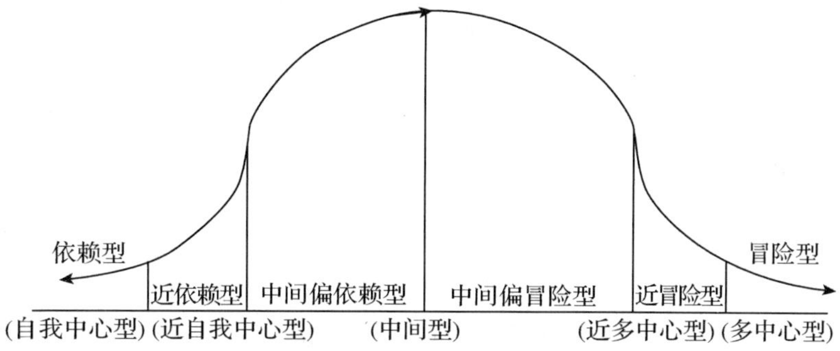

图 1-2　斯坦利·帕洛格心理类型模式

慎微，多忧多虑，缺乏自信，不爱冒险；行为上表现为活动量少，喜欢安逸、轻松的生活方式，喜欢熟悉的氛围和活动。因此，这类人外出旅游时往往倾向于选择距离比较近、自己对该地情况比较熟悉的旅游目的地，特别是倾向于选择那些传统的旅游地区，对自己所喜欢的旅游目的地会经常重游。

(2)多中心型

属于这种心理类型的人所共有的人格特征主要包括，思想上天生好奇，喜欢探险，充满自信，喜欢挑战，对待生活有个人主见；行为上多表现为喜新奇、好冒险，活动量大，不喜随大流，喜欢与不同文化背景的人打交道。因此，这类人外出旅游时强烈偏好那些环境独特、尚未充分开发的依然保留其原始魅力的旅游目的地，不喜欢随大流去那些旅游热点。除了睡觉外，他们将大部分时间用于考察和探访，而不是整天躺着晒太阳。他们偏好入乡随俗，乐于接受那些条件虽差，但非同一般类型的住宿设施。为了增加自己的阅历，他们经常外出旅游，每年都会去寻找新的旅游目的地而不愿故地重游。

(3)中间型

这种心理类型的人介于上面两种极端类型之间，对旅游目的地的选择通常不苛刻。

根据帕洛格的这一理论，对于一个新开发的旅游目的地来说，最初所能吸引来访的游客主要是那些具有冒险精神的多中心型旅游消费者，他们以为此时去该地旅游，在很大程度上意味着冒险，而这种心理类型的旅游消费者所寻求的恰恰是“冒险—探索”类的旅游活动，继他们之后，随着时间的推移，其他心理类型的旅游者会陆续跟进。当该旅游目的地步入成熟期，特别是形成利益热点时，所能吸引来访的游客则会转为那些心理类型偏向于依赖型的自我中心型旅游消费者。在这一过程中，冒险型的旅游者会逐渐失去对该地的兴趣，转而去寻找那些尚未充分开发、依然保留其原始魅力的旅游目的地。

近自我中心型、近多中心型则分别属于两个极端类型和中间型中略倾向于各极端特点的过渡类型。

帕洛格的这一模型虽然大体上将人按个性心理特征划分为五种主要类型，但是这种划分并不是绝对的，他也肯定了人在心理上存在某种连续性，表现在行为上就是人的行为具有明显的弹性或灵活性。

小思考

你属于哪种旅游者消费心理？为什么？

分析：结合自身情况，对照旅游者消费心理图进行分析。

2. 个人自身的客观条件

旅游动机除了受个性心理特征影响外，也受旅游者自身的性别、文化水平与受教育程度、年龄、社会群体等一些客观条件的影响。

(1)性别因素

性别本身不会直接对旅游者的出行动机产生影响。性别差异对一个人的需要以及对其行为动机的影响主要表现在两个方面：第一，性别差异意味着男女生理特点(如体力)不同；第二，性别差异导致男女在家庭中扮演的角色不同，有很多旅游调查结果表明，女性旅游者的出行主要是出于文化动机、购物动机、浪漫动机等；而男性旅游者的出行动机更多地与体育锻炼、探险度假等有关。

(2)文化程度

一个人的文化知识水平通常与他所受教育的程度有关，受教育的程度在很大程度上影响着一个人的知识水平和对外界信息的了解与兴趣，从而影响其追求的需要与动机。这主要是因为，一方面文化水平的提高有助于增加对外在世界事物的了解，从而更容易诱发对外界事物的兴趣和好奇心；另一方面，文化知识的增多有助于克服对他乡陌生环境的心理恐惧感。

(3) 年龄因素

年龄对旅游动机的影响主要表现在两个方面：第一，年龄不同往往决定了人们所处的家庭生命周期阶段不同，从而制约着人们的需要和动机。以年轻已婚的双职家庭为例，夫妻二人虽然具备外出旅游的条件和意愿，但由于家中有婴儿，有可能会决定不外出旅游；第二，年龄不同往往会影响人们的体力，从而制约人们的需要和动机。在中年阶段，尤其是子女已长大离家，处于空巢期的夫妇，身体条件良好，经济较为宽裕，旅游的动机强烈，旅游消费层次也比较高。在老年阶段，老年人的时间充裕，经济条件较好，只要身体条件允许，他们出游的概率也很大。

3. 社会因素

人的旅游动机也受其所处社会的政治、经济和文化环境因素的影响。政治的稳定、国与国之间的友好关系会促使旅游者产生旅游动机。近年来，随着各国旅游事业的不断发展，为便利各国公民之间的友好往来，不少国家互相签署了免签协议，双方公民持有效的本国护照可以自由出入对方国境而不必办理签证。入境手续的简化不仅使外出旅游的费用降低了，更节省了旅游者不少的时间和精力，从而大大提高了旅游者的积极性。

相反，战乱、恐怖活动等将抑制人们的旅游动机。处于不同文化环境中的人们在价值观念、信仰、态度等方面有较大的差别，民族习俗的不同也会导致旅游兴趣的不一致。

此外，社会阶层对旅游动机也有很大影响。社会阶层是按照人的财产状况、社会地位或谋生方式不同而区分的社会层次。不同社会阶层的人有不同的旅游愿望。由于职业不同，人们在经济收入上会有差异，这也会对旅游动机产生一定的影响。

因此，影响旅游动机的因素是多方面的。随着时代的发展，人们的旅游形式和旅游动机呈现出多元化、个性化的发展趋势。

阅读资料

中国与外国互免签证协定一览表

（更新至2019年11月18日）

截至2019年11月18日，中华人民共和国与下列国家缔结互免签证协定。中国公民持所适用的护照前往下列国家短期旅行通常无需事先申请签证。

序号	协议国	互免签证的证件类别	生效日期	备注
1	阿尔巴尼亚	外交、公务护照	1956-08-25	
2	阿尔及利亚	外交、公务护照	2019-03-13	
3	阿富汗	外交护照	2015-07-16	
4	阿根廷	中方外交、公务护照；阿方外交、官员护照	1993-08-14	
5	阿联酋	外交护照	2012-03-21	
		公务、公务普通护照 1	2016-01-11	
		普通护照	2018-01-16	
6	阿曼	中方外交、公务护照；阿方外交、公务和特别护照	2010-04-16	
7	阿塞拜疆	外交、公务、公务普通护照	1994-02-10	
		团体旅游	1994-05-01	
8	爱尔兰	中方外交护照、公务和公务普通护照（公务和公务普通护照限于随部长级及以上代表团出访者）；爱方外交护照、官员护照（官员护照限于随部长级及以上代表团出访者）	2015-09-23	
		欧盟通行证	2017-01-01	
9	埃及	中方外交、公务护照；埃方外交、特别护照	2007-01-27	
10	埃塞俄比亚	外交、公务、公务普通护照	2015-12-07	
11	爱沙尼亚	外交护照、欧盟通行证	2017-01-01	*3
12	安哥拉	外交、公务护照	2015-04-11	
13	奥地利	外交护照、欧盟通行证	2017-01-01	*3
14	巴巴多斯	中方外交、公务、公务普通护照；巴方外交、官员护照	2014-08-02	
		普通护照	2017-06-01	
15	巴布亚新几内亚	中方外交、公务、公务普通护照；巴方外交、公务护照	2019-05-02	
16	巴哈马	中方外交、公务、公务普通、普通护照；巴方外交、官员、普通护照	2014-02-12	

续表

序号	协议国	互免签证的证件类别	生效日期	备注
17	巴基斯坦	中方外交、公务护照；巴方外交、官员护照	1987-08-16	
		公务普通护照	1988-04-30	
18	巴林	中方外交、公务、公务普通护照；巴方外交、特别护照	2018-10-25	
19	巴拿马	中方外交、公务、公务普通护照；巴方外交、公务护照	2017-10-28	
20	巴西	中方外交、公务护照；巴方外交、官员护照	2004-08-10	
21	白罗斯	外交、公务护照；团体旅游	1993-03-01	
		普通护照	2018-08-10	
22	保加利亚	外交、公务护照	2012-04-04	
		欧盟通行证	2017-01-01	*3
23	贝宁	中方外交、公务、公务普通护照；贝方外交、公务、附有"公务证明"的普通护照	1993-11-06	
24	比利时	外交护照、欧盟通行证	2017-01-01	*3
25	秘鲁	中方外交、公务护照；秘方外交、特别护照	2004-05-12	
26	冰岛	外交护照	2017-06-01	
27	博茨瓦纳	中方外交、公务、公务普通护照；博方外交、公务、官员护照	2018-12-22	
28	波黑	中方外交、公务、公务普通护照；波方外交、公务护照	1980-01-09	*1
			2017-10-04	
		普通护照	2018-05-29	
29	波兰	外交、公务护照、海员证、机组人员证件	1992-07-27	
		欧盟通行证	2017-01-01	*3
30	玻利维亚	中方外交、公务护照；玻方外交、官员护照	1987-11-15	
		公务普通护照	2008-01-18	
31	布基纳法索	中方外交、公务、公务普通护照；布方外交、公务护照	2018-11-18	
32	布隆迪	外交、公务、公务普通护照	2014-11-25	
33	朝鲜	外交、公务护照	1956-10-01	
		中方公务普通护照、朝方公务团体护照	1965-01-01	
34	赤道几内亚	中方外交、公务护照；赤方外交、官员护照	2006-01-01	
		中方公务普通护照、赤方特别公务护照	2017-08-06	
35	丹麦	外交护照、欧盟通行证	2017-01-01	*3
36	德国	外交护照、欧盟通行证	2017-01-01	*3
37	东帝汶	外交、公务、公务普通护照	2015-06-24	
38	多哥	外交、公务、公务普通护照	2015-05-07	

续表

序号	协议国	互免签证的证件类别	生效日期	备注
39	多米尼克	中方外交、公务、公务普通护照；多方外交、官员护照	2014-03-29	
40	厄瓜多尔	中方外交、公务护照；厄方外交、官员护照	1987-07-11	
		中方公务普通护照；厄方特别护照	1988-12-25	
		普通护照	2016-08-18	
41	厄立特里亚	外交、公务、公务普通护照	2015-04-15	
42	俄罗斯	团体旅游	2000-12-01	
		外交、公务护照，随车、飞机、船执行公务的国际列车车组人员、机组人员、持海员证船员	2014-04-26	
43	法国	外交护照、欧盟通行证	2017-01-01	*3
44	斐济	外交、公务、公务普通、普通护照	2015-03-14	
45	菲律宾	中方外交、公务护照(限临时访问人员)；菲方外交、官员护照(限临时访问人员)	2005-02-28	
46	芬兰	外交护照、欧盟通行证	2017-01-01	*3
47	佛得角	外交、公务护照	2015-07-11	
48	冈比亚	中方外交、公务、公务普通护照；冈方外交、公务护照	2018-06-10	
49	刚果(布)	外交、公务、公务普通护照	2014-08-07	
50	格林纳达	中方外交、公务护照；格方外交、官员护照	2010-01-17	
		公务普通、普通护照	2015-06-10	
51	哥伦比亚	外交护照	1987-11-14	
		中方公务护照；哥方官员护照	1991-11-14	
52	哥斯达黎加	外交、公务护照	2008-01-15	
53	格鲁吉亚	外交、公务、公务普通护照；团体旅游	1994-02-03	
54	古巴	中方外交、公务、公务普通护照；古方外交、公务、官员护照	1988-12-23	
55	圭亚那	中方外交、公务、公务普通护照；圭方外交、官员护照	1998-08-19	
56	韩国	外交护照	2013-08-10	
		中方公务护照；韩方官员护照	2014-12-25	
57	哈萨克斯坦	外交、公务护照	1994-02-01	
58	荷兰	外交护照、欧盟通行证	2017-01-01	*3
59	黑山	外交、公务护照	2013-03-01	
60	加纳	外交、公务护照	2017-03-28	
61	加蓬	外交、公务、公务普通护照	2016-02-05	
62	吉布提	外交、公务、公务普通护照	2014-12-04	
63	吉尔吉斯斯坦	外交、公务护照	2003-06-14	

续表

序号	协议国	互免签证的证件类别	生效日期	备注
64	几内亚	外交、公务、公务普通护照	2017-09-16	
65	柬埔寨	外交、公务护照	2006-09-14	
66	捷克	外交护照、欧盟通行证	2017-01-01	*3
67	津巴布韦	外交、公务护照	2014-11-12	
68	喀麦隆	外交、公务护照	2017-08-12	
69	卡塔尔	中方外交、公务、公务普通、普通护照；卡方外交、特别、公务、普通护照	2018-12-21	
70	克罗地亚	中方外交、公务护照；克方外交、官员护照	1995-04-09	
		欧盟通行证	2017-01-01	*3
71	科摩罗	外交、公务、公务普通护照	2016-02-26	
72	科特迪瓦	外交、公务、公务普通护照	2015-12-19	
73	科威特	中方外交、公务、公务普通护照；科方外交、特别护照	2014-10-17	
74	肯尼亚	中方外交、公务护照；肯方外交、官员护照	2014-08-17	
75	拉脱维亚	外交护照、欧盟通行证	2017-01-01	*3
76	莱索托	中方外交、公务护照；莱方外交、官员护照	2016-08-24	
77	老挝	中方外交、公务、公务普通护照；老方外交、公务、加注有效公务签证的普通护照	1989-11-06	
78	利比里亚	外交护照	2016-02-10	
79	立陶宛	外交、公务护照、海员证(随船)	1992-09-14	
		欧盟通行证	2017-01-01	*3
80	卢森堡	外交护照、欧盟通行证	2017-01-01	*3
81	卢旺达	中方外交、公务、公务普通护照；卢方外交、公务护照	2018-12-23	
82	罗马尼亚	外交、公务护照	1981-09-16	
		欧盟通行证	2017-01-01	*3
83	马尔代夫	外交、公务护照	1984-11-27	
84	马耳他	外交、公务护照	2008-03-06	
		欧盟通行证	2017-01-01	*3
85	马里	外交、公务、公务普通护照	2015-05-09	
86	马来西亚	中方外交、公务护照；马方外交、官员护照	2011-05-18	
87	马其顿	中方外交、公务、公务普通护照；马方外交、公务、标有“公务”字样的普通护照	1994-07-19	
88	毛里求斯	外交、公务、公务普通、普通护照	2013-10-31	
89	毛里塔尼亚	中方外交、公务、公务普通护照；毛方外交、公务护照	2017-05-15	
90	蒙古	外交、公务、公务普通护照	1989-04-30	

续表

序号	协议国	互免签证的证件类别	生效日期	备注
91	孟加拉国	中方外交、公务、公务普通护照；孟方外交、官员、加注“政府公务”或“免费”字样的普通护照	1989-12-18	
92	缅甸	中方外交、公务护照；缅方外交、官员护照	1998-03-05	
93	摩尔多瓦	中方外交、公务、公务普通护照；摩方外交、公务、加注“公务”字样的普通护照；团体旅游	1993-01-01	
94	摩洛哥	外交、公务护照	2014-03-06	
		中方公务普通、摩方特别护照	2016-06-09	
95	莫桑比克	外交、公务护照	2016-05-14	
96	墨西哥	中方外交、公务护照；墨方外交、官员护照	1998-01-01	
97	南非	外交护照	2010-11-27	
		公务护照	2016-03-01	
98	南苏丹	中方外交、公务、公务普通护照；南方外交、特别护照	2019-03-28	
99	尼泊尔	中方外交、公务护照；尼方外交、官员护照	2006-10-16	
100	尼日尔	中方外交、公务、公务普通护照；尼方外交、公务护照	2018-12-15	
101	尼日利亚	外交、公务、公务普通护照	2014-02-01	
102	挪威	外交护照	2018-06-18	
103	葡萄牙	外交护照、欧盟通行证	2017-01-01	*3
104	瑞典	外交护照、欧盟通行证	2017-01-01	*3
105	瑞士	外交护照	2016-01-29	
106	萨摩亚	中方外交、公务护照；萨方外交、官员护照	2011-02-18	
107	塞尔维亚	中方外交、公务、公务普通护照；塞方外交、公务、加注“公务”字样的普通护照	1980-01-09	*1
		普通护照	2017-01-15	
108	塞拉利昂	中方外交、公务、公务普通护照；塞方外交、公务护照	2018-12-24	
109	塞内加尔	外交、公务、公务普通护照	2014-05-03	
110	塞浦路斯	外交、公务护照	1991-10-02	
		欧盟通行证	2017-01-01	*3
111	塞舌尔	外交、公务、公务普通、普通护照	2013-06-26	
112	圣多美和普林西比	中方外交、公务、公务普通护照；圣普方外交、特别公务护照	2018-02-03	
113	圣马力诺	外交、公务、普通护照	1985-07-22	
114	斯里兰卡	中方外交、公务、公务普通护照；斯方外交、官员护照	2013-04-18	

续表

序号	协议国	互免签证的证件类别	生效日期	备注
115	斯洛伐克	中方外交、公务护照；斯方外交、公务、特别护照	1956-06-01	*2
		欧盟通行证	2017-01-01	*3
116	斯洛文尼亚	外交、公务护照	1994-07-01	
		欧盟通行证	2017-01-01	*3
117	苏丹	中方外交、公务护照；苏方外交、特别、官员护照	1995-10-26	
118	苏里南	外交、公务护照	2014-05-06	
119	塔吉克斯坦	中方外交、公务、公务普通；塔方外交、公务、加注“公务”字样的普通护照	1993-06-01	
120	泰国	中方外交、公务护照；泰方外交、官员护照	2003-10-18	
121	坦桑尼亚	外交、公务护照	2005-07-11	
122	汤加	中方外交、公务、公务普通护照；汤方外交、官员护照	2012-11-10	
		普通护照	2016-08-19	
123	特立尼达和多巴哥	中方外交、公务护照；特方外交、官员护照	2006-11-23	
124	突尼斯	中方外交、公务护照；突方外交、特别护照	2006-09-29	
125	土耳其	中方外交、公务、公务普通护照；土方外交、公务、特别护照	1989-12-24	
126	土库曼斯坦	中方外交、公务、公务普通护照；土方外交、公务、加注“公务”字样的普通护照；团体旅游	1993-02-01	
127	委内瑞拉	外交、公务护照、公务普通护照	2014-01-08	
128	文莱	中方外交、公务护照；文方外交、官员护照	2005-06-18	
129	乌克兰	外交、公务护照和海员证	2002-03-31	
130	乌拉圭	中方常驻乌方使领馆人员所持外交、公务护照，乌方常驻中方使领馆人员所持外交、官员护照	1988-11-07	
		外交护照	1994-01-01	
		中方外交、公务、公务普通护照；乌方外交、公务护照	2017-01-07	
131	乌兹别克斯坦	外交护照	2010-07-09	
132	西班牙	外交护照、欧盟通行证	2017-01-01	*3
133	希腊	外交护照、欧盟通行证	2017-01-01	*3
134	新加坡	外交、公务、公务普通护照	2011-04-17	
135	匈牙利	外交、公务护照	1992-05-28	
		欧盟通行证	2017-01-01	*3
136	牙买加	中方外交、公务护照；牙方外交、官员护照	1995-06-08	
137	亚美尼亚	中方外交、公务、公务普通护照；亚方外交、公务、公务普通、加注“公务”字样的普通护照	1994-08-03	
138	意大利	外交护照、欧盟通行证	2017-01-01	*3

续表

序号	协议国	互免签证的证件类别	生效日期	备注
139	伊朗	外交、公务护照	1989-07-12	
140	伊拉克	外交护照	2016-11-02	
141	以色列	外交、公务护照	2016-01-17	
142	印度尼西亚	外交、公务护照(限临时访问人员)	2005-11-14	
143	英国	中方外交护照、公务和公务普通护照(公务和公务普通护照限于随部长级及以上代表团出访者)；英方外交护照、官员护照(官员护照限于随部长级及以上代表团出访者)	2007-10-25	
		欧盟通行证	2017-01-01	*3
144	约旦	中方外交、公务护照；约方外交、公务、特别护照	1993-03-11	
145	越南	外交、公务、公务普通护照	1992-03-15	
146	乍得	中方外交、公务、公务普通护照；乍方外交、公务护照	2019-11-18	
147	智利	中方外交、公务护照；智方外交、官员护照	1986-05-07	

注：*1 目前适用中国与前南斯拉夫社会主义联邦共和国有关协议。
*2 目前适用中国与前捷克斯洛伐克共和国有关协议。
*3 适用《中国与欧盟关于互免持外交护照人员短期停留签证的协定》。

（资料来源：http：//www.cs.mfa.gov.cn/zggmcg/cgqz/qzxx-660462/t833978.shtml，2020-06-07）

免签入境并不等于可无限期在协定国停留或居住，根据协定要求，持有关护照免签入境后，一般只允许停留不超过 30 日。持照人如需停留 30 日以上，按要求应尽快在当地申请办理居留手续。

项目小结

旅游者是旅游活动的主体，分为国际旅游者和国内旅游者。目前国际上对国际旅游者的技术性定义已经基本取得共识，而对国内旅游者的技术性定义至今都无法得到一个统一的看法，各个国家在借鉴世界旅游组织的定义后都给出了自己的结论。

要成为一名旅游者，必须有可自由支配收入和可自由支配时间，除了具备这两个客观条件外，还得有主观旅游意愿，即旅游动机。影响旅游动机的因素很多，这导致有多种类型的旅游者存在。

项目练习(满分 100 分)

一、填空题(共 2 题，每空 5 分，合计 30 分)

1. 按消费水平分，旅游者可以分为(　　)、(　　)和(　　)三类。

2. 马斯洛把人的需求分成生理需求、(　　)、社会需求、(　　)和(　　)五类。

二、单选题(4个选项，有且只有一个选项正确；共2题，每题5分，合计10分)

1. 罗马会议提出，凡纳入旅游统计中的来访人员统称为(　　)。

A. 旅游者　　B. 旅行者　　C. 游览者　　D. 游客

2. 决定个人旅游需要的主观因素是(　　)。

A. 旅游动机　　B. 身体条件　　C. 闲暇时间　　D. 家庭收入

三、多选题(每题有4个选项，有2个至4个选项正确；共2题，每题5分，合计10分)

1. 我国入境游客主要是指来我国参观、访问、旅行、探亲、访友、休养、考察、参加会议，和从事经济、科技、文化、体育、宗教等活动的(　　)。

A. 外国人　　B. 华侨　　C. 港澳台同胞　　D. 游客

2. 闲暇时间可以分为四个部分(　　)。

A. 每日闲暇时间　B. 每周闲暇时间　C. 法定年节假日　D. 带薪假期

四、简答题(共5题，每题10分，合计50分)

1. 什么是国际旅游者?

2. 我国对国内旅游者的界定范围是什么?

3. 一个人成为旅游者需要具备的条件有哪些?

4. 根据旅游目的分，旅游者有哪些类型?

5. 旅游动机的类型有哪些?

参考答案

一、填空题

1. 豪华型旅游者　标准型旅游者　经济型旅游者

2. 安全需求　尊重需求　自我实现需求　解析：马斯洛需求层次理论把需求分成生理需求、安全需求、社会需求、尊重需求和自我实现需求五类，依次由较低层次到较高层次排列。

二、单选题

1. D　解析：1963年，联合国在意大利罗马召开国际性旅游会议，即罗马会议。会议出于统计工作需要，对1937年国际联盟的定义做了修改和补充，就各国对旅游者的统计口径做了新的规范，并提出了“游客”这一总体概念。

2. A　解析：决定个人旅游需要的主观因素是旅游动机。

三、多选题

1. ABC　解析：我国入境游客主要是指来我国参观、访问、旅行、探亲、访友、休养、考察、参加会议，和从事经济、科技、文化、体育、宗教等活动的外国人、华侨、港澳台同胞。

2. ABCD　解析：闲暇时间可以分为四个部分：每日闲暇时间、每周闲暇时间、法定年节假日、带薪假期。

四、简答题

1. 答：国际旅游者的定义有很多，1937 年，国际联盟统计专家委员会认为国际旅游者是指“离开自己的居住国，到异国旅行和访问至少 24 小时的人”。

2. 答：中国国家统计局对国内旅游者的界定范围是：我国大陆居民和在我国常住 1 年以上的外国人、华侨、港澳台同胞离开常住地，在境内其他地方旅游住宿设施内至少停留一夜，连续停留时间最长不超过 6 个月的人。

3. 答：旅游者形成有两个条件，一个是客观条件，另一个是主观条件。客观条件包括：①可自由支配收入；②闲暇时间；③其他的一些客观条件，比方说社会因素和政治因素，还有个人的年龄、性别、职业等因素。旅游者形成的主观条件是旅游动机。

4. 答：根据旅游目的，旅游者可分为：观光型旅游者、娱乐消遣型旅游者、公务型旅游者、个人及家庭事务型旅游者、医疗保健型旅游者、文化知识型旅游者、生态/探险型旅游者、宗教型旅游者。

5. 答：动机是需要的表现形式。由于需要多种多样，因此人们的旅游动机也越来越丰富多样。各国学者从不同角度对旅游动机进行了分类，较著名的如德国学者格里克斯曼、日本学者田中喜一、美国学者罗伯特·麦金托什及澳大利亚学者波乃克的分类。旅游动机大体分为心理动机、精神动机、身体动机、人际动机、文化动机、地位与声望动机、政治动机等。

实训项目

1. 对本地区旅游者的旅游动机进行调查。

调查目的：了解人们为什么会产生旅游行为，是什么原因导致人们旅游行为的差异，尤其是旅游目的地选择行为的差异。

调查工具：相机、摄像机、录音笔等。

调查要求：分组调查。

具体调查内容：到当地旅行社、景区、广场等地调查旅游者的旅游目的地、年龄、旅游时间、职业、旅游目的等。

调查报告：以小组为单位形成调查报告，阐述人们为什么会产生旅游行为，是什么原因导致人们旅游行为的差异，2000～3000 字。

2. 根据实训项目 1 的调查结果，分析常见的旅游者有哪些类型，不同类型各自有什么特点，并完成一份分析报告。

编写目的：了解旅游者类型及其特点。

编写要求：图文并茂，用 PPT 展示。

项目三　认识旅游活动客体
——旅游资源

知识目标

掌握旅游资源的概念及特点；

熟悉旅游资源的基本类型；

了解旅游资源的开发条件、开发内容和需要遵循的原则；

掌握旅游资源破坏与保护的原因和措施。

能力目标

能够对旅游资源进行分类，具有分析、调查旅游资源的能力；

能够独立编写一份《本地旅游资源调查报告》；

能够认清旅游资源保护与开发之间的关系；

能够运用所学知识，对现实中的旅游资源遭到破坏的现象进行分析。

关键术语

旅游资源　旅游资源的分类　调查与开发

破坏原因　旅游资源保护　旅游可持续发展

>> 任务一　认识旅游资源 <<

任务导入

桂林是我国著名的旅游城市，桂林山水是中国十大名胜古迹之一。

桂林的山，平地拔起，千姿百态；漓江的水，蜿蜒曲折，明洁如镜；山多有洞，洞幽景奇；洞中怪石，形态万千，于是形成了“山青、水秀、洞奇、石美”的“桂林四绝”，千百年来人们盛赞“桂林山水甲天下”。桂林的城市建设追求的是整个城市的生态和谐，注重历史背景和文化渊源。城市穿插分布在山水之中，景色与城市建筑互为因借，到处是景，到处是园，这样的城市不仅国内绝无仅有，而且在世界上也是罕见的。如果说苏州是“城中园”，杭州是“半壁江山半壁城市”，那么，桂林则是名副其实的“山水中的城市”。

桂林也是一座文化古城，具有万年历史，有丰厚的文化底蕴。

秦始皇统一天下后，设置桂林郡，开凿灵渠，沟通湘江和漓江。桂林从此成为南通海域、北达中原的重镇。宋代以后，桂林一直是广西政治、经济、文化的中心，堪称“西南会府”，直到中华人民共和国成立。在漫长的岁月里，桂林的奇山秀水吸引着无数的文人墨客，写下了许多脍炙人口的诗篇和文章，刻下了两千余件石刻和壁书，历史还在这里留下了许多古迹遗址。陈毅诗云：“宁作桂林人，不愿作神仙。”桂林的山水养育了桂林人民，桂林山水之灵气培育了一大批桂林山水画家。

桂林的气候条件十分优越，一年四季均可前往游玩。它地处低纬度，属亚热带季风气候，年平均气温在 19 摄氏度左右，最热的天气在七、八月，平均温度在 28 摄氏度左右。年平均降雨量在 1900 毫米左右。雨水最多的季节为四月至八月，降雨量占全年的 40%。气候温和，雨量充沛，有“三冬少雪，四季常花”之说。无霜期长，全年无霜期 300 天左右，最冷的天气在一、二月，平均温度在 8 摄氏度左右，偶尔也会降到零摄氏度以下。光照充足，四季分明，其中五、六、七月最宜旅游。

桂林一直备受国内外旅游者的青睐。据统计，2019 年上半年桂林全市接待国内外游客共 6139.15 万人次，同比增长 20.29%，实现旅游总消费 848.82 亿元，同比增长 29.13%。其中，接待入境过夜游客 140.96 万人次，同比增长 11.29%，国际旅游(外汇)消费 81182.09 万美元，同比增长 17.09%；接待国内游客 5998.19 万人次，同比增长 20.52%，国内旅游消费 795.10 亿元，同比增长 30.03%。

【小思考】

桂林山水为什么会吸引国内外众多旅游者？这些吸引旅游者的因素是不是旅游资源？如果是，属于哪一类旅游资源？

课堂活动

学生以小组为单位进行讨论：下列哪些属于旅游资源呢？

1. 四川九寨沟
2. 蒙古族那达慕大会
3. 民间传说和故事
4. 上海迪士尼乐园
5. 纳西族东巴文字
6. 北京故宫博物院
7. 京剧
8. 太空

项目导读

旅游资源是旅游活动的客体，是旅游者进行旅游活动的对象，更是旅游业发展的重要条件和基础。事实证明，一个国家或地区旅游资源的特色、分布状况和开发水平，直接影响和制约着该国或地区旅游业的发展。因此，旅游资源是旅游学研究中的一个基本内容，探讨和了解旅游资源的概念及相关知识具有十分重要的意义。

知识链接

1.1 旅游资源的基本概念

1.1.1 国内学者对旅游资源的定义

国内许多学者对旅游资源的概念做过积极探讨，但由于研究角度不同各有侧重，尚没有形成统一的定义，比较有代表性的有以下几种。

①旅游资源是在现实条件下，能够吸引人们产生旅游动机并进行旅游活动的各种因素的总和。

②凡是能为人们提供旅游欣赏、知识乐趣、度假疗养、娱乐休息、探险猎奇、科研考察以及人们之间友好往来和消磨闲暇时间的客体和劳务，均可称为旅游资源。

③旅游资源是指对旅游者具有吸引力的自然存在和历史文化遗产，以及直接用于旅游目的的人工创造物。

④旅游资源是客观地存在于一定地域空间并因其所具有的愉悦价值而使旅游者向往的自然存在、历史文化遗产或社会现象。

⑤凡是能激发旅游者旅游动机的，能为旅游业所利用的，并由此产生经济效益和社会效益的自然与社会的实在物，均可称为旅游资源。

⑥旅游资源就是吸引人们前来游览、娱乐的各种事物的原材料，这些原材料可以是物质的，也可以是非物质的，它们本身不是旅游目的物和吸引物，必须经过开发才能成为有吸引力的事物。

⑦凡是能够造就对旅游者具有吸引力环境的自然事物、文化事物、社会事物或其他客观事物，都可以构成旅游资源。

1.1.2 国外学者对旅游资源的研究

旅游资源在国外虽然也被称为“旅游吸引物”(Tourist attraction)，但涵盖的范围与我国相比要广泛得多，除了包括我们所说的旅游对象物，还包括各种可以为旅游业所使用的设施和条件，如旅游专用设施、旅游交通等。

分析上述研究可以看出，对于旅游资源的定义目前尚缺乏公认的准则，原因主要有：第一，从客观上来说，旅游资源内容丰富，归类定性难度较大；第二，从主观上来说，人们对于旅游资源的认识主要停留在表象层面，还需进一步把握其内涵和外延。

为了统一概念，本书采用《旅游资源分类、调查与评价》(GB/T 18972-2017)国家标准中对旅游资源的定义：自然界和人类社会凡能对旅游者产生吸引力，可以为旅游业开发利用，并可产生经济效益、社会效益和环境效益的各种事物和现象，均可称为旅游资源。

1.2 旅游资源的内涵

要掌握旅游资源的概念，应从以下几个方面来理解。

第一，旅游资源的核心是对旅游者具有吸引力。旅游资源区别于其他资源的关键之处就是它能够对旅游者产生吸引力，激发其旅游愿望，引起其旅游动机，使其最后付诸旅游行动。旅游者在决定出游和选择旅游目的地时会受到这种吸引力的影响。因此，不具备吸引力的任何资源都不是，也不会成为旅游资源。

第二，旅游资源可以是物质的，也可以是非物质的。旅游资源和其他资源一样都是客观存在的，它的存在形式有物质的，也有非物质的；有有形的，也有无形的。例如，名山大川、江河瀑布、古典园林、文物古迹等都是物质的、有形的，而文化艺术、民俗风情、传说典故等都是非物质的、无形的。很多旅游资源都是有形的物质资源和无形的非物质资源的结合体，如长城与孟姜女的故事、故宫与明清王朝的故事、雷峰塔与许仙和白娘子的故事等。无形的旅游资源如果得到充分发掘，不仅可以丰富旅游内容，还可以为有形的、物质的旅游资源增加内涵，提高旅游吸引力。

第三，旅游资源具有动态发展性。旅游资源并不是一成不变的，随着社会的发展、科学的进步，旅游资源的形式也越来越多样化。某些事物在其存在之初并没有被作为旅游资源，但随着旅游者需求的变化，它成了具有吸引力的旅游资源，如农业大棚、大型工厂。而有些过去盛极一时的旅游资源也可能因为缺乏新意或不适应市场需求而被淘汰。

第四，旅游资源具有效益功能。旅游资源是一个国家或地区旅游业的基础，离开了旅游资源，发展旅游业就像无源之水、无本之木。旅游资源被旅游业所利用，会产生经济效益、社会效益和环境效益。据国家文化和旅游部统计，2018 年中国旅游总收入为 5.97 万亿元，占 GDP 总量的 11.04%。旅游业已成为我国经济发展的支柱性产业。旅游资源的社会效益是指旅游资源本身具有深厚的文化内涵，并且旅游者在旅游活动中会受到不同地区文化的影响，促进文化交流。此外，旅游资源对生态环境的影响也越来越受到人们的关注，如正是因为发展旅游业，有些城市的环境得到了明显改善。

1.3 旅游资源的特点

旅游资源同其他资源一样，具备资源所共有的特点，同时也有特殊之处。了解这些特点，有助于人们合理地开发和利用旅游资源，对发展旅游业有着十分重要的意义。概括起来，旅游资源的特点主要有以下几个方面。

1. 观赏性

旅游资源同一般资源最重要的区别就在于它的美学特征。尽管旅游动机因人而异，旅游内容和形式多种多样，但是观景赏美可以说是旅游过程中最为重要的一个环节，贯穿于旅游活动的始终。因此，旅游资源都是具有观赏价值的，旅游资源的观赏性越强，对旅游者产生的吸引力越大。

2. 差异性

旅游资源分布和存在于特定的地域环境中。受自然、人文因素的影响，不同地域间的旅游资源存在着较为明显的差异，正是这种差异激发了人们的旅游兴趣，使人们产生了旅游行为。例如，中国北方和南方的地理环境差异较大，因此两地的自然风光、人文风情都具有明显的地域特征；不同国家的历史古迹也各不相同，中国的故宫采用传统的中轴线制式，体现皇家的威严大气，巴黎的凡尔赛宫则为西方古典主义建筑风格，更注重内部装饰的多彩奢华。

3. 季节性

旅游资源的季节性主要体现为自然景观的季节性，同一地理环境随季节和时间的变化，在某一特定时期会出现某些特殊景观，从而对旅游者产生一定的吸引力。比如北京香山的红叶只出现在秋季很短的时期，钱塘江大潮只出现在每年的农历八月十六至八月十八，内蒙古草原只在夏季才会有“天苍苍，野茫茫，风吹草低见牛羊”的美景，吸引全国各地的游客。由于自然景观的季节性变化，旅游业出现了淡季和旺季。

4. 综合性

世界上绝大多数旅游资源都不是单一存在的，而是呈现综合分布的特点，同一区域内多种类型的旅游资源相互交错、相互组合，共同构成了对旅游者产生吸引力的因素。例如，提到三亚的海岛风光，我们就会想到蓝天、碧海、沙滩、椰林；提到安徽的黄山景区，我们就会想到“奇松、怪石、云海、温泉”。还有很多旅游景区，既有大自然造就的自然山水，也有历史发展的遗址遗迹。旅游资源的综合性越强，就越能够满足旅游者多样化的旅游需求，产生更大的旅游吸引力。

5. 不可转移性

由于旅游资源的形成在很大程度上受到其所在地理环境和区域环境的影响，带有浓郁的地方特色和区域特征，因此，一旦离开了特定的背景、环境和条件，旅游资源的个性、独特内涵就会发生变化，甚至丧失吸引力。例如，20 世纪 90 年代一些以微缩景观为主题的公园和民俗村曾经风靡一时，但很多景观由于离开了其所存在的特定环境而给人一种完全仿制的感觉，失去了原有的意义和魅力。所以说，旅游资源的开发一般只在本地进行。

6. 易损性

很多旅游资源都是非常脆弱的，一方面，旅游资源处于自然环境中，必然会受到环境变化带来的影响，如风化、水蚀、自然灾害等。2008 年 5 月 12 日，中国汶川发生里氏 8.0 级地震，很多旅游景区因此受到严重破坏，其中世界文化遗产都江堰风景区的主体建筑二王庙几近损毁。另一方面，如果人类在开发过程中利用、保护不当，也会使旅游资源遭受破坏。如云南大理古城在开发时，为方便电瓶车通行，将古老的青石板路改为沥青路，严重破坏了文物，也影响了古城的历史氛围。这种破坏一旦造成，往往难以恢复。

1.4 旅游资源的分类

旅游资源的类型非常丰富，为了便于研究，人们从不同的角度出发，利用多种方式对旅游资源进行了划分。常见的方式有以下几种。

1.4.1 根据旅游资源的基本属性分类

这是目前最常用的方法，简单明确，容易掌握，已被多数学者所采用。根据这种方法，旅游资源可以分为自然旅游资源和人文旅游资源两大类。

1. 自然旅游资源

自然旅游资源是指，自然界中天然赋存并具有观赏价值，能使人产生美感的各种自然环境构成要素的地域组合。依据表现形式的不同，自然旅游资源的种类也是多种多样的，主要包括地质地貌、气象气候、水域风光、生物景观、太空旅游等类型。

(1)地质地貌

地貌是各种地表形态的总称，是地球内力和外力相互作用于地表物质的结果。外力作用按照方式不同分为剥蚀作用、搬运作用、沉积作用等；内力作用既发生于地表，也发生于地球内部，如地壳运动产生地震、火山喷发等。主要形成的景观有观赏型山岳，如花岗岩名山、丹霞山地等；探险型山地，如青藏高原周边山地、珠穆朗玛峰等；岩溶山水，如地下溶洞、暗河、石林等；风蚀地貌，如风蚀柱、风蚀城等；还有各种海蚀、海积地貌等。

(2)气象气候

气象气候是构景因素中最活跃、最富于变化的因素，日、月、风、云、雨、雪、雾、霜、霞光等气象要素，都可具有造型美、色彩美、动态美的特点，形成旅游吸引力。良好的气候条件本身就是一种旅游资源，气候还有随着高度上升气温递减的垂直变化，从而形成垂直带谱，在同一地区出现不同景致。常见的气象气候旅游资源有冰雪、雾凇、极光、蜃景、佛光等。

(3)水域风光

水以不同的形式广泛存在于地球之上，包括海洋水、地表水、地下水、大气水等类型，水是自然界最普遍、最活跃的地质营力，是地表形态的塑造者，对有机物的生命起源、文化发源有着无法取代的意义，同时也可以调节气候、美化环境，具有观赏价值和娱乐价值，是一种重要的旅游资源。水域风光主要包括江河旅游资源，如我国的四大河，长江、黄河、珠江和黑龙江；湖泊旅游资源，如平原大湖、山地秀湖、人工湖泊、高原旷湖、园林风景湖；泉水、瀑布旅游资源，如观赏泉、饮泉和温泉、飞瀑等；还有海滨旅游资源。

(4)生物景观

生物景观主要由动物和植物两种类型构成。地球上丰富多样的动植物种群，使地球表面的景象更加活跃，富有趣味，不但给旅游者以赏心悦目的感觉，而且具有科考价值。生物景观包括森林、草原、花卉、珍稀动物等。

(5)太空旅游

太空旅游基于人们遨游太空的理想，可以给人带来前所未有的体验。旅游者不但可以观赏太空旖旎的风光，还可以享受失重的感觉。2001 年，美国人丹尼斯·蒂托乘坐俄罗斯“联盟 TM-32”号载人飞船上天，成为人类历史上第一位太空游客。太空旅游虽然还未普及，但未来发展空间广阔，属于一种新型的自然旅游资源类型。

2. 人文旅游资源

人文旅游资源是指，由古至今人类社会活动所产生的具有旅游价值的人文景观。它的形成和分布不仅受到民族、历史等因素的制约，也受到自然环境的影响，有比较明显的地域特征。人文旅游资源的内容十分广泛，主要包括遗址遗迹、宗教文化、建筑设施、民族民俗、文化艺术、饮食购物等。

(1)遗址遗迹

人类在漫长的历史发展中遗留下来大量珍贵的文物古迹，它们是人文景观中最为博大精深的一类旅游资源，具有丰富的历史内涵和文化魅力，会对旅游者产生巨大的吸引力。遗址遗迹旅游资源主要包括历史文化名城、古人类和古文化遗址、古建筑、石窟寺与石刻、古墓葬、名人纪念地及近代重要历史事件发生地等。

(2)宗教文化

宗教文化包括一切与宗教直接有关的文化现象。不同的宗教如佛教、基督教、伊斯兰教、道教等对人类文明的发展都有产生过重大影响，能激发出旅游者很强的旅游动机。宗教文化旅游资源包括宗教建筑、宗教艺术和宗教活动等。

(3)建筑设施

现代文明赋予了当代建筑鲜明的时代特征，建筑设施是指反映艺术成就、体现建筑水平、关系国计民生以及满足现代人文明生活需要的各种功能性设施和文化休闲设施。包括地标性建筑，如东方明珠电视塔、广州新电视塔“小蛮腰”等；交通、水利设施，如长江三峡、港珠澳大桥等；文化休闲设施，如中国国家大剧院、悉尼歌剧院等。

(4)民族民俗

我国拥有绚丽多彩的民族文化。各民族由于居住环境、历史文化、风俗习惯的差异，形成了不同的民族风情，这成为人文旅游资源中生动而富有特色的内容。民族民俗旅游资源主要包括民族歌舞、民间艺术、特色民居、传统服饰、民族节庆、婚丧习俗、风味饮食等。

(5)文化艺术

文化艺术是人类精神文明的主要组成部分，包含的内容相当丰富。旅游活动本身就是一种大规模的文化交流活动。文化艺术旅游资源有些以物质形态存在，如园林艺术、雕刻艺术、书法绘画、文学作品和戏曲杂技等；有些以非物质形态存在，如民间传说、神话故事、历史典故等。

(6)饮食购物

我国地域辽阔，物产丰富，因此造就了各地饮食及土特产品的差异。到旅游目的地去品尝特色美食、购买各类产品也是旅游者的基本需求之一。饮食购物旅游资源主要包括美食佳肴、特色菜系、烹调技艺以及旅游纪念品、商业街、特色市场等。

此外，由中国国家质量监督检验检疫总局制定，于 2018 年 7 月 1 日起实施的《旅游资源分类、调查与评价》(GB/T 18972-2017)是以旅游资源的本身属性为分类标准的最具代表性的方法(见表 1-1)。此表在 2003 年版本的基础上对旅游资源的分类进行了整理、修订，把旅游资源分为 8 个主类、23 个亚类和 110 个基本类型。

表 1-1　旅游资源分类表

主类	亚类	基本类型
A 地文景观	AA 自然景观综合体	AAA 山丘型景观 AAB 台地型景观 AAC 沟谷型景观 AAD 滩地型景观
	AB 地质与构造形迹	ABA 断裂景观 ABB 褶曲景观 ABC 地层剖面 ABD 生物化石点
	AC 地表形态	ACA 台丘状地景 ACB 峰柱状地景 ACC 垄岗状地景 ACD 沟壑与洞穴 ACE 奇特与象形山石 ACF 岩土圈灾变遗迹
	AD 自然标记与自然现象	ADA 奇异自然现象 ADB 自然标志地 ADC 垂直自然带
B 水域景观	BA 河系	BAA 游憩河段 BAB 瀑布 BAC 古河道段落
	BB 湖沼	BBA 游憩湖区 BBB 潭池 BBC 湿地
	BC 地下水	BCA 泉 BCB 埋藏水体
	BD 冰雪地	BDA 积雪地 BDB 现代冰川
	BE 海面	BEA 游憩海域 BEB 涌潮与击浪现象 BEC 小型岛礁
C 生物景观	CA 植被景观	CAA 林地 CAB 独树与丛树 CAC 草地 CAD 花卉地
	CB 野生动物栖息地	CBA 水生动物栖息地 CBB 陆地动物栖息地 CBC 鸟类栖息地 CBD 蝶类栖息地
D 天气与气候景观	DA 天象景观	DAA 太空景象观赏地 DAB 地表光现象
	DB 天气与气候现象	DBA 云雾多发区 DBB 极端与特殊气候显示地 DBC 物候景象

续表

主类	亚类	基本类型
E 建筑与设施	EA 人文景观综合体	EAA 社会与商贸活动场所 EAB 军事遗址与古战场 EAC 教学科研实验场所 EAD 建设工程与生产地 EAE 文化活动场所 EAF 康体游乐休闲度假地 EAG 宗教与祭祀活动场所 EAH 交通运输场站 EAI 纪念地与纪念活动场所
	EB 实用建筑与核心设施	EBA 特色街区 EBB 特性屋舍 EBC 独立厅、室、馆 EBD 独立场、所 EBE 桥梁 EBF 渠道、运河段落 EBG 堤坝段落 EBH 港口、渡口与码头 EBI 洞窟 EBJ 陵墓 EBK 景观农田 EBL 景观牧场 EBM 景观林场 EBN 景观养殖场 EBO 特色店铺 EBP 特色市场
	EC 景观与小品建筑	ECA 形象标志物 ECB 观景点 ECC 亭、台、楼、阁 ECD 书画作 ECE 雕塑 ECF 碑碣、碑林、经幢 ECG 牌坊牌楼、影壁 ECH 门廊、廊道 ECI 塔形建筑 ECJ 观景步道、甬路 ECK 花草坪 ECL 水井 ECM 喷泉 ECN 堆石
F 历史遗迹	FA 物质类文化遗存	FAA 建筑遗迹 FAB 可移动文物
	FB 非物质类文化遗存	FBA 民间文学艺术 FBB 地方习俗 FBC 传统服饰装饰 FBD 传统演艺 FBE 传统医药 FBF 传统体育赛事
G 旅游购品	GA 农业产品	GAA 种植业产品及制品 GAB 林业产品与制品 GAC 畜牧业产品与制品 GAD 水产品及制品 GAE 养殖业产品与制品
	GB 工业产品	GBA 日用工业品 GBB 旅游装备产品
	GC 手工艺品	GCA 文房用品 GCB 织品、染织 GCC 家具 GCD 陶瓷 GCE 金石雕刻、雕塑制品 GCF 金石器 GCG 纸艺与灯艺 GCH 画作
H 人文活动	HA 人事活动记录	HAA 地方人物 HAB 地方事件
	HB 岁时节令	HBA 宗教活动与庙会 HBB 农时节日 HBC 现代节庆
注：如果发现本分类没有包括的基本类型时，使用者可自行增加。增加的基本类型可归入相应亚类，置于最后，最多可增加 2 个。编号方式为：增加第 1 个基本类型时，该亚类 2 位汉语拼音字母＋Z、增加第 2 个基本类型时，该亚类 2 位汉语拼音字母＋Y。		

1.4.2 根据旅游资源的管理级别分类

按照管理级别的高低，旅游资源可分为世界级、国家级、省级和市(县)级四个层级。

1. 世界级旅游资源

世界级旅游资源是指在国际上知名度很高、吸引力很大的旅游资源。主要包括经联合国教科文组织批准列入《世界遗产名录》的文物古迹、列入《人类非物质文化遗产代表作名录》的非物质文化遗产、列入《世界地质公园》的自然景观和列入联合国“人与生物圈”保护区网络的自然保护区。截至 2018 年 7 月，经联合国教科文组织批准认定的中国世界遗产共有 53 项，其中世界文化与自然双遗产 4 项，世界文化遗产 36 项，世界自然遗产 13 项。这些旅游资源都具有极高的旅游价值，都是人类罕见、极其珍贵、无法替代的旅游资源。

2. 国家级旅游资源

国家级旅游资源是指由国务院审定公布的国家重点风景名胜区、国家历史文化名城和全国重点文物保护单位，以及由国家林业局批准建立的国家森林公园和国家级自然保护区等。截至2018年5月，我国已拥有244处国家级风景名胜区、134座国家历史文化名城、4296处全国重点文物保护单位。这些都是我国壮丽山河和中华文化的突出代表，在国内外享有较高的知名度，具有重要的历史、艺术和科研价值。

3. 省级旅游资源

省级旅游资源在省内外具有相当高的知名度和较为重要的欣赏、历史、文化价值，一般具有比较浓郁的地方特色，主要包括省级风景名胜区、省级文物保护单位等。

4. 市(县)级旅游资源

市(县)级旅游资源具有一定的欣赏价值，是周边及本地游客的主要游览对象。

1.4.3 其他分类方法

按照开发现状，旅游资源可分为已开发旅游资源、待开发旅游资源和潜在旅游资源。

按照利用方式，旅游资源可分为观光型旅游资源、度假型旅游资源、体验型旅游资源、康乐型旅游资源、知识型旅游资源等。

按照旅游者的旅游动机，旅游资源可分为经济方面的旅游资源、健康方面的旅游资源、精神方面的旅游资源、政治方面的旅游资源等。

知识拓展

广州的“老字号”问题

广州历史上曾经有100多家百年老店，仅广州中山四、五、六路一带，就曾经集中了全市70多家老字号店铺，骑楼两旁的店铺招牌密密麻麻，老店鳞次栉比，呈现出一派繁华的商都景象。

广州的早茶文化，由清代发展至今。空闲时间和家人相约“饮早茶”已经是广州饮食文化的一部分。但随着时间的推移，广州的茶楼也在变迁，那些昔日远近闻名的老字号茶楼正在慢慢消失。

从20世纪80年代末期开始，广州开始进行大规模的“旧城改造”和地铁的兴建，中山四、五路被划为主要改造范围。由于该地段位居传统商业中心，具备巨大的升值潜力，房地产开发商纷纷涌入，导致诸多老字号从中山路消失了。老字号被拆迁后，大多迁往非商业旺地，以致经营困难，甚至倒闭。

其中比较有代表性的有祥珍楼和惠如楼。

百年老字号茶楼祥珍楼，原址位于广州市中山七路36号(西门口旧当铺宝生大押旁边)，创建于清光绪年间。听闻当时这个茶楼开设茶市、饭店，经营礼饼、月饼，又摆设象棋局吸引棋迷，广州象棋的“四大天王”黄松轩、李庆全、卢辉、冯敬旭都曾在这里品茶捉棋。1958 年转为国营。到了 20 世纪 90 年代，因为中山七路要拓宽被拆。

惠如楼始建于光绪元年(1875)，原址位于广州市中山五路 117 号，是广州市著名百年老字号，也是广州市历史最悠久的茶楼之一，以传统粤菜、点心和月饼驰名。很多广州人以往中秋佳节都习惯到惠如楼买一盒惠如“贡月”和“五仁月”。1995 年 3 月因地铁建设需要，惠如楼搬迁至广花二路。由于搬迁后失去了大批客源，惠如楼苦撑两年后关门停业。

课间思考

1.“老字号”是否属于旅游资源？属于哪种旅游资源？

2. 从旅游角度看，有什么方法可以引导“老字号”重生？

>> 任务二　开发旅游资源 <<

任务导入

2018 年 6 月 1 日，为了进行当地生态恢复，泰国皮皮岛的玛雅湾被泰国政府关闭。本来只决定关闭 4 个月，但考虑到玛雅湾脆弱的生态系统需要更长时间进行自我修复，他们不得不把关闭时间延长。2019 年 5 月 8 日，泰国国家公园、野生动物和植物保护部决定：延长玛雅湾的关闭时间，计划于 2021 年才再次对公众开放。

玛雅湾是什么？在旅游者的心中，这个美景难以复原的海岛，早就名声大噪。玛雅湾只有 250 米长，15 米宽。2000 年，因为莱昂纳多·迪卡普里奥主演的好莱坞电影《海滩》在这里取景，它的人气瞬间飙升。成名后的巅峰时期，玛雅湾一天所接待的游客数量高达五六千人。由于访问人数众多，大量人踩踏，所以沙滩下陷，游客的垃圾多到难以处理，间接造成了岛上许多珊瑚礁的死亡。

尽管泰国国家旅游局下达官方指令，将该景区游客数量由原先的每天 3000 人至 4000 人减少到每天 2000 人，但没能阻止其生态的继续恶化。

泰国农业大学的海洋生物学家、国家公园委员会成员索恩表示，延长玛雅湾的关闭时间是有道理的，因为这个地方不仅需要保护环境，还需要建设发展更多设施，包括步行道，供游船停泊的码头，供管理人员居住的场所。当玛雅湾再次开放时，官方会建立一个网上购票系统。并且旺季的时候，每天的游客数量将被限制在 2400 人，甚至游玩的时长也有可能会被限制。这么做除了能够限制游客数量，保护当地环境，还能减少腐败，确保所有费用都能进入国库。

同样(即将)进入关闭修复状态的还有斯米兰群岛。1982 年，就在对群岛进行全面勘探的一年后，斯米兰群岛便成为泰国重点保护的国家公园，这里被誉为“世界十大潜水胜地之一”。由于自然保护区的脆弱性，斯米兰群岛无法承受大规模的旅游业。因此，泰国政府每年都在雨季(5月至10月)对公众关闭该群岛，从而起到保护作用。

课堂活动

学生以小组形式讨论：

1. 对于海岛旅游资源，是开发重要还是保护重要？

2. 旅游资源的开发应该遵循哪些原则？

项目导读

人们对旅游资源进行种种研究和探讨，目的是对它进行开发和利用。所谓开发，就是指人们对资源以及相关方面进行综合利用的过程。旅游资源与其他资源一样，只有经过开发利用，才能发挥效益和功能。在旅游业迅速发展的今天，只有对旅游资源进行深层次的开发，才能满足旅游者多样化的需求，确保旅游业的持续发展。

知识链接

2.1　旅游资源开发的概念

旅游资源开发是指以发展旅游业为目的，以市场需求为导向，以旅游资源为核心，以发挥、改善和提高旅游资源对游客的吸引力为着眼点，有组织、有计划地通过适当方式，把旅游资源改造成能为旅游业所利用的旅游吸引物，并因此产生经济、社会和生态环境效益的过程。旅游资源开发的必要性体现在以下几点。

1. 旅游资源开发是旅游业发展的基础和前提

一个国家或地区的旅游业发展，必须要以一定的旅游资源为支撑。旅游业是否兴旺发达，不仅取决于旅游资源客观存在的数量和质量，还取决于对旅游资源开发和利用的努力程度。只有进行加工和创新，提高或改善旅游资源的品质，才能将潜在的旅游资源转化为现实的旅游资源，使其更加具有吸引力和竞争力，从而促进旅游业的发展。因此，旅游资源开发是旅游业发展的重要基础和前提。

2. 旅游资源开发可以获得良好的效益

潜在的旅游资源需要人们根据需要进行开发，现有的旅游资源，特别是已为旅游业长期利用的旅游资源，同样要根据实际情况进行再生性开发。这种开发的目的是巩固、改善和提高旅游资源的吸引力，使其带来更多经济效益。旅游资源开发不仅要考虑经济利益的大小，还要充分论证开发所带来的社会效益和环境效益，从而使旅游活动的各个方面都能够相互适应、协调发展，获得良好的综合效益。

3. 旅游资源开发可以促进旅游资源的保护

从旅游资源的特点来看，很多旅游资源一旦被破坏就难以修复。因此在旅游资源的开发过程中，不可以走“先污染后治理”“先破坏后保护”的老路，而是要以保护旅游资源为原则，制定合理的开发政策。可以说，旅游资源的开发和保护是不可分割的有机整体，科学合理地开发利用旅游资源，会对旅游资源起到更好的保护作用。

2.2 旅游资源开发的条件和原则

2.2.1 旅游资源开发的条件

旅游资源开发的目的是以最小的投入获取最佳的经济效益，因此，在开发过程中，必须要具备以下几个方面的条件。

1. 区位条件

旅游资源所在地区的行政区划、地理位置、发展水平、交通条件以及与周边旅游地的通达程度等统称为区位条件。区位条件的优劣直接影响旅游资源的开发价值。旅游资源所在地的区位条件越优越，越能够产生巨大的聚居效应，越容易成为旅游热点。一般来说，旅游业较为发达的城市和地区通常是一线城市，如北京、上海、广州、深圳；中心城市，如省会城市；以及交通枢纽城市。这些城市交通便利、经济发达，更能吸引旅游者。因此，在旅游资源的开发条件中，区位条件是第一位的。

2. 客源条件

旅游者数量的多少决定着旅游业发展的好坏，如果没有一定规模的游客作为保证，旅游资源的开发就不会创造经济效益。因此，在旅游资源开发前，应该进行广泛的客源市场调查，了解客源群体的范围、距离、数量和消费水平等因素，并充分考虑季节变化所带来的淡旺季影响。只有清楚客源市场的基本情况和变化规律，才能进行旅游资源的开发。

3. 投资条件

旅游资源的开发需要大量资金的持续支持。旅游资源所在地的社会经济发展现状、发展水平，政府所制定的经济发展战略以及给予投资者的优惠政策等，都会直接影响投资者的投资意向和开发决策。因此，分析旅游资源所在地区的投资环境是非常必要的，只有具备良好的经济环境和社会环境，才能吸引投资。

4. 施工条件

旅游资源开发必须考虑工程量的大小和难易程度。工程建设的自然基础条件(如地质、地貌、水文、气候等)和物资供应条件(如设备、建材、原材料等)直接影响旅游资源开发的投资多少和工期长短。因此，在开发旅游资源时，要经过充分的技术论证，选择最佳的施工方案，才能尽可能减少投资获得最大的回报。

5. 现有设施条件

对于那些已具有一定开发利用基础的旅游资源，在开发时还应对现有的公共设施(如水、电、交通、邮政、通信等)和旅游配套设施(如住宿、餐饮、文化娱乐等)进行评估，同时要注意总结在以往开发过程中的成功经验和失败教训，为下一步旅游资源的开发和保护提供建设性方案。

2.2.2 旅游资源开发的原则

旅游资源的开发必须要遵循以下几个原则。

1. 市场导向原则

所谓市场导向是指在开发旅游资源前必须对旅游客源市场进行调研和预测，了解旅游者的需求，根据旅游者的需求来设计和开发相应的旅游产品。随着世界各国旅游业的快速发展，旅游者的出游动机和旅游需求不断变化，旅游资源随时面临着吸引力增强或减弱的可能。开发旅游资源必须坚持市场导向原则，及时掌握市场需求的变化规律，确保旅游资源开方子的灵活性。

2. 突出个性原则

开发利用旅游资源，从根本上说就是要充分发掘旅游资源的特色。旅游资源的特色越鲜明，就越有吸引力。因此，在开发旅游资源时，要做到尽可能保持和发扬旅游资源的“原始”特征，充分发掘其独特风格与优势，尽量做到“人无我有，人有我优”，通过科学合理的规划形成别具一格的旅游形象。

3. 协调开发原则

旅游资源的开发应与周边环境、设施，在外观与形式等方面相协调、相适应，形成旅游资源的整体风格，否则会在视觉上造成污染，破坏环境气氛。各项设施在建设时也要尽可能采用当地的材料和技术，维护好旅游资源的地域特色。

4. 保护优先原则

旅游资源开发的根本目的是促进资源的永续利用，实现旅游业的可持续发展。因此，在旅游资源的开发中，必须要处理好旅游资源保护与开发之间的关系，贯彻“在保护中开发，在开发中保护”的方针，将保护工作放在首位，努力实现经济效益、社会效益与环境效益的有机统一。

2.3 旅游资源开发的内容和方式

2.3.1 旅游资源开发的内容

旅游资源的开发不仅包括对旅游资源本身的开发、利用，还包括对旅游配套设施的开发与建设，具体来说包括以下几个方面。

1. 规划开发旅游景区

旅游景区是旅游开发中的一个重要部分，只有经过科学、合理的规划，旅游景区才能成为满足旅游者各项需求、提供良好服务的旅游目的地。具体包括明确景区的性质与特点、合理划定功能分区、合理安排旅游线路、提前评估景区容量以及估算景区效益等。

2. 建设完善配套设施

旅游配套设施是旅游活动得以进行的必要条件，也是旅游开发的重要环节。旅游配套设施一般分为两个大类：一是基础设施，主要包括供水、供电、排污、通信、道路、医疗、购物等；二是专用设施，如游客服务中心、宾馆饭店、娱乐设施等。配套设施的建设是为了配合旅游资源的开发，为旅游者提供多方位的服务。

3. 提高旅游目的地的可进入性

旅游目的地的可进入性主要是指交通的通达程度，包括交通线路、交通设施、交通方式等。如今，大众旅游者的出游范围越来越广，旅游距离越来越远，对可进入性的要求日益提高。旅游者不光要“进得来、散得开、出得去”，还需要更快速、更便捷、更舒适。因此，旅游目的地必须要采取强有力的措施，借助科学技术和现代化的交通工具，提高景区内外的可进入性，使旅游者获得完美的旅游体验。

4. 努力开拓客源市场

旅游资源的不可转移性决定了人们不能将旅游资源为旅游者“送货上门”，而只能将旅游者吸引过来进行旅游活动。因此，旅游资源的开发不只是简单地进行景点开发和配套设施建设等，还必须要进行市场开拓工作，它们之间密切相关。对于市场开拓工作，一方面是要将景区建设和旅游需求联系起来，也就是根据旅游者的消费行为安排旅游资源开发的具体工作；另一方面，要以多种媒体为宣传手段，通过宣传促销使旅游者熟悉旅游产品，开拓市场，扩大客源，不断提高旅游资源的知名度。

5. 营造良好旅游环境

旅游地的旅游环境直接关系到游客的旅游感受，如一个国家或地区的政治局势、社会风气、风俗习惯、旅游政策以及当地居民的文化修养、思想观念等，都会对旅游者产生影响，进而影响旅游资源的开发效果。因此，制定有利于旅游业发展的相关政策，采取方便旅游者出入的管理措施，保持稳定的政治环境，维护安定的社会秩序，以及提高当地居民文化素质，使之养成文明礼貌、热情好客的习惯等，都可以很好地营造旅游环境，提高旅游者对旅游资源的认可度和满意度。

2.3.2 旅游资源开发的方式

旅游资源开发的方式通常包括以下五种。

1. 新建

即建设新的旅游资源。一般在接近客源地、区域经济发展较好，但旅游资源单一或数量较少的区域采用。例如，于 2016 年正式开园的上海迪士尼乐园，就属于此种开发方式，它是中国内地首座迪士尼主题乐园。这种开发方式重在创新，通常具有鲜明的个性和独特的风格，并要以市场需求为导向，从而取得良好的经济效益和社会效益。

2. 修复

这种方式是指对那些被破坏、被损毁，但具有很高价值的旅游资源，可以进行修复，使之重新具有旅游吸引力。例如，作为十三朝古都的洛阳历史悠久，文化底蕴深厚，但在城市发展过程中很多珍贵的历史遗存没有受到很好的保护。2018 年洛阳市政府通过修复古建筑、新建配套设施重新修整了洛邑古城，使其焕发出新的活力。

3. 提高

有些旅游资源由于开发时间久远、功能单一、设施陈旧，已无法满足旅游者的多元化需求，但其在旅游者中依然具有一定的知名度和影响力。对于这类旅游资源，就需要在原有基础上，开发新的旅游活动项目，提高旅游资源的整体质量。例如，内蒙古自治区的响沙湾风景区，过去只有一些简单的娱乐、接待设施，后来经过重新规划，划分出不同的活动区域，建设了莲花酒店、水上乐园、沙漠小火车、游客服务中心等设施，使其服务水平和旅游吸引力有了明显提高。

4. 改造

这种方式是指投入一定数量的人力、物力和财力，对已有的旅游资源进行全部或局部的改造，使其更符合旅游需要成为旅游吸引物。例如，上海市对老城隍庙旅游区进行大规模改造，某景区对接待设施进行重新装修、扩大规模等，都属于这种方式的旅游资源开发。

5. 利用

这种方式是指将原有的非旅游资源利用起来，使之成为旅游吸引物。随着社会的发展、环境的变化和生活水平的提高，旅游者的旅游需求也在发生改变。有些过去不具有旅游吸引力的事物有可能会引起旅游者的兴趣，如大学校园、大型工厂、科技园区、农业大棚、菜地果园等，现在已经成为修学旅游、工业旅游、农业旅游的核心吸引物，吸引着大批旅游者。

【小思考】

下列各项分别属于哪种旅游资源开发方式？

1. 某城市在郊区建立一个大型的野生动物园。

2. 某主题公园引进设备，增加了过山车旅游项目。

3. 某风景名山将难走的台阶路改为平坦的栈道。

4. 某村有大片葡萄园，原来都是村民自己进园采摘葡萄，现在干脆向游客开放，游客可进入葡萄园体验采摘葡萄的乐趣。

5. 某地投入巨资抢修一古代建筑。

知识拓展

山水实景演出《印象·刘三姐》

《印象·刘三姐》是桂林漓江的大型山水实景演出，也是全国第一部山水实景演出。截至 2019 年 7 月，共演出 7000 多场，接待国内外观众 1800 万人次，营业收入超 20 亿元，开启了山水、文化、旅游融合发展的模式。

自古以来，广西的壮、汉、瑶、侗等民族喜歌善唱，这种民族性格使他们很自然地创造出歌仙刘三姐的传说来。人们把刘三姐作为歌唱活动的精神性因素，为获得创作灵感而崇奉她。民间传说中的刘三姐故事包含了民间伦理、民间智慧、民间想象和民间情趣，这些是刘三姐传说中最具魅力、活力的地方。总导演张艺谋在充分了解这个美丽的民间故事的基础上，以漓江实景为舞台，设计出序幕、对歌、家园、情歌等七场水上歌舞，将漓江绝美的自然山水和多彩的艺术形式紧密结合，气势恢宏、场面浩大，再结合声光电等高科技手段，给人以耳目一新的感觉和强烈的震撼。

观看《印象·刘三姐》演出已成为去桂林旅游的游客心中绝对不可错过的精彩环节之一。它激发了旅游者的游览兴趣，丰富了旅游者的旅游体验，也带动了旅游消费，为当地农民开辟了一条增收之路，是开发漓江自然旅游资源和人文旅游资源的一个成功案例。

课间思考

1.《印象·刘三姐》的演出属于哪种类型的旅游资源？

2. 这次旅游开发为漓江的旅游业发展带来了什么？

3. 简述旅游资源开发的意义和内容。

>> 任务三　保护旅游资源 <<

任务导入

洪水再袭！威尼斯水位又超 1.4 米 旅游业遭重创

2019 年 11 月中旬以来，威尼斯一直饱受水患之苦。11 月 12 日，最高水位更是达到了 1.87 米，创下 1966 年以来该地区水位的峰值。据悉，这是威尼斯首次出现一年内水位两次超过 1.4 米的情况。

有分析称，洪水频率增加的一部分原因是气候变化，另一部分原因是这座城市正在下沉。

威尼斯市市长表示，洪水给威尼斯造成约 10 亿欧元的经济损失。此外，水患也重创了威尼斯的旅游业，酒店 45%的订单被取消。

威尼斯酒店经营者协会主席博纳西尼表示，很多原定于 2020 年举行的活动、会议等都不得不取消，不过他敦促游客不要取消前往威尼斯的行程。

联合国教科文组织世界遗产中心主任罗斯勒表示，如果意大利当局不采取行动减少洪水的影响，威尼斯可能会失去世界遗产的地位。

课堂活动

学生以小组形式讨论：

1. 威尼斯旅游业遭受重创，是自然因素导致的还是人为因素导致的？

2. 为什么要对旅游资源进行保护？有何重要意义？

项目导读

旅游资源是旅游业生存发展的基础，是吸引旅游者的最重要因素。旅游资源由于处在一定的自然和社会环境中，不仅具有易受破坏的脆弱性，还具有难以恢复的不可再生性。因此，在旅游资源开发过程中，如何加强对旅游资源的保护就成了关键问题。

知识链接

3.1 旅游资源被破坏的原因

要认识旅游资源的保护问题，首先要了解旅游资源遭受破坏的主要原因。破坏旅游资源的因素可以分为两类，一类是自然因素，另一类是人为因素。

3.1.1 自然因素造成的破坏

旅游资源是大自然的一部分，由于自然因素作用，旅游资源遭受破坏的情况是比较常见的，主要有以下几种情况。

1. 突发性破坏

突发性破坏主要是指地质灾害，如地震、海啸、泥石流、火山爆发等，其中地震和火山爆发影响的范围最广，危害最大。2017 年 8 月 8 日，四川省北部阿坝藏族羌族自治州九寨沟县发生里氏 7.0 级地震，震中距离九寨沟核心景区仅 5 千米，对诺日朗瀑布、火花海等著名旅游景观和旅游基础设施造成严重的破坏。印度尼西亚著名度假胜地巴厘岛的阿贡火山，在 2017 年 11 月、2018 年 6 月和 2019 年 5 月多次喷发，灼热的火山灰和岩石碎片蔓延数千米，破坏了当地的自然环境，并造成航班取消，大批游客滞留。

此外，自然界所产生的气象灾害如飓风、暴雨、洪水、冰雹、大雾和沙尘暴等也属于突发性灾害，同样会对旅游资源造成较为严重的影响。如 2013 年，我国淮北、粤北地区普降大暴雨，形成了严重的内涝，洪水冲毁多条铁路主干线，使数十万游客出行受阻。

2. 缓慢性破坏

缓慢性破坏主要指由地球外力作用所引起的风化、风蚀、水蚀、氧化、流水切割、温度变化等导致的旅游资源形态和性质的改变。如开凿于北魏时期的山西大同云冈石窟，由于长期受到石壁渗水浸泡和自然风化的侵蚀，许多佛像面目全非，一些洞窟无法对外开放。又如意大利著名的“水城”威尼斯，城内古迹众多，有各式教堂、钟楼、男女修道院及宫殿百余座，但很多建筑正日益遭受海水和空气的侵蚀，腐蚀程度不断加剧，城市逐渐下沉。2019 年威尼斯饱受水患之苦，历史古迹被严重破坏，旅游业遭到重创。

大气污染也是旅游资源受到缓慢性破坏的主要原因之一。由于大气中含有过多的工业废气、煤尘和酸性物质，因而可能产生空气污染和酸雨。如被誉为“印度珍珠”的白色大理石建筑泰姬陵，就由于空气污染正逐渐变黄，影响美感。云南昆明的石林风景区被酸雨所腐蚀，表面出现石膏化现象，整个石林正在变白。

3. 生物性破坏

自然界中一些动植物和细菌、病虫害等对旅游资源也具有一定的破坏作用。例如，白蚁对木结构宫殿、房屋的破坏；鸟粪对建筑物和雕塑的化学分解；安徽黄山已有1300多年历史的迎客松也曾面临松材线虫病的威胁。

3.1.2 人为因素造成的破坏

破坏旅游资源的人为因素是多方面的，并且其破坏程度和范围甚至远大于自然界对旅游资源的影响。具体表现在以下几个方面。

1. 战争的破坏

战争对旅游资源带来的破坏是毁灭性的。例如，深藏在阿富汗巴米扬山谷中的巴米扬大佛，曾被联合国教科文组织列为世界文化遗产，距今已有1500多年的历史。但在2001年3月12日大佛遭到塔利班政权的轰炸，已面目全非。又如，我国清代著名的皇家园林圆明园，历经清雍正、乾隆、嘉庆三朝100多年建成，被称为“万园之园”，1860年被英法联军洗劫一空后烧毁，如今只留下断壁残垣。

2. 城市建设的破坏

随着经济的快速发展和现代化城市的建设，许多珍贵文物古迹在各地大张旗鼓的工程和市政建设中遭受空前浩劫。一些古城的城墙和古建筑被直接拆毁或被工厂、学校、商铺肆意占用；很多历史文化名城缺乏科学合理的城市规划，建造了许多与文物古迹不协调的现代建筑设施，破坏了景观的协调性和美感。这些破坏一旦造成便会成为难以弥补的创伤。

3. 旅游资源开发不当的破坏

在旅游资源的开发过程中，如果没有事先进行科学的规划和设计，没有充分考虑到开发工作对旅游资源产生的影响，就会引起旅游资源的破坏。如一些景区为了方便游人登山大肆修建缆车和索道，大大破坏了景观的视觉完整性。泰山就曾为了扩建索道炸掉15万平方米的山体，严重破坏了泰山的山体环境。此外，旅游资源开发不当也会对旅游地的社会文化带来冲击，导致商业化严重，传统文化日渐消失。

4. 旅游活动本身的破坏

旅游活动本身带来的破坏包括游客过量带来的破坏、游客的无意破坏和故意破坏三种类型。游客的大量到来可能造成景区路面严重磨损或塌陷，导致景区的环境容量压力过大；游客在参观游览景区时呼出的二氧化碳、带进的尘土、照相机闪光灯以及触摸等也会在不经意间对旅游资源造成危害。例如，我国古代文化宝库——敦煌莫高窟，过去石窟内空气干燥，壁画保存相对完整，近年来由于游客过多，许多精美的壁画和雕塑逐渐失去原有的色彩。虽然绝大部分游客的文明旅游意识逐渐增强，但一些游客乱涂乱刻、攀枝折花、大声喧哗、乱扔垃圾等失范行为依然屡见不鲜，这就是故意对旅游资源进行破坏的行为。

3.2　旅游资源的保护对策

综合上述内容可知，旅游资源的破坏原因是多方面的，因此旅游资源的保护对策也应该多元化，我们要运用法律、行政、经济和技术等手段，加强对旅游资源的管理和保护。保护对策归纳起来主要有以下几个方面。

3.2.1　旅游资源保护的法制对策

建立健全各项旅游法规，加强立法与执法工作，是对破坏旅游资源行为的一项强有力的约束措施。目前我国与旅游资源管理保护相关的法律法规主要有《中华人民共和国环境保护法》《中华人民共和国文物保护法》《中华人民共和国野生动物保护法》《风景名胜区管理条例》《中华人民共和国旅游法》等，这些法律、法规、条例和章程可以在很大程度上规范旅游开发行为，使人们更好地保护和合理利用旅游资源，促进旅游业的持续健康发展。

3.2.2　旅游资源保护的宣传对策

加强保护旅游资源的宣传教育工作，倡导文明旅游，杜绝旅游污染。当前，我们要充分利用新闻媒体、网络等大众传播工具使保护旅游资源的意识深入人心，提高全民自觉保护旅游资源环境的思想意识。在宣传工作中我们也要认识到，旅游资源的保护意识并不是一朝一夕就能树立起来的，只有持久不懈地进行宣传教育，才能引导旅游者认识、热爱和保护旅游资源和旅游环境，从根本上减少人为的旅游资源破坏行为。

3.2.3　旅游资源保护的管理对策

1. 重视旅游资源保护专门人才的培养

旅游资源的保护工作是建立在科学技术不断向前发展的基础上的。旅游资源保护的研究工作必须要依靠专门的人才来完成。目前我国比较重视旅游管理人才的培养，而对旅游资源保护方面的人才培养较少，这导致一般的开发者和保护者对旅游资源保护工作认识不足，因此，加强人才培养刻不容缓。

2. 发挥管理机构的监督职能

旅游资源的保护离不开相关管理机构的监督。目前我国已建立了如各级文物管理单位、各级风景名胜区管理单位等监督管理部门，来负责相关旅游资源的管理和保护工作。未来应更好地发挥各个管理机构的监督职能，协调旅游资源开发与保护之间的矛盾和问题。

3. 注意景区环境容量，防止超载

任何类型的环境所容纳的生物量都是有极限的，一旦超过这个极限，原有的生态环境就会遭到破坏，引发一系列问题。旅游环境对旅游活动也有一个承载极限，这就是旅游环境容量。要想进行科学合理的旅游资源开发，必须要在开发时对旅游资源的环境容量加以评估，进行事前控制，一旦出现“人满为患”的情况，就要考虑采取限流、分流、疏导等方式，防止景区超载，对旅游资源产生破坏。

3.2.4 旅游资源保护的建议对策

对于自然作用所带来的危害，要采取技术性措施加以保护。例如，以不破坏旅游资源本身为前提，可在旅游资源表面覆盖保护设施，防止由风吹日晒、雨淋潮湿而产生的风化、侵蚀作用。或者利用现代化的手段如使用声光技术驱赶动物避免对环境造成破坏，也可以采用封山育林、植树绿化等手段，更好地保护自然旅游资源和人文旅游资源。

对于已被破坏的人文景观，要做到修旧如故，仿古重建。一些古建筑经历了千百年的自然风化或人为影响，存在着不同程度的破损，但其仍然具有较高的价值和知名度。对此可采用修旧如故的方法，利用原材料，以保持原貌为标准对其进行修复或重建。切忌使用现代材料盲目翻新，使其失去原有风貌。

项目小结

本章的重点内容是认识、掌握、理解旅游活动的客体——旅游资源的定义、特征、分类及旅游资源的开发与保护等内容。其中，旅游资源的开发原则与内容、旅游资源破坏的原因和保护措施是学习的难点。通过这一章的学习，大家应能够正确把握旅游资源的相关概念，掌握旅游资源观赏性、差异性、季节性、综合性、不可转移性和易损性等特征，能够区分哪些是自然旅游资源，哪些是人文旅游资源。

项目练习(满分 100 分)

一、填空题(共 2 题，每空 5 分，合计 30 分)

1. 根据旅游资源的基本属性，旅游资源可分为(　　)和(　　)。

2. 旅游资源开发的条件有区位条件、(　　)、(　　)、(　　)和(　　)。

二、单选题(4 个选项，有且只有一个选项正确；共 2 题，每题 5 分，合计 10 分)

1. 不同的旅游资源分布和存在于不同的地域范围内，并因受到不同自然、人文环境的影响存在着较为明显的区别，这反映了旅游资源的(　　)特点。

A. 综合性　　B. 观赏性

C. 不可再生性　　D. 差异性

2. 某地冰雪资源丰富，每年吸引众多旅游者前来滑雪，但一直没有正规滑雪场，某企业决定在此兴建一个大型滑雪场，这遵循了旅游资源开发的(　　)原则。

A. 和谐有序　　B. 市场导向

C. 突出特色　　D. 环境保护与生态平衡

三、多选题(每题有4个选项，有2个至4个选项正确；共2题，每题5分，合计10分)

1. 下列属于旅游资源开发方式的有(　　)。

A. 新建　　B. 修复　　C. 提高　　D. 保护

2. 下列属于旅游资源特点的有(　　)。

A. 观赏性　　B. 差异性　　C. 不可分割性　　D. 易损性

四、简答题(共5题，每题10分，合计50分)

1. 什么是旅游资源？旅游资源有哪些特点？

2. 请列举三种类型的自然旅游资源，并举例介绍。

3. 请列举三种类型的人文旅游资源，并举例介绍。

4. 旅游资源开发的内容和必要性有哪些？

5. 旅游资源遭受破坏的原因和保护对策有哪些？

参考答案

一、填空题

1. 自然旅游资源　人文旅游资源

2. 客源条件　投资条件　施工条件　现有设施条件

二、单选题

1. D　解析：旅游资源分布和存在于特定的地域环境之中，受自然、人文因素的影响，不同地域间的旅游资源是不同的。

2. B　解析：所谓市场导向，就是指旅游资源在开发前必须对旅游客源市场进行调研和预测，了解旅游者的需求，根据旅游者的需求来设计和开发相应的旅游产品。

三、多选题

1. ABC　解析：旅游资源的开发方式有新建、修复、提高、改造、利用。

2. ABD　解析：旅游资源的特点是观赏性、差异性、季节性、综合性、不可转移性、易损性。

四、简答题

1. 答：自然界和人类社会凡能对旅游者产生吸引力，可以为旅游业开发利用，并可产生经济效益、社会效益和环境效益的各种事物和现象，均可称为旅游资源。旅游资源的特点是观赏性、差异性、季节性、综合性、不可转移性、易损性。

2. 答：①地质地貌，主要形成的景观有观赏型山岳，如花岗岩名山、丹霞山地等；探险型山地，如青藏高原周边山地、珠穆朗玛峰等；岩溶山水，如地下溶洞、暗河、石林等；风蚀地貌，如风蚀柱、风蚀城等；还有各种海蚀、海积地貌等。②气象气候，气象气候是构景因素中最活跃、最富于变化的因素，日、月、风、云、雨、雪、雾、霜、霞光等气象要素，都可具有造型美、色彩美、动态美的特点，形成旅游吸引力。常见的气象气候旅游资源有：冰雪、雾凇、极光、蜃景、佛光等。③水域风光，如我国的四大河，长江、黄河、珠江和黑龙江；湖泊旅游资源，如平原大湖、山地秀湖、人工湖泊、高原旷湖、园林风景湖；泉水、瀑布旅游资源，如观赏泉、饮泉和温泉、飞瀑等；还有海滨旅游资源。

3. 答：①遗址遗迹，如古人类和古文化遗址、古建筑、石窟寺与石刻、古墓葬、名人纪念地及近代重要历史事件发生地等。②宗教文化，包括宗教建筑、宗教艺术和宗教活动等。③建筑设施，如东方明珠电视塔、广州新电视塔"小蛮腰"；交通、水利设施，如长江三峡、港珠澳大桥等；文化休闲设施，如中国国家大剧院、悉尼歌剧院等。

4. 答：旅游资源开发的内容：①规划开发旅游景区，②建设完善配套设施，③提高旅游目的地的可进入性，④努力开拓客源市场，⑤营造良好旅游环境。旅游资源开发的必要性：第一，旅游资源开发是旅游业发展的基础和前提；第二，旅游资源开发可以获得良好的效益；第三，旅游资源开发可以促进旅游资源的保护。

5. 答：旅游资源遭受破坏的原因：一类是自然因素，另一类是人为因素。自然因素造成的破坏主要有：突发性破坏、缓慢性破坏和生物性破坏。人为因素造成的破坏主要有：战争的破坏、城市建设的破坏、旅游资源开发不当的破坏、旅游活动本身的破坏。

旅游资源的保护对策：①旅游资源保护的法制对策，建立健全各项旅游法规，加强立法与执法工作；②旅游资源保护的宣传对策，加强保护旅游资源的宣传教育工作，倡导文明旅游，杜绝旅游污染；③旅游资源保护的管理对策，重视旅游资源保护专门人才的培养，发挥管理机构的监督职能，注意景区环境容量，防止超载；④旅游资源保护的建议对策，对于自然作用所带来的危害，要采取技术性措施加以保护，对于已被破坏的人文景观，要做到修旧如故，仿古重建。

实训项目

介绍自己家乡的旅游资源。

1. 收集资料，了解家乡旅游资源的类型和特点。

2. 整理资料，分析家乡旅游资源的开发现状，编写调查报告。

3. 成果汇报，以 PPT、音频、视频等方式介绍家乡的旅游资源。

项目四　认识旅游活动历史

知识目标

了解国内外旅游活动的起源；

掌握中西方古代旅行发展的基本概况；

明确近现代旅游业迅速发展的根本原因；

掌握古今中外旅游活动的主要形式和特点。

能力目标

能够了解旅游发展的历史进程；

能够认识不同历史时期旅游发展的原因和特点；

能够学会分析旅游业的未来发展趋势。

关键术语

古代旅行　近代旅游　现代旅游

>> 任务一　认识古代旅行 <<

任务导入

中国古代十大旅行家，每一个都让人肃然起敬

现如今，每个黄金周、小长假，尽管全国所有的景点都可能游客爆满，挤挤复挤挤，可还是阻挡不了那些来去匆匆、与山水相亲相爱的脚步。因为在旅行中人们可以看到不一样的风景，品尝不一样的喜悦。同样是外出旅行，相比于现代人提前在网上订好票，搭乘高铁、飞机到达目的地后入住酒店，在景区挎着单反随意穿行；或者直接报团，跟着导游浮光掠影地一个景点一个景点地完成旅行任务。古代的旅行家则是备尝艰辛地徒步征服那些人迹罕至的险僻山川，而且随时都可能有生命危险。

如果说现代人旅行是为了找到一种瞬间而生的快乐，那么古代的旅行家则是承担了不同的使命或是为了实现游历的价值。比如孔子、张骞、司马迁、郦道元、玄奘、李白、杜环、郑和、李时珍、徐霞客这十个人。

孔子：孔子为推行他的政治主张，年过半百开始周游列国。虽然一路坎坷，但孔子志坚不坠。孔子曾说，他以劝导君王实行仁政为己任，不怕路远，不惧生死。

张骞：张骞曾两次受汉武帝的派遣出使西域，加强了中原和西域的联系，开辟了中国通往西方的"丝绸之路"。

司马迁：诗书世家出身的司马迁，早年为了考察风土人情、搜集历史资料，寻访各地。数年的游历，为他创作《史记》打下了坚实的基础，并锻炼了他坚韧不屈的性格。

郦道元：有感于前人对山川河流一知半解的记载，郦道元进行实地查勘，考察河道沟渠，搜集有关的风土民情、历史故事、神话传说，写成一部翔实的地理学著作《水经注》。

玄奘：玄奘为西行求法，长途跋涉五万余里。他带回经论600多部，与弟子共译出佛典75部，计1335卷，占整个唐代译经总数一半以上。他口述的《大唐西域记》，记述其西游途经的100多个国家及传闻的30多个国家的山川、城邑、物产、习俗，成为后人研究我国西北地区和印度等地古代政治、经济、宗教、文化、民族关系的珍贵文献。

李白："五岳寻仙不辞远，一生好入名山游。"唐代的李白把一生的游历都写在了诗里。李白走过大半个中国，巴蜀、荆楚、江淮、越中、皖南、关中、齐鲁、燕赵……人走到哪里，诗写到哪里，他用诗歌将所看到的美传递给世人。

杜环：杜环是唐朝人，751年随高仙芝西征石国，战败被虏。在中亚、西亚流浪十余年，762年跟随商船东归。著有《经行记》，原书久佚，只有《通典》选有数则。

郑和：受明成祖朱棣的派遣，郑和从1405年到1433年，一共进行了七次下西洋。船队最远到达非洲东岸和红海海口，促进了中国和亚非各国之间的经济、文化交流。

李时珍：从老家湖北蕲州开始，李时珍远涉深山旷野，遍访名医宿儒，搜求民间验方，观察和收集药物标本。历时27年，李时珍终成医药著作《本草纲目》，该书记录了1892种药物，收集了10000多个药方，为祖国的医药科学做出了卓越的贡献。

徐霞客：徐霞客的足迹踏遍大半个中国，他以自己的研究、考察和见闻，写出了《徐霞客游记》。他对岩溶现象的成因和地理分布提出了科学的观点，比西方早了220年。

课堂活动

学生以小组形式讨论：

1. 通过以上材料的介绍，试着分析中国古代旅行的主要目的和类型。

2. 古代的旅行活动在出游方式和出游目的等方面与现代旅游有何不同？

项目导读

旅游是人类一种独特的短期生活方式，是一种综合性的社会经济文化现象，也是人类社会发展到一定阶段的产物，并伴随着社会经济的发展而发展。

知识链接

1.1　古人类的迁徙

在原始社会前期，人类主要利用石块等简陋的生产工具，在自然分工的基础上以渔猎和采集为生。那时，人类的生存无时无刻不受饥饿和自然灾害的威胁。到了新石器时代中期，人们磨制出了石器，大大增强了谋生能力，农业和畜牧业开始分工，这加快了人类社会发展的步伐，导致了人类历史上第一次社会大分工。虽然游牧部落和农业部落间的产品交换开始萌芽，但由于缺乏劳动剩余物，人类不存在有意识的自愿外出旅行的需要。因此，原始社会时期的人口流动，是被迫进行的，目的是满足最基本的生存需要，是一种迁徙行为而不是旅游活动。

【小思考】

1. 部落 A 擅长耕种，部落 B 擅长狩猎，随着生产技术的进步与狩猎工具的改良，两个部落都有了剩余食物，在这种情况下，会出现什么现象？

2. 古代人类不断地为生存而奔波的迁徙算不算旅游活动？

1.2　古代旅行的产生

古代人类有意识的外出旅行活动始于原始社会末期。随着社会劳动生产率的不断提高、生产工具的持续改进，人类经历了三次大的社会分工。其中，第三次社会大分工使得商业从农、牧、手工业中分离出来，至此，人类社会形成了专门性的产业，并出现了从事商品交换的商人。人们为了生活需要开始不断地交换产品，并且范围不断扩大，路程越来越远，从而出现了商业旅行。因此，商人开创了旅行的先河，是最早的旅行者。在这个阶段，基于商业活动的发展，古代旅行开始萌芽。

必须要注意的是，古代人们有意识的外出活动并不属于单纯的旅游活动，而是一种旅行。旅行是人们出于迁徙以外的任何目的，往来于不同地点间的空间转移活动。迁徙、旅行和旅游的区别见表 1-2。

表 1-2　迁徙、旅行和旅游的区别

名称	目的	离开时间	内容
迁徙	求生、避险	离开后一般不再返回	人类趋利避害的本能反应
旅行	任何目的 （商务、求学、科考等）	旅行后不一定返回	为了满足某种动机
旅游	消遣、娱乐	旅游后一定会返回	包含旅行和游览

因此，人类的旅游行为虽然孕育于人类的迁徙和旅行行为中，但迁徙和旅行都不是纯粹意义上的旅游行为。有旅游必定有旅行，但有旅行不一定有旅游。

1.3 古代旅行的发展

1.3.1 世界古代旅行的发展

古代旅行最早是在世界四大文明古国及古希腊、古罗马发展起来的。

1. 奴隶社会时期

奴隶社会时期是人类旅行的发展时期。其中古罗马时期被誉为“世界古代旅行的全盛时期”。古罗马社会治安良好，道路四通八达，休闲旅游成为特权阶级的时髦活动。古罗马时期出现旅行热潮主要有两个原因：第一，疆域辽阔。以罗马为中心，疆域最大时跨欧洲、亚洲、非洲，地中海曾是罗马帝国的内湖。第二，资源吸引力大。闻名世界的“七大奇迹”：埃及金字塔、古巴比伦空中花园、亚历山大灯塔、宙斯神像等，对人们有巨大吸引力。因此，古罗马时期的旅行目的超越了商务、宗教，出现了以徒步行走、鉴赏艺术、游览古迹庙宇、观赏自然风光等目的为主的旅行活动。

古希腊时期是世界古代宗教旅行的鼎盛时期。古希腊有世界著名的宗教圣地，如建有宙斯神庙的奥林匹亚山等。开创于公元前776年的奥林匹克节是当时世界上最大的宗教和体育盛典，也是宙斯的大祭之日。节庆期间会举办赛马、赛车、赛跑、角斗等体育活动，延续至今，发展成为现代的奥林匹克运动会。

从世界范围来看，奴隶制国家经济的繁荣在一定程度上为旅行活动的发展提供了必要的物质条件。剩余价值的出现、私有制的产生、奴隶主阶级追求享乐的思想、交通工具及相关设施的建设，都促进了古代旅行的发展。

2. 封建社会时期

公元476年西罗马帝国灭亡后，欧洲迎来了历史上最黑暗的时代。政治上局势动荡；军事上战争频繁；经济上自给自足，商业萎缩，生产力水平低下；科学文化上，罗马教会用宗教神学控制着人们的思想，反对和扼杀先进的科学文化。在这样的环境下，旅行活动自然无法得到大规模的发展。

直到13、14世纪，欧洲经济才开始复苏和繁荣，城市人口增多，手工业和商业的发展带动了经济交往，商业旅行有所发展。这一时期的代表人物是意大利著名旅行家马可·波罗。他为经商跟随父亲和叔叔来到中国，与忽必烈建立了友谊，在中国游历十几年，他的《马可·波罗游记》一书是第一部向欧洲人介绍亚洲和中国的名著，书中对东方富庶生活的描述激发了欧洲人对东方的热烈向往。

3. 主要形式

总体而言，古代欧洲的旅行活动主要有以下几种形式。

(1)宗教旅行

公元1世纪基督教创立，公元前6世纪至前5世纪佛教创立，公元7世纪初伊斯兰教创立。受宗教文化的影响，一些虔诚的朝圣者为了朝拜著名的宗教圣地，聆听有修行的宗教人士的教诲，不惜长途跋涉，艰苦旅行。因此，宗教旅行是当时主要的旅行活动之一。

(2)航海旅行

自15世纪西方资本主义兴起后，西方国家大规模向外扩张，寻找黄金，由此掀起了航海旅行的高潮。例如，著名的意大利航海家哥伦布，多次旅行到达美洲，开辟了通往印度的新航线；葡萄牙航海家麦哲伦率领舰队完成环球航行，证明了地圆说，对现代科学的发展及人类宇宙观念的形成具有重大意义；1831—1836年，英国生物学家达尔文历时五年通过对各地的考察，找到了物种起源的科学解释，创立了进化论学说，对人类的进步产生了重要影响。

(3)观光旅行

18世纪中叶，在由文艺复兴运动掀起的思想解放浪潮的影响下，世界上第一次出现了真正自觉的、有特定目标的自然观光旅行。当时正值资本主义发展初期，资产阶级主张冲破人性的束缚，提出了个性解放的口号。在资产阶级浪漫主义代表人物大文豪歌德、思想家卢梭和诗人海涅等的影响下，掀起了“回归大自然”的热潮。艺术家们用文学作品、画作和音乐鼓励人们到自然中去，寻找创作的源泉。这为后来旅游业的大发展奠定了思想基础。

此外，商务旅行、教育旅行、休闲疗养旅行、探险旅行等也在这一时期得到了发展。

1.3.2 中国古代旅行的发展

1. 奴隶社会时期

中国是世界上旅行活动发生最早的国家之一。中国奴隶社会的旅行发展情况与西方奴隶社会大体一致。在商代，生产工具和生产技术的进步以及社会分工的出现，使得生产效率空前提高。剩余劳动产品的增加、以交换为目的的商品生产的扩大以及商人阶级对生产和流通的促进，使得商品经济得到较快发展。据史料记载，夏代发明的舟车到商代已得到普及并不断改进，同时牛、马等牲畜也普遍用于交通运输。商代商人的足迹已至我国东北、东南、西南、西北的大部分地区。西周的周穆王是我国最早有记载的帝王旅行家。春秋战国时期，商业活动有了进一步发展，出现了许多大商人，他们进行货物贩运，周游天下。这一时期，旅行开始进入飞速发展阶段。

2. 封建社会时期

中国封建社会的旅行在当时的世界旅行中最具有代表性。中国的封建社会长达两千多年。进入封建社会以后，社会生产力得到进一步提高，社会经济得到进一步发展。社会的进步丰富了社会文化生活，也促进了旅行活动形式和内容向多样化的方向发展。

3. 主要形式

(1)帝王巡游

帝王巡游是中国古代的封建帝王出于政治目的，在执政期间对国土进行的巡视活动。主要目的是彰显帝王权威、震慑人民、了解民情及饱览风景名胜。古代帝王巡游还有一个突出特点就是热衷于“封禅”等祭祀活动。封为“祭天”，禅为“祭地”，“封禅”是中国古代帝王在太平盛世或天降祥瑞之时祭祀天地的大型典礼。古人认为群山中泰山最高，为“天下第一山”，因此人间的帝王应到最高的泰山去祭过天帝，才算受命于天。秦始皇(公元前259—前210)是中国封建帝王巡游的第一人。秦始皇于统一六国后的第二年(公元前220)开始修筑“驰道”，以供巡狩之用。为了“示疆威，服海内”，秦始皇先后五次巡视全国，北到今天的秦皇岛，南到江浙、湖北、湖南地区，东到山东沿海，并在泰山等地留下刻石，以表彰自己的功德。汉武帝、康熙、乾隆等都是帝王巡游的代表人物。

(2)文人漫游

文人漫游主要指文人为了各种目的进行的旅行游览活动。文人漫游始于先秦时期，各个时期文人漫游的目的各有侧重，其形式和内容也有变化。如先秦时期漫游的文人以从政、游说之士较多。魏晋南北朝时期，文人主要因政治上不得志而追求消遣排忧，寄情山水。唐以后科举制度调动了中下层知识分子从政的热情，因而为谋取官职的旅行和考察旅行十分盛行。“读万卷书，行万里路”是中国古代学者的信条。在对名山大川、江河瀑布、田园风光的游览中，古代的文人墨客写出了大量脍炙人口的传世佳作。文人漫游的代表人物主要有陶渊明、谢灵运、李白、杜甫、欧阳修、陆游等。

(3)学术考察

学术考察旅行主要指将治学与旅游相结合而进行的旅行游览活动。春秋战国时期，孔子、孟子、墨子等思想家就为了宣传自己的政治主张周游列国进行讲学，对中国传统文化的发展产生了非常重要的影响。

学术考察旅行的代表人物主要有司马迁、李时珍、徐霞客、郦道元等。其中司马迁首开学术考察之旅，他早年漫游各地，了解风俗，采集传闻。元封三年(前108年)任太史令，继承父业，著述历史。他以“究天人之际，通古今之变，成一家之言”的史识创作了中国第一部纪传体通史《史记》。该书记载了从上古传说中的黄帝到汉武帝时约3000年的历史，为“二十四史”之首，被鲁迅誉为“史家之绝唱，无韵之离骚”。

(4)公务外交

公务外交旅行也称官宦旅行，指的是中国古代封建官吏，受帝王派遣，为完成某项任务而出使各地。其中以张骞出使西域和郑和七下西洋影响最大。张骞是西汉人，公元前138年，奉汉武帝之命，带100多人出使大月氏。在大月氏考察了那里的山川地形、风土民情、特有产品、政治军事，并涉足大夏许多地方。他两次出使西域，为“丝绸之路”的开辟建立了不朽功绩。郑和是明代伟大的航海家，在世界航海史上具有重要地位。1405—1433年，郑和奉明成祖朱棣之命率船队七下西洋，完成了举世瞩目的壮举。他涉海5万多千米，经过30多个国家和地区。此举，比迪亚士发现好望角、哥伦布到达美洲大陆、达·伽马绕过好望角到达印度洋早半个多世纪，比麦哲伦环球旅行早近1个世纪，可以说在世界史上是前无古人的。

【小资料】

中国航海日

郑和是举世闻名的航海家，1405年7月11日奉明成祖朱棣之命，出使中国南海以西沿海的国家和地区，称为“下西洋”。2005年7月11日是郑和下西洋600周年纪念日，经国务院批准，从2005年起，每年7月11日为中国航海日，同时也作为世界海事日在中国的实施日期。

(5)商务旅行

在中国古代社会，漕运水路四通八达，驿道陆路遍及各地，西南各省有栈道，沿海地区有海运。商路的开辟，为商旅的兴起提供了条件，是商务旅行发达的重要标志。春秋战国时期的陶朱公、吕不韦等都曾周游天下，负货贩运，是中国古代著名的商人。此外，商路的开辟也促进了中西方商业文化的交流，如陆上丝绸之路、海上丝绸之路、茶马古道等，均为古代通商往来做出过重要贡献。

(6)宗教旅行

在中国古代社会，宗教旅行非常盛行，它是以朝拜、取经、求法、布道等为目的的一种古老的旅行活动形式。最有代表性的人物是唐代著名高僧玄奘，他是我国历史上著名的佛教学者、旅行家。玄奘西行五万余里，到天竺求取真经，后返回长安，译经1335卷。他的足迹遍布天竺，影响远至日本、韩国乃至全世界。他的思想与精神如今已是中国、亚洲乃至世界人民的共同财富。此外，鉴真、法显等也是古代宗教旅行的典型代表。

1.4　古代旅行的特点

1. 从出游形式上看

不论是欧洲还是中国，在古代旅行活动中占主导地位的是商务旅行。在其他非经济目的的旅行活动中宗教旅行是主要形式，真正消遣性质的活动较少。

2. 从参加人数及其成员看

古代旅行参加人数较少，以统治阶级、少数富人和一部分文人为主，不具有普遍的社会意义。

3. 从出游规模上看

封建社会已经开始出现为旅行活动提供服务的交通、旅店等旅游服务行业，但是由于受到当时社会生产力水平的限制，交通还不够发达，各项设施也不够完善，旅行条件比较差，旅行者的活动范围小，没有形成一定规模。

知识拓展

罗马帝国知道有中国吗

罗马帝国时期大致相当于中国的汉代至魏晋时期。罗马帝国和中国是当时分列亚欧大陆两端的超级大国。那么罗马帝国知道有中国吗？答案是肯定的，作为当时世界上的两个强大帝国，他们都曾经派出使者，试图进入对方的领土建立联系。两大帝国之间有一个安息国。安息对于罗马帝国和中国东汉王朝的地理方位是非常清楚的，靠吃两国的中转贸易生存。安息害怕罗马帝国和中国东汉王朝建立直接联系后，会对自己的生存造成威胁，所以千方百计阻止两国使者进入对方领土。

中国东汉王朝最接近罗马帝国的一次是甘英出使大秦，《后汉书·西域传》中的安息传记载，甘英快进入罗马帝国的边界了，却被安息使者"海水广大，往来者逢善风三月乃得度，若遇迟风，亦有二岁者，故入海人皆赍三岁粮。海中善使人思土恋慕，数有死亡者"的话给吓了回来。公元166年，罗马帝国皇帝马可·奥勒留派出的使臣到达了汉朝的疆界，却因为没有得到汉朝的任何反馈，不知道是什么情况，只好半路折回。同样的事情又发生在公元226年和284年，罗马帝国的使者因在汉朝边境地区得不到任何接见的信息，只好返回。

中国和罗马帝国在真正意义上建立联系是在唐朝时期，来自东罗马帝国(拜占庭)的使者见到了唐太宗，两个国家才算正式建立了官方往来。从近年来丝绸之路沿线国家出土的大量文物来看，当时两个国家是知道对方存在的，只是囿于当时的条件，了解得并不全面。

课间思考

1. 罗马帝国与中国互通往来的使节出访属于旅游活动吗？

2. 罗马帝国与中国之间的国际交往受到哪些方面的限制？对发展旅行活动有影响吗？

>> 任务二　认识近代和现代旅游 <<

任务导入

20世纪初期，中国的旅游业还是一片空白，当时的旅游业务皆由外国在中国的金融机构包揽，如英国的通济隆公司、美国的运通银行等都在中国设有旅行部，包办中外旅客一切旅行业务。这些旅行部还发行旅行支票，时人称为"通天单"(在当时军阀割据地币制不统一情况下，可通行使用)。当时的中国政府对旅游业并不在意，更没想要收回此项外溢之利权。

1923年夏，我国金融家陈光甫在香港拟往云南旅行考察，便到一外商经营的旅行社购买船票，该旅行社售票处的外籍职员与一女子笑语谑声地交谈，他静立良久也无人理睬，于是愤然离开。他思潮起伏，决定创办中国人自己的旅行社。

当时全国教育会第九次会议定于10月22日在昆明举行，各省代表均须集中在上海，经香港转越南沿滇越铁路前往云南。陈光甫不愿教育界人士在旅行中吃苦头，于是致电他的上海商业储蓄银行总行，与该会议主管人员接洽，包办各省代表在上海的车船食宿。1923年8月，上海商业储蓄银行正式设立旅行部，并呈请交通部准代售铁路车票。当时交通部正在召开全国铁路联运会议，申请案遭到外国代表的反对，但得到中国代表的竭力支持，最终被通过。上海商业储蓄银行旅行部最初仅在上海代售沪宁、沪杭的火车票，后陆续与长江航运、南北海运及外国各轮船公司订立代办客票合同，不久便推广至京绥、京汉、津浦各铁路，并在各地分行添设了若干旅行社分社。随着旅游业务的扩大，1927年陈光甫决定将旅行部从银行中分出来，成立中国旅行社，各分行的旅行部为下属分社。至此，中国开始正式出现大型旅游事业。

1930年陈光甫创办了我国第一本旅游刊物《旅行杂志》，该杂志图文并茂，介绍国内外名胜古迹，旨在提高中国人对祖国大好河山的热爱之情，激发他们的旅游兴趣。

虽然从旅行部发展为中国旅行社，但因为是首创，加上办理车船票手续烦琐，所以每年陈光甫都要亏本。同仁好友纷纷劝其停办，陈光甫不为所动，并说："这个旅行社虽说年年亏本，但为国家挽回了不少的利权，不然又多送入外国许多钱了。"

课堂活动

学生以小组形式搜集资料，并讨论：

1. 创办本土旅游企业对国家来说重要吗？重要性体现在哪些方面？
2. 中国近代旅游业是从何时兴起的，是否得到了全面发展？

项目导读

旅行活动虽然在古代就已产生，但与现代意义上的旅游相比有很大差距，不能算旅游活动。人类历史上真正的旅游活动是从近代开始的，最终发展为今天的现代旅游。世界旅游的重大发展和突破，归根结底是生产力的发展所带来的经济增长和社会变革促成的。

知识链接

2.1 认识近代旅游

2.1.1 世界近代旅游的发展

1. 产业革命和近代旅游

产业革命是指资本主义机器大工业代替工厂手工业的过程，是资本主义政治经济发展的必然产物，率先发生在18世纪中后叶的欧洲。产业革命给人类社会带来了一系列的变化，对人类旅游活动的发展有重大的影响和促进作用。这主要表现在以下几点。

首先，产业革命加速了城市化的进程，使越来越多的人将工作和生活的重心从农村转移到工业城市。工作和生活地点的变化对旅游发展是一种新的刺激。

其次，产业革命改变了人们的工作性质。随着大机器工业时代的到来，原先那些重复、单调的工业劳动被机器所取代，人们拥有了更多的闲暇时间。此外，随着收入的增加，人们外出放松身心、调节生活节奏的需求日渐强烈。因此可以说产业革命激发了人们外出旅游的动机。

再次，产业革命带来了阶级关系的新变化。随着新的阶级关系——资产阶级和工人阶级的产生，社会财富不再只流向封建贵族和地主，这改变了过去只有地主和贵族才有时间和金钱从事非经济目的消遣旅游活动的状况，对于广大工人阶级来说，他们也将有机会进行旅游活动。

最后，科技的进步，特别是蒸汽技术在交通工具运输中被普遍应用，出现了蒸汽轮船、蒸汽火车等新型交通工具。很快价格低廉、速度快、运载力大的轮船和火车逐渐替代了马车，使人们外出活动的范围得以扩大，使大规模的人群流动成为可能。

这些条件不仅使商务旅行的数量大大增加，而且为娱乐消遣活动奠定了良好的基础，从而对近代旅游业的迅速发展起到了很大的促进作用。

2. 托马斯·库克和近代旅游

产业革命在为更多人外出旅游创造条件的同时，也越来越让人们发现自己的旅游认知和经验是远远不够的。这无疑限制了旅游活动的发展，人们迫切需要专门为出游提供服务的机构和专业人士来帮助自己更好地进行旅游活动。英国人托马斯·库克是最早认识到人们的需求并提供相应服务的人。

1808年托马斯·库克生于英国。他幼年家境贫寒，刚满10岁就被迫辍学去学艺谋生。17岁时，他进入教会成为一名巡回教士，这项工作使他云游四方，激发了他对旅游的兴趣。1841年，在基督教的宣传和组织下，一次禁酒大会即将召开，托马斯·库克对此事十分积极。为了壮大这次禁酒会的声势，他在英国的莱斯特城张贴广告、招揽游客。1841年6月9日他包租了一列火车，组织570人从莱斯特前往洛赫伯勒去参加禁酒大会。托马斯·库克事先向每人收取了1先令，包含往返的交通费，并免费提供午餐及小吃，还安排了一个唱赞美诗的乐队跟随。

这次团体活动虽然是非商业性的，目的是参加禁酒大会，不是单纯的消遣，但依然被看作近代旅游及旅游业的开端。主要原因是：第一，参加的人数众多，并且来自各行各业，具有较为广泛的公众性；第二，托马斯·库克不仅发起、筹备和组织了这次旅游，而且自始至终随团陪同和照顾，是现代旅行社全程陪同的最早体现；第三，这次活动规模巨大，成绩突出，增加了他对组织旅游活动的兴趣和信心，为他日后创办旅行社奠定了基础并提供了经验。

1845年，托马斯·库克在英国正式创办了托马斯·库克旅行社，它是世界上第一家旅行社。此外，托马斯·库克又先后组织了多次大规模的旅游活动，如1845年组织350人去利物浦消遣观光旅游，并编发了导游手册，这是世界上第一次有商业性导游陪同的、以观光消遣为目的的旅游活动；1851年组织16.5万人参加伦敦水晶宫世界博览会；1855年组织从英国前往法国巴黎的旅游活动，在巴黎停留4天，全程一次性包价，这是世界上第一次出境旅游。托马斯·库克对于近代旅游业的贡献还有：创办了世界上第一支导游队伍，编印了世界上最早的旅行杂志，通过对全程旅游的安排和组织实现了真正意义上的旅游产品设计，开创了包价旅游、散客旅游等旅游的基本服务方式。因此，托马斯·库克被誉为近代旅游业的创始人。

受托马斯·库克的影响，许多类似的旅游公司纷纷成立。美国运通公司、比利时铁路卧车公司、英国托马斯·库克旅行社被称为当时世界三大旅游代理公司。

2.1.2　中国近代旅游的发展

1. 中国近代旅游的诞生

中国近代旅游指的是从1840年鸦片战争到1949年新中国成立这一历史时期的旅游。这一时期的中国由一个独立的封建国家沦为半殖民地半封建社会，虽然一些有识之士如孙中山、严复等人多次到西方国家考察和游历，但因特殊的历史背景，这一阶段我国的旅游业未能获得较快发展。

在20世纪20年代，我国也出现了现代意义上的旅游，如开办旅行社、出版旅游杂志、开发旅游资源、建设接待设施等，但未能形成产业。

2. 中国近代旅游相关行业的发展

(1)旅行社

在20世纪20年代之前，中国没有自己的旅游公司。在国外旅行社蓬勃发展、旅游企业入侵中国市场的情况下，上海商业储蓄银行的陈光甫于1923年成立了上海商业储蓄银行旅行部，这是中国第一家旅行社。1927年，旅行部更名为中国旅行社，业务范围也相应扩大。1930年，陈光甫创办了中国第一本旅游杂志——《旅行杂志》。

(2)旅游交通

铁路是近代旅游的主要交通工具。中国从1897年起建设了胶济铁路、滇越铁路、广九铁路、中东铁路。近代中国的内河航运、远洋航运、公路运输和民用航空为旅游业的发展提供了一定的条件，但数量少、质量差，管理较为落后。

(3)旅游住宿

中国的近代旅馆从清代末期开始发展，有外资经营的西式旅馆、民族资本经营的中西式旅馆以及铁路沿线的招商客栈等。

西式旅馆是指清末英、美、法等国的资本侵入中国后，按照西方建筑、设备、装修、经营方式等建造并经营的旅馆，大多建于帝国主义列强在中国的租借地或势力范围之内，其中上海最多。中西式旅馆是中国民族资本向旅馆业投资兴建的半中半西风格的新式旅馆，既接受了西方旅馆的某些影响，又继承了中国的历史传统。旅游住宿接待设施在一定程度上得到了发展。

(4)旅游景区

这一时期，中国除了出现旅行社、旅游饭店外，在旅游资源开发方面也有一定的发展，如在庐山、北戴河、莫干山等地建设了避暑度假区，主要用于满足政府接待、公务旅游等需要。

2.1.3 近代旅游的特点

世界近代旅游的特点主要有以下几点。

第一，地域上主要局限于欧美国家，且地域范围不断扩大。在产业革命的带动下社会生产力提高，社会财富增加，现代交通工具的出现缩短了客源地与目的地的空间距离。

第二，组织形式上出现了团队旅游及专业的导游队伍，旅行社行业蓬勃发展。

第三，类型上主要以消遣旅游为主，越来越多的人渴望通过旅游纾解压力、放松身心。

第四，规模上，旅游不再是特权阶级的专属活动，游客构成远远超出以前的范围。

此时的中国由于受到经济落后、生活水平低、基础设施条件差等因素的制约，旅游发展是缓慢的，以消遣、游览、娱乐为主的旅游活动仍是社会上少数人之事，大多数人迫于生计，既无力支付旅游费用，也无暇参与旅游活动。旅游作为一种产业，虽已形成，但是规模小、水平低，对国民经济的作用十分有限。

2.2 认识现代旅游

2.2.1 世界现代旅游的发展

现代旅游是指第二次世界大战以后，特别是20世纪60年代以来迅速普及于世界各地的社会化大众旅游。人类的旅游活动历史悠久，但在第二次世界大战以前，无论是旅游者的人数、参加的阶层、旅程还是旅游消费都受到较大局限。第二次世界大战以后，世界经济逐渐得到恢复，和平与发展逐渐成为时代主题。宽松的政治、社会、经济等宏观环境为现代旅游的兴起和普及创造了良好的条件，并使其在半个多世纪里保持蓬勃的发展势头。

现代旅游迅速发展的原因有以下几点。

1. 世界局势稳定，经济快速发展

第二次世界大战结束以后，国家间协作不断加强。当今世界虽然有些地区仍有战乱发生，但各国基本已就谋求稳定、寻求合作、促进和平发展达成共识。这种和平环境一方面有利于各国进行经济建设，提高人民生活水平；另一方面促进了各国人民之间政治、经济、文化等方面的交流和往来。这为世界旅游发展提供了必要的前提和保证。

2. 个人收入增加，支付能力增强

在相对稳定的国际环境下，各国都致力于发展经济，全球经济总量迅速增长，人们的收入水平不断提高，大众的支付能力显著增强。收入的增加使得人们的价值观发生了转变：物质需求得到满足的情况下想要追求更高层次求新、求知、求乐的精神需求。越来越多的人产生了外出旅游的欲望，这是现代旅游发展的原动力。

3. 生产自动化程度提高，闲暇时间增加

随着科学技术的进步，各产业生产的自动化程度不断提高，因而生产效率不断提高，劳动时间得以缩短，各国的带薪休假制度也日益完善。这种变化使作为闲暇活动重要形式之一的旅游有了时间上的保证。参加旅游活动的人数迅速增加，出游的距离和在外逗留的时间也大大延长。

4. 交通运输工具现代化，旅行的时空距离缩短

现代科学技术的发展使得交通运输工具持续改进，运量增大，速度提升，价格降低，舒适度大大增强。汽车、飞机制造技术不断改进，铁路、水路发展水平不断提高，现代交通运输工具逐渐普及。汽车产业已经成为 20 世纪的支柱产业之一，特别是在发达国家，汽车保有量高，高速公路四通八达，汽车成为许多国家人们中短程旅游的首选交通工具。20 世纪 70 年代以后，飞机在洲际、国际和国内长途旅行中，成为最主要的交通工具，使远程旅行舒适、快捷，旅游者对目的地的选择更多，真正做到了“旅速游缓”。火车、轮船在竞争压力下不断改进技术，如欧洲、日本的磁悬浮和轮轨技术使列车速度达每小时 400 多千米，极大地方便了中程旅行。在远洋运输方面，巨型邮轮凭借豪华的服务设施、丰富的娱乐活动、舒适的服务体验被誉为“海上度假村”，成为世界旅游产业中不可或缺的部分。

5. 各国政府对旅游业的重视和扶持

旅游业作为一种新兴产业，现已成为世界经济发展中的重要组成部分。国际旅游的发展有利于增加国民收入、平衡国际收支、扩大就业人数、增强综合国力。尤其对于旅游资源丰富的发展中国家来说，旅游业的发展不但会促进基础设施建设，而且有利于吸引外资，引进先进的技术，因此，许多国家的政府已充分认识到旅游业在整个世界经济中的重要地位，不断利用政治、经济、法律等手段支持和鼓励本国旅游业的发展。

2.2.2 中国现代旅游的发展

中国现代旅游是指 1949 年新中国成立以来的旅游。在 70 多年的发展历程中，中国旅游业大致经历了外事接待、改革振兴和全面发展三个阶段。

1. 外事接待阶段

这一发展阶段从新中国成立至 1978 年改革开放之前。这个时期我国生产力水平低下、经济落后，社会市场需求不足，旅游接待多为单纯的政治接待，不计成本，不讲效益，经济性特征并不明显。所以，新中国旅游业首先经营的是国际旅游业务，主要承办政府各单位和群众团体有关的外宾接待工作，具有行政管理的性质。该阶段的主要标志是两大旅行社系统和中国旅行游览事业管理局的成立。

新中国成立后的第一家旅行社是1949年11月在福建省厦门市成立的华侨服务社，主要负责接待海外华侨、外籍华人、港澳台同胞，属于政府的侨务系统。在体制方面，名义上定为“国营企业”，在实际运作中却是行政或事业单位而不是企业。

1952年，亚洲及太平洋区域和平会议在我国召开。这次会议以后，来我国公务和旅游的外宾逐渐增多。为了满足接待的需要，尤其是政治性任务接待的需要，1954年4月15日，在周恩来的关怀下，中国国际旅行社总社在北京正式成立。同年，在上海、天津、广州、南宁、哈尔滨、南京、杭州、武汉、沈阳、大连、丹东、满洲里12个城市成立了分支社，开始从事接待邀请客人、国际友人、互换和自费游客业务。

为了加强对旅游工作的领导和管理，1964年7月中国旅行游览事业管理局成立，中国旅游事业从此有了专门的领导机构，中国旅游业的管理进入一个新的时期。

2. 改革振兴阶段

这一阶段出现在改革开放之后，从1978年开始实行改革开放政策到1990年，是以接待入境旅游和国内旅游为主的阶段。该阶段的主要标志是政府各项旅游管理工作的开展以及中国加入世界旅游组织。

1978年年底，党的十一届三中全会召开，开创了中国改革开放的新局面。在邓小平的积极倡导下，发展旅游业得到了党中央、国务院的高度重视。

这一阶段政府的各项旅游工作全面开展：

1978年11月23日，国务院批转全国旅游工作座谈会纪要；

1979年8月6日，国务院决定将全国各地的高级饭店划归地方旅游局和国际旅行社分支社管理，实行企业化经营；

1979年11月29日，国务院批转国家旅游局关于大力发展旅游事业若干问题的报告；

1980年，国家开始在一批大学里开办旅游系或旅游专业；

1981年7月，国务院在北京首次召开全国旅游工作会议，提出了“六五”计划期间我国旅游业发展的规划指标和主要工作；

1985年12月20日，国务院常务会议决定，把旅游业发展列入国家的“七五”计划，提出大力发展旅游业，增加外汇收入，促进各国人民之间的友好往来；

1986年4月12日，六届人大四次会议审议批准了国家的“七五”计划，旅游被列入第37章，这是旅游业第一次在国家计划中出现，是我国旅游业发展史上的一个里程碑；

1980年6月，中国青年旅行社成立，成为继中国国际旅行社、中国旅行社之后中国第三家全国规模的大旅行社；

1983年中国加入世界旅游组织，标志着中国旅游业已跨入世界旅游业的行列。

在一系列方针政策的指引下，我国旅游业通过不断改革，突破了长期以来基本属于外事接待的模式，逐渐由政治性向经济性转变，旅游业作为一个综合性经济产业的性质得到肯定。在这种结构转变下出现了旅游业的初步繁荣。

3. 全面发展阶段

1991年，《中华人民共和国国民经济和社会发展十年规划和第八个五年计划纲要》正式将旅游业的性质定为产业，标志着中国旅游业进入全面发展阶段。这一阶段中国国内旅游和出、入境旅游蓬勃发展，各项旅游设施得以完善，旅游形式呈现多样化特点。

(1)国内旅游

1995年5月1日起，我国开始实行五天工作制，即每周工作5天，休息2天。这为国内旅游活动的发展奠定了坚实的基础。1999年5月1日，全国实行“五一”、“十一”七天长假制(加上传统春节，被称为三个旅游黄金周)。2008年，根据《全国年节及纪念日放假办法》的规定，取消了原有的“五一”黄金周，同时将元旦、清明节、端午节、中秋节列入全民法定公休节日，通过调整双休日来集中休假，这些具有文化内涵的传统节日小长假极大地刺激了周边短线游的发展，形成了更多的旅游小旺季。2012年，我国国内旅游人次近30亿，位居世界第一，我国国内旅游业进入大众化发展的新阶段。2019年全年国内旅游人数超过60亿人次，人均消费同比增长50%。

(2)出境旅游

改革开放初期，出境旅游是高收入人群才能进行的活动。1983年11月，作为试点，广东省率先开放了本省居民赴我国香港地区的探亲旅游。1984年，国务院批准开放内地居民赴香港、澳门地区的探亲旅游。1990年，经国务院批准，国家旅游局发布实施了《关于组织我国公民赴东南亚三国旅游的暂行管理办法》，旅游目的地限于新加坡、马来西亚、泰国，之后又增加了菲律宾等。1997年7月1日起，我国正式实施《中国公民自费出国旅游管理暂行办法》。2017年，中国出境旅游人数超过1.3亿人次，继续保持世界第一大出境旅游客源国的地位。2018年，中国出境游客近1.5亿人次，再创历史新高。

(3)入境旅游

20世纪五六十年代，出于外交的需要，我国旅游接待活动的对象主要是友好国家的团体和个人，为他们提供民间交往的便利条件，这就是现在所说的入境旅游。改革开放前，我国接待的入境游客量合计未达到70万人次，与世界平均接待水平相去甚远，入境旅游基本上就是一张白纸。改革开放之后，在我国的优质旅游资源吸引下，我国入境旅游迅速发展，1987年入境旅游游客量首次突破1000万人次大关。2012年，我国入境旅游人数已达5772万人次，位居世界第三。2018年我国入境旅游发展势头不减，全年接待入境游客14120万人次，比上年增长1.2%。

综上所述，中国旅游业产业规模不断扩大，国内旅游和出、入境旅游三大市场发展迅速，贡献突出。旅游业已成为我国国民经济新的增长点和重要的支柱性产业。中国正由世界旅游大国向世界旅游强国迈进。

2.2.3 现代旅游的特点

与传统的旅行活动相比，现代旅游的形式和内容发生了翻天覆地的变化。现代旅游的发展特点主要体现在以下几个方面。

1. 旅游发展的持续性和稳定性

第二次世界大战结束后，世界旅游业不仅重新恢复，而且呈现出前所未有的飞速发展势头。虽然一些国家由于政治动荡、经济衰退、社会不稳定等原因出现过旅游业发展的停滞，但总体来说，旅游业始终保持着发展的态势。世界旅游业的发展是持续不断的，也是相对稳定的。

2. 旅游活动的大众性和普及性

为了使旅游同其他社会基本需要协调发展，很多国家将旅游业纳入国家发展的大局，从而让更多的人参与旅游活动。因此，"大众旅游"已成为现代旅游的代名词。现代旅游活动的大众性和普及性主要体现在：第一，旅游者不再受到阶层的限制，任何人都有参与旅游活动的权利；第二，得益于团体包价旅游的开展，更多的旅游者被现代旅游省时、省力、省钱、安全的特点所吸引，旅游人数不断增加，旅游范围不断扩大。

3. 旅游经营的国际化和集团化

现代旅游先在西方发达国家兴起，而后在发展中国家得到发展，目前，旅游业已成为名副其实的国际化产业，全球大部分国家都经营着国际、国内旅游业务。此外，集团化经营可以说是第二次世界大战后现代旅游发展的方向。一些大型旅游企业为了更好地适应现代旅游业高速发展的需要，也为了在国际竞争中提高自己的地位，不仅在行业内与其他企业联合，还组建跨行业、跨国界的企业集团，增强自己的实力。

4. 旅游形式的多样化和个性化

随着旅游经验的积累和旅游观念的变化，人们的旅游需求呈现多样化、个性化的特征。传统的旅游形式如观光、休闲等需要与新环境、高科技、新设施重新组合，才能增强吸引力。一些新兴的旅游形式如探险旅游、农业旅游、修学旅游等已成为旅游业的时尚和潮流。

知识拓展

日渐升温的修学游

日本规定，每个学生在小学到大学期间，都必须要完成在本国或国外的修学旅行。

在韩国，学生从幼儿园起就被组织修学游，先是在居住地周围，读小学时会走出县市，初中时在全国游览，高中、大学时则出国游学。

德国巴伐利亚州政府明确将修学旅行写入了当地的教育法，对修学旅行的课程、方式、时间等都做出了明确的规定。

在很多人看来，修学游是对“寓教于乐”这一名词的最好诠释。在发达国家，修学游已经发展得相当完善。学校通过多种方式，让学生进行有组织、有计划的出游，并以此作为学生综合素质教育的一个重要环节。

随着知识经济时代的到来和我国旅游者旅游需求向知识型、文化型转变，我国的学生旅游市场也出现了高校游、科技游、文化游等修学旅游项目。2014 年 8 月 21 日，国务院印发《关于促进旅游业改革发展的若干意见》，该意见首次明确提出，把研学旅游作为青少年爱国主义和革命传统教育、国情教育的重要载体，纳入中小学生日常德育、美育、体育教育的范畴，并对研学旅行的管理、基地的建设提出了明确要求，从政策层面进一步指明了修学旅游的发展方向。

课间思考

1. 现代旅游的特点有哪些?

2. 近年来修学旅游、工业旅游、红色旅游等在我国蓬勃发展说明了什么?

项目小结

人类的旅行和旅游活动是社会经济发展的产物。在原始社会，由于生存环境的改变不得不进行的迁徙活动不是旅游，在奴隶社会和封建社会，只有极少数人才能享有外出巡游、朝圣、学术考察和公务外交等活动，称为“旅行”，也不是真正意义上的旅游活动。

人类的旅游活动出现在近代，产业革命成功之后，一部分大众利用闲暇时间参与到旅游活动中，并出现了专门为旅游者提供服务的旅行社和现代交通工具，从而使旅游得以在社会上迅速发展和普及。第二次世界大战结束之后，和平与发展成为时代的主题，许多国家将旅游业视为增加国民收入和外汇收入的重要产业，使得旅游业飞速发展。

项目练习(满分 100 分)

一、填空题(共 2 题，每空 5 分，合计 30 分)

1. 中国封建社会的旅行活动有帝王巡游、(　　)、(　　)和(　　)几种类型。

2.(　　)是近代旅游业的创始人，他创造了旅游的基本服务方式(　　)和(　　)。

二、单选题(4 个选项，有且只有一个选项正确；共 2 题，每题 5 分，合计 10 分)

1. 世界上第一家旅行社诞生于(　　)。

A. 1741 年　　B. 1840 年　　C. 1841 年　　D. 1845 年

2. 被称为中国封建帝王巡游第一人的是(　　)。

A. 汉武帝　　B. 隋炀帝　　C. 周惠王　　D. 秦始皇

三、多选题(每题有 4 个选项，有 2 个至 4 个选项正确；共 2 题，每题 5 分，合计 10 分)

1. 下列属于近代旅游世界三大旅行代理公司的有(　　)。

A. 中国旅行社　　B. 美国运通公司

C. 比利时铁路卧车公司　　　　　　　D. 托马斯·库克旅行社

2. 下列属于中国古代学术考察代表人物的有(　　)。

A. 司马迁　　　　B. 徐霞客　　　　C. 李白　　　　D. 李时珍

四、简答题(共5题，每题10分，合计50分)

1. 有人认为“旅游活动自古有之，最初它就是人们的消遣活动”。对此你的理解是什么?

2. 为什么说人类的迁徙和旅行不属于旅游活动?

3. 近代旅游的发展有哪些特点?

4. 为什么人们将托马斯·库克视为旅游业的先驱?

5. 现代旅游迅速发展的原因有哪些?

参考答案

一、填空题

1. 文人漫游　外交公务　学术考察

2. 托马斯·库克　包价旅游　散客旅游　解析：托马斯·库克是近代旅游业的创始人，他创造了旅游的基本服务方式——包价旅游和散客旅游，开创了一种全新的旅游业务和旅行方式。

二、单选题

1. D　解析：托马斯·库克于1845年创建了世界上第一家旅行社。

2. D　解析：秦始皇是中国封建帝王巡游的第一人。他在公元前221年统一六国，至公元前210年，共巡游5次。

三、多选题

1. BCD　解析：19世纪下半叶，许多旅游公司纷纷成立，其中英国托马斯·库克旅行社、美国运通公司、比利时铁路卧车公司被称为世界三大旅行代理公司。

2. ABD　解析：司马迁首开学术考察之旅，写出史学名著《史记》；明代旅行家徐霞客踏遍大半个中国，著有《徐霞客游记》；明代医药学家李时珍，跋山涉水，采集草药，著成《本草纲目》。

四、简答题

1. 答：人类外出活动的行为自古就有，但不属于旅游的范畴。原始社会的迁徙行为是被迫产生的，古代人类有意识的外出旅行活动始于原始社会末期，这个时期的出行目的多种多样，但不是单纯的消遣、娱乐。真正的旅游活动是从近代开始出现的，并发展至今。

2. 答：迁徙、旅行和旅游都是往来于不同地点的空间转移活动。三者之间的明显区别在于：目的不同、离开时间不同、内容不同。迁徙的目的是求生、避险，离开后一般不再返回，只是一种人类趋利避害的本能反应。旅行具有某种目的(如商务、求学、科考等)，旅行后不一定返回，一般是为了满足某种动机。旅游以消遣、娱乐为目的，旅游后一定会返回，内容包含旅行和游览。因此，旅游行为虽然孕育于人类的迁徙和旅行行为中，但迁徙和旅行都不是纯粹意义上的旅游行为。

3. 答：世界近代旅游的特点主要表现在：(1)地域上主要局限在欧美国家，且地域范围不断扩大。在产业革命的带动下社会生产力提高，社会财富增加，现代交通工具的出现缩短了客源地与目的地的空间距离。(2)组织形式上出现了团队旅游及专业的导游队伍，旅行社行业蓬勃发展。(3)类型上主要以消遣旅游为主，越来越多的人渴望通过旅游纾解压力、放松身心。(4)规模上，旅游不再是特权阶级的专属活动，游客构成远远超出以前的范围。

此时的中国由于受到经济落后、生活水平低、基础设施条件差等因素的制约，近代旅游发展是缓慢的，以消遣、游览、娱乐为主的旅游活动仍是社会上少数人之事，大多数人迫于生计，既无力支付旅游费用，也无暇参与旅游活动。旅游作为一种产业，虽已形成，但是规模小、水平低，对国民经济的作用十分有限。

4. 答：托马斯·库克于 1841 年组织了世界上第一次真正意义上的旅游活动；1845 年在英国正式创办了自己的旅行社——托马斯·库克旅行社，这也是世界上第一家旅行社。此外，托马斯·库克又组织了世界上第一次有商业性导游陪同的、以观光消遣为目的的旅游活动以及世界上第一次出境旅游。他创办了世界上第一支导游队伍，编印了世界上最早的旅行杂志，通过对全程旅游的安排和组织实现了真正意义上的旅游产品设计，开创了包价旅游、散客旅游等旅游的基本服务方式。因此，托马斯·库克被誉为“近代旅游业的创始人”。

5. 答：(1)世界局势稳定，经济快速发展；(2)个人收入增加，支付能力增强；(3)生产自动化程度提高，闲暇时间增加；(4)交通运输工具现代化，旅行的时空距离缩短；(5)各国政府对旅游业的重视和扶持。

实训项目

前往当地历史人物、历史事件较为集中的景点进行考察，从古人留下的历史遗迹中分析当时的旅游发展状况。

模块二　旅游业的旅游活动

项目一　旅游活动媒介——旅游业

知识目标

记得旅游业的含义及构成体系；

了解旅游业各行业的构成、性质及特点；

厘清旅游各产业的经营类型及特色；

阐述我国旅游业各行业的地位和作用。

能力目标

能够独立分析旅游业各个行业的特点；

能够准确区分国际旅行社和国内旅行社；

能够独立编写一份《旅游指南》；

能够撰写本地旅游业调查报告。

关键术语

旅游业　旅行社　旅游景区

旅游饭店　旅游交通　旅游购物品

>> 任务一　认识旅游业<<

任务导入

据世界旅游业理事会(WTTC)统计，2016 年世界旅游业对 GDP 的直接平均贡献水平为 3.1%，综合平均贡献水平为 10.2%，旅游经济综合贡献的平均乘数为 3.29，多数国家和地区的旅游经济综合贡献乘数在 2～3.5，远高于其他服务行业。与旅游业相关的细分行业已超过 100 个，旅游消费对住宿餐饮业、商品零售业、交通客运业、文化娱乐业等的贡献率可达 50%，甚至更高。以医疗旅游为例，2017 年全球收入规模约 7000 亿美元，已成为美国、日本、泰国等医疗发达国家增长最快的新兴产业。以商务旅游为例，商务旅行的人均消费为一般假期旅游的 2 倍左右，中国香港、新加坡、英国伦敦基于国际会议和会展的举办，拉动入境商务旅行和消费快速增长。

近年来全球旅游业持续保持较高增长速度，超过整体经济增速。2017 年全球旅游业增速为 4.6%，超过制造业(4.2%)，零售业和批发业(3.4%)，农业、林业和渔业(2.6%)以及金融服务业(2.5%)的增速。预计全球旅游业未来 10 年仍将保持 3.8%的平稳增长，直接或者间接贡献约 25%的就业机会。2018 年，我国国内旅游人数为 55.39 亿人次，入出境旅游总人数为 2.91 亿人次。全年实现旅游总收入 5.97 万亿元，旅游业对 GDP 的综合贡献为 9.94 万亿元，占 GDP 总量的 11.04%。

这一走势表明，随着旅游越来越大众化，对全球旅游业与不同国家和地区发展来说，旅游业显示出更强的竞争力。

而在近日，世界经济论坛(WEF)发布了主题为“旅游业处于一个拐点”的《2019 年世界旅游竞争力报告》(本篇文章以下简称《报告》)。“拐点”，也可以说“转折点”或“十字路口”。《报告》推出这一主题颇耐人寻味，旨在提醒世界各地旅游发展决策者、业界和所有利益相关者审时度势，看清当前旅游业发展所面临的形势和受到的影响，选择与规划未来发展方向——是追求短期无限制增长，还是努力遵循可持续发展道路，实现长期持久健康发展。

《报告》提出，自《2017 年旅游竞争力报告》发布以来，“过度旅游”已经变成一个常用语，即旅游业可能对目的地、居民和游客产生负面影响，且往往把拥挤和人满为患归咎于旅游业管理不善。“过度旅游”被认为是旅游目的地接待量超出其承载力的结果。正是在这种巨大的增长潜力、旅游基础设施和服务设施面临越来越大压力的背景下，旅游竞争力被视为一种强大的经济增长驱动力。与此同时，如果管理不当，也会成为影响旅游业持续发展的不利因素。为增加旅游竞争力而采取的措施，则可能制约行业发展。正是出于这个原因，世界经济论坛将本年度《报告》主题确定为“旅游业处于一个拐点”。

(资料来源：《中国旅游报》，2019-09-25)

课堂活动

学生以小组形式收集旅游业活动案例，讨论如何认识“旅游业处于一个拐点”，如何理解旅游业。教师引导学生归纳出旅游业的定义。

项目导读

旅游业是旅游主体与旅游客体连接的纽带。旅游业为旅游者的旅游活动提供便利，使得作为旅游活动主体的旅游者能够顺利完成旅游活动。现今，人们已经达成共识：旅游业是一项产业，而且是一项资源消耗低、带动系数大、就业机会多、综合效益好的综合性产业。

知识链接

1.1 旅游业的基本概念

随着旅游业的诞生与发展，人们对其概念的认知不断深入。业界众多人士从不同的角度和层面去定义旅游业。有些学者把旅游业的定义分为广义和狭义两种。

广义的旅游业是指以旅游资源为凭借，以旅游设施为条件，为人们的旅行游览提供服务，从中取得经济收益的所有行业和部门，包括旅馆业、旅行社业、交通运输业、邮电通信业、餐饮业、金融业、轻工业和商业等。狭义的旅游业是指为旅游者的旅行游览活动提供服务，且与旅游者的旅游活动最为密切相关的四大部门，即旅行社业、旅游交通业、旅游饭店业和旅游商品业。我们认为，这几个行业只能作为国民经济的行业组成，若作为产业显然是不全面的，故此类概念不可取。总体来看，不管专家学者关于旅游业的定义有多少，他们对旅游业的本质特点都做了肯定，如旅游业是由一系列相关行业组成的综合性经济产业，通过提供商品和服务满足旅游者的需要，便利旅游活动。

综上所述，我们认为旅游业的定义可表述为：旅游业是以旅游者为对象，为其旅游活动创造便利条件并提供其所需商品和服务的综合性产业。

旅游资源、旅游设施和旅游服务是旅游业的三大要素。其中，旅游资源是旅游业发展的前提条件，旅游设施是旅游业发展的重要保证，旅游服务是旅游业旅游产品的本质所在。

1.2 旅游业的构成

旅游业是由许多与旅游相关的行业组成的一个综合性产业。目前，人们对旅游业的构成有很多见解，其中有三种观点被普遍认同。

1.2.1 三大支柱说

联合国在《国际产业划分标准》中把旅游业划分为三部分：旅行社、交通客运部门和以旅馆为代表的住宿业，属于这三个部分的企业因而构成三种类型的旅游企业。在我国，人们通常将旅行社业、以饭店为代表的住宿业和交通运输业称为旅游业的三大支柱。这三类企业是依赖旅游者的存在而生存的企业，它们的营业状况决定着一个国家或地区旅游业的发展水平。

1.2.2 五大部门说

如果以旅游目的地(主要是国家或地区)划分，旅游企业主要由五大部分组成，即住宿接待部门、游览场所经营部门、交通运输部门、旅行业务组织部门、目的地旅游组织部门。可见，除了上述三个支柱外，游览场所经营部门和各级旅游管理组织也属于旅游业的构成部分。五个部门之间有着共同的目标和不可分割的联系，它们通过吸引、招徕和接待旅游者，促进当地的经济发展。

1.2.3 六要素说

按照旅游活动六要素分类，旅游业主要包括旅行社业、以饭店为代表的住宿业、餐馆业、交通运输业、旅游娱乐行业、旅游用品和纪念品销售行业六大行业。也就是说，从旅游业是为旅游者的旅游活动提供所需的产品和服务的角度来说，在上述五大部门说基础上，应该还有旅游餐饮业、旅游娱乐业和旅游购物业等。

从旅游者的旅游活动和我国的实际情况来看，旅游企业除了包括食住行游购娱企业，还应该包括旅游各级管理部门及旅游行业组织。管理部门是指对旅游行业实施领导和管理的机构，包括行政管理组织和行业管理组织。旅游行业组织主要是各个民间性质的行业协会、社团组织等，起到协助政府实施旅游行业管理的作用。

1.3 旅游业的作用

旅游业不仅是构成现代旅游活动体系的要素之一，而且在推动旅游活动的开展方面，也是最积极、最活跃的一个因素。旅游业的作用主要体现在推动旅游发展上，具体表现在以下几个方面。

1.3.1 供给作用

旅游活动的顺利进行，离不开旅游需要和旅游供给。如果只有旅游需要，而无旅游业保证旅游供给，旅游活动就无法存在与发展。一个旅游目的地的旅游供给分为自然旅游资源、旅游基础设施、交通运输和文化资源等，绝大部分旅游供给是旅游业提供的。旅游业在旅游供给方面的作用是举足轻重的。

1.3.2 组织作用

根据市场的调查分析，旅游业一方面组织一系列配套产品满足供给，另一方面通过各种方式为自己的产品组织客源，以满足需要。正是这一组织作用，使旅游业从无到有，从小到大，进而推动旅游活动的迅速发展。现代包价旅游的推出以及各种定制化旅游的出现，充分证明了旅游业的组织作用。

1.3.3 便利作用

旅游者外出旅行经常会遇到各种各样的困难和不便。旅游业可以将旅游活动发展成一种规范化的旅游模式，通过提供方便、快捷的服务使旅游者顺利达到出行目的。旅游业在旅游者和旅游资源之间架起了一座便利的桥梁，使得旅游者不再担心旅游过程中可能遇到的各种困难，因为旅游业可以为他们解决旅游过程中的各种问题。因为这种便利作用的刺激，人们旅游活动的规模扩大，旅游距离越来越远。应该说，旅游活动能成为大众普遍的活动，同旅游业的便利性是密不可分的。

1.4　旅游业的性质

认识旅游业的性质，有助于国家和地区把旅游业作为国民经济的一个组成部分来制定政策，也有助于旅游业的各个企业把握工作的重点和方法，促进旅游业更快、更好、更强地发展。旅游业的性质主要表现在经济性、服务性和文化性三个方面。

1.4.1　经济性

经济性是旅游业的根本性质。第一，世界上大多数国家已经把旅游业作为一项产业来发展，而非完全的文化事业，在有些国家和地区，旅游业已经成为其经济收入的重要来源甚至成为支柱产业。第二，旅游业的基础构成是各类旅游企业，企业是为营利目的而存在的。

1.4.2　服务性

一个国家的产业分为三个层次：第一产业包括农业，林业，牧业，渔业；第二产业包括采矿，制造，建筑，电力、热力、燃气及水生产和供应业；第三产业是除第一、第二产业以外的其他行业，主要是指服务业，具体包括：交通运输、仓储和邮政业，信息传输、软件和信息技术服务业，批发和零售业，旅游、住宿和餐饮业，金融业，房地产业，租赁和商业服务业，科学研究和技术服务业，水利、环境和公共设施管理业，居民服务、修理和其他服务业，教育、卫生和社会工作，文化、体育和娱乐业，公共管理、社会保障和社会组织，国际组织等。

旅游业是第三产业的重要组成部分，其所提供的产品从本质上讲是服务性产品。旅游业所提供的各种服务可以分为以下几种情况：

一是通过服务提供有形产品，如旅游商店里出售的旅游购物品；

二是通过服务，使服务价值物化或附加在有形产品中，如饭店里提供的美味佳肴等；

三是纯粹服务，既不创造有形产品，也不物化或附加在有形产品中，其服务过程就是产品生产过程，如导游服务，我们称之为无形服务。

1.4.3　文化性

旅游业还表现出强烈的文化属性。第一，旅游资源的文化性；第二，旅游设施的文化性；第三，旅游者的文化性。有人把旅游者称为“文化的使者”，旅游活动的过程就是文化接触与交流的过程。

1.5 旅游业的特点

旅游业是国民经济中的一个服务行业，与第三产业的其他服务行业相比较，具有以下几个特点。

1.5.1 综合性

旅游业是综合性很强的产业，其综合性特点能从以下几个方面反映出来。

第一，旅游业要满足旅游者的多种需要，包括从离家外出直至返回出发地在吃、住、行、游、购、娱各方面的需要。所以，旅游业所提供的旅游产品是多种要素、多种项目的综合体。

第二，旅游业的综合性表现为具有关联性。要满足旅游者的多种需要，就要由不同类型的企业提供相应商品和服务，虽然这些不同类型的企业分别属于若干相互独立的行业，但是为旅游者提供服务这一共同职能以及满足旅游者需要这一业务关系把它们综合成为有机整体。

第三，旅游业的综合性表现为带动性。旅游业作为第三产业的重要组成部分，能向第一产业和第二产业产生辐射，在发展自身的同时，带动诸多行业的共同发展。旅游业既能使直接为旅游者服务的诸多行业得到发展，如交通运输业、城市建设业、饭店业等；又能对与之相关的农业、建筑业、园林业、邮电业、信息业、金融保险业等几十个行业的发展起到直接或间接的带动作用。

1.5.2 敏感性

敏感性主要是指一个行业在发展过程中对内外部环境不利因素的抵御程度。这些不利因素可分为内部环境和外部环境两个方面。总体来说，旅游业的敏感性是比较大的。从旅游业的内部环境来看，旅游业是由许多企业、部门等组成的有机整体，存在一定的内在比例关系，任何一个相关行业的脱节，都会造成旅游经营活动难以正常运转。所以旅游业的发展必须消除内部瓶颈，统筹兼顾、协调发展。从旅游业的外部环境来看，各种自然的、政治的、经济的和社会的因素出现任何不利的变化，都会导致旅游需求发生较大波动，从而对旅游业产生不利影响。例如，自然因素中的地震、洪水等自然灾害以及气候异常、疾病流行等，经济因素中的汇率变动、经济危机等，政治因素中的国家之间关系恶化、战争等，都会导致旅游业的危机。

1.5.3 季节性

旅游业的季节性是指旅游企业的经营在单位时间内接待人数的周期性变化，表现出明显的淡旺季。旅游业季节性的特点在很大程度上受到客观因素的影响和制约。

第一，自然因素的制约。比如气候变化、日月运动、四季更替等都会引起旅游观赏价值的变化。

第二，受节庆活动的影响。比如蒙古族的那达慕大会、广西壮族的三月三节日、彝族的火把节等，在特定时间才能过上相应的节日。因此，作为旅游资源的重要组成部分，旅游节庆活动是有时间性和季节性的。

第三，客源地节假日时间也影响旅游业的淡旺季。

1.5.4　国际性与涉外性

旅游分为国内旅游、入境旅游和出境旅游三种形式。无论是一国居民到其他国家旅游，还是外国居民到这个国家来旅游，都赋予了旅游业国际性和涉外性的特点。相对于国际贸易中有形产品的进出口，旅游业被称为"无形贸易"，尤其是对于发展中国家来说，入境旅游业可成为重要的外汇收入来源，并具有独特的创汇优势，形成"旅游出口"。

1.5.5　劳动密集型

判断一个行业是否属于劳动密集型的标准并不是其雇佣员工的多少，也不是投资总额与雇佣员工的比例大小，而是其工资成本占全部营业成本的比重高低。由于旅游业的产品是以提供劳务为主的旅游服务，同其他行业相比，设备投资和销售费用较低，工资成本在全部营业成本中占据了较大比重，所以旅游业被公认为是劳动密集型产业。世界上很多国家都把发展旅游业作为扩大就业人口、缓解就业压力的重要途径。

知识拓展

"十三五"旅游业发展规划(节选)

"十三五"旅游业发展趋势

"十三五"期间，我国旅游业将呈现以下发展趋势：

消费大众化。随着全面建成小康社会持续推进，旅游已经成为人民群众日常生活的重要组成部分。自助游、自驾游成为主要的出游方式。

需求品质化。人民群众休闲度假需求快速增长，对基础设施、公共服务、生态环境的要求越来越高，对个性化、特色化旅游产品和服务的要求越来越高，旅游需求的品质化和中高端化趋势日益明显。

竞争国际化。各国各地区普遍将发展旅游业作为参与国际市场分工、提升国际竞争力的重要手段，纷纷出台促进旅游业发展的政策措施，推动旅游市场全球化、旅游竞争国际化，竞争领域从争夺客源市场扩大到旅游业发展的各个方面。

发展全域化。以抓点为特征的景点旅游发展模式向区域资源整合、产业融合、共建共享的全域旅游发展模式加速转变，旅游业与农业、林业、水利、工业、科技、文化、体育、健康医疗等产业深度融合。

产业现代化。科学技术、文化创意、经营管理和高端人才对推动旅游业发展的作用日益增大。云计算、物联网、大数据等现代信息技术在旅游业中的应用更加广泛。产业体系的现代化成为旅游业发展的必然趋势。

发展目标

“十三五”旅游业发展的主要目标是：

旅游经济稳步增长。城乡居民出游人数年均增长10%左右，旅游总收入年均增长11%以上，旅游直接投资年均增长14%以上。到2020年，旅游市场总规模达到67亿人次，旅游投资总额2万亿元，旅游业总收入达到7万亿元。

综合效益显著提升。旅游业对国民经济的综合贡献度达到12%，对餐饮、住宿、民航、铁路客运业的综合贡献率达到85%以上，年均新增旅游就业人数100万人以上。

人民群众更加满意。“厕所革命”取得显著成效，旅游交通更为便捷，旅游公共服务更加健全，带薪休假制度加快落实，市场秩序显著好转，文明旅游蔚然成风，旅游环境更加优美。

国际影响力大幅提升。入境旅游持续增长，出境旅游健康发展，与旅游业发达国家的差距明显缩小，在全球旅游规则制定和国际旅游事务中的话语权和影响力明显提升。

课间思考

1. 你认为旅游业的构成要素，除了食住行游购娱，还能包括什么？
2. 在当今形势下，旅游业面临的机遇与挑战是什么？

>> 任务二　认识旅行社业 <<

任务导入

出行方式改变　挑战旅游业旧思维

何翠云

很多旅行社还处于粗放经营阶段。近年来我国旅游业持续快速发展，主要得益于我国庞大的人口基数，这种人口红利或许还可以持续，但旅游业人口红利毕竟是有限度的，一旦人口红利消失，旅游业竞争将更加激烈。

“十一”长假，各种旅游数据相继发布。我国旅游业一直是逆势增长、蓬勃发展的行业。但前不久世界旅游业鼻祖、欧洲排名第二的英国托马斯·库克集团申请破产清算，给业界带来了警示。

托马斯·库克集团是一家百年老店，公司在全球共有97架飞机、2926家店铺、21940名员工和超过1910万名客户，可谓庞然大物。当然托马斯·库克集团破产有诸多原因，如英国脱欧、气候变化以及巨大的运营成本等，但不可忽视的一个因素是人们出行旅游的方式正在发生变化。随着互联网旅游的兴起，人们可以通过在线旅游网站预订酒店与机票，甚至事先设定时间与行程，相比较而言，传统旅行社的作用与功用正在减弱。

据社交媒体网站的调查，人们越来越偏好于外出旅行时自己安排假期、自己定旅游攻略、自己订酒店，而在线旅游网站可以满足这一需求。据有关报道分析，这种新型的“网络DIY”旅行方式对托马斯·库克集团这种传统旅行社的冲击非常大。

当前，我国传统的旅行社尤其是中小旅行社或旅行社门店获客越来越难，不仅是在线旅游分流了客户，而且一些机构或公司等自己组团出行也是常事。一些旅游从业人员也感到职业的瓶颈与困惑。据媒体报道，一位90后旅行社美女副总改行卖水果，她联系曾经熟悉的各地水果产地，只卖应季的水果，并在水果店里通过新鲜水果宣传当地的旅游资源，却获得了意外的成功。正如其总结的经验：旅行必须线上线下两条腿走路，旅行行业必须创新思路、创新旅游产品。在旅游行业深耕近20年的旅游达人林森指出，随着网络旅游的兴起，传统旅行社的作用被削弱；但旅游根本的价值还在于体验，因此，旅行社应投入更多的人力去研究创新旅游产品，在满足游客旅游与体验需求上做足文章。据了解，目前多数旅行社没有设立旅游产品研发部门，缺少创新独特的旅游产品，于是各旅行社常常是拉低旅游产品价格，采用低价战略，以至于盲目低价竞争，最终难以保证旅游的品质。

当然开发独特的旅游产品，既需要结合当地的自然、文化旅游资源，还需要一些具备文化底蕴与创新思维的文旅策划人才。眼下，旅游业不仅文旅策划人才缺乏，而且很多旅游从业人员还仍习惯于门店获客与赚取差价的传统运营模式。不久前旅游业鼻祖的倒下，足以给从业者以警示，旅游业正面临着一个时代的变迁，传统旅游必须在变化中不断求存。

时代变迁最重要的标志是互联网的应用，这使得产品与消费者之间的中间环节失去了从前的价值，与此同时，消费者获取产品消息的渠道更多也更为直接，消费者的消费行为具有更多的主动权。事实上，不仅是旅游业，各行业都必须正视这个时代的变化。在这样一个变迁的时代，旅游业鼻祖这一庞然大物没能及时跟上时代的步伐，也不免轰然倒下。

当前我国文旅产业被提到一个从未有过的高度，随着我国旅游业的蓬勃发展，以及旅游行业的不断升级，旅游企业须在不断变化中求存，旅游从业者也应顺应变化提升自我。

（资料来源：《中华工商时报》，2019-10-09）

课堂活动

学生以小组形式收集旅行社相关案例。讨论：什么是旅行社？你是如何理解的？在不久的将来，线下旅行社会不会被在线旅游网站所取代？如果不会，旅行社应如何应对网络时代的到来？

项目导读

旅行社是旅游业的重要组成部分，它将旅游者与旅游交通、旅游饭店、旅游景区、旅游购物店等服务单位联系在一起，整合成一个完整的旅游产品，因此，旅行社可以说是旅游业的核心和纽带。

知识链接

2.1 旅行社的概念

在世界旅游组织给出的定义中，旅行社是零售代理机构，向公众提供关于可能的旅行、居住和相关服务，包括服务酬金和条件的信息。旅行组织者或制作商或批发商在旅游需求提出前，以组织交通运输、预订不同方式的住宿和提出所有其他服务为旅行和旅居做准备。

在中国的《旅行社管理条例》中，旅行社“是指有营利目的，从事旅游业务的企业”。这里所说的旅游业务“是指为旅游者代办出境、入境和签证手续，招徕、接待旅游者，为旅游者安排食宿等有偿服务的经营活动”。旅行社既可以购买旅游服务，包括向航空公司、旅游饭店以及其他供应商购买服务，又可以生产和销售旅游商品并提供导游等服务。因此，可以说，旅行社作为旅游中间商联系着旅游交易双方，掌握着旅游市场的供求变化情况，可以向旅游交易双方传递各种有效信息。

因此，旅行社的定义可以归纳为：旅行社是指依法设立，以营利为目的，从事招徕、接待旅游者，组织旅游活动，实行独立核算的具有法人资格的企业。

2.2 旅行社的分类

2.2.1 国外旅行社的分类

旅游运营商(Tour Operator)

旅游运营商主要从事旅游产品的生产和销售活动。它从饭店和交通企业等旅游服务的生产者那里购买单项服务，然后把它们组合成包价旅游产品，出售给旅游批发商、旅游零售商，或直接卖给旅游者。由于旅游经营商大批量购买旅游服务，所以能从生产者那里获得各种优惠和折扣。

旅游批发商(Tour Wholesaler)

旅游批发商以从事旅游产品的批发业务为主，有时也从事旅游产品的生产活动。它与旅游经营商的区别在于旅游经营商除生产和销售旅游产品外，一般还要带团旅游，指导旅游者消费旅游商品，而旅游批发商则不必如此。

在美国，旅游批发商和旅游经营商两个概念区别不大，经常混用。

旅游零售商(Retail Travel Agent)

旅游零售商相当于旅游代理人，专门代售旅游产品，提供各种旅游代办服务。旅游零售商以旅行代理商(Travel Agent)为典型代表，当然也包括其他类型的旅游零售代理商。旅游零售商的收入来源是代售旅游产品时，从代办额中领取一定比例的佣金。这类企业的规模一般比较小，但是数量多、分布广。旅行代理商提供的服务通常不向顾客收费。

三者的区别有两点，一是主要职能不同，旅游批发商的主要职能是组合旅游产品，旅游运营商的主要职能是组织旅游客源、提供接待服务，旅游零售商的主要职能是推销旅游产品。二是与旅游者的关系不同：旅游批发商不直接面对旅游消费者；旅游运营商既可以通过自己的零售网点直接面对旅游消费者，也可以通过代理商向公众销售旅游产品；旅游零售商直接面对旅游者。

2.2.2　我国旅行社分类

我国旅行社主要分为两类：国际旅行社和国内旅行社。

第一，国际旅行社。

国际旅行社的经营范围包括入境旅游业务、出境旅游业务和国内旅游业务。具体业务内容包括以下几个方面：①招徕外国旅游者来中国，招徕华侨归国，招徕香港、澳门同胞回内地旅游，招徕台湾同胞回大陆旅游，为其安排交通、游览、住宿、饮食、购物、娱乐及提供导游等相关服务；②招徕中国旅游者在国内旅游，为其安排交通、游览、住宿、饮食、购物、娱乐及提供导游等相关服务；③经中华人民共和国文化和旅游部(以下简称“文化和旅游部”)批准，招徕、组织中国境内居民到外国和中国港澳台地区旅游，为其安排领队及委托接待服务；④经文化和旅游部批准，招徕、组织中国境内居民到规定的与中国接壤国家的边境地区旅游，为其安排领队及委托接待服务；⑤经批准，接受旅游者委托，为旅游者代办入境、出境及签证手续；⑥为旅游者代购、代订国内外交通客票，提供行李服务；⑦其他经文化和旅游部规定的旅游业务。

第二，国内旅行社。

国内旅行社的经营范围仅限于国内旅游业务。具体业务内容包括以下几个方面：①招徕我国旅游者在国内旅游，为其安排行、游、住、食、购、娱以及提供导游等相关服务；②为我国旅游者代购、代订国内交通客票，提供行李服务；③其他经文化和旅游部规定的与国内旅游有关的业务。

2.3　旅行社的作用

旅游业是一个综合性产业，旅行社在旅游业中犹如一个桥梁和纽带，把旅游过程中的食、宿、行、游、购、娱等环节联结了起来，其作用主要体现在以下几个方面。

2.3.1　旅游活动的组织者

旅游者在旅游活动中需要各种旅游服务，如交通、住宿、餐饮、游览、购物和娱乐等，而提供这些服务的部门和企业分属于不同的行业，相互之间联系比较松散。旅行社将这些服务和产品组合起来系统地提供给旅游者，使旅游者不再担心旅游过程中可能遇到的各种困难，使旅游活动得以顺利开展。现代大众旅游的迅速发展，同旅行社的组织作用分不开，可见，旅行社不仅为旅游者组织旅游活动，还在旅游业各个组成部门之间起着组织和协调作用。

2.3.2 旅游产品的销售者

旅游活动是旅游者从客源地到旅游目的地的游览活动，旅游者在到达旅游目的地之前，一般对那里的旅游服务部门和企业知之甚少或完全不了解。虽然各个旅游企业也直接向旅游者出售自己的单项旅游产品，但大量的产品还是通过旅行社销售给旅游者的。旅行社在旅游者和旅游企业之间充当媒介，拉近了供需方的距离，简化了旅游产品的交换关系。随着我国经济的迅速发展和人民生活水平的提高，国内旅游发展迅猛，国内远途旅游产品基本是通过旅行社销售的，国外旅游者也是通过旅行社预订和购买才顺利实现在我国的旅游目的。

2.3.3 旅游资讯的提供者

旅行社在旅游业的各个企业中是最先同旅游者接触的，处于旅游市场需求信息的上游和前沿。一方面，旅行社不断向旅游企业及时提供旅游市场信息，以便各旅游企业从旅游市场的需求出发，不断调整产业结构，适应旅游者的需要；另一方面，旅行社同旅游业各部门和企业保持密切联系，把产品信息传递给客源市场，向旅游者提供各种咨询服务，帮助旅游者做出理想的选择。

2.4 旅行社开展业务的方式

旅行社的业务，根据旅游者的组织形式不同，可以分为组织接待团体旅游和安排接待散客旅游两种方式；根据旅游产品所包含内容的不同，可以分为全包价旅游、部分包价旅游等。

全包价旅游：多为10人以上的旅游团所采用。即参加旅游团的旅游者采取一次性预付旅游费用的方式将各种相关旅游服务全部委托一家旅行社办理。包价的项目通常包括来往旅游目的地的长途交通费用，依照规定等级提供饭店客房，游客一日三餐的餐费及饮料费，市内游览用车费。

半包价旅游：指在全包价旅游的基础上，扣除中、晚餐费用的一种包价形式，其目的在于降低产品的直观价格，提高产品的竞争力，同时也是为了更好地满足旅游者在用餐方面的不同要求。

小包价旅游：是一种可选择性旅游，由非选择部分和可选择部分组成。非选择部分包括接送、住房和早餐，旅游费用由旅游者在旅游前预付；可选择部分包括导游、风味餐、节目欣赏和参观游览等。旅游者可根据时间、兴趣和经济情况自由选择，费用既可预付，也可现付。

零包价旅游：是一种独特的产品形态。参加这种旅游的游客必须随团前往和离开旅游目的地，但在旅游目的地的活动是完全自由的，形同散客。旅游者参加零包价旅游的好处在于可以获得团体机票价格的优惠，并可由旅行社统一代办旅游签证。

单项服务委托：又称委托代办业务，它是旅行社根据旅游者的具体要求而提供的各种有偿服务，旅游者需求的多样性决定了旅行社单项服务内容的广泛性，其中常规性的服务项目主要包括：①导游服务；②交通集散地的接送服务；③代办交通票据和文娱票据；④代订酒店客房；⑤代客联系参观游览项目；⑥代办护照、签证等旅行证件；⑦代办旅游保险。

旅行社还可以接受委托，提供下列旅游服务：①接受旅游者的委托，代订交通客票、代订住宿和代办出境、入境、签证手续等；②接受机关、事业单位和社会团体的委托，为其差旅、考察、会议、展览等公务活动，代办交通、住宿、餐饮、会务等事务；③接受企业委托，为其各类商务活动、奖励旅游等，代办交通、住宿、餐饮、会务、观光游览、休闲度假等事务；④其他旅游服务。

知识拓展

百年常青藤凋零的启示

——从托马斯·库克宣布破产谈起

张广瑞

1841 年，作为英国教会职员的托马斯·库克在不经意间做了一件具有历史意义的大事，为了倡导戒酒，组织了一次为期一天的铁路包价旅游，一次成功便成就了他终生的事业，很快他组建了以自己名字命名的公司，成为世界上第一个专业的旅行代理商。此后，他公司的业务从欧洲拓展到世界各地，誉满全球。托马斯·库克先生成为旅行代理商的鼻祖，他开创的事业成为现代旅游业的开端。这个家族企业已经传过三代，成为世界上历史最长、规模最大、影响最深的旅游企业，尽管其间公司的所有权也曾易手，但托马斯·库克的名字世代相传，成为旅游代理商的代名词，托马斯·库克本人、他的家族及其公司为世界旅游业做出的贡献举世公认，他的创举及其管理经营的范式被用多种文字写入旅游教科书，甚至列入旅游专业的考生试题。

2019 年 9 月，继托马斯·库克组织首次包价旅游团 178 年之后，托马斯·库克公司突然宣布破产，让他们 60 多万个忠诚的顾客滞留海外的旅游目的地，连英国政府也表示爱莫能助，留下了一片唏嘘和怨声。这自然也成了震惊世界旅游业界的大事，这一事件也一定会载入世界旅游史册，尽管这不是个美妙的故事，不是个完美的结局，好在为其做出巨大贡献的托马斯·库克本人没有看到这一幕。

一个具有 178 年历史的旅游业常青藤骤然凋零，虽然显得有些出乎意料，但也绝非无疾而终。当下不少业界资深专家正在破解托马斯·库克集团"轰然倒下"之谜，从其自身经营的失误与外在环境的不测中寻找原因。这一旅游业界巨星的陨落，给现代的企业留下了许多重要的启示。

托马斯·库克之所以崛起于19世纪中叶的英国，其地利是英国作为产业革命的发源地，是世界工业最为发达的国家，机械化提高了经济活力，有了产生旅游需求的经济基础；而天时则是，产业革命的发展加快了人们的生活节奏，诱发了更多人渴望休息放松的欲望，旅游活动从小众需求开始进入大众的视野。囿于当时旅游信息不对称，个人旅行仍不方便，带有专业导游的包价旅游团能满足刚刚兴起的大众旅游的需求，托马斯·库克公司得以快速发展。

托马斯·库克公司的另外一个创新是旅游与金融业的跨界合作，它是世界上第一个发明和使用旅行支票的公司，这一新的支付工具使离家外出的旅游者有了更安全、便捷的支付方式，两业融合相得益彰，产生了巨大竞争力，托马斯·库克公司长期与美国的运通公司比肩。

托马斯·库克公司后来的发展战略也曾有过大的调整，业务的重点转到商务/公务旅行服务网络的建设与完善。这一转变更加适应经济全球化的深入发展和国际商务/公务旅行业务激增的新机遇，为其定制旅行计划、专业细致服务和住店服务等创新提供了更加广阔的市场和利润空间。从全球角度完善服务网络化布局和专业化服务使托马斯·库克公司赢得了新的竞争力，从而在很长一段时期它成为英国、欧洲乃至世界旅游服务业的佼佼者。

然而，进入21世纪以来，托马斯·库克公司当年崛起与发展的天时和地利都发生了变化，作为一个旅游代理和服务的巨无霸，再继续以英国市场为主体显然有点儿根基不稳，而在全球大众旅游发展的新时代，新技术、新媒体层出不穷，日新月异，随着新支付工具的快速升级与更新，旅行代理业务的优势迅速减缩，这个老牌公司的传统产品和运营模式面临着新的挑战。面对危机，必须进行革新，这是大势所趋，与时俱进是企业保持竞争力和生命力的根本。也许在产品和经营模式的更新方面，托马斯·库克公司出现了较大的失误，酿成了最后的败局，这一点是非常值得认真研究的。

需要特别提出的是，在IT技术风暴席卷全球的过程中，一些传统的产业和老牌的企业陨落的案例不少，有的并不完全是企业自身有多大失误。例如，曾风光多年的火柴公司一个个相继关门，仅存的小企业也只能做点纪念品；举世闻名的柯达公司及其相应的胶卷公司被迫破产，与之相关的胶卷相机产品大多被消费者抛弃，有一些成了藏品；在我国，当年非常红火的粮店早已摘了牌子，有的变成了旅馆；被称作不会因社会发展而衰落的邮电局或邮政局，现在不少把自己最大的空间腾出来开蔬菜水果超市……更不用说面临新技术的挤压，再加上自身经营失误而被市场淘汰的那些企业。这些现象只是说明了一个道理，那就是时代在变化，技术在进步，市场需求也在变。无论以往如何强势与风光，企业都要依据形势和市场的发展变化做出调整，尽管这种变革是无情而艰难的。“物竞天择，适者生存”这一生物学的口号，已变成了现代社会学的格言。

对于托马斯·库克公司来说，突然的破产留下了“一地鸡毛”，只能由后人来清扫。该公司在现代旅游业发展过程中的贡献会留在史册，最后失败的教训值得吸取，同样也会写入史册。然而，对于包括旅游业在内的大量现代企业来说，无论现在处于何等境遇，是春风得意还是遭遇坎坷，都应当认真从这个公司的崛起与消亡中吸取经验与教训，及时调整自己的战略与思维方式，以保持企业的生命力和竞争力，实现健康可持续发展。

（资料来源：《中国旅游报》，2019-10-10）

课间思考

你了解旅行社的一些常规旅游产品吗？其包括的要素有哪些？

>>任务三　认识旅游饭店<<

任务导入

微访谈广州白天鹅的故事。

项目导读

住宿是旅游行程中一项重要的活动，除了一日游外，其他的旅游行程都要涉及住宿的问题，住处是否干净、是否舒适，是旅游者关心的大事。旅游饭店是指向国际和国内游客提供住、食、行、乐等综合性服务，具有涉外性质的公共场所。旅游饭店是旅游业的重要支柱之一，是发展旅游业的物质条件。

3.1　旅游饭店的概念

饭店的概念源于法国，意思是“配备家具的大厦”，或指“招待客人的乡间别墅”，这一词汇后被世界各地沿用。

中国国家标准《旅游饭店星级的划分与评定》指出：旅游饭店（tourist hotel）是“以间（套）夜为单位出租客房，以住宿服务为主，并提供商务、会议、休闲、度假等相应服务的住宿设施，按不同习惯可能也被称为宾馆、酒店、旅馆、旅社、宾舍、度假村、俱乐部、大厦、中心等”。

因此，旅游饭店以建筑设施为凭借，为旅游者提供住宿、餐饮、娱乐及其他服务，并由此获得经济效益。

3.2　旅游饭店的发展进程

旅游饭店的发展进程可分为客栈时期、大饭店时期、商业饭店时期、现代新型饭店时期四个阶段。

3.2.1　客栈时期

客栈何时开始出现已无证可考。古埃及、古巴比伦、中国、波斯、古希腊、古罗马等国早就存在各种不同形式的客栈。客栈不仅为过往旅客提供住宿，还是人们互相交往和交流信息的场所。在西方，客栈真正流行起来是在12世纪以后，此时的饭店以英国、法国为代表，规模较小，价格低廉，设备简陋，只能给旅行者提供最基本的食宿服务，是饭店的雏形。其服务对象主要是商人、外交官吏和传教士。据《不列颠百科全书》统计资料，到16世纪末，英国已拥有各种类型客栈6000多家。该时期是饭店发展史上最漫长的一个阶段。

3.2.2 大饭店时期

大饭店时期又称豪华饭店时期，为18世纪末至19世纪末，以美国为代表。这一时期的饭店建筑规模宏大，价格昂贵，设备设施豪华，餐饮精美考究，服务周到，讲究礼节，尽力满足宾客的要求，主要服务于王公贵族、社会名流、政府官员等。投资者往往不太注重经营成本。这个时期出现了被誉为“饭店之王者”的瑞士籍人恺撒·里兹。他的经营哲学是“客人永远是对的”，这句话至今仍是饭店的服务准则。

3.2.3 商业饭店时期

商业饭店时期为20世纪初到中叶，以美国为代表。这一时期的饭店设施方便、舒适、清洁、安全，服务虽仍较为简单，但已日渐健全，经营方向开始以客人为中心，服务对象主要是商务旅行者。经营管理注重科学化、标准化，强调成本控制。商业饭店是饭店发展史上最为重要的阶段，奠定了现代饭店业的基础。

这一时期的代表人物是美国人埃尔斯沃思·斯塔特勒，他被公认为现代饭店的创始人，他建造的饭店被誉为现代商业饭店的里程碑。他提出了“顾客至上，服务第一”的理念，认为“饭店从根本上说，只销售一样东西，这就是服务”。

3.2.4 现代新型饭店时期

20世纪中叶至今，以美国为代表的饭店注重规模效益和连锁经营、功能多样化、服务综合化，经营管理上注重用科学手段进行市场促销、成本控制、人力资源管理，服务对象主要是大众旅行者。经济的发展和人们旅游需求的多元化要求饭店在硬件、软件等方面不断改进和提升。如何向客人提供个性化、情感化服务，加强人性化管理是饭店提高竞争力的重要内容。

现代新型饭店面向全社会各阶层旅游者，其功能趋于多样化、全面性；服务趋于规范化、个性化；经营管理趋于科学化、专业化；分布趋于国际化。

目前，全球比较著名的饭店主要有洲际、万豪、希尔顿、雅高、喜达屋等饭店集团，亚洲饭店业自20世纪60年代起步发展至今，在规模、等级、服务、管理水平等方面都不亚于欧美饭店业。美国杂志《机构投资者》每年组织的世界十大最佳饭店评选，亚洲地区饭店往往占到半数或半数以上，如中国香港文华东方酒店集团管理的泰国曼谷东方大酒店，近十多年来一直入选世界十大最佳饭店排行榜。而像日本的大仓饭店集团、新大谷饭店集团，中国香港的文华东方酒店集团、丽晶国际酒店集团，新加坡的香格里拉酒店集团等均已将投资、经营范围扩展到欧美地区，成为在世界上有影响的饭店联号公司。

3.3　旅游饭店的地位和作用

旅游饭店是联系生产和消费的中介和纽带，是旅游业的三大支柱之一，是为旅客提供食、住、购、娱等多方面服务的综合性企业，是旅游资源的重要组成部分，在国民经济中占有重要地位。旅游饭店在旅游业的发展过程中起着重要作用。

3.3.1　旅游饭店是旅游服务体系的重要环节

旅游饭店是旅游者进行旅游活动的依托，也是向旅游者提供基本生活服务保证的重要环节。饭店床位数是影响旅游业综合接待能力的主要因素。床位数不足，旅游者无处投宿，也就无法完成其旅游活动。因此，旅游饭店的数量和质量直接影响旅游业的发展。旅游饭店是旅游者休息、用餐、住宿、购物以及休闲娱乐的场所，是旅游者的临时家园。从时间上看，旅游者有近一半的时间是在饭店度过的。因此，旅游饭店服务质量的高低在很大程度上代表着东道国或地区旅游业服务质量的高低。世界上很多国家与地区都把旅游饭店的建设放在重要的位置，而旅游饭店的数量和服务的质量也是衡量一个国家或地区的旅游业是否发达的重要标准。

3.3.2　旅游饭店是旅游创收的重要来源

旅游者入住饭店就要消费并支付各种各样的费用，如住宿费、膳食费、康乐费、综合服务费等。有些高星级酒店，主要接待的是国际旅游者，成为创汇的重要来源。根据我国旅游部门的统计，旅游饭店的食宿费用在旅游业收入中占的份额最大，在我国旅游部门创造的外汇总收入中，饭店的外汇收入占 1/4 以上。现在，我国很多旅游饭店都拥有齐全的设施设备，不仅能够提供综合服务，而且可以提供各种高档的商品，是典型的高档消费场所，每年上交大量的税收，为国家经济发展和地方经济繁荣做出了贡献。

3.3.3　旅游饭店能提供大量的就业机会

据调查，旅游饭店每增加一间客房，就可为社会提供 1～3 个直接就业机会和 3～5 个间接就业机会。一家饭店要维持正常的运转，需要大量的服务人员与管理人员，因此饭店可以提供大量就业机会。旅游饭店从规划筹建、施工建设到投入运营，需要其他产业的支撑，除此之外，旅游饭店还是工业产品的消费者。饭店的建筑、家具、装饰、设备以及每天所消费的食品、饮料和煤气、水电等为其他行业提供了广泛的市场，也间接为这些行业提供了大量的就业机会。

3.4 旅游饭店的类型

旅游饭店有多种类型，可根据功能、规模、地理位置、设施状况、计价方式等分为以下类型。

3.4.1 根据饭店的坐落地点分类

按照所在地，旅游饭店可分为城市饭店、度假地饭店、海滨饭店、车站饭店、沙漠饭店、窑洞饭店、树上饭店，等等。

3.4.2 根据饭店的主要用途或目标场地分类

根据主要用途，旅游饭店可分为商务饭店、度假饭店、会议饭店、常住型饭店、汽车旅馆，等等。

3.4.3 根据饭店的规模大小分类

根据规模大小，旅游饭店可分为大型饭店、中型饭店、小型饭店三种。小型饭店客房数在300间以下；中型饭店客房数在300～600间；大型饭店客房数在600间以上。

3.4.4 根据饭店的等级分类

根据等级，旅游饭店可分为一星级、二星级、三星级、四星级、五星级五个等级。

一星级。建筑结构完好，功能布局基本合理，内外装修采用普通建筑材料，客房至少有15间(套)可供出租，客房内应有卫生间或提供方便宾客使用的公共卫生间，24小时供应冷水，每日固定时段供应热水，满足经济型旅游者的需要。

二星级。建筑结构良好，内外装修采用较好的建筑材料，前厅具有一定饭店气氛，客房至少有20间(套)可供出租，客房有配套的家具，至少50%的客房有卫生间，24小时供应冷水，至少12小时供应热水，有餐厅、停车场，基本上满足旅游者的生活要求。

三星级。应有较高标准的建筑物结构，内外装修采用较高档的建筑材料，功能布局较为合理，外观具有一定特色或地方民族风格，大厅内装修美观别致，标准客房装修美观，都设有卫生间，24小时供应冷热水，冷暖气、直拨电话、彩电设备齐全。

四星级。饭店外观和结构独具风格，或具有鲜明的地方民族风格。装修豪华，大厅气氛高雅，服务设施完善，环境幽雅，提供优质服务，旅客进店后能得到较高级的物质和精神享受。

五星级。饭店建筑设备十分豪华，大厅具有豪华气氛，环境优美，设施更加完善，客房至少有50间(套)可供出租，装修豪华，还有现代化设备，如电脑、冰箱等高档设施。

3.4.5　根据饭店计价方式分类

欧式计价饭店：此类饭店的客房价格仅包括房租，不含食品、饮料等其他费用。这种计价方式的优点是可以给住店客人提供灵活的消费选择。目前大多数饭店都是这种类型。

美式计价饭店：客房价格包括房租和一日三餐的费用。目前，一些度假型饭店仍属此类。

修正美式计价饭店：客房价格包括房租、早餐及一顿正餐的费用。这种计价方式的优点是客人可以有较大的自由安排自己的活动。

欧陆式计价饭店：客房价格包括房租及一份简单的欧陆式早餐，即咖啡、面包及果汁。此类饭店一般不设餐厅。

百慕大式计价饭店：该类饭店的房价包括房租和美式早餐的费用。

3.5　现代饭店的发展趋势

随着经济和科技的发展，饭店业的竞争日益激烈，呈现出新的发展态势。目前世界饭店业呈现出五大发展趋势。

3.5.1　服务个性化

饭店业将从标准化服务向个性化服务发展，但这并不是说饭店将要放弃标准化。标准化是饭店品质服务必不可少的基础，但标准服务不是服务的最高境界；真正的高品质服务是在标准服务基础上的个性服务，这才是完全意义上的优质服务。随着社会的进步、技术的发展，人们对富有人情味的服务的需求越来越高。满足人们受尊重与个人特殊需求的个性化服务，是符合现代化饭店发展的高境界的服务。在这方面，崇尚以提供专业个性化服务，创造高附加值为宗旨的“金钥匙”服务，有其得天独厚的潜力，这也是饭店业发展的新趋势。

3.5.2　顾客多样化

在21世纪，饭店业面对的顾客将呈现更加多元化趋势，包括顾客构成多元化、顾客地域多元化和顾客需求多元化。

3.5.3　经营管理集团化

在20世纪，世界上出现了诸多跨国饭店集团，如假日、雅高、马里奥特、希尔顿等。200家最大的饭店集团基本上垄断了饭店市场或者说主导了饭店市场。在饭店业竞争中，饭店集团比独立经营的饭店有明显的优势。

3.5.4 广泛应用高新技术

过去20年以现代信息技术为代表的高新技术的持续发展对饭店业产生了深远影响，饭店业的繁荣发展和竞争力的提高，将更大程度地依赖于高新技术的应用，在21世纪，高新技术将在饭店业的管理、服务、营销等方面发挥更大的作用。

3.5.5 创建"绿色饭店"

饭店业是第三产业的重要组成部分，在全球性绿色浪潮的推动下，饭店经营中的环保理念逐渐得到广大从业人员和消费者的认可。创建"绿色饭店"已成为今天饭店业发展的必然选择。创建"绿色饭店"，推行"绿色管理"(以环境保护和节约资源为核心)，其基本内容可概括为"5R"原则，即研究、减少、循环、替代、保护。可以预见，今后将会出现大量的"绿色饭店"，这是饭店业未来的发展趋势。

知识拓展

瑞士名人：恺撒·里兹，在历史风浪中成长的奢华酒店之王

在酒店行业，有这样一个人，他曾同时管理5个国家的12家酒店，他曾建立了一家酒店并以自己的名字命名，他被誉为"饭店之王者""现代酒店之父"，他首次提出"客人永远是对的"的观点，他曾经说过："酒店人是为绅士和淑女服务的绅士和淑女。"……对于他，有太多说不完的故事。他，就是酒店业的传奇人物——恺撒·里兹。

1850年2月23日，恺撒·里兹出生于瑞士南部一个几乎与世隔绝的小山村。他的到来让这个已经有12个小孩的贫穷家庭变得更加贫穷。可以说，出身对于恺撒·里兹的影响是深刻的，他明白，人既然不能决定自己的出生，那就只能通过后天的努力来改变命运。

12岁那年，里兹被送到一所语言学校，那时的他还只是想跟其他小孩一般，学完语言就去做锻铁工。但事与愿违，他上学没多久就被学校开除了。上学的念头被打消，里兹只能挑起生活的重担，开始了漫漫打工路。他的第一份工作是在瑞士布里格的王冠邮政酒店，正是因为这里，他爱上了酒店这个行业。只是生活总是充满不顺，他工作没多久就被店主赶出来，店主说他不是干这行的料。

17岁的恺撒·里兹背井离乡，只身一人来到法国巴黎。当时，拿破仑三世统治下的法国正在进行大规模市政改建，旧的东西全部拆除重建，一时间所有东西都骤涨骤跌。在如此动荡的年代里，还未成年的他，只能帮人打杂：擦鞋，送货，看门……跌跌撞撞中，他慢慢做出了小名气，不久巴黎最好的酒吧请他当服务员。他敏捷聪明，客人都称他为"快手恺撒"，他还能说会道，曾以巴黎的水质不好为由说服美国客人把葡萄酒当水喝……于是他不到20岁就当上了经理，开始在业内初露锋芒。

恺撒·里兹始终抱着在酒店业飞黄腾达的梦想，同时带着那份不甘心，他去了法国蓝岸地区——里维埃拉。那本是个人烟稀少的荒芜之地，据说是因为有一批英国贵族不远万里到那里度假，泡海水浴，而后形成一股潮流，发展成欧洲贵族和富人的旅游度假胜地。

可以说，恺撒·里兹当时的市场触觉还是很灵敏的。但是他只是一个服务生，要想在当地有所作为，单凭实打实干可能需要比较长的时间。他想用最短的时间摸清当地所有酒店的内部运作，但只有酒店内部的员工才最清楚内幕。当地酒店那么多，除了分身术，难道就没有别的办法了吗？当时，那里有不少酒店的临时工，其中一个职位叫作“应招服务郎”，就是会同时兼职不同酒店的服务员，哪里有空缺就去哪里当值。这个工作完美地解决了他的难题，经过两年的摸爬滚打，恺撒·里兹终于在27岁那年当上了当地一家著名酒店——蒙特卡洛大酒店的酒店经理。而他担任酒店经理一年内，酒店营业额就翻了一番，每天客房都爆满，可见这几年的功夫没有白磨，他的能力也不得不让人刮目相看。

只是好事多磨，霍乱爆发，一时间客房清空。所幸此时的恺撒·里兹已经比以前更加沉着。他深知，霍乱时期，最要保持卫生洁净，而酒店这种“公共的住处”，最容易出问题。于是趁这个机会，他给酒店制定了严格的卫生标准，尽可能地减少病毒传播。当时所有的酒店客房都使用公共洗手间、公用浴室。为了解决卫生的难题，他最先把洗手间、浴室和自来水装进了客房里面。当时绝大部分的家庭都还没有独立的洗手间，这一场革新又一次吸引了大批客人入住酒店，从此恺撒·里兹名声大噪。

恺撒·里兹真正把自己的事业推向顶峰，是1898年在巴黎建立了以他的名字命名的酒店——“Ritz Paris”巴黎里兹酒店。他实现了自己的心愿，那就是要拥有一家以自己的名字命名的酒店。此时的他一个人管理着5个国家的12家酒店，处于事业的巅峰。

这家位于法国巴黎旺多姆广场的酒店，在开业当天就集中了很多世界名流、贵族、富翁，其中还包括俄国的沙皇、作家马塞尔·布鲁斯特等。直到现在，经历一百多年历史的巴黎里兹酒店仍然是奢华酒店的代名词。

里兹酒店一直都由恺撒·里兹训练的专业队伍管理，据说这也是里兹酒店一直以来的成功秘诀。国际勘探地球物理学家学会(SEG)旗下学校瑞士蒙特勒酒店管理大学的毕业校友奥莫·阿卡曾在这里担任总经理，带领着10名经理和600多名员工。他说：“管理的秘诀之一就是投入感情。只有你想做一件事情，并为此感到骄傲，你才会做好这件事。此外，酒店的工作最重要的还是细节。如果你连最微小的地方都能够做得好，客人自然就会记住你。”

1918年，恺撒·里兹去世，据说在最后的岁月里，他依然留恋着他为自己建造的酒店王国。纵观恺撒·里兹辉煌的一生，他虽然没有机会接受专业的教育，却在酒店这个行业奋斗一生，也受用一生。他身上有很多酒店人特有的品质，比如对这个行业的坚持和热爱，对身边事物和人的细致观察，对市场发展的灵敏嗅觉……他经历了天灾(霍乱)人祸(战争)，更懂得不畏惧困难，努力改变现状。在逆境中他依然坚持思考，想到别人最需要的东西，甚至是别人未开口的需要。

1986年，他的家族基金会为了传承恺撒·里兹的酒店管理理念，经过层层筛选，最终授权瑞士一所优秀的酒店管理学校以恺撒·里兹的名义，向世界传授恺撒·里兹先生首创的特色服务战略和现代奢华酒店管理思想，这所学校就是今天的瑞士恺撒里兹酒店管理大学。如今，恺撒里兹酒店管理大学已经有3个校区，分别位于德语区琉森、布里格以及法语区布夫雷。每年，有将近2000名学生聚集在一起，不知道有多少人和恺撒·里兹一样，希望为自己建造一个酒店王国，成为酒店的帝王。

酒店人不能不知道的人物：埃尔斯沃思·斯塔特勒

埃尔斯沃思·斯塔特勒，早年在建造布法罗斯塔特勒旅馆时，在美国历史上首先推出了“客房—浴室”的设计，此外还采取了冰水管进客房、客房都安装电话等创新措施，取得了辉煌的成就，开业头一年就赢利3万美元(这在当时是一笔不小的数目)。斯塔特勒在饭店的建造和管理上有许多创新，在他以后，如康拉德·希尔顿创建希尔顿酒店、欧内斯特·亨德森创建喜来登酒店以及凯蒙·威尔逊创建假日酒店，均受到斯塔特勒的启发。因此，斯塔特勒被公认为现代饭店的创始人，他建造的饭店被誉为现代商业饭店的里程碑。

斯塔特勒出身贫寒，但凭着与生俱来的经营意识，在酒店业取得了极大成就。从13岁做礼宾部服务员时起，他就对酒店经营的每个方面都产生了强烈好奇心，他向酒店各部门的员工——从管家到工程部员工和记账员——请教，尽可能地了解情况，这种好奇心和执着使他担负了更大的责任。从一开始，他就具有提高利润的创意，他说服店主在酒店设置了美国第一个铁路订票柜台。

1901年，他拥有了一家临时酒店，那是为设于纽约布法罗的泛美会展而建的。虽然会展本身在商业上是失败的，但斯塔特勒投的那部分钱赢得一小笔利润。他用这笔钱建起另一处临时酒店，为1904年圣路易斯展览会服务，那是一次成功的展览会。这次赚得的钱使他得以于1908年在布法罗建起了他的第一个永久性酒店。

创新和方便顾客的做法确保了斯塔特勒的成功。1908年，他又推出领先的酒店标准，推动了酒店业的革命。在布法罗的斯塔特勒酒店(Buffalo Staffer)，每间客房都设有私人浴室、壁橱、24小时的冰水供应、电话和门旁电灯开关。对客房采取的新举措包括在每个床前设台灯和配文具的写字桌。如今，垂直的用于走管线和其他设备的竖井在绝大多数高层建筑中已是司空见惯，这在当时却使他能够以有竞争力的价格出租客房。到 1927 年，他已在克利夫兰、底特律、圣路易斯拥有酒店。在纽约市，他建起了当时最大的、拥有 2002 间客房的宾夕法尼亚酒店(Pennsylvania Hotel)。

斯塔特勒的经营哲学颇为独特——“人生即服务”。说到做到，他为同胞提供了尽可能多一点、好一点的服务。他首次对酒店员工实行一周六个工作日，给他们带薪假期和免费医疗服务，他又设计了利润共享计划，使每位员工都可自由持股。

1928 年，斯塔特勒意外亡故，其遗孀爱丽斯·斯塔特勒将公司继续扩张，而且在大萧条期间避免了财务危机。根据其遗嘱建立的斯塔特勒基金使其理想得以延续下去，不但他的理想成为斯塔特勒酒店成功的助推剂，而且其基金资助研究使未来几代从事酒店业的人受到教育，此举对美国酒店业十分有益。

行业出版物《酒店月刊》(Hotel Monthly)的编辑和出版商约翰·威立(John Wiley)曾在 1912 年这样描述斯塔特勒：“斯塔特勒先生的天才既在于他的创造性和适应性，又在于他在增添酒店实用特色方面表现出来的精明。他身上既有理想家的特征，又有实干家的长处。”

(资料来源：凯斯琳·贝尔德(Careen Baird)，《酒店业名人堂》，得克萨斯州休斯敦大学康拉德希尔顿学院，1997 年出版。)

课间思考

1. 假如你毕业后进入饭店行业工作，你将会选择怎样的饭店类型？说出具体的理由。

2. 如图所示，坐落于北京东燕郊高新技术产业开发区的天子大酒店(外形是彩塑“福禄寿”三星像)“以别具一格的造型获全世界最佳建筑项目奖，并入载世界吉尼斯大全”，同时也被许多网友认为是“史上最牛的酒店建筑”“世界上最恶心的建筑”。

讨论：这家饭店属于哪种类型的饭店？请你从旅游经营的角度，对这家饭店的设计造型进行评价。

>> 任务四 认识旅游交通<<

任务导入

在大多数人的固有印象里，机场就只是坐飞机的地方，只有出远门才会去机场。不过，今后有的机场可能会成为旅游景点。中国民用航空局近日透露，民航局正在着手借鉴发达国家机场的经验，力争在全国大型枢纽机场中率先规划、设计和建设一批观光设施。

到机场去观光，对民航业和旅游业双方来说，都是一个新思路。这样的新思路其实有迹可循。

今年国庆节期间，刚刚投入运营的北京大兴国际机场迎来了大批游客。统计数据显示，国庆黄金周，大兴机场的游客数量是旅客数量的13倍。如果仅看人数，大兴机场倒还更像旅游景点。

机场怎么就突然吸引了大量游客？归根到底，因为机场美。北京大兴国际机场航站楼由世界建筑大师扎哈·哈迪德设计，主体结构借鉴了几何中的六芒星构造，室内开阔疏朗，仅用8根C形柱来支撑整个屋顶。可能很多人并不懂得专业的建筑学知识，但是，大兴机场惊艳的造型、尖端的科技，却是肉眼可见、触手可及。也正是因为如此，才有那么多人专程到机场来一饱眼福，把机场变成了旅游景区。

机场拓展旅游功能，完全可行。今年4月，新加坡樟宜国际机场的“星耀樟宜”综合体正式投入使用。“星耀樟宜”为旅客提供值机服务，它里面种植了2000多棵树木和10多万株灌木，形成了室内植物园。“星耀樟宜”里还有高达40米的世界最高室内瀑布，夜晚还会在瀑布上投射灯光秀。至于餐饮、购物、娱乐，更是多方位满足旅客的需求。这样的一座建筑，既是机场，又是休闲娱乐的好去处。它不仅让旅客赏心悦目，也吸引新加坡本地居民前往游览。有旅客说，看到这么美的地方，竟然期待飞机晚点。

机场发展旅游业，需要平衡好民航运输与观光游览的关系。大兴机场在国庆节期间迎来了大量游客，但航班正常率达到百分之百，两全其美的背后，当然首先得益于科学地应对，不过也得益于旅客人数不多。大兴机场开航初期，只有中国联合航空公司独家运营，航班数量有限，机场也有较大能力接待游客。将来出行旅客逐渐增多之后，旅客与游客会不会在进出交通、楼内餐饮等方面互相挤占资源，还需要大兴机场以及有意发展旅游业的各大机场超前谋划、合理应对。例如，可以像新加坡樟宜机场那样，划出一块特定的区域供游客游览，避免因游客过多导致旅客的出行空间被挤压。总之在管理方式上，还需要引入旅游管理的思路，让旅客和游客互不冲突、各得其所。

机场需要挖掘新的利润增长点，人们的消费升级也希望有新的旅游方式，两种需求叠加之下，机场的“旅游＋”值得期待。

（资料来源：《杭州日报》，2019-10-14）

课堂活动

学生以小组形式收集旅游交通相关案例，讨论：如何认识旅游交通？旅游交通与旅游业的关系是什么？

项目导读

按照传统的产业划分标准，交通运输业是先于旅游业而独立存在的。交通运输泛指所有借助交通工具的客货运输活动，旅游交通仅是交通客运中的一部分，交通客运不仅承担着运输旅游者的任务，而且还运输其他旅客。所以，旅游交通是指旅游者在旅游目的地的旅游活动地点之间的运输。

知识链接

4.1 旅游交通的定义

对于旅游交通的定义理论界尚未有统一的说法。许多学者对此进行了颇有意义的探索和界定。主要有以下几种观点：

第一，杜学认为，旅游交通是指为旅游者在旅行游览过程中提供所需交通运输服务而产生的一系列社会经济活动与现象的总称。

第二，林森认为，旅游交通是指为旅游者由定居地到目的地往返以及在各地区往返而提供的服务。

第三，张辉说，旅游交通是指利用一定的运载工具，通过一定的交通线路和港口、车站、机场等设施，在约定的时间内，将旅游者从其居住地或出发地向旅游目的地进行空间位置转移的一种特殊的经济活动。

第四，关宏志等则将旅游交通分为广义和狭义两种。广义的旅游交通是指以旅游、观光为目的的人、物、思想及信息的空间移动，探讨的对象包括人、物、思想及信息；狭义的旅游交通概念则将讨论的对象限定于人或物。

第五，保继刚认为旅游交通是指为旅游者从客源地到目的地的往返，以及在旅游目的地各处进行各种旅游活动所提供的交通设施服务。

第六，李天元认为旅游交通是指旅游者利用某种手段和途径，实现从一个地点到达另外一个地点的空间转移过程。

第七，卞显红、王苏洁对旅游交通做了较为严格的定义：旅游交通是指支撑旅游目的地旅客流和货物流流进、流出的交通方式，路径与始终点站的运行及其之间的相互影响，包括旅游目的地内的交通服务设施的供给及其与旅游客源地区域交通连接方式的供给。

从各种定义来看，旅游交通业的一个共性就是旅游活动的异地性，为了实现旅游目的需要进行空间移动。旅游交通是旅游者利用某种手段和途径，实现从一个地点到达另一个地点的空间转移过程。它既是抵达目的地的手段，也是在目的地内活动往来的手段。

综上所述，旅游交通的核心内涵是：因旅游需求而伴随着旅游全过程的交通线路、工具、设施以及服务的总和。

4.2 旅游交通的作用

交通运输业和旅行社业、以饭店为代表的住宿业一起构成旅游业的三大支柱。旅游交通的发展状况在一定程度上决定了一个国家或地区经济和旅游业的发达程度。它在旅游业中占有重要的地位，发挥着重要的作用，这主要表现在以下几个方面。

4.2.1 从需求方面看，旅游交通是旅游活动的必要条件

旅游交通是将旅游者与旅游资源、旅游目的地连接起来的纽带。在旅游活动中，旅行是手段，游览是目的。要达到游览的目的，就需要解决旅游者空间转移的问题，旅游交通可以使旅游者解决旅游活动中的空间转移问题。旅游交通把客源地和旅游接待地联系了起来，在二者之间起桥梁和纽带的作用，使旅游者的旅游目的得以实现。发达的旅游交通会缩短游客耗费在路途中的时间，增加游览参观和休闲的时间，增加游客的旅游体验度。发达的交通还会提高运输效率，节省费用，在同样的时间里为景区输送更多的游客。

4.2.2 从供给方面看，旅游交通是旅游业发展的推动者

旅游交通对旅游业的发展起着巨大的推动作用，现代旅游业的产生和发展是和现代交通的发展紧密相连的。1825 年，英国出现了世界上第一条铁路，1841 年托马斯·库克组织了世界上第一个火车旅行团，从此才有了商业旅游业。

第二次世界大战后，现代交通快速发展，特别是大型喷气式客机的普及和更新换代，使旅游交通的运量、速度、安全性、舒适度都大大提高，为旅游业的发展奠定了基础和提供了可能。只有旅游者光临，旅游业的各类设施和服务才能真正发挥作用，才能实现它们的价值；只有旅游目的地的可进入性高，使旅游者能够大量地、经常地前来访问，该地的旅游业才会有不断扩大的可能。所以，可进入性程度是旅游业发展的重要条件，景区内交通的快捷方便可提高景区的吸引力和档次。

4.2.3 旅游交通收入是旅游业收入的重要组成部分

旅游业是一个涵盖旅行社业、旅游交通业、住宿业、饮食业、娱乐业、旅游产品制造业等行业的综合性产业。在旅行游览活动中，饮食、住宿和交通三项费用是旅游者最基本的旅游消费，游客外出旅游要实现从客源地到目的地的空间转移，必须消费旅游交通产品，并且在交通上的花销并不少。一般外出旅游的距离越远，外出旅游所耗费的交通成本越高，而且游客对旅游交通的需求属于刚性需求，很难节省。在旅游者的消费中，尤其是国际旅游，交通费用大约要占 1/3。可以说，旅游交通是旅游收入和旅游创汇的重要来源。

4.2.4 旅游交通自身是比较丰富的游览项目

虽然旅游讲究“旅速游缓”，但也不能忽略旅途的质量。旅游交通也可以成为旅游活动的一项重要内容，因为乘坐不同的交通工具，可以从不同的角度领略沿途的风光，获得不同的感官享受。旅游交通把风景区和客源地联系在一起，从客源地到风景区的这个过程本身也成为旅游活动的一部分。有一些旅游交通项目，如骑马、驾舟、骑骆驼等，本身就是参与性很强的旅游活动。另外，旅游地的运输（载人）

工具比普通交通工具更丰富，如高空索道、缆车、索桥、滑道、马、轿子、森林火车等，更能给游客带来别具一格的体验，已经成为必不可少的游览项目。总之，旅游交通是旅游经历中的重要部分，也是比较丰富的游览项目，应精心安排。

4.3　旅游交通的类型

4.3.1　公路旅游交通

公路旅游交通是最普遍的短途运输方式，世界上50%以上的国际旅游者、发达国家80%左右的国内旅游者乘坐汽车出游。它以汽车站为客运战场，以汽车为客运工具，以公路为客运线路，主要从事200千米以内的短距离旅游客运和专项探险旅游运输活动，如室内旅游客运、景区观光和汽车越野专项旅游等。乘坐汽车旅游有许多优点：其一，对自然条件适应性强，分布面也广，一般道路都可以行驶，随时停留，可以任意选择旅游点，可实现“门到门”直达运输；其二，用途多，可以捎带简易的炊具、卧具，解决食宿问题；其三，公路交通运送速度较快，原始投资少，资金周转快；掌握车辆驾驶技术较易。公路交通的缺点是运量较小，运输成本较高，不适合长途旅行；运行持续性较差，安全性较低，对环境污染较大。

总体上来说，公路旅游交通不仅可以单独完成运送旅游者的任务，而且是其他交通方式不可缺少的联运伙伴。

4.3.2　铁路旅游交通

铁路旅游运输以火车站为客运战场，以旅客列车为客运工具，以铁路为客运线路，主要从事中远距离旅游运输活动，如在旅游城市之间开行旅游列车和加入列车等。铁路交通是中国国内主要的交通运输方式，具有安全程度高、运输速度快、运输距离长、运输能力大、运输成本低等优点，且具有污染小、潜能大、不受天气条件影响的优势，这是水运、航空、管道运输所无法比拟的。铁路交通经济适中、安全、方便，游客在车厢内可以饱览沿线自然风光、城乡美景，同时还可和公路运输搭配，车下游览，节省旅游开支。其缺点是建设成本高，灵活性较差。总之，铁路旅游交通是旅游者经常采用的中远距离的旅游运输工具。

4.3.3　水路旅游交通

水路旅游交通包括内河航运、沿海航运和远洋航运。水路旅游交通具有运载力大、能耗小、成本低、舒适等优点。大型的渡轮一次可以运载数百乃至上千名旅客，远远超过了大型飞机的运载量。其缺点是运输较慢，受港口、水位、季节、气候影响较大，因而一年中中断运输的时间较多。总之，以豪华游轮旅游为代表的水路旅游交通，由于集旅游行、食、游、住、购、娱等多功能为一体，在很大程度上已超越了传统意义上的单一客运功能，成为对旅游者来说具有极大吸引力的一种豪华旅游项目。尤其是7万吨级左右的巨型远洋游船，在大海中能平稳行驶，并且为旅游者配备健身房、温泉浴室、游泳池、音乐酒吧、图书馆、购物街和免税商店等完善而豪华的旅游设施。这是其他交通方式不可比拟的。

4.3.4 航空旅游交通

航空旅游交通在各种类型旅游交通中速度最快、距离最远，乘坐时舒适、安全、省时。它是国际旅游者使用最为频繁的交通方式之一，世界上约35%的国际旅游者乘飞机旅行。它以机场为客运站场，以飞机为客运工具，以航空线为客运线路，主要从事远距离的旅游运输活动，如国内大城市间旅游包机和国际定期航班运输等。民运喷气式客机在20世纪五六十年代出现之后，发展迅速，到了70年代宽体客机又得以发展，使飞机的载客量大为增加，也更为舒适。

航空交通是一种现代化的交通运输方式，其优点是运输快速高效、旅行舒适、对环境污染小，尤其适合远程旅行。其缺点是运量小，费用高，成本高，受天气条件影响较大。航空运输已经成为远距离运输的主要形式。航空运输业的发达程度也是衡量各国旅游业发展水平的重要标准。

4.3.5 特种旅游交通

特种旅游交通是旅游景区、景点中不可缺少的一种交通形式。特种旅游交通可分为传统型和现代型。传统型的特种旅游交通工具如马匹、骆驼、轿子、滑竿、竹筏、狗拉雪橇、人力车、木帆船等，虽然有运量小、速度慢的缺点，但具有灵活性强、联系广的优点，并且地方性强、生活性强，本身就是极具旅游资源特色的旅游项目。例如西北沙漠骑之游，武夷山九曲竹筏漂流，北京的三轮车胡同游等。现代型的特种旅游交通工具如渡船、索道、缆车等形式的旅游交通方式。便于游客通过一些难行路段，可以辅助老弱病残完成旅游，有时还带有娱乐、观赏性质，可以提高旅游价值、招徕游客。

4.4 影响旅游者选择旅行方式的因素

4.4.1 旅行目的

根据旅行目的旅游者可以分为观光型旅游者、娱乐消遣型旅游者、商务型旅游者、医疗保健型旅游者等。

观光型旅游者以游览观赏异国他乡的风景名胜、文化古迹、风土人情等为主要目的，同时还会参加购物、娱乐、考察等活动，是最普通、最常见的旅游者类型，也是目前我国旅游者的主体类型。这类游客在旅游地逗留时间较短、花费较少，对景点特色与价格较为敏感。他们往往选择价格较低的旅行方式，如汽车、火车或者轮船等交通方式。

娱乐消遣型旅游者以松弛精神、享受环境变化所带来的欢愉为主要目的。这种类型的游客主要出现在西方经济发达国家，他们通过娱乐消遣调节生活节奏，减轻工作带来的压力。其特点是追求娱乐、消遣和观赏享受；对旅游产品的质量、旅游安全和价格比较敏感；外出季节性较强，几乎都选择旅游景点地区最好的季节，利用带薪假期外出旅游。因此，他们一般会选择安全、高效的旅行方式，如飞机、豪华客车、豪华邮轮等。

商务型旅游者是根据工作需要，以贸易合作、商务洽谈、出席有关会议、进行科学文化交流或举办展览等为主要目的，在完成公务的前提下进行参观游览活动的旅游者。工作的需要决定他们不能随意改变旅行目的地，也不能随意改变旅行时间。这类游客的特点是对旅游产品与服务质量要求较高，支付能力较强，对旅游费用的高低不太在意。他们通常会选择快速、高效、舒适的旅行方式，如飞机、豪华客车等。

医疗保健型旅游主要包含温泉旅游、森林旅游、体育保健旅游等形式。旅游的目的主要是消除疲劳、治疗某些慢性疾病等。参加医疗保健型旅游的主要是中老年人，他们闲暇时间较多，有较高且稳定的收入，有强烈的保持或恢复健康的愿望。医疗保健型旅游者一般在旅游目的地停留的时间比较长，他们倾向于选择比较舒适的旅行方式，如飞机、带空调的软卧列车、豪华客车等。

4.4.2 运输价格

商务型旅游者因费用由公费开支，故一般对运输价格不太敏感。但是其他各类旅游者对运输价格都很敏感，而且这些游客占有绝大比例。因此，运输公司的承运价格对游客出行方式选择的影响较为突出。

4.4.3 旅行距离

为了提高效率、节约时间，人们通常会努力缩短在路途中耗费的时间。因此，中长途旅行者会选择速度最快的航空运输方式；而短途旅行者一般会选择火车或汽车作为交通工具，因为这样更加便利、经济。

4.4.4 旅行偏好和经验

在有多种旅行方式可供同时选择的情况下，具有相同条件的人可能会有不同的选择结果，因为个人的旅行经验以及偏好不同，也会影响对交通方式的选择。初次出游的游客对某种旅行方式的偏好主要受个性心理类型的影响。更具实际意义的是，人们对于某种旅行方式的偏好往往产生于自己过去的旅行经验。例如，不论是在中国还是其他国家，不少人都喜欢乘火车外出旅行，因为旅行经验使他们深信火车较其他方式安全。如果一个人根据经验认为乘火车旅行不理想，甚至有一次不愉快的乘火车经历，那么在有其他方式可供选择的情况下，便不大可能会选择乘火车旅行。当然，除了上述因素外，还有许多其他因素会影响人们对旅游方式的选择。例如，天气状况、同伴的偏好、目的地的地理位置特点等。实际上，各种因素在决定人们对旅行方式的选择时，都是互相联系、互相影响并起综合性作用的。

知识拓展

交通强国建设纲要

近日，中共中央、国务院印发了《交通强国建设纲要》(本文以下简称《纲要》)。《纲要》指出，建设交通强国是以习近平同志为核心的党中央立足国情、着眼全局、面向未来作出的重大战略决策，是建设现代化经济体系的先行领域，是全面建成社会主义现代化强国的重要支撑，是新时代做好交通工作的总抓手。

《纲要》提出，形成广覆盖的农村交通基础设施网。全面推进“四好农村路”建设，加快实施通村组硬化路建设，建立规范化可持续管护机制；促进交通建设与农村地区资源开发、产业发展有机融合，加强特色农产品优势区与旅游资源富集区交通建设；大力推进革命老区、民族地区、边疆地区、贫困地区、垦区林区交通发展，实现以交通便利带动脱贫减贫，深度贫困地区交通建设项目尽量向进村入户倾斜；推动资源丰富和人口相对密集贫困地区开发性铁路建设，在有条件的地区推进具备旅游、农业作业、应急救援等功能的通用机场建设，加强农村邮政等基础设施建设。

《纲要》还提出，加速新业态新模式发展。深化交通运输与旅游融合发展，推动旅游专列、旅游风景道、旅游航道、自驾车房车营地、游艇旅游、低空飞行旅游等发展，完善客运枢纽、高速公路服务区等交通设施旅游服务功能；大力发展共享交通，打造基于移动智能终端技术的服务系统，实现出行即服务；发展“互联网+”高效物流，创新智慧物流营运模式；培育充满活力的通用航空及市域(郊)铁路市场，完善政府购买服务政策，稳步扩大短途运输、公益服务、航空消费等市场规模；建立通达全球的寄递服务体系，推动邮政普遍服务升级换代；加快快递扩容增效和数字化转型，壮大供应链服务、冷链快递、即时直递等新业态新模式，推进智能收投终端和末端公共服务平台建设；积极发展无人机(车)物流递送、城市地下物流配送等。

到2020年，完成决胜全面建成小康社会交通建设任务和“十三五”现代综合交通运输体系发展规划各项任务，为交通强国建设奠定坚实基础。从2021年到本世纪中叶，分两个阶段推进交通强国建设。到2035年，基本建成交通强国。现代化综合交通体系基本形成，人民满意度明显提高，支撑国家现代化建设能力显著增强；拥有发达的快速网、完善的干线网、广泛的基础网，城乡区域交通协调发展达到新高度；基本形成“全国123出行交通圈”(都市区1小时通勤、城市群2小时通达、全国主要城市3小时覆盖)和“全球123快货物流圈”(国内1天送达、周边国家2天送达、全球主要城市3天送达)，旅客联程运输便捷顺畅，货物多式联运高效经济；智能、平安、绿色、共享交通发展水平明显提高，城市交通拥堵基本缓解，无障碍出行服务体系基本完善；交通科技创新体系基本建成，交通关键装备先进安全，人才队伍精良，市场环境优良；基本实现交通治理体系和治理能力现代化；交通国际竞争力和影响力显著提升。到本世纪中叶，全面建成人民满意、保障有力、世界前列的交通强国。基础设施规模质量、技术装备、科技创新能力、智能化与绿色化水平位居世界前列，交通安全水平、治理能力、文明程度、国际竞争力及影响力达到国际先进水平，全面服务和保障社会主义现代化强国建设，人民享有美好交通服务。

深化交通运输与旅游融合发展，推动旅游专列、旅游风景道、旅游航道、自驾车房车营地、游艇旅游、低空飞行旅游等发展，完善客运枢纽、高速公路服务区等交通设施旅游服务功能。大力发展共享交通，打造基于移动智能终端技术的服务系统，实现出行即服务。发展"互联网＋"高效物流，创新智慧物流营运模式。培育充满活力的通用航空及市域(郊)铁路市场，完善政府购买服务政策，稳步扩大短途运输、公益服务、航空消费等市场规模。建立通达全球的寄递服务体系，推动邮政普遍服务升级换代。加快快递扩容增效和数字化转型，壮大供应链服务、冷链快递、即时直递等新业态新模式，推进智能收投终端和末端公共服务平台建设。积极发展无人机(车)物流递送、城市地下物流配送等。

课间思考

请对比分析自驾游和跟团大巴旅游的优势与劣势。

>> 任务五　认识旅游景区 <<

任务导入

今年上半年，对于国内一些传统景区来说，净利润增长出现下行。由于门票价格下调，这种"旱涝保收"的经营模式正受到挑战。去年以来，国家发改委两次发文推进降低重点国有景区门票价格。

近日，国务院办公厅再次提及"继续推动国有景区门票降价"。这意味着，新一轮门票降价已箭在弦上。

门票经济对相关企业业绩影响属于阵痛，背后反映出国内景区营收单一的老问题。如今，拉动旅游消费的合力逐渐增强，人们对旅游产品的诉求更趋多元，传统景区"坐着收钱"的经营模式已经行不通了。

事实上，传统景区对票务收入的依赖由来已久。《2011 年中国旅游景区发展报告》就提到，2011 年全国 A 级旅游景区营业收入 2658.6 亿元，有一半来自门票收入。据披露，就是当下，地方和景区仍然高度依赖门票。门票收入是西部某省旅游业的支柱，占到旅游总收入的 70%左右。现实中，一些地方把发展旅游业单纯理解为"圈地卖票"，更有一些地方把景区当成"摇钱树"。作为国民经济的新兴行业，旅游业在城市经济发展中的产业地位、经济作用逐步增强，旅游业对城市经济的拉动性、社会就业的带动力，以及对文化与环境的促进作用日益显现。但一些地方在旅游产业发展中创意不够、创新不足，导致旅游产品类型单一、发展方式粗放、产业结构简单、发展不均衡、整体效益不高等问题，继而依仗“门票经济”以博得一时的经济增长。这种为了短期利益而牺牲公共利益、长期利益的行为，导致旅游业畸形发展。

大众旅游和全域旅游时代的一个鲜明特点是融合开放。不管是“旅游＋”还是“＋旅游”，都必须有融合思维。众所周知，杭州西湖尽管不收取门票，却拉动了整个城市的吃、住、行、购、娱等各类消费，延长了消费链条。有数据显示，西湖景区免费 10 年，杭州游客人次增加了 2.1 倍，旅游总收入增长了近 4 倍。所以，门票和景区绝对不是旅游的全部，而只是一个支点。充分利用这个支点，可以撬动诸多行业和领域的消费需求，有效带动相关产业的发展。

现如今，旅游已经从观光旅游发展到体验旅游，门票经济无法适应这样的变化。正如文化和旅游部副部长李金早表示，旅游必须从景点旅游模式向全域旅游模式转变，把景区关起来收费，关上的不仅是游客通向景区的脚步，还关闭了当地群众增收致富的大门。必须切实转变发展理念，摒弃门票依赖，树立全域旅游的思维，下大力气提升区域内的基础设施建设水平，为游客提供丰富的旅游体验。景区要加快创新，结合自身优势拓宽发展思路，延长旅游业产业链，提升景区文化内涵，提供多样化的旅游产品，提高游客的落地体验度和满意度。

（资料来源：《华商报》，2019-09-09）

课堂活动

学生以小组形式收集旅游景区案例，讨论：如何认识旅游景区？如何跳出狭隘的“门票经济”思维？

项目导读

旅游业是由多个部门组成的综合性经济产业，在这一产业体系中，旅游景区是导致游客产生旅游动机并作出旅游决策的核心因素，旅游景区是旅游业的核心要素，是旅游产品的主体成分，是旅游产业链中的中心环节，是旅游消费的吸引中心，是旅游产业面的辐射中心。可以说，没有旅游景区就不会出现旅游业。

知识链接

5.1 旅游景区的基本概念

旅游景区不同于旅游资源，旅游资源被旅游业利用之后形成的部分才是旅游景区。比如，张家界、黄山、五大连池等旅游资源经过一定的经济投入、技术投入等，解决交通问题、食宿问题才可成为旅游景区。

从广义上来说，旅游景区是指任何一个可以供游客参观、游览或开展其他休闲活动的场所。从狭义上来说，作为旅游业部门的组成部分，旅游景区是那些由某一组织或企业对其行使管理权，有明确的界线同外界相隔并有固定的出入口，对游人的出入行使有效控制的游览点或参观点，即专供来访公众参观、游乐和增长知识而设立和管理的长久性休闲活动场所。

《旅游景区质量等级的划分与评定》(GB/T 17775-2003)国家标准中将旅游景区明确定义为“是以旅游及其相关活动为主要功能或主要功能之一的空间或地域”“具有参观游览、休闲度假、康乐健身等功能，具备相应旅游服务设施并提供相应旅游服务的独立管理区”。该管理区应有统一的经营管理机构和明确的地域范围，包括风景区、文博院馆、寺庙观堂、旅游度假区、自然保护区、主题公园、森林公园、地质公园、游乐园、动物园、植物园及工业、农业、经贸、科教、军事、体育、文化艺术等各类旅游景区。

5.2 旅游景区的特点

5.2.1 专用性

旅游景区是指定的，供游人参观游览、休闲度假、康乐健身等的场所。这种专用性的指定说明旅游景区的职能是不可改变的，如有改变就不再属于旅游景区。比如，工厂、学校、乡村和部队军营等都可以成为人们参观游览的对象，但它们的主要职能不是供人参观、游览或开展休闲活动，所以它们不属于旅游景区。

5.2.2 可控性

旅游景区由某一组织或企业对其行使管理权，有明确的界线同外界相隔并有固定的出入口，对游人的出入行使有效控制。否则便不属于真正的旅游景区，只能是一般的公众活动区域。

5.2.3 长久性

旅游景区必须有长期固定的场址，并利用这一场址发挥其固有职能。

5.3 旅游景区的类别

旅游景区的类别很多，划分方法也不尽相同。基本上有一般分类和常规分类两种类别。

5.3.1 旅游景区的一般分类

5.3.1.1 按照设立性质分类

旅游景区按照其设立性质，可分为商业性旅游景区和公益性旅游景区。商业性旅游景区主要是投资者出于营利目的而建造的，这类旅游景区属于企业性质。公益性旅游景区是指政府部门和社会团体出于社会公益目的建造的旅游景区。

5.3.1.2 按照主要吸引因素分类

旅游景区按照其主要吸引因素，可分为自然旅游景区、人文旅游景区、主题公园、城市公园、新型旅游景区。

自然旅游景区以名山大川为代表，在我国旅游景区中占了较大比重，也是近几年来的旅游热点。由于工作紧张、生活压力大、城市污染严重，很多人希望到大自然里放松心情、呼吸清新的空气，因此，近年来生态旅游升温很快，自然旅游景区受到普遍欢迎。

人文旅游景区以古建筑为主体，典型的代表是故宫、颐和园、八达岭长城以及古寺庙等。现代兴建的纪念馆等，也可以归到人文旅游景区里。

主题公园在我国的发展可谓一波三折。20 世纪 80 年代初我国开始出现主题公园，之后，主题公园的发展并不顺利。真正具有标志性意义的是 1989 年深圳锦绣中华的开业，再加上后来的中国民族文化村和世界之窗，在全国带起了一个主题公园建设的热潮。

随着城市规模的扩大和人口的不断增加，城市综合功能进一步增强，人们在工作之余，需要就近休息和娱乐，因此，城市公园的建设越来越得到重视。建设好城市公园，不仅可以改善城市生态环境，优化城市的人居环境，提高城市的文化品位，还能促进城市和人的持续发展。

传统的旅游景区一般要有一个围墙把它围起来，还要有相应的传统旅游资源。新型的旅游景区突破了这个概念，其中比较典型的就是工业旅游、观光农业、采摘林业、观赏林业、休闲渔业、修学旅游等。这些项目既不以旅游为主业，又可供参观、娱乐和食宿。例如，成都农家乐全国闻名，这是一种以农村风貌、农业生产、农民生活为主要吸引物的旅游活动，与传统旅游景区并不相同。经过十几年的发展，其规模得到扩大，档次得到提升，成为深受人们喜爱并影响全国的一种旅游方式。又如北京大学，一年接待人次高达 30 万，是修学旅游的典型代表。海尔集团一年的接待量达 4 万多人次，在最初的接待部的基础上组建了旅行社，后来又进一步组建了青岛海尔国际旅行社有限公司。这些景区远远超出了传统旅游景区的概念，并且已经形成了一定的规模，有着良好的发展势头。

5.3.1.3 按照展示内容的多寡

旅游景区按照展示内容的多寡可分为单一性的旅游景区和集合性的旅游景区。前者是指有一项参观游览内容的旅游景区，如某一历史建筑物或人类遗址等；后者是指由多项参观游览内容构成的旅游景区。

5.3.2 旅游景区的常规分类

5.3.2.1 文化古迹类

文化古迹主要指古代就已经存在，未因时间原因消逝，至今仍然存在的典型遗迹。文化古迹类景区是以具有一定的文化价值或历史价值的文物古迹为主的景区。

文化古迹类景区是人们学习历史、了解历史以及教育当代人的良好场所。例如，北京故宫、长城、平遥古城、丽江古城、龙门洞窟、南阳武侯祠、五台山、殷墟、大足石刻、沈阳故宫、苏州园林、福建土楼、凤凰古城等。

5.3.2.2　风景名胜类

风景名胜类景区是指具有观赏、文化或者科学价值，自然景观、人文景观比较集中，环境优美，可供人们浏览或者进行科学、文化活动的区域。风景名胜区是人们休闲、学习、放松心情的好去处。例如，北岳恒山、云台山、鸡公山、青城山、峨眉山、崂山等。

5.3.2.3　自然风光类

自然风光类景区是以当地独特、优美的自然环境为主，由当地旅游部门精心开发而成的景区，适于休闲、养生等。著名的自然风光类景区如桂林、九寨沟、大同土林、张家界等。

5.3.2.4　红色旅游类

红色旅游是把红色人文景观和绿色自然景观结合起来，把革命传统教育与促进旅游产业发展结合起来的一种新型的主题旅游形式。其打造的红色旅游线路和经典景区，既可以观光赏景，也可以了解革命历史，增长革命斗争知识，学习革命斗争精神，培育新的时代精神，并使之成为一种文化。

5.3.2.5　生态旅游类

近年来我国开始流行生态旅游。生态旅游由世界自然保护联盟于 1983 年首次提出。生态旅游的概念包括两个要点，第一是生态旅游的物件是自然景物，第二是生态旅游的物件不应受到损害。1993 年国际生态旅游协会把生态旅游定义为：具有保护自然环境和维护当地人民生活双重责任的旅游活动。生态旅游是可持续发展的旅游，更强调对自然景观的保护，可分为山岳生态景区、湖泊生态景区、森林生态景区、草原生态景区、海洋生态景区、观鸟生态景区、冰雪生态旅游区、漂流生态景区、徒步探险生态景区等。

5.4　旅游景区的等级评定

5.4.1　旅游景区的分级

按《旅游景区质量等级的划分与评定》(GB/T 17775-2003)国家标准，旅游景区质量等级划分为五级，从高到低依次为 AAAAA、AAAA、AAA、AA、A 级旅游景区。旅游景区质量等级的标牌、证书由全国旅游景区质量等级评定机构统一规定。

5.4.2　旅游景区质量分级标准的内容

《旅游景区质量等级的划分与评定》国家标准适用于我国接待海内外旅游者的各

种类型的旅游景区。凡在中华人民共和国境内正式开业从事旅游经营业务一年以上的旅游景区都可申请参加质量等级评定。评定标准主要有以下内容。

第一，旅游交通、景区游览及旅游服务提供方面。旅游交通要有较好的可进入性和可识性，交通设施完备，如高级公路、高级航道、车站码头等布局合理规范，与景观环境要协调。旅游景区内有功能齐全的游客服务中心，有美观便利的引导标志，有优秀的导游员，旅游购物场所布局规范合理。景区内邮电通信设施一应俱全，通信方便。景区内的游览配套设施齐全，设计精美。

第二，旅游景区安全、环境方面。旅游景区的安全要保证严格执行公安、交通、劳动、质量监督、旅游等有关部门制定和颁布的安全法规，消防和救护等方面设备齐全、安全有效，突发事件处理能力较强，旅游景区环境整洁、卫生，娱乐场所达到《文化娱乐场所卫生标准》规定的要求，餐饮场所达到《饭馆(餐厅)卫生标准》规定要求，游泳场所达到《游泳场所卫生标准》规定要求，公共厕所布局合理，设计规范方便。旅游资源环境保护合理，空气质量、噪声质量、地面环境质量、自然景观保护均达到国家有关标准和规定，景区环境氛围优良，各项设施设备符合国家有关环境保护的要求。

第三，旅游景区经营管理方面。旅游景区管理体制健全，经营机制有效，旅游质量、旅游安全、旅游统计等各项经营管理制度规范，贯彻措施得力，并定期检查监督，管理人员配备合理。旅游景区拥有正式批准的总体规划，开发建设符合规划要求。同时，景区要拥有自己独特的产品形象、良好的质量形象、鲜明的视觉形象和文明的员工形象等。

第四，旅游景区资源质量方面。旅游景区要有观赏游憩价值或历史价值、文化价值、科学价值等；景区要有市场吸引力，有一定的知名度和美誉度，市场辐射力强，旅游景区年接待国际、国内旅游者数量要达到一定的标准，游客抽样调查也应有一定的满意度。

5.4.3 旅游景区评定的总体情况

文化和旅游部负责旅游景区质量等级评定标准细则的制定工作，负责对质量等级评定标准的执行情况进行监督检查。全国旅游景区质量等级评定委员会负责全国旅游景区质量等级评定工作的组织和管理。各省级旅游行政管理部门组织设立本地区旅游景区质量等级评定委员会，并报全国旅游景区质量等级评定委员会备案。受全国旅游景区质量等级评定委员会的委托，省级旅游景区质量等级评定委员会进行相应的旅游景区质量等级评定工作的组织和管理。

2A 级、1A 级旅游景区由县区旅游景区质量等级评定小组推荐，市级旅游景区质量等级评定委员会组织评定；3A 级旅游景区由市级旅游景区质量等级评定委员会推荐，省级旅游景区质量等级评定委员会组织评定；4A 级旅游景区由省级旅游景区质量等级评定委员会推荐，国家级旅游景区质量等级评定委员会组织评定；

5A 级旅游景区从 4A 级旅游景区中产生。被公告为 4A 级旅游景区一年以上的方可申报 5A 级旅游景区。5A 级旅游景区由省级旅游景区质量等级评定委员会推荐，国家级旅游景区质量等级评定委员会组织评定。

知识链接

小小门票是打开消费升级的钥匙

张全林

过度依赖“门票经济”，不利于旅游业持续发展。地方政府需要转变观念，变“小旅游”为“大旅游”，破除对“门票经济”的依赖，形成旅游产业链条传导效应，充分发挥旅游对经济的带动作用。

文化和旅游部的数据显示，今年“十一”黄金周期间，全国共接待国内游客 7.82 亿人次，同比增长 7.81%；实现国内旅游收入 6497.1 亿元，同比增长 8.47%。这再一次证明，消费对经济发展具有基础性作用。

如何进一步激发旅游市场消费潜力，满足群众对高品质旅游的需要？笔者以为，用好门票这个杠杆，可以撬高全民旅游，进而推动消费升级。

“门票经济”终非长久之计。2000 年，原国家计委出台的《游览参观点门票价格管理办法》，将景区景点的定价权交给地方政府，很多地方政府将景区视为财政收入的重要来源，使得“门票经济”大行其道。过度依赖“门票经济”，不利于旅游业持续发展。地方政府需要转变观念，变“小旅游”为“大旅游”，破除对“门票经济”的依赖，形成旅游产业链条传导效应，充分发挥旅游对经济的带动作用。旅游景区仅仅依靠景区门票收入来维持长久发展的路子是行不通的，景区发展需要增加吸引人气的娱乐、餐饮项目，需要提高自身的服务质量和基础设施建设，只靠门票价格的一再飙升，一味把运营成本转嫁到游客身上，势必会造成恶性循环，失去竞争力和吸引力。

旅游是消费行为，不是发福利。从来不外出旅游的低收入群体，并不关注门票价格的高低，因为他不去旅游。旅游是手中有闲钱人群的消费行为。如果景区票价过低，那一定是财政在用全体纳税人的钱买单，这对于低收入群体来说，就等于用血汗钱补贴高收入群体，其实质是一种更大的不公。门票不是不可涨，但要引入完善的监督审核机制。问题的实质不是涨不涨价、涨多少，而是如何打通可以监督的、透明的门票价格形成路径。公共资源本身不等于旅游产品，需要投入才能转化为产品，开发、建设、维护也需要成本，不能笼统地反对景区涨价。计算景区门票合理价格并不难，把景区开发、建设、维护的成本跟平均的客流量除一除，就能大致算出门票的合理价位。如果人均成本是 50 块钱，但门票是 100 块钱，那就是暴利，但如果人均成本是 200 块钱，门票卖 200 块钱，那等于 0 利润。虽然 100 块钱的门票比 200 块钱的门票价格低一半，但 100 块钱的门票却是暴利。把账算清了，才能看透门票值多少钱。

由“门票经济”转向更广泛的服务经济，是旅游业的发展趋势。把景区分为市场型、公益型和混合型来管理，势在必行。在分类管理之后，建立由城市公园、省立公园和国家公园组成的公益景区体系，满足公众的基本需求。在公益景区体系没有建立起来之前，最重要的就是让景区的账本公开、透明，而不是脑子一热说涨就涨，更不是一看舆论不高兴该涨也不涨。只有把账算清，公开听证，才能衡量出门票价格是否公道，免去诸多因涨价而引发的争论不休的口水仗。

（资料来源：《企业家日报》，2019-10-21）

课间讨论

1. 你的家乡有哪些旅游景区？请给这些旅游景区分分类。
2. 你认为什么类型的旅游景区最吸引大学生？

>> 任务六　认识旅游购物品<<

任务导入

在海南，出岛之前一定要做的一件事，莫过于逛逛免税城，一些在专柜看上，却纠结于价格的产品，在免税城的优惠价格下可以放心“下手”。免税城带给游客的是方便优惠，而带给一个城市的，是多方面的助力。

在清明小长假期间，作为国内游最热门目的地之一，三亚迎来春节黄金周后的第一个旅游小高峰。据统计，4 月 2 日至 4 日，三亚国际免税城共迎客近 5 万人次。（据 4 月 6 日《三亚日报》）

在刚刚过去的清明节期间，笔者也同友人一起逛了一趟免税城，其情景，确实如新闻中所言：人头攒动，顾客消费热情高涨。在很多柜台前，甚至需要排队进行选购。各个国际大牌、超低折扣优惠，让人眼花缭乱。当置身过这一场景，再面对三亚国际免税城 3 天进店人数将近 5 万人次这个数据，也就在意料之内了。

离岛免税政策，这一“大手笔”于海南的发展而言意义非凡，这一备受关注和期待的政策自实施以来，确实没有令人失望，其有效地弥补了海南旅游购物的短板，促进了海南旅游业持续保持较快增长。三亚国际免税城的落成经营，为三亚高端旅游零售行业提供了较好的客流基础，并以离岛免税政策作为支撑，给发展中的免税市场创造了良好的环境。

免税城建成之前，游客到三亚旅游，几乎都是带回水果、椰子糖、手工艺品等特产。而今更多人来三亚购买免税品，在享受了蓝天白云之后，还能享受一趟惬意的旅游购物之旅，岂不乐哉？

当然，免税城火爆的背后，有着环境的大背景作为支撑。近年来，三亚在积极推进全域旅游建设，大力发展旅游新业态，丰富旅游产品，推进旅游供给侧结构性改革，持续开展旅游市场整治行动，多措并举，让“舒心游三亚”成为常态，获得了更多游客的认可，今年清明假期，三亚就再次位居国内旅游目的地榜首。

城市不断修炼“内功”，完善自己，除了让市民生活舒心外，还能以自己的魅力吸引更多游客的到来，这就是三亚不断加强旅游市场治理的出发点。而事实上，近些年的铁腕治旅也让三亚尝到了收获的甜头。

正如我们谈及旅游市场治理时屡次说到的，品质才是旅游业的灵魂，在旅游业转型升级的当下，谁能赢得游客信赖，谁就能在未来的市场竞争中占得先机，成为赢家。

（资料来源：吴采净《不断修炼“内功” 让游客购物更惬意》，《三亚日报》，2017-04-07）

课堂活动

学生搜集自己的家乡有哪些旅游纪念品，并详细地描述其中一个。以小组形式讨论旅游购物品的现状是什么样的，如何增加旅游购物品对旅游业经济的贡献。

项目导读

旅游购物业是旅游行业重要的组成部分，旅游商品的生产和供应是旅游业中创汇、创收的一个极为重要的途径，对旅游业的发展起到了重要作用。

知识链接

6.1 旅游购物品的基本概念

6.1.1 旅游购物品的概念

旅游购物品是指旅游者在旅游活动中购买的具有物质形态的商品，包括各种工艺美术品、文物复制品、土特产品、文化艺术品、其他购物品等。从广义上来看，凡是旅游者在旅游途中所购买的商品，皆可称为旅游商品。狭义的旅游商品则指专为满足旅游者的需求而生产的各类旅游购物品。旅游购物品是指旅游者在旅游过程中所购买的实物商品，对此概念，可从以下几个方面理解：第一，此物品是旅游者因旅游而购买的；第二，所有权发生转移；第三，此物品为含有旅游信息或旅游目的地文化内涵的劳动产品。

6.1.2 旅游购物品与旅游产品的关系

旅游购物品不同于旅游产品。从旅游者角度来说，旅游产品是消费者支付一定费用后所完成的一次旅游经历；从供给方角度来说，旅游产品是为满足旅游者的需要而提供的各种旅游活动接待条件和相关服务的总和。旅游者的旅游活动包括食、住、行、游、购、娱六个方面，因此，旅游产品是一个综合概念。旅游购物品只是旅游产品的一个组成部分，或者说旅游购物只是旅游活动的一个要素。

6.2 旅游购物品的特点

旅游购物品和一般商品相比，具有下列特点。

6.2.1 纪念性

纪念性是指旅游购物品应能显示出旅游者在旅游目的地参加旅游活动的标志与地方特征，被旅游者带回去后，仍能留下或引起美好的回忆。旅游购物品的纪念性是其区别于其他普通商品的一个显著特点。旅游购物品的纪念性主要体现在：旅游购物品或者能表现旅游目的地的地方特色和民族特色，或者能体现该次旅游活动的主题。

6.2.2 艺术性

艺术性是指旅游购物品的整体设计新颖奇特、美观别致，具有艺术欣赏价值。旅游购物品只有具备艺术美才能给人以审美情趣，才能提高人们的审美能力，才具有特殊的欣赏价值和收藏价值。

6.2.3 实用性

实用性是指旅游购物品应具有旅游者可使用和可消费的功能。只有将纪念性、艺术性、实用性巧妙地结合起来，旅游购物品才能受到旅游者的青睐。

6.2.4 便携性

旅游购物品的设计要从结构、容积、重量上充分考虑旅游者携带、使用和收藏的方便。如果体积过大或者分量太重，既不利于旅游者随身携带，也不便于行李托运。

6.2.5 礼品性

礼品性是指旅游者购买的旅游购物品可以带回去馈赠亲友以便共同享受旅游美好感受。这就要求旅游购物品不仅要制作精致、具有旅游目的地的文化内涵，而且要有特色的礼品包装。

6.3 旅游购物品的类型

旅游购物品丰富繁杂，大体可以分为以下几类。

6.3.1 工艺美术品

工艺美术品是指经过装饰加工，具有传统工艺和地方特色的购物品。我国的工艺美术品历史悠久、技艺精良，如雕塑工艺品、陶瓷工艺品、金属工艺品、漆器工艺品、编织工艺品、绘画工艺品等。工艺美术品具有实用性和欣赏性的双重功能，品种繁多并带有地方特色，很容易受到旅游者的喜爱。

6.3.2 土特产品

土特产品指旅游目的地生产的、具有浓厚地方特色的商品，包括各种名酒、名茶、名烟、中药材和其他农副产品等，既可馈赠亲友，又可自用和留作纪念。

6.3.3 文化艺术品

包括文房四宝、文物古玩、金石字画等。这一类购物品传统特色浓，文化特征明显，纪念意义广泛，但价格较高，在我国的国际旅游经济活动中具有较强的创汇能力。

6.3.4 旅游日用品

旅游日用品是指旅游者在旅游过程中购买的具有实用价值的生活日用品，如旅游鞋帽、日用化妆品、旅游包、地图指南和急救药品等。这类购物品既有实用价值又有纪念意义，一方面满足旅游者在旅游过程中的实际需要，是旅游生活必需品；另一方面，这些商品的造型、商标和图案可以引起旅游者日后的愉快回忆，对旅游产品的宣传与促销也可起到辅助作用。

6.3.5 旅游纪念品

旅游纪念品是指以旅游景点的文化古迹或自然风光为题材，利用当地特有原材料制作，带有纪念性的商品，如旅游纪念章、纪念图片等。这类购物品品种极多，题材丰富，数量最大，销路最广，深受旅游者的欢迎，在旅游商品中占有重要地位。

6.4 旅游购物品在旅游业中的地位

6.4.1 会对目的地经济产生积极影响

旅游购物是旅游外汇收入的重要来源，发展旅游购物业，可以增加旅游者的消费，扩大就业机会，带动相关产业的发展，从而对目的地的经济产生积极的推动作用。

6.4.2 会传播旅游目的地形象

旅游购物品附带了旅游目的地的文化内涵和各种信息，通过旅游购物品的生产和销售，以及游客的购买和馈赠，旅游目的地形象得以传播。

6.4.3 会促进传统手工艺的挖掘和保护

旅游者对代表地方特色或民族特色的传统手工艺品的青睐，能使旅游目的地居民认识到传统手工艺的价值所在，从而自觉挖掘和保护传统手工艺，并积极创新和改良。

6.5 旅游购物品的作用

6.5.1 发展旅游购物业能增加旅游业的收入

旅游业是一个由食、住、行、游、购、娱等多种要素组成的综合性产业，旅游购物业是整个旅游产业链中十分重要的环节，在整个旅游行业中占据重要地位。旅游购物品满足了旅游者的购物需求，是旅游业的重要组成部分。

旅游购物不仅是旅游者消费支出中的重要组成部分，也是旅游目的地旅游创汇和旅游收入的重要来源。目前，在旅游业收入构成中，购物收入所占比重比较大。就世界平均水平而言，旅游购物收入约占30%左右，在欧美一些发达国家和中国港澳地区的旅游收入中，购物收入占了40%～60%。世界旅游业发达国家以旅游购物品为主体的旅游购物收入占旅游业总收入的60%左右，我国的旅游发达城市也基本达到了这个水平。旅游购物品所创造的收入在旅游业整体收入中占有很大的份额。

6.5.2 发展旅游购物业是挖掘旅游业潜力和市场空间的主要选择

旅游业食、住、行、游、购、娱六大要素市场的消费特征各不相同。就要素市场对消费者是否具有弹性特征来讲，“住”“行”“游”属于刚性消费市场，属于旅游消费者的基本消费范畴，一般在消费者的总支出中比较固定，在消费者具体消费过程中受主观因素的影响较小，而“食”“娱”“购”等要素市场则具备弹性消费的特征，消费者在具体消费过程中，可以在多消费与少消费甚至不消费之间进行选择，受主观因素的影响比较大。因此其市场规模的扩大较多地受消费产品的质量、消费者的心理因素和主观感受、消费者的购买力等因素的制约和影响。大力发展旅游购物业是旅游业进一步增长的有效途径之一。

6.5.3 发展旅游购物业能提升旅游目的地的形象和声誉

旅游购物品承担着满足旅游购物需求和传播旅游目的地形象的双重任务。质量好的旅游购物品不仅能被旅游者长久保存和使用，还可以在其亲友、同事心目中形成对旅游目的地的好感和向往。这对旅游目的地形象传播是一个很好的渠道，有助于扩大旅游目的地的知名度和美誉度。可以说，旅游购物品的质量是旅游者旅游印象的物化。

课间讨论

1. 请结合本任务“知识拓展”中创新旅游产品设计的相关内容以及本任务给你的启发，实际设计一款能够受到游客欢迎的旅游购物品，用PPT向同学们展示设计成果，由大家进行点评。

2. 在老师的指导下分组，走访当地知名旅行社，了解本地游客外出旅游喜欢购买的旅游商品和外地游客喜欢在本地购买的旅游商品，分析原因并用PPT进行汇报。

知识拓展

特色旅游商品要做实做细做深

陈　斌

一提到特色旅游商品开发，很多人首先想到的是文化特色，具体到商品就想到工艺品、纪念品。如果还强调实用性，就把一张张文化贴画贴遍各种生活用品，造成旅游购物市场上“直白”的文化旅游商品随处可见。然而实际情况是，开发者自己旅游时购买的商品是生活需要的、不一定有文化特色的商品，尤其在境外购物时购买的商品绝大部分没有明显文化特色。为什么开发自己都不会买的“直白”的文化特色旅游商品呢？值得思考。

有些企业一提到设计特色旅游商品，就想到包装设计，他们把现有的食品、保健品、土特产品等换上带有文化特色的包装。但其实换汤不换药，内容没有创新，旅游者看的多，买的少。究其原因：一是很多商品的包装确实比较粗糙；二是换包装比开发新品容易；三是包装上很容易体现文化。

还有些企业一提到开发特色旅游商品的新品就立刻想到了套盒。不管功能是否匹配，也不管功效是否匹配，把当地几种有点特色的现成商品一股脑儿装到一个盒子里，就成了所谓的套盒式新品。以致胡乱组合的套盒成了旅游商品缺乏新意的典型标志之一。

随着复游率的不断提高，境内的很多旅游目的地，旅游者已不是去过一两次了。旅游者来的次数越多，购买旅游商品的数量反而越少。而国人出境旅游购物则是另一番景象，国人到某些旅游发达国家的次数越多，购买旅游商品的数量越多。

在调研时笔者发现，在进行静态调研时，旅游者对特色的理解是文化；但在旅游者购物后进行现场调研时，旅游者对特色的理解是商品的内容，包括商品的功能、功效、口味、质量、价格、品牌等。

境内的旅游商品企业无一不谈品牌的重要，但有自有商标商品的企业不多。2017年中国旅游商品大赛拟从3年来获奖的860件套商品中选出200个中国品牌旅游商品，结果发现居然只有252件套有商标注册证。真搞不懂，连自有商标都没有的企业，何谈打造自己的旅游商品品牌。

境内的旅游商品企业无一不谈品种创新，但把大盒、大袋、大块换成小盒、小袋、小块，或把小盒、小袋、小块换成大盒、大袋、大块，这种自欺欺人的小聪明式创新比比皆是。

最典型的是茶产品，境内的茶产品主要是茶叶，茶企很习惯的创新就是茶叶包装，换个规格，换个包装上的图片，就称为创新。其实，大罐和小罐很难影响茶叶的味道和品质等。境外近邻的旅游发达国家，不仅有茶叶，还开发茶产品，包括各种茶的烘焙类食品，各种茶的化妆品，各种茶的护肤品，各种茶的洗护用品，各种茶的糖果，各种茶的冰激凌等，茶产品品种数以千计。显然，茶产品加茶叶的市场规模、收益、影响力远大于单纯的茶叶。

至于其他物产的旅游商品也是如此，如橙子，包括各种橙子的烘焙类食品、各种橙子的化妆品、各种橙子的护肤品、各种橙子的洗护用品、各种橙子的糖果、各种橙子的冰激凌等，同样数以百计。

国人喜欢购买境外的面膜，在有些国家购买的面膜每年数以百亿片计。这些国家不断推出的各种面膜新品，成分在变化，面膜的基底在变化，面膜的贴敷时间在变化，甚至推出了只有55秒贴敷时间的天然成分的面膜。而境内的面膜产品则多是包装在变化。

在境外，常见的洗衣粉、洗衣液也在不断创新，洗涤不同衣物，洗涤不同污物的洗衣粉、洗衣液不断有新品出现。就连烹饪的酱油也出现了不同年龄人食用的不同成分的酱油。一批批新功能的电动剃须刀、电动牙刷、电饭煲等吸引了国人不断购买。

境内企业的特色旅游商品开发或集中在工艺品、纪念品，或用贴画的方式体现所谓文化特色，或胡乱组合套盒，或只是增加包装规格，貌似开发很快，表面光鲜，琳琅满目，但只讲求有，而不讲求细，不讲求深。旅游者不傻，不买是他们最常见的回答。境外旅游发达国家的特色旅游商品重在内容的开发，以新功能、新功效、新口味、高质量、低价格、大品牌等特点吸引了旅游者大量购买。

人们永远在追求美好的生活，特色旅游商品要满足、引导人们对美好生活的追求。开发特色旅游商品不应为了开发而开发，不能仅重视形式，更要重视内容。境内各地有各地特色的物产，境内的加工制造业名冠全球，境内不缺物产、不缺技术、不缺人才，境内很多旅游商品企业缺的是符合市场的特色旅游商品的理念，缺的是以人为本的爱心，缺的是符合市场的创意，缺的是做实、做细、做深的精神。应少说废话、空话、大话，少点小聪明，少想糊弄旅游者，多点爱心，多干点符合市场规律的实事，把旅游商品做实、做细、做深，创新开发有内容的特色旅游商品，才能补上旅游购物这一短板，实现扩大内需、扩大消费的目标。

（资料来源：《中国青年报》，2018-08-02）

>> 任务七　认识旅游娱乐业 <<

任务导入

迪士尼的资本与商业之道

“我只希望人们不要忘记一件事，那就是一切都开始于一只老鼠。”当迪士尼的创始人沃尔特·迪士尼说出这句话的时候，所有人还都无法想象，今天的迪士尼已经行进在成为全球最大媒体娱乐公司的道路上。是什么让迪士尼一步步走上王者之巅的呢？

米老鼠的欢乐哲学

什么是迪士尼的文化基因，欢乐绝对称得上是最有分量的答案。正是由数以万计的员工以及无数经典IP、乐园等构成的迪士尼宇宙中的欢乐基因最终打动了世界，将迪士尼送上了全球顶尖娱乐媒体产业巨头的宝座。

迪士尼产业战略的重中之重，就是打造自己的IP宇宙，让所有年龄段的人都可以从中得到欢乐。迪士尼对内容的追求是世界级的，它创造的每一个IP都要求具备三种特质：创造一个可信的世界，具有扣人心弦的故事，具有有魅力的角色。在《疯狂动物城》超过60个月的制作周期中，迪士尼创作团队仅前期调研就用了18个月的时间，不仅拜访了全世界知名的动物专家，而且工作人员绘制的草图就达19.7万张。

迪士尼拥有强大的产业链及互动机制，在创意、调研、成型、制作、宣传、分销、衍生以及授权运营等环节，都具有强大的运作能力。通过其IP衍生销售环节反哺IP创作与制作环节，共同建构起特色鲜明、品质精良的IP产业链条。其产业链大体上分为三个层次：第一层，高品质影视作品的打磨、制作与推出；第二层，流媒体等推介、宣传；第三层，衍生产品、消费级IP产品、主题公园和授权经营业务。

衍生品商店的魅力

“我们必须通过不同的方式，持续优化和改变自己……我们对于拉近和顾客之间距离的愿望是非常强烈的。”2017年，在上海迪士尼乐园开园一周年之际，上海的迪士尼公司首席执行官罗伯特·艾格接受中国媒体专访时做出上述表示。

迪士尼有自己独特的品牌之道，这使它能够走得更远，其中第一个是整合营销。沃尔特·迪士尼一直认为只有借助电视的广泛宣传赢得观众后，才有利于迪士尼公司电影的推出。所以每次电影推出之前，迪士尼便会利用迪士尼电视频道、ABC电视网、迪士尼网站、迪士尼乐园、迪士尼线下专卖店及相关战略合作伙伴进行整合宣传。近年来又充分利用流媒体及新媒体手段进行尝试。如果说迪士尼的影视是最好的广告，那么迪士尼乐园和线下商店便是最好的消费场景和提款机。第二个策略是拉长价值链条。迪士尼在原创IP影视上映时，便会不失时机地在全球同步推出商品、书籍、玩具、服装、电视以及录像带的产品网络，除此之外，甚至还有主题乐园、商业海报、线上课程、培训等立体式、多元化的产品体系。

另一大策略是建构世界级消费品生产商。迪士尼麾下拥有590家遍布全球的迪士尼零售商店，销售成百上千的原创IP衍生产品，同全球成千上万家制造商和零售商保持授权、合作及委托代理关系，并已经同中国、法国、日本在内的多家公司签订了产品生产、分销等相关协议。行业人士认为，迪士尼正在成为“一个全球消费品的最终制造公司”。

多元并购之手

今年美国东部时间3月20日凌晨，迪士尼公司以713亿美元对21世纪福克斯的收购正式生效。正是借助资本运作，迪士尼才迅速发展壮大成为今天的全球性内容娱乐帝国。1996年，迪士尼斥资190亿美元收购ABC(美国广播公司)；2006年，又以74亿美元收购皮克斯；2009年，再凭42亿美元收购漫威工作室；2012年，斥资40.5亿美元和股票收购了卢卡斯影业；2014年，以5亿美元收购新媒体创作供应商Maker Studios……此次收购21世纪福克斯，迪士尼获得了阿凡达电影IP、6部《星球大战》的发行权以及21世纪福克斯电影制作业务、福克斯电视创意业务、福克斯国际电视业务等，具体有20世纪福克斯影业、20世纪福克斯电视公司、FX有线电视网、国家地理以及一些区域体育频道股权。正是依靠并购，迪士尼由一家普通动画公司成为集“传媒网络”“主题公园”“影视娱乐”“消费产品”及“互动媒体”五大业务于一身的全球性内容娱乐巨头。

在流媒体彻底颠覆受众视听模式的当下，迪士尼也出现了近8年来营收和利润的首次下滑。以Netflix、亚马逊为代表的新兴流媒体巨头，借助自己全新的视频科技手段以及高水平的创意团队，不仅制作出足以媲美奥斯卡水平的叫好叫座的影视作品，而且绕过了传统影院等分发体系，直接进入消费者终端平台，形成了完整的商业闭环。这让迪士尼等传统娱乐内容生产商大为震惊。所以借助此次收购21世纪福克斯，迪士尼将持有60%的Hulu股份，从而真正掌握这家美国第二大流媒体平台及北美第四大视频平台。

另外，迪士尼对于游戏这一巨大利基市场的关注，使得迪士尼又要对市值达350亿美元的暴雪公司下手的传言议论纷纷。考察迪士尼多年来的资本运作，便会清晰地发现迪士尼是“老手”：并购是其产业发动机，也是其产业转型的催化剂。

（资料来源：《中国文化报》，2019-11-02)

课堂活动

旅游娱乐业在旅游业中起什么作用？迪士尼作为旅游娱乐业的巨头之一，成功的原因是什么？

项目导读

旅游娱乐业是旅游业发展到一定阶段的产物，是旅游者以追求心理愉悦为过程和目的，在旅游目的地营业性文化娱乐场所中购买和消费旅游娱乐产品或服务的经济文化行为，是现代旅游综合型非观光旅游的重要内容。

知识链接

7.1 旅游娱乐业的概念

旅游娱乐业的兴起和发展与国家工业化及人们生活水平的提高密切相关。它的雏形是古希腊、古罗马时代的集市杂耍，通过音乐、舞蹈、魔术及博彩游戏等手段营造气氛、吸引游客。第二次世界大战以后，随着人们生活方式的日趋多样化、科技的进步和经济的发展，形成了主题公园的旅游景观创新概念。特别是1955年在美国洛杉矶建起第一个现代意义上的主题公园后，以主题公园为代表的旅游娱乐业在世界各地得到广泛发展。

同西方国家相比，我国旅游娱乐业总体还处于发展的初级阶段，但发展速度很快。在1985年前后，我国旅游娱乐业以中小型游乐园为主，同时以广州“东方乐园”为代表的综合性主题公园兴起。经过30多年的发展，我国已建成很多有一定规模的游乐园(场)和主题公园。从总体来看，我国已经有不少娱乐项目同国际接轨。以民俗风情、历史文化、影视特技为主要内容的旅游文娱表演，已成为我国旅游景区的重要内容。在游乐设备方面，目前世界上大型游乐园或者主题公园所拥有的游乐设备，中国大多已有，当然它们是零零散散的。

今天，科技的高速发展，生产力的不断提高，促使旅游需求和旅游供给出现重大发展变化。作为旅游要素之一的旅游娱乐，更呈现出高速发展的态势，不仅使旅游业结构更趋合理，带来效益，而且为各国旅游者带来更多的交流机会和内容，形成了一种独特的文化现象。随着高科技在旅游娱乐业中的大量运用，旅游娱乐不仅达到了寓教于乐的目的，而且带来了巨大的综合性经济效益，以美国为例，美国居民每年休闲娱乐消费高达34000亿美元。

总体来说，什么是旅游娱乐业呢？旅游娱乐业是指向旅游者提供资源型产品以满足其在旅游目的地消遣娱乐需求的行业。

7.2　旅游娱乐业的特点

旅游娱乐活动的对象是旅游者，与大众化群众性文化娱乐活动相比，具有以下特征：更强调具有民族特色和地方特色，使旅游者耳目一新；强调欢快、热闹、幽默，为大多数人所喜闻乐见；强调参与性；时间不宜过长(时间太长会影响旅游者的休息，因而要求组织安排旅游娱乐节目时必须使节目浓缩再浓缩)；强调对不同旅游者安排不同娱乐节目(旅游者来自不同地区和民族，有着不同的旅游偏好，因此必须深入进行研究，要求旅游娱乐活动的安排更有针对性)；强调旅游娱乐活动项目常变常新；强调高雅文化与民俗文化的结合，在满足大多数人要求的同时，反映出时代特征；强调寓教于乐，使游人在观赏、休憩、娱乐的同时，了解旅游目的地的历史文化、风土人情和科技知识，受到社会文明的熏陶，等等。

7.3　旅游娱乐业的类型

7.3.1　按娱乐设施的空间位置划分

室内娱乐产品：包括各种形式的俱乐部、舞场、保龄球室、室内游泳池、文娱室和健身房等。室外娱乐产品：包括游乐园、靶场、高尔夫球场、海水浴场和滑雪场等；极限运动如蹦极、攀岩、极限越野、定向运动及冲浪等。

7.3.2 按娱乐设施的活动项目划分

专项娱乐设施：专项的旅游娱乐产品仅满足旅游者一方面的需求，如现代主题公园中常见的激流勇进、天旋地转、太空梭、过山车以及四维电影等娱乐活动类型。

综合娱乐设施：综合娱乐产品是多种旅游娱乐项目的汇总，如游乐园。目前我国很多主题公园都推出一些综合性的娱乐产品，如苏州乐园、深圳的“欢乐谷”主题公园等。

7.3.3 按娱乐产品的功能划分

根据娱乐产品的功能，娱乐活动可划分为三类，即康体类、休闲类、娱乐类。康体类如保龄球运动、高尔夫运动等，休闲类如桑拿浴、按摩等，娱乐类如歌舞、游戏等。

7.4 旅游娱乐业的作用

7.4.1 增加旅游活动的趣味性

旅游观赏是旅游活动产生的重要原因，观赏、欣赏作为旅游活动的组成部分，只是旅游活动的基本内容。旅游娱乐项目的开发极大地调动了旅游者的兴趣，满足了旅游者更多的旅游需求，使得整个旅游活动内容更加丰富，形式更加多样。

7.4.2 提高旅游产品的竞争力

作为旅游活动的一部分，旅游娱乐项目改善了旅游产品结构，增强了旅游目的地的吸引力，提高了旅游产品乃至整个旅游目的地的竞争力。

7.4.3 增加旅游业的经济收益

开发旅游娱乐项目，在满足游客旅游娱乐需求的同时，也会给当地旅游业带来一定的经济收益，而且，这些娱乐项目对当地居民也有一定的吸引力，尤其是在旅游淡季时，吸引当地居民参加可以创造旅游收益，减小旅游活动的季节性效应。旅游娱乐业在旅游收入中比重的增长潜力大，可以增强旅游产品的吸引力，从而起到刺激旅游消费的作用，甚至可以带动一个地区乃至国家经济和旅游业的发展。

7.4.4 改善和提高旅游目的地的旅游形象

旅游娱乐项目的引进在一段时间内具有一定的资源垄断性，其宣传和影响可以促进外界对旅游目的地的了解。因其相对完整的旅游产品结构能满足不同类型旅游者的旅游需要，从而可以使其本身在市场上树立一个较好的旅游形象。

7.4.5　丰富当地的文化娱乐生活

当地居民参与到旅游娱乐活动中来，使旅游娱乐成为当地居民生活的一部分，可提高当地居民的素质和生活水平，丰富当地居民的文化和娱乐生活，使娱乐活动成为社区文化的组成部分。

知识拓展

以娱乐业助力旅游产业发展

——寻找经济增长新动力系列报告之二

新常态下，旅游业是我市第三次创业的重要抓手之一。近几年我市旅游业的发展有目共睹，2014 年 4A 级及以上旅游景区发展到 23 个，接待国内外游客 751.2 万人次，增长 15.4%，实现旅游收入 197.1 亿元，增长 29.3%，成吉思汗陵、响沙湾已经成为内蒙古自治区主要旅游目的地。但是，到我市的游客以当日游为主，隔夜游少，吃、住、购等消费很难留在市内。如何才能让远方的客人留下来，把游客变成“留客”，推动旅游产业链的延长和繁荣呢?

以“娱”留客

有一组数据或许能给出我们一些答案。今年 8 月份，我市成吉思汗陵园接待游客 19.1 万人次，实现营业收入 2322 万元，分别与上年同期持平、比上年同期增长 10.4%。而响沙湾景区接待游客 27.4 万人次，实现营业收入 4754 万元，分别比上年同期增长 51.0%、122.8%。同样是 8 月份，同样是旅游的黄金期，同样是国家 5A 级旅游区，响沙湾旅游人次却比成陵多 43.5%，营业收入是成陵的 2 倍。响沙湾与成陵的距离不到 100 千米，行车时间不到 90 分钟，近三成的响沙湾游客没有去成陵，而且在响沙湾的消费也大于成陵，这不得不引起我们的深思。

我们都知道，两地是性质完全不同的旅游景点。成吉思汗陵，是祭祀成吉思汗的场所，是全国重点文物保护单位，是世界上唯一的以成吉思汗文化和蒙古族文化为主题的旅游景区，属于历史人文景观。而响沙湾，是以“这里的沙子会唱歌”而闻名的沙漠类自然风景区，是我国最大的沙漠旅游休闲度假地。成吉思汗陵比响沙湾更出名，10 年前成陵的接待游客远多于响沙湾。响沙湾近年来建设了近百种沙漠观光娱乐体验项目，实现了“异军突起”，更能体现出时下游客的心理需求以及旅游业的发展趋势。

“求乐”正在变为旅游的主要动机。当今社会是高度竞争的现代社会，人们的生活节奏在不断加快。消除紧张生活带来的烦恼的最好方式就是摆脱自己的社会角色和工作压力，去异地娱乐消遣，在心灵上得到放松。娱乐已不仅仅只是附属于旅游行为中的一个要素，更在逐渐发展成为当今世界旅游的主流类型。娱乐型旅游与观光型旅游相比，不仅附加值高，而且重游率也高，带动影响力更大。

“体验”正在成为游客的广泛需求。游、娱是旅游者的目的性需求，而食、宿、行、购则是为达到目的所必备的生活性需求。旅游者的需求是变化的，传统的走马观花式观光游览正在失去魅力，已经不能满足游客的心理需求，越来越多的游客更注重了解旅游地的社会文化。旅游娱乐是一个地区民族文化、艺术传统的生动反映，可以满足游客的生理、心理及精神需求。

娱乐业正在成为发展旅游产业链的“宠儿”。以房地产发家的万达集团计划在国内各地投资2000亿元建设12座主题公园，引导万达由商业地产向文化娱乐转型。在武汉投资500亿元的楚河汉街，有汉秀剧场、室内电影文化主题公园、万达电影城、汉街大戏台、杜莎夫人蜡像馆等多个娱乐休闲场所，在2011年9月30日开业之初，就成为全国假期人流排名前三的热点区域。近期万达又进驻长白山、张家界等旅游胜地，投资建设大型文化娱乐项目，就是看好了娱乐业的潜在市场和发展前景。

以“娱”制胜

娱乐业能否成为推动旅游产业链繁荣的抓手？常州为我们做出了回答。这座众人眼中的江南制造业城市，既无名山大川，又缺名胜古迹，传统旅游资源相对匮乏，却创造了令业界称奇的“常州旅游模式”。2014年常州接待游客5001.4万人次，实现旅游收入654.3亿元。它拥有4A级及以上景区仅12个，是我市的一半，旅游收入却是我市的3.3倍，旅游人数更是我市的6.7倍。最令人称道的是，常州诞生了一大批“亿元级”旅游新景观。恐龙城、天目湖、淹城春秋乐园、嬉戏谷等主题公园，根据特定的主题创意，以文化复制、文化移植、文化陈列以及高新技术等手段，以虚拟环境塑造与园林环境为载体，集诸多娱乐活动、休闲要素和服务接待设施于一体，极大地迎合了消费者的好奇心，满足了游客多样化休闲娱乐需求和选择。常州市这种开发主题公园的旅游业发展道路，打破了旅游发展的常规思维，变“资源依赖型”为“市场导向型”，为我市发展旅游娱乐业提供了可借鉴的实践经验。

响沙湾相较于成吉思汗陵的“畅销”、万达集团向文化娱乐业“进军”、常州主题公园的“名利双收”，这些表明：娱乐产业蕴藏着大市场。我市旅游业在发展过程中，不仅要提高“游”的质量，更要增添“娱”的分量，把远方的客人留下来，“游”上加“娱”，以“娱”促游，助力旅游产业链发展。

（资料来源：《鄂尔多斯日报》，2015-12-22）

课间思考

你觉得应该怎样提升旅游娱乐业对旅游业的经济贡献？

>> 任务八　了解旅游组织 <<

任务导入

9月27日是“世界旅游日(World Tourism Day)”。世界旅游日是由联合国世界旅游组织确定的旅游工作者和旅游者的节日。1979年9月世界旅游组织第三次代表大会正式把9月27日定为世界旅游日，因为这一天是世界旅游组织章程的诞生日，1970年9月27日，国际官方旅游组织联盟在墨西哥城举行的特别代表大会上通过了世界旅游组织章程，这一天又恰好是北半球的旅游高峰刚过去，南半球的旅游旺季刚到来的交接时间。

为普及旅游理念，阐明旅游的作用和意义，促进世界旅游业的发展，世界旅游组织从1980年起每年都为世界旅游日确定一个主题，各国旅游组织根据每年的主题和要求开展活动。中国于1983年正式成为世界旅游组织成员。从1985年开始，国家旅游局每年都确定一个省的某个城市或直辖市，作为国际旅游日的主会场，围绕当年世界旅游组织确定的旅游活动主题，开展一系列的宣传庆祝活动。

课堂活动

同学们以小组形式查阅资料，并讨论：世界上有哪些旅游组织？请举例说明。世界旅游日的确定，对于推动世界各国旅游发展有何重大意义？

项目导读

旅游组织的产生和发展是与旅游业的发展相辅相成的。旅游业的发展促使旅游组织产生和发展，旅游组织的存在又推动着旅游业进一步发展。旅游组织的活动范围广、协调作用强，在旅游业中具有十分重要的现实意义。

知识链接

8.1 旅游组织的基本含义

为适应旅游业的发展，保证旅游业与国民经济部门的均衡协调以及旅游行业自身的规范管理、质量控制、规模经营，加强行业之间的协作，各类各级旅游组织应运而生。

所谓组织，就是为了达到一定目标而组成的具有一定纲领、一定结构层次的正式关系的人群集合体。旅游组织是为了促进旅游发展而由一定成员组成的独立的具有一定纲领的人群集合体。

其特征表现为：有相对稳定的组织成员，有自己的章程、组织机构、行为目标和活动经费，依据有关法律进行登记、注册或批准成立，以自己的名义从事各种与旅游有关的活动。

8.2 旅游组织的类型划分

旅游组织种类繁多，从世界范围看，既有全球性旅游组织，也有区域性旅游组织；既有官方的行政组织，也有民间的行业组织。旅游组织的具体分类如下。

8.2.1 以旅游组织的职能范围为划分标准

按这个标准，旅游组织可分为国际性旅游组织、国家级旅游组织和地方性旅游组织，这三类旅游组织分别在国际、国家、地方三种地域范围内发挥作用。

8.2.2 以旅游组织的职能性质为划分标准

按这种标准，旅游组织可分为旅游行业组织和旅游行政组织。

8.2.2.1 旅游行业组织

在旅游业发展过程中，以加强行业合作、提高行业声誉、促进行业发展为目的而形成的各类旅游组织，都可称为旅游行业组织。旅游行业组织形式不一，性质也不尽相同。按照服务或管理的地域范围大小，可分为全球性旅游行业组织、区域性旅游行业组织、全国性旅游行业组织、地方性旅游行业组织等；按照发起人与成员身份的关系，可分为官方旅游行业组织和非官方旅游行业组织；按照运行模式可分为营利性旅游行业组织和非营利性旅游行业组织；按照业务职能可分为政治与经济性旅游行业组织、科学与技术性旅游行业组织、业务与行业性旅游行业组织等。

8.2.2.2 旅游行政组织

旅游行政组织是专门负责旅游业的宏观调控、行业立法及监督检查，制定行业技术标准，指导旅游资源开发利用，进行旅游市场整体促销，加强旅游服务管理，维护旅游者合法权益等工作，具有宏观性、战略性和政策性的官方旅游管理机构。

目前，世界上多数国家为了加强对旅游业的干预和管理，设立全国性旅游行政组织。但是，由于各国政治经济制度、旅游发展水平、政府产业政策以及旅游业地位等不同，国家旅游行政组织的设立形式、权力分配和社会地位也存在差异。

8.3 我国的旅游行业组织

国家旅游组织是指一个国家中为国家政府所承认，负责管理全国旅游行政事务的组织。我国主要的国家旅游组织具体如下。

8.3.1 中国旅游协会

中国旅游协会(China Tourism Association，CTA)，是由中国旅游行业的有关社团组织和企事业单位在平等自愿基础上组成的全国综合性旅游行业协会，具有独立的社团法人资格。它是1986年1月30日经国务院批准正式宣布成立的第一个旅游全行业组织，1999年3月24日经民政部核准重新登记。

中国旅游协会的宗旨：遵照国家的宪法、法律、法规和有关政策，遵守社会道德风尚，代表和维护全行业的共同利益和会员的合法权益；努力为会员服务，为行业服务，为政府服务，充分发挥桥梁和纽带作用；与政府相关部门、其他社会团体以及会员单位协作，为促进我国旅游市场的繁荣、稳定，旅游业持续、快速、健康发展做出积极贡献。

中国旅游协会的主要职责：对旅游发展战略、旅游管理体制、国内外旅游市场的发展态势等进行调研，向国家旅游行政主管部门提出意见和建议；向有关政府部门反映会员的愿望和要求，向会员宣传、介绍政府的有关政策、法律、法规并协助贯彻执行；组织会员订立行规行约并监督遵守，维护旅游市场秩序；协助有关政府部门建立旅游信息网络，搞好质量管理工作，开展有关旅游产品和服务质量的咨询服务，组织有关业务技能培训，组织技术交流，举办展览会、交易会；帮助旅游企业开拓国际市场；开展对外交流与合作；编辑出版有关资料、刊物，传播旅游信息和研究成果；承办业务主管部门委托的其他工作。

8.3.2 中国旅游饭店业协会

中国旅游饭店业协会(China Tourist Hotel Association，CTHA)，成立于1986年2月，经中华人民共和国民政部登记注册。它是中国境内的旅游饭店、饭店管理公司(集团)、饭店用品供应厂商等相关单位，按照平等自愿的原则结成的全国性行业协会。它于1994年正式加入国际饭店与餐馆协会(IH&RA)，并进入其董事会成为五位常务董事之一。

中国旅游饭店业协会的宗旨：遵守国家法律法规，遵守社会道德风尚，代表和维护中国旅游饭店行业的共同利益，维护会员的合法权益，倡导诚信经营，引导行业自律，规范市场秩序；为会员服务，为行业服务，在政府与会员之间发挥桥梁和纽带作用，为促进中国旅游饭店行业的健康发展做出积极贡献。

中国旅游饭店业协会的主要职责：通过对行业数据进行科学统计和分析，对行业发展现状和趋势做出判断和预测，引导和规范市场；组织饭店专业研讨、培训及考察；开展与海外相关协会的交流与合作；利用中国旅游饭店业协会官网和协会会刊《中国旅游饭店》向会员提供快捷资讯，为饭店提供专业咨询服务。自2009年6月起，中国旅游饭店业协会秘书处承担全国旅游星级饭店评定委员会办公室职能。

8.3.3 中国旅行社协会

中国旅行社协会(China Association of Travel Services，CATS)，成立于1997年10月，是由中国境内的旅行社、各地区性旅行社协会等单位，按照平等自愿的原则结成的全国旅行社行业的专业性协会，具有独立的社团法人资格。

中国旅行社协会的宗旨：代表和维护旅行社行业的共同利益和会员的合法权益，努力为会员服务，为行业服务，在政府和会员之间发挥桥梁和纽带作用，为我国旅行社行业的健康发展做出积极贡献。

协会接受文化和旅游部、民政部的监督管理和业务指导。

中国旅行社协会的主要职责：宣传贯彻国家旅游业的发展方针和旅行社行业的政策法规；总结交流旅行社的工作经验，开展与旅行社行业相关的调研，为旅行社行业的发展提出积极并切实可行的建议；向业务主管单位及政府有关部门反映会员的愿望和要求，为会员提供法律咨询服务，保护会员的共同利益，维护会员的合法权益；制订行规行约，发挥行业自律作用，督促会员单位提高经营管理水平和接待服务质量，维护旅游行业的市场经营秩序；加强会员之间的交流与合作，组织开展各项培训、学习、研讨、交流和考察等活动；加强与行业内外有关组织、社团的联系、协调与合作；开展与海外旅行社协会及相关行业组织之间的交流与合作；编印会刊和信息资料，为会员提供信息服务。

8.3.4 中国旅游车船协会

中国旅游车船协会（China Tourism Automobile & Cruise Association，CTACA)，正式成立于1991年，是由中国境内的旅游车船运营企业、旅游车船及零部件生产企业、旅游车船租赁企业、地方车船旅游协会等，在平等自愿基础上组成的全国性的行业专业协会，是非营利性的社会组织，具有独立的社团法人资格。

中国旅游车船协会的业务范围：宣传贯彻国家有关旅游业发展的方针政策，向主管单位反映会员的愿望和要求；总结交流旅游车船企业的工作经验，收集国内外本行业信息，深入进行调查研究，向主管单位提供决策依据和积极建议；组织会员订立行规行约并监督遵守，维护旅游市场秩序，协助主管单位加强对旅游市场的监督管理；为会员提供咨询服务，加强会员之间的交流与合作，组织开展培训、研讨、考察和新经验、新技术及科研成果的推广等活动，沟通会员间的横向联合，促进行业间的业务联网；加强与行业内外的相关组织、社团的联系与合作；开展与国际旅游联盟(AIT)组织等海外相关行业组织之间的交流与合作；编印会刊和信息资料，为会员提供信息服务；承办业务主管单位委托的其他工作。

8.4 国际旅游组织

国际旅游组织是指成员来自多个国家并为多国利益工作和服务的全面性旅游组织，还包括那些工作范围部分地涉及国际旅游事务的国际组织，以及专门涉及某一业务领域的国际性旅游同业组织。

改革开放以来，我国在不同层次上加入的国际旅游组织不断增加。下面重点介绍其中的世界旅游组织、世界旅行社协会联盟和太平洋亚洲旅游协会等。

8.4.1 世界旅游组织

世界旅游组织(World Tourism Organization，UNWTO)，是世界唯一政府间国际旅游组织，是旅游领域的领导性国际组织。2003年11月成为联合国的专门机构，有150多个正式会员和6个联系成员。世界旅游组织目前是世界上唯一全面涉及国际旅游事务的全球性政府间机构。1925年，为国际官方旅游宣传组织联盟(1UOTPO)；1947年，更名为国际官方旅游组织联盟(1UOTO)；1975年1月2日，更名为世界旅游组织。总部设在西班牙马德里。

世界旅游组织的宗旨：通过推动和发展旅游业，促进各国旅游经济发展和繁荣，增进国家间的相互了解，维护世界和平。

组织机构：有全体大会、执行委员会、秘书处、地区委员会等。全体大会是最高权力机构，两年开会一次。日常工作由秘书处负责领导。

工作任务主要包括：援助发展中国家发展旅游事业，为各个国家制度旅游计划提供援助，包括旅游发展战略规划、物质技术和干部保障、制定和落实旅游计划、职业培训和干部培训等；促进各成员方旅游教育发展；解决与旅游者和旅游项目有关的安全保障问题；简化旅游、旅行和访问的有关手续问题，促进政治经济一体化和国际人文合作的加强；促进旅游电子技术的发展，收集整理和传播旅游统计资料；每年的 9 月 27 日庆祝世界旅游日，向全世界普及旅游理念，每年都推出一个世界旅游日的主题口号，同时选定一个国家作为主会场主办庆祝活动；组织召开世界旅游会议。

8.4.2　世界旅行社协会联盟

世界旅行社协会联盟(Universal Federation of Travel Agents' Associations，UFTAA)，是世界最大的民间性国际旅游组织。其前身是 1919 年在法国巴黎成立的欧洲旅行社和 1964 年在美国纽约成立的美洲旅行社，1966 年在意大利罗马正式成立，总部即秘书处设在比利时布鲁塞尔。该协会的正式工作语言为英语、西班牙语和法语，经费依靠会费和举办会议的收入。

其宗旨是对国家级的旅游协会、旅行社联合会或旅游联盟，给予职业上的指导和技术上的援助，尽一切努力联合、巩固和发展这些组织，团结各国全国性旅行社协会和组织，协助解决会员在专业问题上可能发生的纠纷；在国际上代表旅行社行业同有关的各种旅游组织和企业建立联系，进行合作；确保旅行社业务在经济、法律和社会领域里最大限度地得到协调、赢得信誉、受到保护、得以发展；向会员提供必要的物质上、业务上、技术上的指导和帮助，使其在世界旅游业中占有适当的地位。

该联盟的领导机构有会员大会、理事会和执行委员会。会员分正式会员和联系会员，每个国家只能有一个全国性旅行社协会或组织为正式会员，联系会员为私营旅行社及与旅游业务有关的机构。1995 年接纳中国旅行社协会为正式会员。

8.4.3　太平洋亚洲旅游协会

太平洋亚洲旅游协会(Pacific Asia Travel Association，PATA)，是地区性的非政府间国际旅游组织。原名太平洋地区旅游协会，1986 年起改用现名。现总部设在泰国曼谷，过去总部设在美国旧金山。设有两个分部：一个在菲律宾马尼拉，分管中东亚地区事务；另一个在澳大利亚悉尼，分管南太平洋地区事务。在我国，人们通常将太平洋亚洲旅游协会简称为亚太旅游协会。

该协会的宗旨是发展、促进和便利世界各国旅游者到本地区的旅游以及本地区各国居民在本地区内的旅游。该协会每年召开一次年会，讨论和修订有关协会的长远计划。除此之外，全协会性的大型活动还有太平洋国家旅游博览会，它为会员提供了旅游产品工序的谈判场所和商机，因此受到亚太地区旅游界的普遍重视。

成员范围较广，涉及近40个国家和地区。我国于1993年加入该协会。

8.4.4 国际饭店协会

国际饭店协会(International Hotel Association，IHA)，是一个世界性饭店行业组织，成立于1946年3月，总部设在巴黎。该协会早期被欧洲一些大饭店所控制，随着世界旅游业的发展，饭店集团开始发挥主导作用，该协会现正朝着全球饭店协会和国际饭店集团方向发展。

该协会的宗旨是为促进世界饭店业的发展，与国际上有关组织进行协调合作，加强国际饭店业之间的联系与交流，研究全球饭店业的发展，召开专业研讨会和通报饭店业信息。

该协会最高权力机构是会员代表大会，理事会主持常务工作，秘书处负责处理日常工作。

1994年3月，中国旅游饭店协会加入该组织。

8.4.5 世界一流酒店组织

世界一流酒店组织(The Leading Hotels of the World，LHW)，是世界性的一流酒店行业组织，是全球性的酒店促销与预订联合体，1928年在瑞士成立，总部设在美国纽约。

该组织的宗旨是吸收世界上最佳旅馆为其成员，促进世界各地一流酒店保持其卓越地位、一流服务和优良传统。该组织每年召开一次年会，交流经验，相互促进。该组织本身不拥有任何酒店，但经营一个促销与预订公司——酒店预订公司，总部在瑞士苏黎世，主要负责为其成员酒店进行全球性预订。欧洲成员酒店为公司股东，欧洲以外成员酒店不是股东，被视为公司的客户。

该组织的组织机构有股东会、执委会、国际顾委会等，此外，还在纽约、伦敦、东京、香港等地设有18个办事处。

该组织的成员必须在位置、环境、组织、管理和服务等方面，都具有最佳条件和最高标准，并经严格检查，合格者可接纳为正式成员。我国的广州白天鹅宾馆、北京贵宾楼饭店与王府饭店等已被接受为该组织成员。

8.4.6 国际旅游科学专家协会

国际旅游科学专家协会(International Association of Scientific Experts in Tourism，IASET)，是由国际上致力于旅游研究和旅游教学的专家学者组成的旅游学术团体，成立于1951年，总部设在瑞士伯尔尼。

该协会的宗旨是，开展旅游研究工作，加强会员之间的友好关系，通过交流经验、交换资料和文献，提高全体会员的科研积极性，支持旅游科研所和其他科研与教学中心的活动。

该协会的最高权力机构是全体会员大会，每年举行一次。另设委员会、秘书处等机构，负责协会工作。

8.4.7　国际民用航空组织

国际民用航空组织(International Civil Aviation Organization，ICAO)是国际性官方航空组织，是联合国的一个附属机构，成立于1947年4月，总部设在加拿大蒙特利尔。

该组织的宗旨是研究国际航空理论和技术，发展安全而有秩序的国际航空运输事业，促进民用飞机制造业、机场、航空设施及与国际民航有关的所有事业的发展，保证缔约国的权利充分受到尊重，使各缔约国享有经营国际航线的均等机会。

该组织的最高权力机构为大会，每三年举行一次。理事会为执行机构。秘书处是常设执行机构，主持日常工作。

我国于1974年正式加入该组织，同年被选为理事。

8.4.8　国际航空运输协会

国际航空运输协会(International Air Transport Association，IATA)是全世界各大航空公司联合组成的国际性组织，于1945年4月在古巴哈瓦那成立。

该协会的宗旨是促进安全、正规和经济的航空运输，促进航空商业的发展，并研究与此有关的问题，促进与国际民用航空组织的合作。

该协会的最高权力机构为会员大会，每年召开一次，另有执行委员会、常务委员会和常设秘书处等机构。协会下设财务、技术、法律、运输业务4个常设委员会。

中国航空协会于1978年10月成为该会的正式成员。

8.4.9　世界旅行社协会

世界旅行社协会(World Association of Travel Agencies，WATA)，经瑞士法律批准，于1949年正式成立，总部设在瑞士日内瓦，由世界上80多个国家旅行社参加。现有230多个会员。

该协会的宗旨是将各国有信誉度的旅行社建成一个世界性的协作网络，通过提供有效的服务和信息，促进和保护会员的经济利益；建立会员间的业务联系。

该协会的最高权力机构是全体会员大会，每两年召开一次。协会下设执行委员会，有9名委员。总部设常务秘书处，管理协会的行政事务。

8.4.10　世界旅游业理事会

世界旅游业理事会(World Travel & Tourism Council，WTTC)，是全球商业

领袖的论坛组织，总部设在英国伦敦，会员包括世界上 100 多个最有影响力的旅游及旅行业公司的总裁、董事长和首席执行官。它在过去的 10 年中成为业内的领袖组织，对全球旅游业有着独特的影响力。

该组织的宗旨是，提高政府和公众对旅游业是全球最大产业之一的认知。工作目标为：确立旅游产业刺激经济、促进就业的战略地位，面向开放、竞争的市场；促进产业持续发展；消除增长的障碍。为了实现这一目标，该组织为会员积极创造与世界各国政府对话的机会。

该组织内的政策由其行政委员会负责制定。只有达到全球性的经营范围，或者被公认为是其行业或地区内的重要参与者的企业的总裁、董事长和首席执行官才有资格成为其会员。

知识拓展

联合国世界旅游组织第 22 届全体大会总结讲话

联合国世界旅游组织第 22 届全体大会主席李金早

尊敬的联合国世界旅游组织秘书长塔勒布•瑞法依先生，

尊敬的联合国世界旅游组织候任秘书长祖拉布•波洛利卡什维利先生，

各位部长，各位团长，

女士们，先生们：

作为本届大会的东道主，中华人民共和国很高兴接待来自全球 137 个国家和地区、41 个国际组织的 1000 多名与会代表。第 22 届全体大会在四川成都举办，这是在全球旅游业快速发展、旅游规模快速扩大、旅游地位显著提升，同时又面临许多挑战的背景下召开的一届旅游国际盛会，对全球旅游业的发展进步具有特殊的历史意义。

——这是一次举世瞩目的大会。

开幕式上，中国国家主席习近平阁下和联合国秘书长古特雷斯分别发来贺信，高度评价旅游业在促进经济、政治、和平、发展中的重要作用，对世界旅游未来发展提出了殷切期望。习近平主席指出："旅游是不同国家、不同文化交流互鉴的重要渠道，是发展经济、增加就业的有效手段，也是提高人民生活水平的重要产业"，希望"各国以这次会议为契机，共同推动全球旅游事业取得更大发展"。古特雷斯秘书长说，"旅游业是最有影响力的综合性产业之一，与联合国《2030 年可持续发展议程》紧密相关，期待业界竭尽全力，努力使旅游业成为经济、社会、全球的变革力量，成为推动各国可持续、包容、公平以及繁荣发展的核心力量。"中国国务院副总理汪洋阁下亲临大会开幕式并致辞。汪洋副总理强调，中方愿以此次会议为契机，与国际社会一道，扩大相互市场开放，推进互联互通，加强能力建设合作，提高安全保障水平，深化人文交流，推动全球旅游业可持续发展，为促进世界和平与共同发展贡献力量。

本次大会得到全球各大媒体高度关注，CNN，欧洲新闻台，法国国际广播电台，西班牙埃菲社，中国中央电视台、新华社、中国日报、凤凰卫视等130余家媒体积极报道。舆论普遍认为，本次大会聚焦全球可持续发展、“一带一路”旅游合作交流和世界旅游联盟成立，为世界旅游业交流发展经验、应对共同挑战、分享发展机遇，共同规划了全球旅游发展的美好前景。

——这是一次成果丰硕的大会。

一、深度聚焦旅游可持续发展。联合国通过《2030年可持续发展议程》，并将今年定为“国际可持续旅游发展年”。旅游业作为绿色产业、朝阳产业、综合产业，天生具有推动可持续发展的能力。本届大会围绕可持续旅游发展的现状与前景展开讨论，汇聚全球智慧，共同规划设计可持续发展的旅游方案。在讨论中，我们看到各国在各自国情背景下以不同方式推动旅游可持续发展，认识到可持续发展的重要性、必要性与紧迫性，达成了广泛共识。与会代表在中国成都共同种下“旅游可持续发展友谊林”，并为本届大会纪念碑揭幕。

二、成功举办了“一带一路”旅游部长会议。4年前，中国国家主席习近平阁下提出“一带一路”倡议，得到全球100多个国家和国际组织的积极响应，形成广泛国际共识。本届大会设置“一带一路”旅游部长会议环节，各国旅游部长和旅游业界充分认同习近平主席“一带一路”倡议，并围绕这一主题展开讨论，认为“一带一路”可以整合不同行业的力量，帮助一些国家战胜贫困、发展经济、增加就业，促进社会稳定与和谐发展。会上，我们发布了《“一带一路”旅游合作成都倡议》，坚定了各方对“一带一路”沿线国家未来旅游合作发展的信心。

三、世界旅游联盟隆重成立。本次大会期间，与会的1000多名代表共同见证了世界旅游联盟在成都成立。中国国务院总理李克强阁下专门为联盟成立发来贺词，李克强总理强调，“旅游业是当今世界规模最大、发展最快、关联最广的综合性产业。”“实现旅游业的地区均衡和包容发展，既要发挥政府作用推进合作，也要发挥民间力量，用好全球旅游业界的智慧与资源禀赋。”“中国政府愿积极关注和支持联盟建设，创造更广阔的发展空间，也欢迎各国旅游业界广泛参与，为不断完善全球旅游治理体系发挥建设性作用。”由中国发起成立的世界旅游联盟是旅游业第一个全球性、综合性、非政府、非营利世界旅游组织。世界旅游联盟将秉持“旅游让世界更美好”的宗旨，与联合国世界旅游组织相得益彰、双轮驱动，在非政府和政府层面联合推动全球旅游业的交流合作。

会议期间，很多国家旅游部长表示，将积极促进本国旅游企业加入联盟。世界旅游联盟是一个新成立的国际组织，作为联盟筹委会主任，我在此诚恳表示，欢迎各国企业、协会等自愿加入世界旅游联盟。

四、选举产生了下一届联合国世界旅游组织秘书长。在本次大会上，全体成员共同决定下一届秘书长。我们高兴地看到，在大会上，各国代表在坦诚的气氛中自由发表意见，在联合国世界旅游组织现行章程和议事规则框架下，充分行使各自权利，并最终达成了共识，祖拉布先生成功当选下一届秘书长。在此，我提议再一次对他表示祝贺！

——这是一次民主理解包容的大会。

我们高兴地看到，联合国世界旅游组织工作流程公开透明，得到全体会员的共同认可。在各项表决的过程中，会员的表达权、投票权、知情权得到充分尊重，最终结果反映了全体会员的共同意愿。特别是在14日的全体大会上，尽管部分代表对一些问题有不同看法，但通过充分陈述和交流，全体会员最终达成共识，按照本组织传统，以鼓掌表决方式一致通过。许多国家代表表示，全体成员应团结努力，协力推进全球旅游业的发展。我们不分国别、不分地域、不分种族，都是亲如手足的兄弟姐妹。

希望本届大会在所有参会代表心中留下难以忘怀的美好记忆！让我们两年后相见于俄罗斯圣彼得堡！

现在，我宣布，第22届联合国世界旅游组织全体大会闭幕！谢谢！

（资料来源：《中国旅游报》，2017-09-18）

课间思考

你还知道哪些旅游组织？请列举出来。

项目小结

旅游业是以旅游者为对象，有偿为旅游者的旅游活动创造便利条件，并提供所需商品和服务的综合性产业。旅行社业、以饭店为代表的住宿业和交通运输业被称为现代旅游业的三大支柱。旅行社是发展旅游业和接待旅游者的中介组织；旅游饭店是旅游业发展的物质基础；旅游交通是促使旅游者实现空间转移的物质生产部门。旅游景区是旅游业的重要组成部分，是旅游资源的精华。旅游购物品和旅游娱乐业也是旅游业的重要组成部分。

项目练习(满分100分)

一、填空题(共2题，每空5分，合计30分)

1.(　　)、(　　)和(　　)被认为是旅游业的三大支柱。

2. 旅游业的性质主要表现在(　　)、(　　)和(　　)三个方面。

二、单选题(每题有4个选项，有且只有一个选项正确；共2题，每题5分，合计10分)

1. 小包价旅游又称可选择性旅游，由非选择部分和可选择部分组成，其中非选择部分不包括(　　)。

A. 接送　　B. 住房　　C. 早餐　　D. 参观游览

2. 在我国，(　　)旅游交通一直居于主要地位。

A. 航空　　B. 公路　　C. 铁路　　D. 水路

三、多选题(每题有4个选项，有2个至4个选项正确；共2题，每题5分，合计10分)

1. 下列属于旅游购物品特点的有(　　)。

A. 实用性　　B. 艺术性　　C. 纪念性　　D. 礼品性

2. 旅游景区的常规分类为(　　)。

A. 文化古迹类　B. 风景名胜类　C. 红色旅游类　D. 生态旅游类

四、简答题(共 5 题，每题 10 分，合计 50 分)

1. 如何理解旅游业的概念？旅游业有哪些特点？

2. 旅行社的概念是什么？旅行社在旅游业中起什么作用？

3. 旅游娱乐业有哪些作用？

4. 旅游交通主要可以分为哪几类？各自有什么特点？

5. 如何理解旅游购物品的概念？发展旅游购物业有何作用？

参考答案

一、填空题

1. 旅行社业　以饭店为代表的住宿业　交通运输业

2. 经济性　服务性　文化性

二、单选题

1. D　解析：小包价旅游又称可选择性旅游，由非选择部分和可选择部分组成。非选择部分包括接送、住房和早餐，旅游费用由旅游者在旅游前预付。

2. C　解析：铁路旅游交通的优点是运量大、速度快、运价低、时间准、安全性高、受气候条件影响小，因此在我国铁路交通在旅游交通中一直居于主要地位。

三、多选题

1. ABCD　解析：旅游购物品的特点是实用性 、艺术性、纪念性、礼品性、便携性。

2. ABCD　解析：旅游景区的常规分类为：文化古迹类、风景名胜类、自然风光类、红色旅游类、生态旅游类。

四、简答题

1. 答：旅游业的概念：旅游业是以旅游者为对象，为其旅游活动创造便利条件并提供其所需商品和服务的综合性产业。旅游资源、旅游设施和旅游服务是旅游业的三大要素。其中，旅游资源是旅游业发展的前提条件，旅游设施是旅游业发展的重要保证，旅游服务是旅游业旅游产品的本质所在。

旅游业的特点：①综合性。②敏感性。③季节性。受自然因素的制约、节庆活动的影响，客源地节假日时间等也会影响游客出行。④国际性与涉外性。⑤劳动密集型。

2. 答：旅行社的概念：旅行社是指依法设立，以营利为目的，从事招徕、接待旅游者，组织旅游活动，实行独立核算的具有法人资格的企业。

旅行社的作用：它是旅游活动的组织者、旅游产品的销售者、旅游资讯的提供者。

3. 答：旅游娱乐业的作用有：增加旅游活动的趣味性，提高旅游产品的竞争力，增加旅游业的经济收益，改善和提高旅游目的地的旅游形象，丰富当地的文化娱乐生活。

4. 答：旅游交通可以划分为航空、铁路、公路、水路等基本类型。航空旅游交通是各种类型旅游交通中速度最快、距离最远的一种，乘坐时舒适、安全、省时。铁路旅游交通的优点是运量大、速度快、运价低、时间准、安全性高、受气候条件影响小等。公路旅游交通是最普遍的短途运输方式，方便灵活，但运载量小、速度慢、运费高，受气候变化影响大，安全性较差。水路旅游交通具有运载力大、能耗小、成本低、舒适等优点，但水路运输速度较慢。

5. 答：旅游购物品是指旅游者在旅游活动中购买的具有物质形态的商品，包括各种工艺美术品、文物复制品、土特产品、文化艺术品、其他购物品等。

发展旅游购物业的作用：发展旅游购物业能增加旅游业的收入，发展旅游购物业是挖掘旅游业潜力和市场空间的主要选择，发展旅游购物业能提升旅游目的地的形象和声誉。

实训项目

1. 对本地区的旅游业基本情况进行调查

调查目的：了解本地区旅游业各组成部分的发展情况和特点。

调查工具：相机、摄像机、录音笔、统计年鉴等。

调查要求：分组调查。

具体调查内容：所在地旅行社、景区的数量、等级；所在地的交通枢纽名称、位置、运载量；所在地的年客流量等。

调查报告：以小组为单位形成调查报告，阐述本地区旅游业各组成部分的发展情况及特点，2000～3000字。

2. 小组合作编写一份《家乡旅游指南》

编写目的：了解家乡旅游业，学会团队合作，编辑旅游指南。

编写要求：图文并茂，用PPT展示。

项目二　分析旅游活动目标——旅游市场

知识目标

了解旅游市场的概念、构成要素，掌握旅游市场的特点及分类；

熟悉世界旅游市场分布，了解世界旅游市场的特点及发展趋势；

熟悉我国入境、出境及国内旅游市场的概况及发展趋势。

能力目标

能够分析旅游市场的构成要素及旅游消费者的个人因素对其购买行为的影响；

能够对中国的国内、国际旅游市场有一个大致的了解并能够对旅游市场进行分析；

掌握国内旅游客源分布的分析方法。

关键术语

旅游市场　旅游资源　旅游市场细分　旅游产品　客源分布

开篇案例

“95 后”有望担当未来旅游市场主力

文　英

第一财经商业数据中心发布的《2018 国民旅游消费新趋势洞察报告》(本篇文章以下简称《报告》)显示，我国旅游消费需求旺盛，其中出境游增幅高于国内旅游，人均年消费同比增长 8%。“90 后”超越“80 后”成为旅游市场的消费主体，特别是“95 后”人数猛增，有望成为未来旅游市场的主力担当。

“90 后”最易受 IP 影响

旅行不再是奢侈品，而成为生活的一部分。《报告》显示，境内与境外每年出行 3 次及以上的消费者比例显著增长，多为“90 后”，尤其是“95 后”年轻群体。从近一年国民出境游渗透率前 20 目的地来看，我国港澳台、新马泰、日韩等飞行时长在 4

小时左右的地区和周边国家，依旧最受欢迎，不过，美国、澳大利亚和英法等“4小时飞行圈”以外的国家也榜上有名。此外，塞尔维亚、克罗地亚、阿塞拜疆、格鲁吉亚、秘鲁、巴西等小众目的地则成为“90后”，尤其是“95后”偏好的境外目的地。

在锁定旅游目的地方面，“90后”尤其是“95后”更易受社交媒体的影响，ins同款、抖音同款“网红”打卡地常能见到他们的身影，而且“网红”款旅游商品的订单量比去年提升722%。同时，基于个人兴趣的旅游形式日趋流行，以探索美食、艺术、人文为目的的旅行占兴趣旅行的主导，其中“90后”尤其是“95后”比较偏好影视综艺IP游、追星游。

“轻负”旅行流行

《报告》显示，大部分国内游旅行者集中在提前2～7天预订机票，提前一天或当天即定的比例逐年增加；而在境外游旅行者中，提前半个月预订机票的比例约占4成以上，提前预订的天数在逐渐缩短。

相比之下，越年轻的消费者越是拥有随性玩耍的心态，“90后”尤其是“95后”更倾向于到了当地再决定攻略。

面对未能万事俱备的处境，“90后”尤其是“95后”年轻旅行者也有一套“租”出精彩的解决方案。如短租房屋、传统服饰租赁等尤其受到“90后”的欢迎，而且“90后”对专业相机租赁尤感兴趣，有的甚至雇起了跟拍摄影师，以至于旅行拍摄服务势头一度高涨，雇旅行跟拍摄影师的消费者增长达到三位数，旅拍目的地中，泰国普吉岛最为热门。

酷爱“一地多刷”

《报告》显示，去境外“一地多刷”(指多次去同一个目的地)的消费者数量增长显著，达到了近三位数的增速，其中“80后”“90后”，尤其是“95后”的年轻人尤显热衷，我国香港和泰国曼谷则属他们的“多刷”主流之选。

对于如何做个地道的当地人，年轻旅游者也颇有话语权。如既能避开客流，又能探索惊喜的城市周边游，以及参加当地节日、体验当地服装和逛集市等非传统的当地体验项目，均让年轻游客充分解了当地文化。

《报告》还显示，“80后”与父母一同出游的比例更高，其中国内的北京、海南和湘西以及国外的新马泰等是最热门的孝心游目的地，而参观城市景点是其中的热门旅游项目。

（资料来源：《中国消费者报》，2018-10-25）

>> 任务一　分析旅游市场 <<

任务导入

康佳是旅游专业的一名毕业生，毕业之后，他在多家旅行社工作过。他发现，不同旅行社设计的不同旅游线路，有的游客数量很少，有的却异常火爆。康佳觉得非常奇怪，经过一番调研，他发现好多旅行社的旅游产品已经不能满足旅游者的需求了。他陷入沉思：如今的旅游市场有哪些特点？它可以细分为哪些类型呢……

课堂活动

带着康佳的问题，请同学们分组查阅资料，回答如下问题：什么是旅游市场？旅游市场的特点有哪些？如何进行细分？

项目导读

在现代经济飞速发展的过程中，市场与人们生活的联系越来越紧密，离开市场，人们的各种需求就无法得到满足。旅游市场是市场的一部分，是旅游产品实现交换的场所，是连接旅游供给者和旅游消费者之间的桥梁和纽带。

导入案例

第十二届安徽国际文化旅游节在黄山开幕

由安徽省人民政府主办，安徽省文化和旅游厅、黄山市人民政府承办的第十二届安徽国际文化旅游节在黄山开幕。文化和旅游部副部长张旭、安徽省人民政府副省长王翠凤、安徽省政协副主席李修松等出席开幕式。安徽省文化和旅游厅厅长袁华主持。

张旭在致辞中说，近年来，安徽省持续推进管理创新、产品创新、服务创新，在深化文旅融合发展、完善公共服务、扩大人文交流等方面开展了有益探索。此次文化旅游节的举办正是文化和旅游深度融合发展的体现，对进一步扩大安徽文化旅游国际知名度和影响力，促进安徽与世界各地的文化旅游交流合作将产生积极影响。文化和旅游部将继续支持安徽文化和旅游工作，支持安徽扩大对外交流与合作，推动安徽文化和旅游事业高质量发展，更好满足人民对美好生活的新期待。

王翠凤在致辞中说，安徽是美丽中国的浓缩版、文化中国的精粹版、生态中国的体验版。我们举办安徽国际文化旅游节，以文化旅游融合发展为主题，突出国际化、文化性、大旅游的特色，就是要全方位、多角度展示安徽文化旅游发展新成果，全力打造高层次交流合作平台，发出共享机遇、合作共赢的诚挚邀请，使更多的朋友了解安徽的发展，关注安徽的文化旅游，分享安徽难得的发展机遇。热忱欢迎各位领导和文化旅游界的朋友们，走进奇绝秀美的皖山皖水，品味底蕴深厚的皖人皖文，感受风劲扬帆的美好安徽。

旅游推介和文艺演出为中外来宾带来一场文化和视觉盛宴，现场推介了安徽名城、名镇、名村、名园、名馆、名山、名湖(河)、名泉、名址(大遗址公园)、名宿(民宿)“十名”旅游精品，3D光影秀《锦绣安徽》、舞蹈《大美黄山》、五禽戏·杂技《养生之道》、戏曲《徽黄佳音》、民乐《皖北风情》、舞蹈《太白皖韵》、花鼓灯《欢腾之乡》、歌曲《江南江北我的家》依次登台，展示了安徽文旅融合的创新成果。

本届国际文化旅游节集中办节时间约20天，部分活动从9月份就已开始，时间长；文化旅游宣传推广活动内容丰富，包括国际国内旅行商踩线及洽谈、第四届中国非物质文化遗产传统技艺大展、安徽自驾游大会、2019第一届互联网与中国摄影旅游大会暨第十四届中国黄山(黟县)国际乡村摄影大展、第十五届中国黄山国际登山大会、世界旅游组织旅游可持续发展中国观测点年会、旅游景区装备博览会、长三角媒体宣传推介、文化旅游惠民消费九项大活动。

来自23个国家和地区的旅行商代表，出席世界旅游组织旅游可持续发展中国观测点年会的代表，其他省区市文化和旅游部门负责人，安徽省各市人民政府负责人，安徽省直有关单位负责人，国内重点文化和旅游企业、重点旅行商代表，以及近百家新闻媒体代表等参加开幕式。

思考：本次安徽国际文化旅游节对安徽省未来的旅游市场开发有什么作用？

知识链接

1.1　旅游市场的概念

旅游市场是商品经济高度发展的产物，是随着社会经济的发展而发展的，其定义有广义和狭义之分。

广义的旅游市场是指旅游者和旅游经营者之间围绕旅游商品交换产生的各种经济关系和经济活动现象的总和。它既包括旅游供给市场，又包括旅游需求市场；不仅包括旅游产品交换的各种有形市场，而且包括一定范围内旅游产品交换中反映供求之间各种关系总和的无形市场。在旅游经济活动中，旅游市场上存在着相互对立和相互依存的双方，一方是旅游产品的供给者，另一方是旅游产品的需求者，正是这种供需双方的矛盾运动推动着旅游经济活动的发展，其运动过程包含了旅游需求者与供给者之间、旅游需求者之间、旅游供给者之间的各种关系，并且通过市场作用表现出来。

狭义的旅游市场是从市场营销学的角度界定的，主要是指客源市场，即在一定时间、一定地点和条件下，具有旅游产品购买力、购买欲望的消费群体。从这个意义上说，旅游市场就是旅游需求市场或旅游客源市场。本项目中讨论的旅游市场仅指旅游需求市场或旅游客源市场。

1.2　旅游市场的构成要素

从狭义的旅游市场概念出发，旅游市场的构成要素由三个方面组成，即旅游者、旅游购买力、旅游购买欲望，这三个要素缺一不可。

1.2.1　旅游者

旅游产品的消费者是构成旅游市场主体的基本要素，旅游市场的规模大小取决于该市场上人口数量的多少，一个国家或地区总人口多、基数大，则潜在的旅游者就多，需要旅游产品的基数就大。因此，人口的多少在一定程度上能反映旅游产品潜在市场的大小。

1.2.2 旅游购买力

旅游购买力是指人们在可自由支配收入中用于购买旅游产品的能力，由收入水平决定。没有足够的支付能力，旅游者便无法成行，旅游只会是一种主观愿望。因此，一个国家或地区的人均可自由支配收入是产生旅游需求的前提。

1.2.3 旅游购买欲望

旅游购买欲望是旅游者购买旅游产品的主观愿望或需求，是驱使人们外出旅游的内在动力。旅游购买欲望是在时间、金钱等客观条件都具备的情况下，把潜在购买力变成现实购买力的重要条件，没有购买欲望，即使有购买力也不能形成旅游市场。因此，旅游市场大小还取决于旅游购买欲望是否强烈。

以上三个要素是相互制约、缺一不可的，人口因素是前提，没有旅游者就没有市场；人口多而居民收入又高的国家和地区才是真正具有潜力的市场；有了人口和收入，还必须使旅游产品符合旅游者的需求，引起其购买欲望，使潜在旅游市场变成现实旅游市场。

1.3 旅游市场的特点

1.3.1 异地性

旅游市场一般都远离旅游产品的生产地，也就是说，旅游客源地与旅游目的地在空间上是分离的，因而到任何一个景点的主要旅游者都是非当地居民，旅游产品的交换和消费必须通过旅游者向目的地的移动才能实现。旅游市场的异地性特点，要求旅游企业必须了解市场信息，重视旅游客源地的研究，适应市场环境，掌握市场动态，根据市场需求确定相应的营销方式和竞争策略。

1.3.2 季节性

由于旅游闲暇时间的不均衡和旅游目的地国家或地区自然条件、气候条件的差异，旅游市场具有突出的季节性特点，有旺季和淡季之分。从自然条件方面来说，自然旅游资源在一定季节里受自然条件的影响，其吸引力的大小相差很大，有时甚至无法开展旅游活动，这势必会产生旅游市场的季节性。比如，观赏樱花，只有在春季花开时才可以；冰雪节，只有在冬季才适合开展。以我国为例，“十一”国庆假期，在全国游客高涨的热情下，随之而来的问题也迫切需要得到解决：拥堵的交通，景区过饱和，酒店、餐饮、门票、车船票都很紧缺。而到了每年 11 月份，全国各地就相继进入旅游淡季，很多旅游景区变得门庭冷落。

旅游市场和旅游活动这种淡旺季差异，给旅游经营者的经营带来了很多困难。因此，旅游目的地国家或地区以及旅游经营者应当采取多种措施，努力开发淡季旅游市场，调节旅游客流量，使旅游业协调发展。

1.3.3 波动性

旅游业以顾客的需求为主导，由于影响需求的因素多种多样，因而旅游市场具有较强的波动性，任何因素的变化都会引起旅游市场的波动。许多社会因素都可能对旅游需求以及旅游地产生很大的影响，而且这种影响常常是全球关联的作用。战争、政治风波、治安不稳、民族歧视等，都可能导致旅游市场关联性的波动甚至变局：既可能引起旅游流向的变化，也可能引起市场结构的变化，还可能引起消费结构的变化。旅游市场较强的波动性特点要求旅游经营者或生产者，必须能够及时、准确、全面地掌握和预测社会各方面的变化，能根据市场环境的变动，及时、灵活地做出反应，不断增强企业的应变能力。

1.3.4 竞争性

由于旅游业是朝阳产业，各级政府给予的政策支持力度较大，且该行业门槛低，没有很高的技术含量要求，因此，在丰厚利润的吸引下，各方面的投资纷纷涌入旅游行业，导致旅游业市场竞争激烈，具体表现为：

第一，在旅游业发展的宏观环境不断优化的大背景下，国有、民间和外商资本正在迅速涌入旅游业，带动了人才、智力、理念、模式、方法、科学技术等方面的全面提升和竞争。

第二，从自然资源、人文资源到社会资源，只要是可能吸引游客的资源，都在被经营者争夺。

第三，旅游市场的竞争从主体到内容、方式在不断变化。随着旅游市场竞争越来越激烈，旅游经营者要充分认识自身特点，分析旅游环境，选择自己的目标市场，丰富和拓展旅游业态种类和内容，确立经营战略和策略，才能在竞争中立于不败之地。

1.4 旅游市场的功能

1.4.1 旅游产品的交换功能

旅游市场是联结旅游产品生产者和旅游需求者的纽带。旅游产品生产者通过市场为自己的产品找到买者，旅游需求者通过市场选择并购买自己感兴趣的产品。因此，旅游把旅游供给和旅游需求衔接起来，解决了供求之间的矛盾，从而更好地满足旅游者的需求，更充分地发挥旅游企业的接待能力，使之提供优质的旅游产品，促进旅游经济的健康发展。

1.4.2 旅游资源的配置功能

资源配置是指在社会经济活动中，将人力、物力和财力等资源进行有效分配，以充分利用资源生产出更多、更好的产品。只有适合旅游者需求的产品，他们才愿意购买，旅游市场可以检验旅游企业及其产品质量的优劣，从而实现旅游资源合理配置，提供旅游者易于接受、乐于消费的旅游产品。利用旅游市场的资源配置功能，可以促进旅游业的食、住、行、游、购、娱按比例发展，实现社会资源的优化配置。

1.4.3 旅游信息的反馈功能

旅游者的经济活动通过市场动态表现出来，旅游市场通过自身传递的信息为旅游目的地国家或地区制定发展规划或经济决策提供依据，因此，旅游市场综合反映了旅游经济的发展状况。

1.4.4 旅游质量检验的评价功能

旅游市场可以检验旅游企业及其产品的质量，推动旅游企业改善经营管理，提高服务质量。旅游企业的产品能被市场接受，说明这家企业的经营是成功的。如果产品不被市场接受，那企业需要根据旅游市场的需求及时调整旅游产品，不断提高自身的经营管理水平和服务质量，提供旅游者易于接受、乐于消费的旅游产品。

知识链接

万亿体育旅游市场渐启　热潮背后暗藏隐忧和挑战

世界杯战况正走向白热化，中国球迷的参与热情高涨。数据显示，截至 2018 年 6 月 7 日，世界杯中国球迷购票量已超过 4 万张，掀起一波体育旅游消费高潮。而在国内，北京冬奥组委近日召开冬奥经济发展战略研讨会，专家建议，根据 2022 年冬奥会主赛区布局及其辐射区域，打造京张冬奥文化体育旅游产业带。

从一项赛事到一个产业带的打造，中国体育旅游市场正迎来向上的发展趋势，其背后是巨型赛事、政策，以及整个消费升级大背景等的助推。世界旅游组织预计，2020 年全球体育旅游市场规模有望突破 4000 亿美元。而早在 2016 年年末，原国家旅游局、国家体育总局共同印发《关于大力发展体育旅游的指导意见》，意见提出，到 2020 年，体育旅游总消费规模突破一万亿元。

体育旅游"玩山玩水"时代到来

体育名人进入体育旅游赛道，或可看作体育旅游发展的缩影之一，邓亚萍是其中代表之一。2016 年 10 月，邓亚萍团队与中原投资公司共同发起，在河南省设立了邓亚萍体育产业投资基金，这是国内第一个由著名运动员命名的体育产业基金，计划募集总规模为 50 亿元，首期规模 5 亿元，将按市场化方式募集并运作。

有数据显示，早在2016年，国内已成立超过20只体育文化产业投资基金，规模累计超过400亿元。邓亚萍认为，体育旅游市场空间巨大，大家对消费升级和有品质生活的追求会越来越跟主题化、运动休闲类的旅游方式结合在一起。从体育层面看，旅游就是“看山看水”的时代已过，“玩山玩水”的时代已来，体验生活方式的升级是必选。

邓亚萍体育产业投资基金的一个业务布局是围绕景区，把景区作为载体，加入体育运动项目，比如攀岩、滑雪、山地自行车、山地马拉松、热气球和滑翔伞，在一个区域里形成立体的玩乐项目系统。

在满足参与性、体验性的旅游消费需求方面，这些体育旅游项目有着契合性。高尔夫、马术、登山、潜水等体育旅游项目也是如此。区别于传统的观光游，体育旅游在参与群体广泛性、消费需求多元化及客户黏性等方面，具备更突出的特征。以马拉松赛事为例。《2017中国马拉松大数据分析报告》显示，2017年，中国各类规模马拉松赛事场次达1102场，是2016年328场的3倍多、2011年22场的50多倍。其不仅带热相关体育产业上下游，而且成为旅游流量的入口。

体育小镇可视为体育旅游产业中更高或更综合形态。2017年5月，体育总局发布《关于推动运动休闲特色小镇建设工作的通知》，通知指出，到2020年，在全国扶持建设一批体育特征鲜明、文化气息浓厚、产业集聚融合、生态环境良好、惠及人民健康的运动休闲特色小镇。此前已在全国选定了96个体育小镇示范性试点。

在政策与市场双推动下，地产商、投资公司、体育产业公司等成为体育小镇的建设运营主体。据不完全统计，截至目前，包括中国恒大集团、万达集团、绿地集团、万科企业股份有限公司、雅居乐集团等在内的20余家房企已经在体育产业上有所布局。

数据显示，仅2016年，国内已有100多个体育小镇进入建设阶段；2017年建设升温。自行车、马拉松、钓鱼、登山、冰雪等户外项目成为体育小镇的主要植入内容或业态。

政策助推的得失

新兴产业背后，离不开诸多政策的支持。据记者不完全统计，仅2016年5月至11月，国务院、国家发改委、国家体育总局等相关部门就出台了9个大小不一的体育旅游政策文件，包括《体育发展“十三五”规划》《“健康中国2030”规划纲要》等。其主要内容包括但不限于提出打造一批体育旅游重大项目；促进产业融合，支持和引导有条件的旅游景区拓展体育旅游项目；培育多元主体，引导社会力量参与健身休闲设施建设运营；制定实施冰雪运动、山地户外运动、水上运动、航空运动等专项运动产业发展规划等。

原国家旅游局规划专家王兴斌认为，有些单个部门出台的政策，有效性不一定很好。比如近期体育总局办公厅发布的关于加快推动汽车自驾运动营地产业发展的文件，在他看来，体育总局促进汽车自驾运动营地的主动精神不错，但这一营地涉及规划、土地和交通等，在推动落地时还需要与此相关的其他部门一起来推动，不然单靠一个部门的政策文件较难解决，“综合性的事情，要综合来抓。”

与此对应，在此之前的《汽车自驾运动营地发展规划》即由体育总局、国家发改委、工信部、财政部、国土资源部、住建部、交通运输部和原国家旅游局联合印发。

王兴斌认为，出台的政策会有效果，但效果多大还很难看出来。政策文件过于密集出台，在具体落地实施时，地方政府层面可能会出现难以全部贯彻的问题。因为一个新政策还没完全落地，另一个新政策可能又来了。他表示，其中关键还是在于地方政府是否真正把满足群众体育运动的诉求，作为政府工作的一个重要部分来做。

热潮背后的隐忧

邓亚萍分享了一组数据，即现在全球旅游产业年增速为4%～5%，全球体育旅游年增速为14%～15%，中国体育旅游年增速为30%～40%。同时发达国家体育旅游占旅游业的25%，而中国只有5%，发展空间巨大，这也说明我国体育旅游还处于初级发展阶段。

相关的一个现象是，热钱在不断涌入体育旅游产业，但投资者可投优质项目或资源目的仍相对缺乏。邓亚萍表示，大多数景区需要融入优质的体育项目，但其体育产业投资基金还没能找到一个很好的可以与景区放在一起的项目。她同时表示，具备体育＋旅游跨界运营层面的团队还缺乏，需引入国外的团队进入中国，其在中国本土化的适应落地，需要非常强的本土团队进行合作，但处于断层状态。

体育小镇也处于初级阶段，其间暴露出的问题具有代表性。诸多地产商在体育小镇建设中，扮演着投资开发建设主体的角色，但在体育旅游产品的打造、小镇运营等方面，整体能力还有所欠缺。对他们来说，特色小镇的开发运营是一个迥异于曾有业务的“新战场”。

跑哪儿科技联合创始人田同生认为，并不是所有的体育项目都能跟旅游进行结合，真正能将体育小镇运营成功的少之又少。正如江苏省体育产业研究院副院长、清华大学校友房地产协会副会长刘力最近撰文指出的，按照小镇的基础特质、顶层设计与规划、投资实施、运营管理四方面来评估，目前体育小镇建设，从结构设计到产业引擎都先天不足，包括缺乏顶层设计，没有产业链概念，缺少体育产业观和龙头项目等。

对此，王兴斌表示，体育小镇不能人为造出来，也不可能是规划出来的。体育小镇建设最好还是慎重、稳妥一点，需要考虑历史基础、社会基础、产业和技术基础，是否具备一定的客源市场。

（资料来源：《经济参考报》，2018-07-06）

>>任务二　认识世界旅游市场<<

任务导入

假设你是某旅行社市场部的经理。你要时刻关注国际旅游市场的变化，请思考：世界旅游市场的特点有哪些？发展趋势是什么？

课堂活动

请同学们分组查阅资料，回答如下问题：世界旅游市场分为哪几大区域？世界旅游市场的特点有哪些？并讨论世界旅游市场的发展趋势。

项目导读

旅游业的发展必须以资源为依托。旅游企业受资源条件的限制，往往不可能满足所有旅游市场的需求。因此只有在充分了解消费者市场的基础上，根据一定的细分变量对市场进行细分，才能有效地进行产品开发。业内往往按照地理细分变量，对世界市场进行划分。

2.1　世界旅游市场的分布

世界旅游组织将世界旅游市场划分为欧洲、美洲、东亚和太平洋、非洲、中东、南亚6个地区。从旅游业发展总体格局可以看出，欧洲板块正日趋成熟，无论是在旧的还是在新的全球旅游分工体系中，都发挥着中枢性作用。随着亚太市场的持续增长，世界旅游发展格局正进入大变局时代。资料显示，从全球旅游人数区域分布来看，亚太地区是全球旅游的新星，2018年接待旅游人次达到80.34亿人次，占全球旅游人数总数的66.4%；其次为美洲地区，2018年接待旅游人次达到18.997亿人次，占全球旅游人数总数的15.7%；排在第三位的是欧洲地区，2018年接待旅游人次达到18.27亿人次，占全球旅游人数总数的15.1%；中东地区和非洲地区则接待旅游人数相对较少。

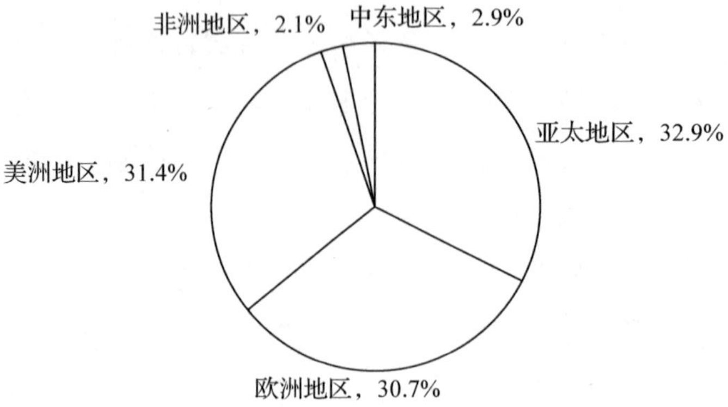

图2-1　2018年全球旅游总收入地区结构

2.1.1　欧洲市场

欧洲一直是国际旅游业最发达的地区。第二次世界大战结束以后，欧洲成为全球国际旅游的重点接待地区，同时也是最重要的国际旅游客源地。无论是国际旅游接待人次还是国际旅游收入，欧洲市场一直遥遥领先，并在很长时间内稳步增长。长期以来，欧洲地区的国际游客接待量占全球总量的一半以上。由于其旅游业已发展到比较高的水平，旅游市场的增长速度开始趋缓，但最近几年，互联网渠道助力欧洲旅游市场发展，欧洲超过美国成为全球在线旅游市场的霸主。资料显示，2018年欧洲依然是最受欢迎的国际旅游目的地，共接待了7.13亿入境游客，同比增长6%。

2.1.2　美洲市场

美洲也是世界上最主要的国际旅游市场，是国际旅游业最发达的地区和全球国际旅游市场的重要客源地与目的地。一直以来，欧美两大地区互为客源地和目的地，是世界旅游流量最大的区域。但是，到了21世纪，美洲市场的增长速度不如亚太地区，2002年美洲的国际游客数量为1.15亿人次，比亚太地区少了1600万人次，退居世界旅游市场第三位。其后的几年，其增速也一直不如亚太旅游市场。2018年，前往亚太地区的游客近4.55亿人次，前往美洲地区的游客则近2.17亿人次。

2.1.3　亚洲和太平洋市场

亚洲和太平洋市场简称亚太市场，具体包括东亚太市场和南亚市场，其中东亚太市场又包括澳大利亚和东南亚在内，具体包括中国、日本、新加坡、韩国、印度、泰国、澳大利亚、新西兰等国家和地区。在20世纪，亚太地区是世界上排名第三的国际旅游接待地区，同时也是世界上第三大国际旅游客源市场。随着经济的持续快速增长，亚太地区成为增长最快和潜力巨大的客源市场之一，特别是在90年代之后，亚太地区的国际旅游业经历了一个高速发展时期。在1990—2000年，亚太地区游客接待的年均增长率是6.7%，而同期全球旅游业的年均增长率为3.9%，亚太地区增速是全球增速的近2倍；亚太地区旅游收入的年均增长率为7.1%，也远远超过全球旅游业5.5%的年均增长率。进入21世纪后，亚太地区旅游业发展势头强劲。作为世界上最有活力的发展地区，特别是在我国旅游业强劲发展带动下，目前亚太地区已形成世界上最大的旅游市场、最大的航空市场、最大的国际目的地市场，也成为全球发展最快、最受关注、最有潜力的旅游客源地市场。

2.1.4　非洲市场

非洲地区国际游客数量基数很小，在全球国际游客数量中所占比重较少。近年来，其国际旅游接待量增长较快。2002—2012年，其国际游客数量的年均增长率达6.2%。到2018年，非洲地区国际游客数量已经达到6700万人次，同比增长7%。另外，非洲的国际旅游客源产生的量也不大，其规模还有待开发。

2.1.5 中东市场

中东地区很多产油国十分富裕，作为产生国际客源的旅游市场一直为世界所重视。但由于人口基数小，加之战争、政治动荡等，该地区的旅游业长期以来发展比较缓慢，中东地区在全球旅游市场中所占份额较少，其国际旅游业没有得到充分发展。近几年来，中东地区的中产阶层群体增长很快，他们迈出了出国旅游的步伐。更重要的是，中东地区的旅游基建投资巨大。如迪拜，不仅拥有参天高楼和阿联酋航空，还将自身定位为全球航空的重要战略枢纽。随着飞机航班、标志性景点的增加，以及新的酒店雨后春笋般冒出来，这里正在成为吸引世界各地休闲旅游和商务旅游群体的一个重要目的地。

根据以上分析可知，世界旅游市场格局不是一成不变的。20世纪50年代以来，欧洲地区和美洲地区一直是世界上最重要的国际旅游市场，这两个区域之间的客流也是国际远程旅游中最大的客流。随着亚太地区经济的发展和国际旅游业的崛起，该地区不仅吸引着越来越多的国际游客，而且向外输送国际游客的能力也在不断增强，这种趋势自20世纪80年代中期以来表现得更加明显。资料显示，截至2018年年底，在全球旅游格局中，欧洲份额缩小，美洲保持稳定，亚太地区持续扩大；从各大板块旅游总人次和旅游总收入在全球所占份额来看：欧洲板块比例持续下降；美洲板块旅游人次份额有所下降，旅游收入所占份额略有上升；亚太板块份额继续显著上升。

2.2 世界旅游市场的客流规律

世界旅游者的流向与流量具有一定的特征，具体如下。

2.2.1 世界旅游主流在发达国家之间移动

世界旅游主流在发达国家之间移动的特征非常明显，这体现在两个方面：其一，发达国家集中的两大旅游区——欧洲旅游区和美洲旅游区一直是世界旅游的中心，虽然近几十年来亚太旅游区、非洲旅游区和中东旅游区在世界旅游业中的地位不断上升，但世界旅游客流的主流在发达国家之间移动的格局没有改变；其二，输出世界旅游客源最主要国家均为发达国家，同时，这些国家旅游接待占世界旅游市场的份额也比较稳定。

2.2.2 世界旅游客流以近距离前往邻近国家为主

不论是国际旅游流向还是国内旅游流向，都呈现出以近距离为主的特点，人们出游大都是按照先近后远的原则。近程游客在全部游客中总是居多数，全球近距离旅游人数占世界旅游总人数的80%。以欧洲为例，出境旅游多为洲内旅游，远途旅行仅占其出境旅游总量的4%。亚洲出境旅游也以洲内移动为主。一个普遍的特征是：一个旅游目的地国家的邻国往往是他最大的客源国。例如，加拿大、墨西哥最大的客源国是美国，与此相对应的是，加拿大出境旅游去美国者占80%，法国人最推崇的旅游目的地依次是西班牙、英国、意大利，意大利人最喜欢去的旅游目的地依次是法国、西班牙、奥地利。而在亚洲，日本、韩国互为最大的客源国。

2.2.3　世界游客多流向风景名胜地区和政治经济文化中心

风景名胜区是旅游资源的重要组成部分，也是旅游经营者重点销售的旅游产品。政治经济文化中心是一国或地区的象征，汇集了该国或地区经济发展、城市建筑和现代文化等各方面的精华，又是交通枢纽，所以成为该国或地区的游客集散地。旅游者出国旅行，就是想通过旅行游览等活动，达到愉悦身心，增长见识，欣赏到本国、本地区所没有的自然和人文景观，开阔视野，丰富阅历的目的。风景名胜区和政治经济文化中心，能使旅游者在心理上和精神上都得到极大的满足，所以这些地区往往成为出国游客的首选之地。

2.2.4　世界旅游客流向亚太地区移动

随着亚太地区经济的发展，亚太地区旅游业的发展异常迅速。从旅游接待人次来看，尽管区内各部分呈现一定的非均衡性，但总体增长势头十分强劲，世界旅游的重心开始向亚太地区移动，世界旅游业正在逐步形成欧、美、亚地区三足鼎立的分布格局。

2.2.5　国际游客大量地在具有某种特殊关系的国家或地区之间流动

在世界旅游市场上，游客大多流向与本国或本地区有某种特殊联系的国家或地区。第一，民族亲缘关系是影响游客流动的一个很重要的因素。比如，东南亚国家有大批的早期中国移民，出于寻根问祖的需要，这些华侨出国旅行的首选之地通常是中国。美国是一个典型的移民国家，现代的美国人很多都是欧洲人的后裔，出于剪不断的亲缘联系，多年以来，英国和德国一直都位居美国客源国的前五位。第二，语言文化背景的相似性也是影响游客流动的一个关键因素。以澳大利亚为例，其游客出境旅游，首选目的地是新西兰，其次是美国和英国。美国和英国与澳洲相距甚远，可见语言文化对游客的吸引力非同一般。第三，政治、经济等方面的联系也是导致游客在这些国家或地区之间流动的直接因素。

2.3　世界旅游市场的发展趋势

2.3.1　新兴经济体客源地功能崛起

随着经济的持续高速增长，新兴经济体消费水平提升显著，特别是中等收入群体迅速扩大，产生了巨大的出境旅游需求。这以金砖五国的发展最具代表性。除南非外中国、巴西、印度、俄罗斯四国出境人次与消费支出近年来大幅度增长。这充分说明，以金砖四国为代表的新兴经济体客源地正在崛起。可以预计，新兴经济体未来将成为世界主要的出境客源国，也将成为世界旅游经济平稳运行的重要动力。

知识链接

世界旅游城市联合会(World Tourism Cities Federation，WTCF)将排名前20位的国家和地区称为T20。2012年以来，美国、中国、德国、日本、英国一直占据旅游总收入前五的位置。前三稳定不变，第四、第五交替轮换。T20国家可划分为三大类：入境旅游驱动型国家(泰国)、国际国内双驱动型国家(国内旅游和入境旅游双轮驱动，如瑞士、西班牙、奥地利、土耳其等)和国内旅游驱动型国家(如中国、印度、墨西哥、巴西、德国等，以人口大国尤为突出)。日本、美国等国家属于从国内驱动向双驱动转变的国家。2018年，T20国家接待旅游人数和旅游总收入占比分别达到了88%和78%。

2.3.2 市场需求更趋区域化和多元化

尽管国际金融危机对世界旅游发展的影响没有消除，但是刚性的旅游需求仍在不断释放，将以短距离旅游代替中长距离旅游的形式出现，更多的区域内部流动将取代区际流动。到2030年，区域内部游客将成为入境旅游的主要客源，区域内部和区际游客的数量将分别达到14亿和4亿人次，分别占总量的78%和22%。在亚太等出境游客快速增长的区域，区域内游客数量的份额将由2010年的78%上升到2030年的80%。

旅游市场需求将更趋多元化。据世界旅游组织预测，以休闲、娱乐和家庭为目的的出行游客数量将保持3.3%的年均增长速度，以探亲、就医、宗教等为目的的年均增长3.5%，以商务和工作为目的的年均增长3.1%。到2030年，以休闲、娱乐和度假为目的出行的游客数量将占国际入境游客总数的54%，以探亲、求医、宗教为目的的将为31%，因商务和工作原因出行的将为15%。

2.3.3 在线旅游市场快速增长

近年来，移动互联网发展方兴未艾。移动互联网确保用户随时随地使用在线旅游服务，极大拓展了在线旅游市场空间，成为在线旅游市场发展的强刺激因素。之前，在线旅游市场主要集中在“旅行前＋旅行后”这两个阶段，智能机的普及和移动互联网的发展，促进了旅游者“旅行中”的在线旅游消费，从而形成“旅行前＋旅行中＋旅行后”的完整的在线旅游市场覆盖。在“旅行中”，旅游者通过智能机和移动互联网，可以随时随地查找旅游资讯，选择旅游产品或服务。在线旅游市场对“旅行中”阶段的渗透将激发全新的市场机会。在线旅游市场通过与线下旅游产品进行信息化整合，加速行业信息化进程，形成线上线下一体化的O2O旅游市场。

美国联合市场研究机构的一份研究报告指出，随着越来越多市场开始提供在线服务，现有市场的渗透率越来越高，这些因素将推动全球在线旅游市场的规模不断扩大。据预测，全球在线旅游领域的市场规模到 2022 年将达到 1.091 万亿美元。从在线旅游品牌的实力和目标来说，中国或许会成为整个市场关注的焦点。资料显示，2018 年我国在线旅游交易规模为 9754.25 亿元，同比增长 9.3%。综合来看，我国在线旅游行业已进入中速增长发展阶段。预计未来在线旅游占整体旅游产业的交易规模比重将进一步扩大，散客将成为旅游市场主力。

【小思考】

随着互联网技术的日益成熟，在消费需求以及国内政策的支持下，在线旅游出现井喷式的发展。截至 2018 年年底，我国在线旅游(OTA)交易额为 9754.25 亿元，同比增长 9.3%。由此可见，在线旅游已逐渐成为旅游行业发展的亮点，蕴含着巨大的发展潜力。传统旅游企业应该如何应对呢？

分析：传统的旅行社市场受到日益兴起的在线旅游网站的冲击，这是市场自然进化的过程，传统旅行社要探寻线上线下融合模式，在线旅游网站也要持续创新。如中青旅发布“遨游网＋”战略计划，提出新的旅游行业 O2O 发展思路，就是利用互联网技术和传统旅行社专业服务能力的整合，把中青旅以及全国多家传统旅行社、全球范围内数千种的地接服务、亿万旅游消费者动员起来，以此挖掘潜在性的消费需求。事实上，无论是在线旅游企业还是传统旅游企业，构建线上线下相结合的业务模式，才是信息时代的经营之道。

2.3.4　老年旅游市场前景看好

国际上通常把 60 岁以上的人口占总人口比例达到 10%，或 65 岁以上人口占总人口比例达到 7%作为国家或地区进入老龄化社会的标准。人口老龄化是一个世界性课题，中国人口老龄化来势更加凶猛。2019 年 1 月 21 日，国家统计局发布新的人口数据。我国新的老年人口数据为：2018 年年末，60 周岁及以上人口为 24949 万人，占总人口的 17.9%，2018 年相比 2017 年增长了 859 万人，增长了 0.6%，其中 65 周岁及以上人口为 16658 万人，占总人口的 11.9%。西方主要客源国也大都进入老年型国家，其中英国、德国、瑞士等国老年人比例已超过总人口的 14%。现代社会，老年人是一个有钱、有闲、健康活跃的阶层，在退休后开始人生的新阶段，他们对异国的古老传统文化比年轻人更感兴趣，对旅游休闲度假更加偏爱，老年旅游市场越来越被各旅游接待国所重视，将会成为一个很重要的市场。

知识链接

拓展国际老年人旅游市场　30 余名“老外”到泰安考察踩线

“会当凌绝顶，一览众山小。”29 日上午，来自世界 10 个国家的 30 余名“老年嘉宾”走进泰安，对我市老年游学、养生、休闲、文化旅游产品进行实地考察。据悉，此次来泰安考察的 30 余位“老年嘉宾”由来自欧洲老年学生联合会、国际老年人协会联合会、格罗宁根老年大学等世界老年旅游大会部分国际嘉宾，国内老年大学校长，国内重点客源地旅行商组成。当日，考察团对泰山景区进行了重点考察。在听取了导游的讲解后，嘉宾纷纷为泰山的雄伟壮丽及厚重的历史文化竖起大拇指。来自泰国昆建大学的教授博尔那龙说，他是第一次来泰安，感觉泰安城市环境非常好，泰山将自然景观和历史文化完美地融合在一起。“昨天下午抵达泰安后，通过绘画的形式记录了泰山和所住酒店附近的街景，回国后会为美丽的泰安做推广，希望更多的人来到泰安登泰山，欣赏它独一无二的魅力。”博尔那龙表示。

近年来，老年人旅游需求日益旺盛，已成为目前旅游市场中最具潜力的目标人群之一。5 月 24 日，以“老年游学点亮世界”为主题的第二届世界老年旅游大会在烟台开幕，来自六大洲 46 个国家和地区的 1200 余名代表参会，大会以旅游行业为起点，为老年产业的聚集和爆发提供强有力的平台支撑。

借助此次考察团来泰安踩线，泰安市与欧洲老年学生联合会、国际老年人协会联合会等多个国际机构以及来自俄罗斯、法国、意大利、奥地利、荷兰、西班牙等国家的代表进行了交流沟通，探索合作，进一步扩大泰安市在国际老年市场中的份额。

>> 任务三　认识中国旅游市场 <<

任务导入

据文化和旅游部统计，2018 年国内旅游市场基本情况为：全年，国内旅游人数 55.39 亿人次，比上年同期增长 10.8%；入出境旅游总人数 2.91 亿人次，同比增长 7.8%。其中，中国公民出境旅游人数 14972 万人次，比上年同期增长 14.7%。

2018 年入境外国游客人数 4795 万人次(含相邻国家边民旅华人次)，亚洲占 76.3%，美洲占 7.9%，欧洲占 12.5%，大洋洲占 1.9%，非洲占 1.4%。其中按年龄分，14 岁以下人数占 3.4%，15—24 岁占 13.7%，25—44 岁占 49.9%，45—64 岁占 28.4%，65 岁及以上占 4.6%；按性别分，男占 59.6%，女占 40.4%；按目的分，会议商务占 12.8%，观光休闲占 33.5%，探亲访友占 2.8%，服务员工占 15.5%，其他占 35.4%。

文化和旅游部指出，按入境旅游人数排序，我国主要客源市场前 17 位国家如下：缅甸、越南、韩国、日本、美国、俄罗斯、蒙古、马来西亚、菲律宾、新加坡、印度、加拿大、泰国、澳大利亚、印度尼西亚、德国、英国(其中缅甸、越南、俄罗斯、蒙古、印度含边民旅华人数)。

课堂活动

分析我国三大旅游市场的特点是什么，并讨论我国国内旅游市场的发展趋势，以及旅行社应该如何应对这些新的挑战。

项目导读

在国内旅游市场迅猛增长的同时，我国成为世界重要客源输出国，保持世界主要旅游国的地位并有望成为世界最大的旅游市场。我国旅游市场主要分为三部分：入境旅游市场、国内旅游市场、出境旅游市场。

知识链接

2019年上半年中国旅游人数、旅游收入及假日旅游消费现状

一、2019年上半年旅游市场概况

2019年上半年，我国旅游经济平稳运行，国内旅游人数达30.8亿人次，旅游收入为2.78万亿元，分别同比增长8.8%和13.5%。

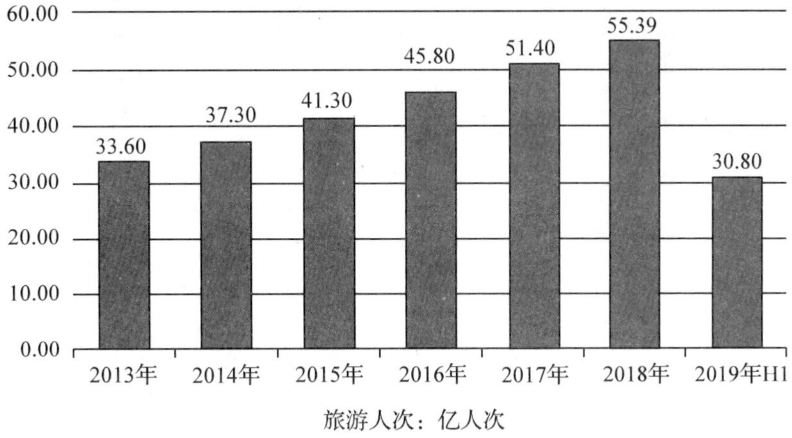

图2-2　2013年至2019年上半年我国旅游人数统计

（资料来源：文化和旅游部，华经产业研究院整理）

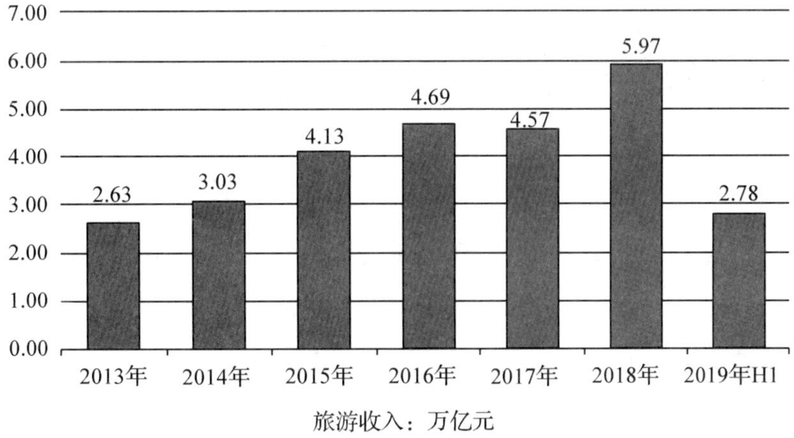

图2-3　2013年至2019年上半年我国旅游收入统计

（资料来源：文化和旅游部，华经产业研究院整理）

二、2019 年假日旅游消费现状

假日旅游消费成为新民俗，春节、清明、“五一”、端午期间，国内旅游总人数分别同比增长 7.6%、10.9%、13.7%、7.7%，实现旅游收入分别同比增长 8.2%、13.7%、16.1%、8.6%。

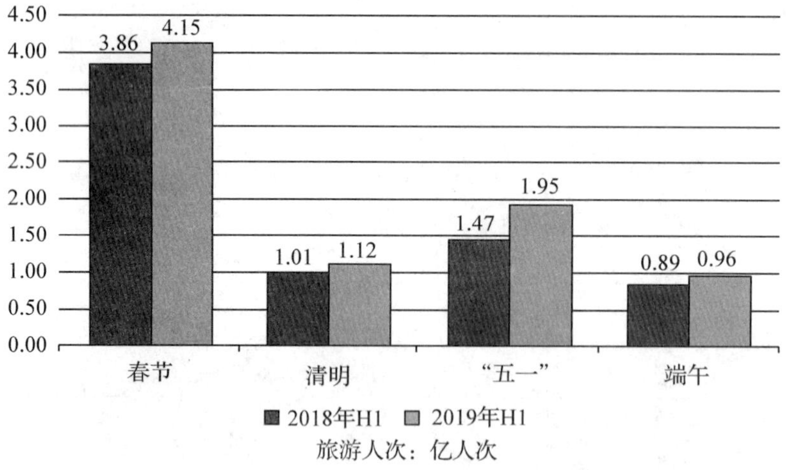

图 2-4　2018 年上半年和 2019 年上半年主要假日旅游人数统计

（资料来源：文化和旅游部，华经产业研究院整理）

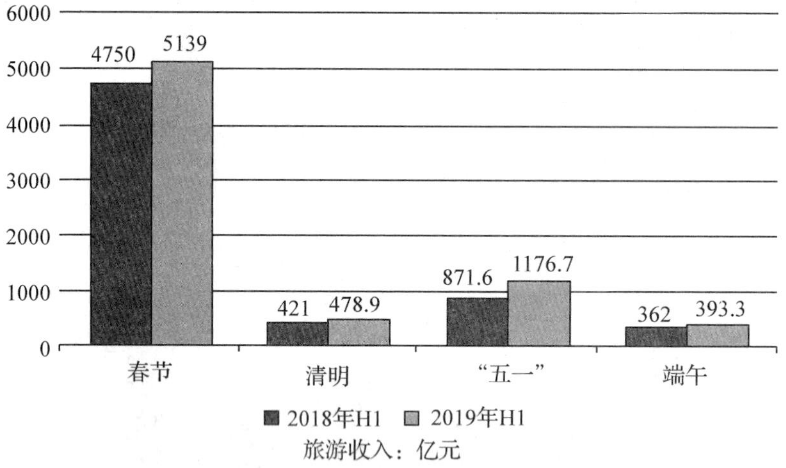

图 2-5　2018 年上半年和 2019 年上半年主要假日旅游收入统计

（资料来源：文化和旅游部，华经产业研究院整理）

三、出入境游市场现状

统计显示，2019 年上半年我国出境旅游稳步增长，入境旅游市场上升趋势进一步稳固。入境旅游人数约 7269 万人次，国际旅游收入 649 亿美元，均同比增长 5%；出境旅游人数约 8129 万人次，同比增长 14%。

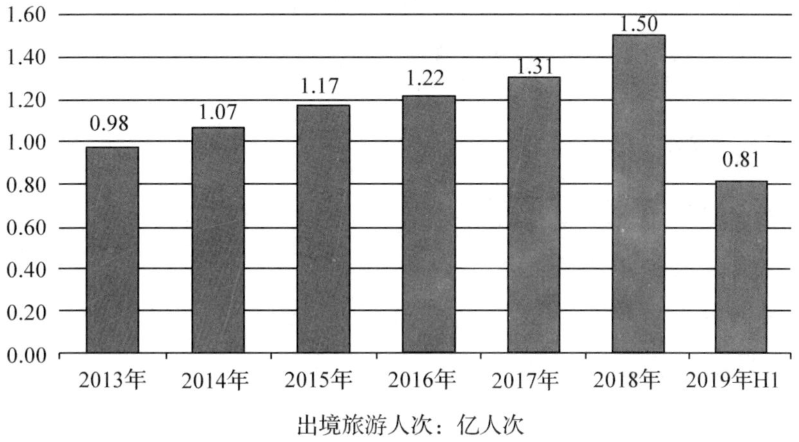

图 2-6　2013 年至 2019 年上半年我国出境旅游人数

（资料来源：文化和旅游部，华经产业研究院整理）

知识链接

中国旅游市场主要由三个部分组成，一是入境旅游市场，二是出境旅游市场，三是国内旅游市场。

3.1　入境旅游市场

我国入境旅游者主要包括外国人(包括外籍华人)、海外华侨、港澳台同胞。资料显示，我国入境旅游客源市场结构多年来一直趋于稳定，我国港澳台地区以及韩国、日本、美国、俄罗斯、马来西亚、蒙古、菲律宾、新加坡等国家或地区是主要的客源。其中，我国港澳台市场占绝对地位，是目前我国入境旅游最大的、最稳定的传统市场，不仅直接提供入境客源，还是其他国际客源的中转站。

《2019 中国入境旅游发展报告》显示亚洲地区是我国最主要入境客源市场，占比 60%；其次是欧洲和北美，占比分别为 20%和 10%左右。缅甸、越南、韩国、日本为前四大来华客源国。这符合国际旅游客流规律，近距离旅游比重大。第一，这些地区与我国的人文背景相似，在生活习俗、民族习惯和文化传统方面，亚洲的国家和地区与我国比较接近，语言容易沟通，而且在食、住、行、游、购、娱等方面可能遇到的障碍会比较少。第二，这些地区的入境旅游者所花时间短、费用少。第三，交通便捷、手续简单。随着国家、地区间交流和协作的加强，我国同这些国家之间制定了很多有利的旅游政策，如国家之间互免签证、简化出入境手续，使旅游者消费更加方便。

来华签证政策不断放宽，截至 2019 年 11 月，我国对 17 个国家的持普通护照的公民实施免签入境，海南省的入境旅游免签政策进一步放宽，邮轮团体游客实行 15 天入境免签政策，未来邮轮免签政策试点有望进一步扩展。

尽管我国的入境游市场保持稳中有进的发展态势，但是现在世界主要客源国家的消费能力并不稳定，其他国际旅游目的地国家也纷纷加大了对客源的争夺。在这样的背景下，我国旅游主管部门和旅游业界，加强了忧患意识，主动作为，努力使我国成为世界第一大入境旅游目的地国。

3.2 出境旅游市场

宏观数据显示，中国出境旅游人数、境外旅游消费已连续多年居世界第一。中国成为拉动全球旅游经济增长的重要力量。

文化和旅游部数据中心发布的 2018 年上半年旅游经济主要数据报告显示，中国公民出境游人数不断增加，2018 年上半年出境游人次达到 7131 万人次，比去年同期的 6203 万人次增长 15%。

文化和旅游部官网 2019 年 2 月 12 日发布 2018 年国内旅游市场基本情况：2018 年中国公民出境旅游人数达到 14972 万人次，比上年同期增长 14.7%。

3.2.1 出境旅游市场的组成

1997 年国家旅游局、公安部发布《中国公民自费出国旅游管理暂行办法》，该办法的发布标志着我国出境旅游市场的形成。经过多年发展，我国已跻身全球出境旅游消费前十名，是全球增长最快的新兴客源输出国。目前，我国出境旅游市场分为以下三个市场：出国旅游市场、边境旅游市场、我国港澳台旅游市场。

1. 出国旅游市场

出国旅游市场是指我国公民作为其他国家的客源市场。它分为两部分，一部分是指中国公民自己支付费用，由经国家旅游行政主管部门批准特许经营中国公民自费出国旅游业务的旅行社组织的，以旅游团的形式，前往经国家批准的中国公民自费出国旅游目的地国家或地区的旅游活动。另一部分是经由其他有关部门或机构办理出国手续的旅游，包括因公和因私两种。公费出境人数占总出境人数的比例逐年降低，自费旅游人数占了绝对优势，目前，我国公民自费出国的旅游目的地已达 150 多个国家和地区。

2. 我国港澳台旅游市场

我国港澳台旅游市场是指我国内地(大陆)居民将我国香港、澳门、台湾地区作为旅游市场。我国港澳旅游市场始于 1983 年 11 月，广东省组织其省内居民“赴港探亲旅游”。近几年，随着个人游的放宽，我国港澳游已在内地开展得轰轰烈烈。如今，内地旅客的访港澳人数已经远远超过我国台湾和日本的游客，内地成为其最大的客源市场。

3. 边境旅游市场

边境旅游市场是指我国公民作为毗邻国家特定区域的市场。边境旅游指经批准的旅行社组织和接待我国及毗邻国家的公民，集体从指定的边境口岸入境，在双方政府商定的区域和期限内进行的旅游活动。边境旅游是我国旅游业的一个重要组成部分，既是国际旅游也是国内旅游的延伸。它还是一种非常有潜力的旅游形式。

1987，我国首先开放“辽宁丹东—朝鲜新义州”一日游，经过30多年的发展，旅游接待环境逐渐改善，边境旅游迅速升温，现在已在全国范围内开办更多的边境旅游业务，边境旅游不仅对繁荣边境经济，巩固边境地区的稳定起着积极的作用，而且对中国旅游业的发展以及整个国家的对外开放、国际经贸合作的发展都发挥着重要的作用。

3.2.2　我国出境旅游市场发展特征

1. 起步较晚，发展速度快

尽管我国出境旅游起步较晚，但发展速度非常快。这体现在我国公民出境旅游人次和国际旅游支出两个方面。1987年，我国公民出境旅游仅为32.85万人次，到了2018年为近1.5亿人次，是1987年的456.6倍，跨入了“亿时代”。自2012年起，中国就一直保持世界最大出境旅游市场的地位。2018年，我国出境旅游人数近1.5亿人次，比上年同期增长14.7%。2018年全球出境旅游人数为14亿人次，同比增长6%，我国出境旅游市场约占到全球旅游市场的10.7%；我国游客出境旅游消费达1200亿美元，人均单次境外旅游消费达到约800美元(约5400元人民币)，通过携程旅游平台报名出境跟团游、自由行、定制游的人均花费为5500元，与2017年同期近乎持平。我国是世界30个最大客源国中增长速度最快的国家之一，成为全球旅游业关注的焦点。目前，我国已成为世界第一大出境旅游客源市场与第一大出境旅游消费国，出境旅游人次数和消费总额均位列世界第一。

【小思考】

我国出境旅游起步晚，但发展速度非常快，原因有哪些呢？

分析：我国出境旅游人数不断增长，出境旅游快速发展，原因是多方面的，主要可以从以下三个方面来分析。①社会经济发展水平提高。经济发展状况的好坏是决定出境旅游水平高低的基本条件，如人民币升值，会促使我国越来越多的人出境旅游。②旅游目的地因素。一方面，国家之间关系的改善对出境旅游来说是至关重要的。中国始终秉承和平共处的外交政策，与其他国家关系的不断改善是保证出境旅游规模稳定发展的重要保障。另一方面，为了吸引更多的中国游客造访旅游地，旅游地往往会在发展中不断完善基础设施的建设、提高服务和管理水平。③消费者客观因素。如我国居民个人收入的提高、休闲时间的增多、带薪假期制度的不断完善等。

2. 出游率低，区域差异大

虽然我国出境市场规模渐创新高，但与中国的人口总量相比，中国公民出境旅游的出游率是较低的。1992年，出境游客仅占到总人口的0.25%；2018年，出境旅游达到14972万人次，但出游率也只有10.7%。相比之下，1992年日本出境市场已经占到总人口的9.49%，之后徘徊在13%上下。韩国1992年出境市场占总人口的4.68%，之后迅速提升，2011年该数据达到25.50%。美国的出境游客占总人口的比例一直稳定在20%左右。在金砖国家中，俄罗斯在2006年之后超过20%，南非近年来保持在10%的水平。因此，从出境市场的绝对量来看，中国已经位居世界第一，但作为一个拥有14亿人口的大国，中国出境市场的相对规模还较低。另外，我国的出境旅游是一个广义的概念，既包括因公出境，也包括因私出境，既涉及狭义旅游范畴的观光休闲，也包括广义旅游范畴的商务会议。在狭义旅游范畴上我国的出境游客相对规模与发达经济体还有一定的差距。

3. 出境旅游多，出国旅游少

我国出境旅游的活动形式包括“我国港澳台游”“边境游”和“出国旅游”三种类型。从历年的统计数据可以看到，在出境游目的地的选择上，有将近70%的出境游客流向了我国港澳台地区，仅有30%左右是出国旅游，这意味着整个出境旅游的行为表现出以短途旅游为主的特点。

根据文化和旅游部发布的2018年旅游市场基本情况数据，2018年中国公民出境旅游人数为14972万人次，比上年同期增长14.7%。中国出境旅游热进一步升温，稳居世界出境旅游的第一位。

近1.5亿出境人次，100人中不足5人出国游，也就是说，我国出境游大量游客流向我国港澳台地区，真正意义上的出国游客数量比较少。赴我国港澳台游客与出国游客无论在出行距离、旅游目的、停留时间还是人均消费上均存在显著差异。地理位置的毗邻与经济联系的紧密决定了内地赴港澳游客中以不过夜游客为主要构成。

4. 旅游消费高，购物比重大

据世界旅游组织统计，2012年中国人就属于出国旅游消费最多的游客群，其境外消费总额达1020亿美元，约占全球出境旅游消费总额的9.5%，成为全球最大的出境旅游消费国。此后几年，我国出境旅游消费不断增长。2014年，出境人数首次过亿，根据调整后的数据，我国出境旅游花费896.4亿美元。《2019中国人出境旅游消费报告》显示，中国游客在境外消费的场景日益多元化，已形成十大热门消费场景：餐饮、购物、住宿、向导、景点、演出、交通、玩乐、自驾、邮轮，购物仍是主要消费。报告根据携程旗下旅行购物服务平台“全球购”的数据，发布了2019年中国人境外购物最热门的10个国家，分别是日本、阿联酋、英国、法国、新加坡、美国、西班牙、韩国、意大利、澳大利亚。

我国公民出境消费高、购物支出比重大的原因是多方面的。进口商品综合税率过高，境内外消费价差大带来的“转移消费”现象，是刺激大部分出境旅游者选择境外消费的主要原因。此外，我国总人口出境率和个人出境频率较低造成的“透支消费”和社会习惯造成的集合式“影子消费”也使得出境旅游消费被放大。出境旅游消费高、购物比重大的现象是我国出境旅游所处的发展阶段所决定的。在出境旅游发展初期，旅游消费往往具有放大效应，并不是居民实际收入的直接反映。

我国的出境旅游始于 1984 年国务院正式批准赴港澳地区探亲旅游。随着经济的不断发展，人民生活水平的持续提高，再加上政策环境的不断改善，我国出境旅游得到了快速发展。统计显示，2019 年上半年我国出境旅游稳步增长，出境旅游人数约 8129 万人次，同比增长 14%。在出境旅游方面，出境主要目的地国家和地区仍主要集中在亚洲市场，欧洲市场亮点频现。

3.3 我国国内旅游市场

3.3.1 国内的主要客源市场

在我国的入境旅游、出境旅游和国内旅游三大市场中，国内旅游起步虽晚，但发展速度最为迅猛。不过，国内旅游者的消费水平较低，而且国内的客源大多分布在经济比较发达地区和沿海的一些开放城市。目前我国的国内客源市场主要集中在以下几个地区。

1. 北方地区

以北京、天津为代表的北方市场，主要以观赏自然风景和购物等为目的。

2. 西北地区

以新疆、内蒙古等为主的西北旅游者，他们大多数去广州、深圳、上海、北京等工商业发达的大城市购物和到风景优美的地方去观光。

3. 华东地区

华东地区以上海为主，一直是我国传统的国内旅游客源市场和接待市场。华东地区的旅游者过去的旅游目的地以苏杭为主，现在旅游范围大大扩大，北京、桂林、广州、福建都是他们的旅游目的地。

4. 广东地区

广东地区，特别是广州市及其近郊乡镇，离香港、澳门较近，信息灵通，工业发达，市场繁荣，经济活跃，居民收入较高，具有旅游的经济条件，同时他们思想比较开放，舍得花钱买享受，因而出游人数多，消费水平较高。

3.3.2 国内旅游市场发展现状

我国目前已拥有全世界最大的国内旅游消费市场。

改革开放以来，随着我国经济的发展与国民收入的增长，人们闲暇时间的增加以及铁路、航空、酒店等基础设施建设的日趋完善，国民人均出游从 1984 年的 0.2 次增长到 2018 年的 4 次，增长了 19 倍。这 30 多年间，国内旅游人次大幅攀升，国内旅游收入更是呈现跨越式增长，其增长的速度超过旅游人次的增长速度，这表明人均旅游花费额在增加。旅游已从少数人的奢侈品，发展成为大众化、经常性消费的生活方式。我国的国内旅游市场已经成为全球最大的国内旅游市场。国内旅游收入从 1985 年的约 80 亿元增加到 2018 年的 5.13 万亿元，增长了 640.25 倍。2018

年，中国旅游总收入超过 5.97 万亿元，其中，国内旅游收入占全国旅游总收入的比重达到了 85.9%，成为中国最主要的旅游消费市场。

3.3.3 国内旅游市场结构

城镇居民和农村居民的出游人次与旅游消费均显著增长，但城乡居民国内旅游的差距在扩大。我国经济快速发展，人民生活水平显著提高，城镇居民和农村居民的可自由支配收入和闲暇时间不断增加，促进了国内旅游的蓬勃发展。

表 2-1 2018 年中国旅游城市排行榜

排名	城市	旅游总人数		旅游总收入		人均旅游消费		旅游业/GDP		交通便利度		旅游基础设施	
		分值	排名	分值	排名	分值	排名	分值	排名	分值	排名	分值	排名
1	北京	0.5249	3	1.0000	1	0.8512	5	0.0548	28	0.7840	2	1.0000	1
2	重庆	1.0000	1	0.5732	5	0.0000	50	0.0439	35	0.5363	4	0.6727	2
3	上海	0.5885	2	0.8027	2	0.5147	19	0.0349	39	0.5047	5	0.3975	3
4	广州	0.3452	7	0.6337	3	0.8148	7	0.0433	36	1.0000	1	0.1958	13
5	天津	0.3641	6	0.6201	4	0.7346	9	0.0529	29	0.0863	29	0.2872	6
6	杭州	0.2742	9	0.5205	6	0.8558	4	0.0747	18	0.3254	7	0.2898	5
7	成都	0.3701	5	0.5189	7	0.5541	17	0.0646	22	0.2879	11	0.2516	8
8	武汉	0.4593	4	0.4747	8	0.3212	36	0.0608	24	0.5491	3	0.0894	31
9	苏州	0.1972	17	0.3804	9	0.8790	3	0.0301	41	0.3118	10	0.1240	35
10	南京	0.1978	16	0.3482	10	0.7857	8	0.0505	31	0.2197	15	0.1451	19
11	贵阳	0.2472	11	0.2895	11	0.4412	26	0.1966	7	0.4080	6	0.0184	48
12	西安	0.3087	8	0.2424	15	0.1992	46	0.0647	21	0.2587	12	0.1993	12
13	青岛	0.1313	28	0.2437	14	0.8509	6	0.0350	38	0.0653	34	0.3394	4
14	宁波	0.1766	18	0.2587	13	0.6288	11	0.0459	33	0.1786	18	0.1589	16
15	丽江	0.0405	49	0.0821	41	0.9594	2	1.0000	1	0.0155	48	0.0869	32
16	长沙	0.2267	12	0.2694	12	0.4577	25	0.0432	37	0.1404	24	0.0802	35
17	上饶	0.2689	10	0.2123	19	0.2143	44	0.2778	5	0.0592	35	0.0312	45
18	合肥	0.1759	19	0.2141	17	0.4942	21	0.0596	25	0.1633	21	0.1250	23
19	深圳	0.2141	14	0.2132	18	0.3538	31	0.0000	50	0.3164	9	0.0633	40
20	昆明	0.2179	13	0.2375	16	0.4054	27	0.1125	12	0.1636	20	0.0213	47
21	大连	0.1255	30	0.1726	20	0.6079	13	0.0457	34	0.1485	23	0.1862	15
22	哈尔滨	0.1102	34	0.1524	22	0.6239	12	0.0506	30	0.1816	17	0.1863	14
23	温州	0.1611	22	0.1469	24	0.3392	33	0.0614	23	0.1835	16	0.1305	22
24	郑州	0.1557	24	0.1558	21	0.3907	28	0.0275	45	0.2267	14	0.0988	28
25	台州	0.1602	23	0.1436	25	0.3318	34	0.0816	16	0.0568	37	0.1588	17

表 2-2 2018 年对游客吸引力量强的十大城市

旅游总人数排名	城市	所属省/自治区/直辖市	旅游总人数(万人)
1	重庆	重庆	54230
2	上海	上海	32718
3	北京	北京	29393
4	武汉	湖北	25964
5	成都	四川	21301
6	天津	天津	20987
7	广州	广东	20000
8	西安	陕西	18093
9	杭州	浙江	16287
10	上饶	江西	16013

从出游人次来看，我国城镇居民国内旅游数量增长迅猛，在整体旅游者数量中所占比重显著提高：2006 年，我国国内游客总数为 13.94 亿人次，其中城镇居民为 5.76 亿人次，占 41.32%；农村居民为 8.18 亿人次，占 58.68%。

根据 2018 年国内旅游抽样调查结果，国内旅游人数 55.39 亿人次，比上年同期增长 10.8%。其中，城镇居民 41.19 亿人次，增长 12.0%；农村居民 14.20 亿人次，增长 7.3%。国内旅游收入 5.13 万亿元，比上年同期增长 12.3%。其中，城镇居民花费 4.26 万亿元，增长 13.1%；农村居民花费 0.87 万亿元，增长 8.8%。中国公民出境旅游人数 14972 万人次，比上年同期增长 14.7%。由此看来，我国城乡居民享受旅游体验的机会至今不仅有着很大的差距，而且差距还在继续扩大。

我国居民国内旅游比较集中，主要集中在法定节假日。我国居民，尤其是城镇居民，在节假日集中出游的特征十分明显。数据显示，2018 年我国国内旅游人数 55.39 亿人次，国庆期间全国共接待国内游客 7.26 亿人次，占全年国内旅游总人数的 13%。2018 年我国国内旅游总收入 5.97 万亿元，国庆期间累计旅游收入 5990.8 亿元，同比增长 9.04%，占全年国内旅游总收入的 10%。法定节假日尤其是黄金周期间，我国百姓出游热情高涨，旅游形成了“井喷”，很多地区出现了运力不足、交通堵塞、景点拥挤、景区超负荷等问题，严重影响了旅游体验和旅游质量。

3.3.4 国内旅游市场发展趋势

1. 国内旅游市场将持续增长

目前，我国旅游业的战略性地位日益凸显，供给侧结构性改革为旅游发展提供了重要的机遇，再加上旅游政策、旅游消费和旅游投资的强大推动力，我国旅游发展未来几十年将处于发展黄金期。

2020年国内旅游市场受新冠疫情影响较大，但从长远来看将继续持续增长，2020年上半年国内旅游市场业绩预期受疫情影响，遭受重创，但随着疫情得到控制，行业有望全面复苏。2020年中国消费者疫情后首次计划旅游形式的调查结果显示，2020年中国消费者疫情后首次计划近郊游的占43.5%，计划远途过夜游的占20.1%，出国旅游的占6.9%，无旅游计划的占29.5%。

另外，鉴于目前境外疫情形势较国内更为严峻，原计划长线境外游的客源可能回流至国内市场。

展望未来，我国旅游业仍处于发展的黄金时期。在中国经济长期稳定向好的基本面下，随着旅游客群日趋年轻化，以亲子旅游、乡村旅游、冰雪旅游等为代表的新型产品层出不穷，文化消费和旅游活动已逐渐成为人们不可或缺的生活方式。我们相信，疫情结束后国内旅游业将迎来受抑需求的缓步爆发。而历经疫情期间的行业反思与沉淀，韧性十足的中国旅游业或能转危为机，有望迎来“质”与“量”的齐步发展。到2050年，中国成为初步富裕型国家，实现从全面小康型旅游大国到初步富裕型旅游强国的新跨越。

2. 旅游消费选择多元化

近年来，国人的旅游方式、旅游目的地和旅游观念发生了巨大的变化，过去人们旅游主要是为了观光，现在则向包括观光在内的多样化旅游转型，休闲旅游、宗教文化旅游、探险体验旅游以及节庆旅游等个性化的旅游需求，使旅游市场出现了多元化的格局。在这种趋势下，传统的大团游与自助游，已经很难满足消费者多样化的需求，越来越多的旅游爱好者需要定制的、个性化的服务。现在一些旅行社已经成立了专门的定制队伍，会根据客户的需求定制产品；除此之外，还会开发一些主题性的产品，如山地旅游、滨海旅游、草原旅游、冰雪旅游、温泉旅游、乡村旅游、爱国教育旅游、文化旅游、体育旅游等。旅游消费选择多元化是发展的必然趋势。

3. 旅游市场竞争国际化

近年来，随着我国经济的快速增长，我国旅游市场吸引了众多的国际旅游巨头。它们纷纷从线上线下拓展我国旅游市场。2018年是国际旅游巨头在中国市场投资布局的爆发年。上海迪士尼度假区扩建的玩具总动员乐园开业，环球影城主题公园投资翻倍至500亿元，默林娱乐计划落地小猪佩奇主题乐园……事实上，除了主题公园领域，国际旅游巨头还十分看好我国大城市周边的短途度假旅游市场，以争夺我国市场。在国际巨头大举进军我国市场的背景下，国内旅游企业也通过与国内外行业巨头的合作、并购等方式，增强自身竞争力，应对当前旅游格局的变化。

4. 旅游市场信息化发展

伴随着大众旅游市场的发展，旅游趋于智能化、网络化，信息技术已渗透到旅游业的各个环节。越来越多的旅游者将会使用互联网和移动设备进行预订。自2012年国家旅游局公布首批智慧旅游城市以来，智慧旅游公共服务建设突破传统公共服务的局限，借助新一代信息技术、云计算、大数据技术和智慧旅游建设，优化整合旅游资源，规范旅游管理，向现代服务业转变，成为旅游业发展的风向标，指引未来旅游公共服务发展方向。每一个城市建设者都在积极思考，结合每个城市的特色，布局和探索智慧旅游公共服务信息化发展路径，以期为智慧旅游的发展乃至地区经济发展注入新的活力。

项目小结

旅游市场是连接旅游需求和旅游供给的桥梁和纽带，在旅游业运行中发挥着重要作用。本项目详细讲解了旅游市场的概念、构成要素、特点及功能。在此基础上，介绍了世界旅游市场分布、客流规律及发展趋势，以及我国入境和出境旅游市场的概况、组成及市场发展特征。最后，详细讲解了我国国内旅游市场的市场客源、发展现状、市场结构及发展趋势。

项目练习(满分 100 分)

一、填空题(共 2 题，每空 5 分，合计 30 分)

1.(　　)、(　　)和(　　)被认为是旅游市场的三个构成要素。

2. 我国入境旅游市场主要包括(　　)、(　　)和(　　)三个方面。

二、单选题(每题有 4 个选项，有且只有一个选项正确；共 2 题，每题 5 分，合计 10 分)

1. 我国入境旅游外国客源市场主体是(　　)。

A. 非洲　　B. 亚太地区　　C. 美洲　　D. 欧洲

2.(　　)是世界上国际旅游业最发达的地区，在旅游接待人次和国际旅游收入上都高居首位。

A. 欧洲　　B. 美洲　　C. 亚太地区　　D. 南亚

三、多选题(每题有 5 个选项，有 2 个至 5 个选项正确；共 2 题，每题 5 分，合计 10 分)

1. 狭义旅游市场的构成包括(　　)。

A. 旅游者　　B. 旅游支付能力　　C. 旅游产品　　D. 旅游经营者

E. 旅游消费欲望

2. 我国出境旅游市场主体分为(　　)。

A. 我国港澳台地区　　B. 欧美旅游市场　　C. 出国旅游市场

D. 亚洲旅游市场　　E. 边境旅游市场

四、简答题(共 5 题，每题 10 分，合计 50 分)

1. 简述旅游市场的构成要素。

2. 旅游市场的特点有哪些?

3. 简述世界旅游市场的分布。

4. 简述我国出境旅游市场的发展特征。

5. 简述我国国内旅游市场的发展趋势。

参考答案

一、填空题

1. 旅游者　旅游购买力　旅游购买欲望　解析：旅游市场的构成要素由三个方面组成，即旅游者、旅游购买力、旅游购买欲望，这三个要素缺一不可。

2. 外国人(包括外籍华人)　海外华侨　港澳台同胞　解析：我国入境旅游市场主要包括外国人(包括外籍华人)、海外华侨、港澳台同胞三个方面。

二、单选题

1. B　解析：我国入境旅游外国客源市场主体是亚太地区。

2. A　解析：欧洲是世界上国际旅游业最发达的地区，在旅游接待人次和国际旅游收入上都高居首位。

三、多选题

1. ABE

2. ACE

四、简答题

1. 答：从狭义的旅游市场概念出发，旅游市场的构成要素由三个方面组成，即旅游者、旅游购买力、旅游购买欲望，这三个要素缺一不可。

2. 答：旅游市场的特点有异地性、季节性、波动性、竞争性。

3. 答：世界旅游市场的分布：欧洲市场、美洲市场、亚洲和太平洋市场（简称亚太市场)、非洲市场、中东市场。

4. 答：我国出境旅游市场的发展特征：(1)起步较晚，发展速度快；(2)出游率低，区域差异大；(3)出境旅游多，出国旅游少；(4)旅游消费高，购物比重大。

5. 答：我国国内旅游市场的发展趋势：(1)国内旅游市场将持续增长；(2)旅游消费选择多元化；(3)旅游市场竞争国际化；(4)旅游市场信息化发展。

实训项目

1. 对本地区的旅游市场基本情况进行调查。

调查目的：了解本地区旅游市场的构成要素有哪些，哪一个要素最重要。

调查工具：相机、摄像机、录音笔等。

调查要求：分组调查。

具体调查内容：所在地旅行社、景区的旅游者数量；购买旅游产品的类型及费用。发放调查问卷，调查某一景点在某一时间段旅游者的职业区别、收入状况、年龄等因素。

调查报告：以小组为单位形成调查报告，阐述旅游市场各个构成要素的具体内容。

2. 结合自己和亲戚朋友的旅游决策经历，谈谈旅游消费者的个人因素对其购买行为的影响。

编写目的：了解旅游市场构成的主要因素。

编写要求：写一篇 2000 字左右的论文。

项目三 设计旅游活动产品——旅游产品

知识目标

理解旅游产品的概念、构成要素和特性；

了解旅游产品的定位方法；

熟悉旅游产品的生命周期过程；

掌握旅游产品开发和组合的原则；

理解旅游商品的概念；

熟悉旅游线路设计的类型。

能力目标

能够准确区分旅游产品和旅游商品；

设计一条本地旅游线路；

能结合旅游目的地实际情况提出旅游产品开发的思路。

关键术语

旅游产品 旅游产品开发 旅游商品

旅游线路 旅游产品生命周期理论 旅游产品组合

>> 任务一 认识旅游产品<<

任务导入

对于旅游者来说，旅游产品是旅游者出游一次所获得的经历，旅游者在旅游过程中所接触到的所有事物及所接受的所有服务都构成了旅游产品。

旅游产品质量的好坏源于整个旅游过程，旅游过程中各个环节的质量同等重要。正是由于旅游产品的本质是一次经历，因此对于旅游产品质量的评定并不完全取决于为旅游者提供产品及服务的旅游企业，最主要的在于旅游者根据自身感受来对其进行的评定。因此，旅游者的感受和评判标准非常重要，也就是说旅游企业要以满足旅游者的需求为第一要务。

虽然旅游过程的每个环节在整个旅游经历中所占的比重不同，但根据旅游质量蛛网理论，旅游产品的各个组成部分对旅游者来讲是同等重要的，也就是说，看似十分微小的细节，如马桶是否漏水、服务员的微笑是否真诚等，都会影响旅游者对整个旅游过程的看法。另外，由于是主观判断，旅游者的知识水平、文化背景以及出游动机等也会影响其判断。

中国消费者协会根据投诉情况总结了消费者对旅游业的十大不满意，主要分为四类：一是旅行社不遵守承诺，随意减少参观景点或旅游时间，或者是不完全履行合同，旅游时食、住、行的档次低于事先约定的标准，为节省费用擅自将旅游者转团、拼团；二是有关接待单位强制收费、变相收费，或以增加景点为由向消费者收费，如不交钱，就在服务方面大打折扣，刁难消费者；三是对景点或参观项目夸大宣传，误导消费者，或者以“免关税”“拍照免门票”等形式诱导消费者购物；四是宾馆、饭店和景点的服务质量不高，服务不到位，一些饭店宾馆向不同阶层的消费者出示不同的价目表。此外，一些景点环境“脏、乱、差”；景区内的旅游车任意改变路线，强行兜售物品。还有一些星级饭店尽管在硬件设施方面档次较高，但是经常出现旅游者财物被盗等安全问题以及服务员在楼道内大声喧哗等不雅行为，损害酒店形象，影响旅游者的游历感受。

课堂活动

讨论并举例说明如何评价旅游产品质量。

项目导读

旅游产品是旅游经营活动的关键因素，它的种类、数量、质量都关系着旅游经营活动，旅游产品是旅游需求和旅游供给的结合点，是旅游者的需求得以满足和旅游产品价值得以实现的归结点。

知识链接

1.1 旅游产品的概念

旅游产品是能够满足旅游消费者需求的任何有形和无形的东西，是在特定区域内被游客利用的若干旅游设施和服务的总和。旅游产品具有整体性的特征，从包含的范围来看，旅游产品包括食、住、行、游、购、娱六个方面，不仅包括看得见摸得着的有形旅游商品，而且包括各种无形的旅游服务；从时间维度来看，旅游产品包括涉及过去、现在和未来的旅游项目；从空间维度来看，旅游产品涉及水陆空的旅游承载物；从产业角度来看，旅游产品可以与其他产业进行融合发展，构成全域旅游；从包含的层次来看，旅游产品像水果一样具有果核、果肉和果皮的层次性，这说明旅游产品是一个整体性的概念，包括核心层、形式层和延伸层等多个层次。

1.2　旅游产品的特性

在旅游者购买的产品组合中，既有同一般产品相同的部分，又有不同于其他产品的特殊部分。就本质而言，旅游产品应属于服务性产品。综合考虑大多数服务产品所共有的基本特征和旅游产品的独特情况，我们把旅游产品的特性归纳如下。

1.2.1　综合性

现代旅游是一种综合性的社会、经济、文化活动，要满足旅游者物质、精神等多方面的需求，就要提供能包括食、住、行、游、购、娱等多种因素在内的综合性旅游产品。第一，旅游产品的综合性表现在多种旅游吸引物、交通设施、住宿餐饮设施、娱乐场地以及多项服务组成的综合性产品。这种综合性既体现为物质产品与服务产品的组合，又体现为旅游资源、旅游设施、基础设施和接待设施的组合。第二，旅游产品的综合性表现为旅游产品的生产涉及众多的部门和行业。其中有直接向旅游者提供产品和服务的旅馆业、餐饮业、交通部门、游览点、娱乐场地以及旅行社等旅游企业和部门，也有间接向旅游者提供产品和服务的部门和行业，如工业、农业、商业、制造业、建筑业、轻工业、纺织业、食品业、金融业、海关、邮电、文化、教育、园林、科技、卫生、公安等；其中既有物质资料生产部门，又有非物质资料生产部门；既有经济类部门，又包含非经济类的政府部门和行业性组织等。这一特征表明，作为一种综合性产品，旅游产品的开发所涉及的因素较复杂，制约条件也较多。

1.2.2　不可转移性

旅游产品的不可转移性是由其本质特征决定的。旅游者只能到旅游产品的生产地点进行消费，也就是说，旅游产品不像其他产品那样能从一地运到另一地。既然旅游产品无法通过普通的经济交换实现空间和所有权的转移，那么旅游产品就无法从旅游目的地运输到客源地供游客消费。旅游者购买任何一项旅游产品，都不是买该旅游产品的所有权，而是购买该旅游产品的使用权。例如，某人在旅行社购买了“九寨沟一日游”这一旅游产品，在这一天中他对旅行社事先安排的酒店、交通设施仅有使用的权利，而不能任意处置，更不能损坏，并且他在旅游过程中的体验和感受也无法转移给他人，这便是旅游产品的不可转移性。因此，旅游产品吸引力的大小就成为旅游企业经营成败的关键，而这种吸引力往往随着空间距离延伸而衰减，因此对于具有不可转移性的旅游产品而言，信息的流通、交通的便利格外重要。

1.2.3　无形性

虽然旅游产品构成中确有一部分物质产品供应，如航班的座次、住宿的客房、餐饮、景点设施等，但服务性的产品供应如导游、接待服务等占有很大的比重，旅游线路、日程、节目的设计编排，更属于旅游产品不可缺少的部分。第一，旅游产品的无形性表现在旅游产品的主体内容是旅游服务。只有当旅游者到达旅游目的地享受到旅游服务时，才能感受到旅游产品的实用价值。而旅游者在选择旅游目的地时，一般见不到旅游产品的形体，在旅游者心目中只有通过媒介宣传和相关渠道介绍所得到的印象。第二，旅游产品的无形性表现在旅游产品的价值和使用价值不是凝结在具体的实物上，而是凝结在无形的服务中。只有当旅游者在旅游活动中享受到交通、住宿、餐饮和游览娱乐的服务时，才认识到旅游产品使用价值的大小。也只有当旅游者消费这些服务时，旅游产品的价值才真正得以实现。

1.2.4 生产和消费的同步性

由于服务活动的完成需要生产者和消费者的双方参与，因此旅游产品一般是在旅游者来到生产地点的时候，才开始产生生产效果。旅游产品是一种特殊的最终消费品，它满足的是人的精神文化需求，因而具有生产和消费的高度同一性。第一，与物质产品的生产相比较，旅游产品是一种经过深度加工的高附加值产品，原来分散存在于各个行业的不同产品，经过旅游经营者的设计、开发、组合与销售，大大提高了其原有价值，所附加的多数为劳务性价值。第二，旅游产品只有进入消费过程才能实现其价值。由于旅游产品生产与消费的时空同一性，必须有现场消费的旅游者，旅游产品才开始生产，旅游者一旦离开生产立即终止。因此，旅游产品生产不像物质产品生产那样可以暂时贮存起来，旅游产品的同一性决定了旅游产品不仅不能贮存，而且旅游消费结束就自然解体，因而是一种最终消费品。例如，旅游饭店餐饮部的工作人员，从顾客进入餐厅的那一刻起，就开始了饭店旅游产品的生产，这里面既包括无形的服务，也包括有形的菜肴等物质产品。当旅游者所购买的旅游产品的使用期限终结时，与旅游产品消费过程同步而且同一的生产过程也便结束了。这个特性使旅游产品与一般消费品表现出巨大的差异，也给旅游产品的开发与管理带来了严峻的考验。

1.2.5 不可储存性

由于旅游服务和旅游消费在时空上具有同一性，因此没有旅游者的购买和消费，以服务为核心的旅游产品就不会生产出来。只有旅游者购买使用旅游线路和旅游活动项目时，它们才有价值，从这一角度来讲，旅游产品是不能储存的。在旅游者购买旅行社产品之后，旅行社在规定的时间里交付使用，旅游者也必须在规定的时间内消费。如果旅游者不能按时使用，他所购买的产品价值就会自行消失，他需要重新购买并承担给旅行社带来的经济损失。这个特征在旅游饭店客房出租方面表现得最为明显。如果某间客房在当天没有出租出去，那么它当天的经济价值就完全消失，并且永远不复存在。只有当新的一天来临时，它才表现出新的价值。这一特点决定了很多旅游企业对其产品实行差别定价，以及运用各种营销手段驾驭市场需求的必要性和重要性。

1.3　旅游产品的构成

1.3.1　旅游产品的一般构成

现代市场营销理论认为，一切产品都是由核心产品、形式产品、期望产品、延伸产品、潜在产品五个层次构成的。旅游产品也是由这五个层次构成的。

第一个层次：核心产品(core product)，是指旅游者真正需要的根本服务或利益，它满足旅游者从事旅游活动最基本的需要，是旅游产品最基本的构成部分。如住宿服务、餐饮服务、娱乐服务等。

第二个层次：形式产品(formal product)，是指旅游产品的载体、质量、特色、风格、声誉及组合方式等，是旅游产品核心价值部分向满足人们生理或心理需求转化的部分。如各种旅游接待设施、景区景点、旅游购物品、旅游线路等。

第三个层次：期望产品(expected product)，是指旅游者购买产品时期望获得的与该产品密切相关的一系列属性和条件。如住店客人期望得到清洁的床位、浴巾、免费 WiFi 等服务。

第四个层次：延伸产品(extended product)，是指旅游者在购买和消费旅游产品时获得的各种优惠条件和其他附加利益。如旅游景区给予的门票折扣优惠、饭店为顾客提供的免费往来于机场的班车、旅游者乘坐游船观光时获赠的一件小礼品。

第五个层次：潜在产品(potential product)，是指现有产品可能发展成为未来最终产品的潜在状态。如全套家庭式旅馆的出现。

1.3.2　旅游产品的需求构成

1. 按旅游者的需求程度分析

按旅游者的需求程度分析，旅游产品分为基本旅游产品和非基本旅游产品。

(1)基本旅游产品

基本旅游产品是指旅游者在旅游活动中必须购买的、需求弹性较小的旅游产品。如住宿、饮食、交通等都是旅游活动中必不可少的基本旅游产品。

(2)非基本旅游产品

非基本旅游产品是指旅游者在旅游活动中不一定购买的、需求弹性较大的旅游产品。如旅游购物、医疗保健服务等。

这种划分方式有助于旅游经营者针对不同的旅游消费需求，提供不同内容的旅游产品，满足旅游者的多种消费需求。

2. 按旅游者的消费内容分析

按旅游者的消费内容分析，旅游产品由食、住、行、游、购、娱等多个产品要素组成。通常，饮食、住宿、交通存在一定的消费极限，增加消费的途径是提高饮食质量、增加服务内容和多档次经营。游览、购物和娱乐的需求价格弹性较大，增加消费的方式是尽可能增加游乐项目，丰富游乐内容和大力发展适销对路、品种多样的旅游商品。

1.3.3 旅游产品的供给构成

从旅游经营者的角度看，旅游产品一般由旅游资源、旅游设施、旅游线路、旅游服务、旅游商品和旅游便捷性等多种要素构成。

1. 旅游资源

旅游资源是指在自然和人类社会中一切能够吸引旅游者进行旅游活动，并为旅游业所利用而产生经济、社会、生态效益的事物。它是一个地区旅游开发的前提条件，也是吸引旅游者的决定性因素。

2. 旅游设施

旅游设施是为实现旅游活动而必须具备的各种设施、设备和相关的物质条件，也是构成旅游产品的必备要素。旅游设施一般分为专门设施和基础设施两大类。它们之间紧密依靠，专门设施是建立在基础设施之上并有效发挥作用的。

3. 旅游线路

旅游线路是旅行社或其他旅游经营部门利用交通为旅游者设计的串联若干旅游点或旅游城市的旅游游览线路。在旅游市场上，包价旅游通常是按照已定的旅游线路出售的，其内容安排包括游览风景点、停留时间、交通工具、服务项目等。综合来看，旅游线路是旅行社根据市场需求，结合旅游资源和接待服务的实际状况，为旅游者设计的包含整个旅游过程中全部旅游项目内容和服务的旅游游览路线。具体内容包括确定线路名称、策划旅游线路、计划活动日程、选择交通工具方式、安排住宿餐饮、留出购物时间、规划娱乐活动。

4. 旅游服务

旅游经营者除向旅游者提供餐饮和旅游商品等少量有形物质外，还大量提供各种各样的接待、导游等服务。旅游服务的内容主要包括服务观念、服务态度、服务项目、服务价格、服务技术等无形产品。

5. 旅游商品

旅游商品是指旅游者在旅游活动中所购买的，具有实用性、纪念性、礼品性的各种物质形态的商品。它是旅游产品的重要组成部分，是旅游创收的重要来源。

6. 旅游便捷性

旅游便捷性主要为进入旅游目的地的难易程度和时效标准。它是连接旅游产品各组成部分的中心线索，是旅游产品能够组合起来的前提条件。旅游便捷性的内容主要包括良好的交通便利条件、方便的通信条件、便利的出入境签证手续、当地社会公众对旅游开发的良好态度、社会治安状况良好等。

1.4　旅游产品的生命周期理论

1.4.1　旅游产品生命周期过程

旅游产品生命周期借用了有形产品生命周期的概念。所谓旅游产品生命周期就是一个旅游产品从开发出来投放市场到最后被淘汰退出市场的整个过程，一条旅游路线、一个旅游活动项目、一个旅游景点、一个旅游地开发大多遵循一个从无到有，由弱至强，然后衰退、消失的时间过程。旅游产品生命周期的各个阶段通常是以旅游产品的销售额和利润的变化状态来进行衡量的。

旅游产品生命周期可以划分为导入期、成长期、成熟期、衰退期四个阶段。处于不同阶段的旅游产品在市场需求、竞争、成本和利润等方面有着明显不同的特点，也决定着供给者的不同营销策略。如果把旅游产品从进入市场到退出市场的整个历程按销售额和时间绘制成图，更能看出旅游产品生命周期的动态全貌，见图 2-7。

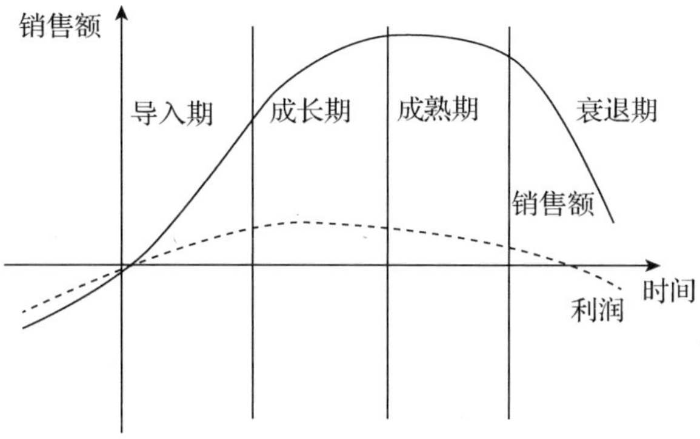

图 2-7　旅游产品生命周期图

1. 旅游产品的导入期

旅游产品的导入期是指旅游产品刚开发出来投放市场，销售缓慢增加的阶段。新产品的导入期表现为新的旅游景点建成，新的旅游饭店、旅游娱乐设施落成，新的旅游路线开通，新的旅游项目、旅游服务首次向市场推出。旅游产品由于刚投放市场，还未被广大消费者所认识，因此在市场上知晓度很低。在导入阶段，由于旅游产品刚刚面世，还有待完善，消费也有一定的风险，因此谈不上消费者的了解和接受。旅游开发企业通过修建旅游设施、改善交通条件、加强宣传促销，使得一部分求新和好奇的游客开始出现，而更多游客往往持观望态度，因此导入期的旅游新产品需求量很少，销售量增长而无规律。由于前期投资大，市场开发费用高，旅游产品的单位成本较高，因而价格较高也是制约旅游新产品销售增长的重要原因；企业为了使旅游者了解和认识产品，需要做大量的广告和促销工作，产品的销售费用较大。在这个阶段，旅游者的购买很多是尝试性的，重复购买尚未出现，旅行社等中间商企业也通常采取试销态度。由于旅游新产品的销量小，利润低甚至亏损，成功与否前景莫测，竞争对手往往还持观望态度，市场还未出现竞争。

2. 旅游产品的成长期

在旅游产品的导入阶段，游客进行试探性消费，一旦游客感觉良好，稳定增加，旅游产品就会进入成长期。在成长阶段，旅游产品克服了前期暴露的缺点，逐步完善，旅游产品中的旅游景点、旅游地开发初具规模，旅游设施、旅游服务逐步配套，旅游产品基本定型并形成一定的特色，开发阶段的宣传促销开始收效，在旅游市场上知名度逐步提高，游客对产品更加熟悉，越来越多的游客购买体验，同时重复游客也开始出现。与此同时，旅游产品的开发投资逐步减少，尽管对旅游产品促销总费用还在继续增加，但分摊到单个游客身上的促销费用迅速下降。由于旅游产品需求的大幅度增加和成本大幅度下降，该旅游产品的利润迅速上升，由导入期的亏损转为出现净利润额。在成长期，旅游产品表现出良好的市场前景，在旅游产品利润和良好市场前景的吸引下，竞争对手开始开发类似的替代旅游产品推向市场，市场上出现竞争。

3. 旅游产品的成熟期

旅游产品到了成长期后期，游客和销售量的增长势头会放慢，于是进入旅游产品的成熟期。成熟期又可以划分为增长成熟期、停止成熟期和下降成熟期三个阶段。在增长成熟期，旅游产品销售量继续增加，但增长幅度逐步减缓，趋于停止的平稳状态；在停止成熟期，销量尽管有所波动，但总的趋势是停滞不前；而在下降成熟期，销量下降并成为一种明显的趋势。在成熟期，旅游产品的市场需求量已达饱和状态，销售量达到最高点；产品单位成本降到最低水平；由于销量和成本共同作用的结果，旅游产品的利润也达到最高点，并开始下降。在旅游市场，竞争者开发了很多同类旅游产品，扩大了旅游者对旅游产品的选择范围，市场竞争十分激烈，更为严重的是，出现了更好的替代性旅游产品，前期游客已开始转移到新的替代性旅游产品的消费市场中去。

4. 旅游产品的衰退期

旅游产品的衰退期一般是指产品的更新换代阶段。在这一阶段，新的旅游产品已进入市场，正在逐渐代替老产品。原来的产品中，除少数名牌产品外，市场销售量日益下降。市场竞争突出地表现为价格竞争，价格被迫不断下跌，利润迅速减少，甚至出现亏损。由于衰退期游客数量急剧下降，不能容纳更多的旅游企业生存，因此不少竞争实力弱的对手因财务问题，或者因有更好的旅游产品而逐渐退出衰退期的市场。

根据以上对旅游产品生命周期的规律性分析可知，其特点有以下几点：一是任何旅游产品都有一个有限的生命，大部分旅游产品都经过一个类似 S 形的生命周期；二是每个产品生命周期阶段的时间长短因旅游产品而异；三是旅游产品在不同生命周期阶段，利润高低差异很大；四是旅游企业对处于不同生命周期阶段的旅游产品，需采取不同的营销组合策略；五是针对市场需求及时进行旅游产品的更新换代。

应该指出的是，旅游产品生命周期是指旅游产品的一般发展规律，不能套用于每个旅游产品进行生命周期分析，不同的旅游产品其生命周期是不同的，其生命周期所经历的阶段也可能不同。一些独特的自然景观、历史文化景观，由于资源的特殊性和文化内涵，以及不可复制性，其产品生命周期可能遥遥无期；而有些人造景观由于可以进行大量复制，一旦竞争产品大量出现，其生命周期必然变短，比如很多地方的缩微景观；有些旅游产品、服务项目由于种种原因甚至未进入成长期就夭折了。

1.4.2 影响旅游产品生命周期的主要因素

影响旅游产品生命周期的因素非常复杂，主要有下面几个。

1. 旅游产品的吸引力

旅游产品的核心是旅游吸引物，而旅游吸引物本身的吸引力是影响旅游产品生命周期的最重要因素，它与旅游产品中的其他单项产品是“一荣俱荣、一损俱损”的关系。一般来说，旅游吸引物越具特色就越不可被替代，吸引前往的游客就越多，重复旅游的价值就越高，以其为核心构成的旅游产品生命周期就越长，如果该旅游目的地的接待能力小，那么生命周期就更长。我国一些列入世界文化遗产和自然遗产的旅游目的地就对国内外游客有巨大的吸引力，甚至长盛不衰，如九寨沟等景点受接待能力的制约，在旅游旺季往往对进入景点的游客进行限制。相反，一些人造景点，如有些地方分布在较近地理范围内的重复建设微缩景观、野生动物园、人造古迹等，曾经火爆一时，但是由于替代产品太多，有的不到10年便进入市场衰退期，有的则未经历成长期，就夭折了。

2. 旅游目的地的自然与社会环境

旅游产品总是处于旅游目的地的特定大环境中，因此，旅游目的地的自然环境和社会环境也是影响旅游产品的重要因素。如目的地居民对游客的态度、目的地的自然环境是否优美宜人，以及目的地的治安和卫生状况，交通是否便捷等都会影响旅游产品的生命周期。比如，尽管伊拉克处于幼发拉底河这一人类文明的重要发源地，有许多文化旅游资源在全世界绝无仅有，客观上对游客极具吸引力，但是该地区连年战乱，人的生命安全得不到保障，游客不敢贸然前往。因此，就这一意义讲，旅游目的地政府必须树立大旅游的观念，用系统工程的方法来统一规划当地的旅游产品，不仅要重视旅游景点的设施建设，还要重视当地的基础设施和社会环境建设，更要重视当地的精神文明建设，这样才可能使本地区旅游业可持续高速发展。

3. 消费者需求的变化

游客的旅游需求可能会因时尚潮流的变化而发生转移，从而引起客源市场的变化，导致某地旅游吸引物的吸引力衰减。旅游消费观念的变化、收入的增加、新的旅游景点的出现、目的地的环境污染或者服务质量下降都会影响消费需求的变化，从而使旅游产品生命周期发生变化。

4. 市场竞争因素

在旅游业市场竞争日趋激烈的今天，很难形成对旅游产品经营的垄断。对于旅游产品，潜在竞争者在导入期持观望态度，但一旦旅游产品的市场前景明朗，必然吸引大量竞争者，相应的替代产品和竞争产品必然就多，该旅游产品的市场就会很快饱和，原旅游产品的生命周期相应缩短。因此，旅游企业需要改变经营观念，不断推出旅游新产品，调整营销策略和市场细分战略，才可能保持可扩展的客源市场，才能延长旅游产品的生命周期。

1.4.3 旅游产品生命周期各阶段的营销策略

研究旅游产品生命周期的目的是使旅游企业根据各阶段的不同特点，制定相应的营销策略。

1. 导入期的营销策略

旅游新产品的市场知晓度低是制约游客接受产品的限制条件，因此旅游企业在导入期的营销重点就是提高旅游产品的市场知晓度。主要措施有：一是完善旅游新产品，使其配套；二是利用各种促销手段大力宣传旅游新产品，尽快在目标市场上提高其知名度；三是在市场上建立起初步的销售网络。另外，旅游新产品在价格上不能定得太高，否则游客接受起来很困难，但是如果定价太低，会导致该旅游产品在后期提价困难，较为合理的解决方法是，按照目标成本加上合理利润制定目标价格，但可以根据导入阶段的特点，按目标价格给予较大的折扣，以鼓励游客试用新产品。

2. 成长期的营销策略

成长期的营销目标是保持旅游产品的销售增长率，旨在提高旅游产品的市场占有率。经过导入期旅游产品已经表现出明朗的市场前景，尽管游客的快速增长，可以给企业带来利润，但是对企业来说还远不是收获利润的时候。企业对该旅游产品不能杀鸡取卵，应该把经营重点放到开拓市场和提高效率上，以持续提高旅游产品的市场占有率和竞争能力。

成长期主要的营销策略有：

(1)产品策略

以提高旅游产品质量、完善功能为核心，在提高旅游目的地配套服务接待能力的同时，开始创立名牌，以基本产品为主体继续增加新的衍生品种。

(2)价格策略

把价格恢复到正常价格水平，并配合旅游需求的季节波动，进行适当的价格浮动，考虑根据不同目标市场和地区游客的经济承受能力实行产品差别定价，推动产品更广泛的市场渗透，提高企业的市场占有率。

(3)销售渠道策略

旅游产品销售量的提高和市场扩大，要求企业建立起更加密集、广泛、高效的销售网络，需要企业对前期销售网络进行筛选，并把产品推进到新的分销渠道销售。

(4)促销策略

新产品导入阶段的重点是提高产品知晓度，而成长期要把促销的重点转变到品牌的忠诚宣传上，旅游产品的广告目标则是用前期游客的旅游体验、经验来增强对游客接受旅游产品的说服力。

(5)市场开拓策略

前期的市场策略相对比较集中，针对的目标市场和地理区域都比较集中，产品进入成长期后，应该对产品潜在的旅游市场进行细分，并考虑向新的细分市场渗透。

3. 成熟期的营销策略

在旅游产品整个生命周期中，成熟期的时间最长，企业大多时间面临的是制定成熟期的市场营销策略。在成熟期旅游产品市场增长缓慢并逐步饱和，因而市场竞争异常激烈，同时旅游产品的成本也达到最低点。旅游企业应该根据成熟期的市场特点来制定旅游产品的营销目标和策略。成熟期要想继续增加市场需求总量是不现实的。因此对企业来说，在旅游产品的成熟期比较理性的营销目标是以攻为守，维持和提高旅游产品的市场占有率，获取最大利润。

旅游产品在成熟期的营销策略：可从市场开发、产品组合和其他营销因素三个方面来扩大旅游产品的销售量，稳定企业的市场占有率，以延长产品的成熟期，并与竞争对手有效竞争。

(1)市场开发策略

保持旅游产品内容和品质基本不变，在旅游产品的市场开发方面下功夫。市场开发策略可从两点入手，一是发掘现有旅游市场的潜在游客，旅游企业可先分析旅游产品的现有市场覆盖情况，然后研究各细分市场的销售潜力，努力寻找出空白的区域性细分市场，以及覆盖密度小的细分市场，最后针对这些细分市场游客的特点，制定出相应的营销策略；二是鼓励老游客重新购买旅游产品，比如可以调整旅游产品的组合，适当增加一些旅游新项目或是服务新项目，给游客以更多的价值，让曾经旅游过的游客产生故地重游的欲望。

(2)旅游产品的改革

一是继续提高旅游产品本身的质量；二是适当调整产品组合，增加旅游产品的项目，让游客从中得到新的价值；三是提高旅游产品服务的质量和内容。

(3)调整市场营销策略

这是企业通过改变旅游产品的价格、分销渠道和促销手段等营销策略来促进旅游产品销售的方法。第一，对游客最有效的营销因素莫过于价格因素，旅游企业可以通过适当调低产品价格，针对某些特殊的细分市场对游客开展特价，并根据具体情况进行价格折扣等优惠措施，吸引游客的消费。第二，调整旅游产品的销售渠道和网络来促进销售，一是积极探索和开辟新的销售方式来销售旅游产品，比如建立网上电子商务平台进行网络销售；二是在原有销售渠道基础上增加新的销售网点，以提高销售网点的密度；三是给销售中间商以更大的激励措施，比如职能折扣、销售量折扣，以调动其促销产品的积极性。

(4)调整原有的促销方式

第一，对广告进行调整，比如适当变动旅游产品广告的内容，或者改变所采用的广告媒体，或者调整广告发布频率等；第二，加强人员推销的力度，改进推销人员的推销方法，以及对推销人员的管理方式，强化旅游推销人员的激励考核方式等；第三，适当增加营业推广措施，比如参加旅游产品展销会，实行旅游产品的有奖销售等措施。

4. 衰退期的营销策略

旅游产品一旦进入衰退期，就意味着产品竞争者推出的旅游替代产品日趋成熟，已经能够对企业产品完全替代，并大量投放市场，造成游客购买力的转移。企业旅游产品的供给能力过剩，带来产品成本增加，利润下降甚至消失。对企业来说，主要的战略目标应该是：稳住后期游客，并适度压缩营销费用，进行市场收缩，同时积极开发新的旅游产品，以替代衰退期的旅游产品。

衰退阶段的营销策略主要有四个方面。

(1)主动出击

调整旅游产品的组合，给游客以新的感受和更多的价值，同时增加旅游产品的促销费用，以吸引更多的游客，促使旅游产品的销售再度增长，从而延长产品生命周期。

(2)坚守策略

维持旅游产品原有的营销策略和费用，以不变应万变，静待竞争对手退出市场，这样投向竞争对手的购买力将转向购买本企业的旅游产品，从而使企业旅游产品的销售量再度增加，市场占有率提高，这实际上是一种消极的防守策略。

(3)收缩策略

有多种旅游产品组合的旅游企业，可以在分析各种旅游产品收益和前景的基础上，收缩企业的旅游产品线、市场覆盖面、分销渠道，以减少费用支出，把资金和能力集中于效益好的旅游产品、目标市场和销售渠道。这样会使企业财务状况好转。

(4)放弃策略

与其继续惨淡经营衰退期的旅游产品，不如以退为进，全面放弃衰退期的旅游产品，把企业的资源和能力转移到其他产品和其他领域。

1.4.4　延长旅游产品生命周期的经营策略

由于旅游产品存在生命周期，因此旅游企业可以通过对其客观规律的认识，运用各种经营策略，延长旅游产品的成熟期，使企业获得最佳效益。延长旅游产品生命周期的策略概括起来有以下几种。

1. 旅游产品改进策略

旅游产品改进策略，是通过对成熟期的旅游产品做进一步的完善和改进以吸引新老旅游者。产品改进策略一是改善旅游产品的质量、功能、形态；二是在原有产品的基础上，增加一些有吸引力的项目；三是提高服务质量，改进旅游基础设施和设备，增加旅游目的地交通运输方式等。比如以前内地人香港游主要以购物为主，但随着内地产品的丰富，购物的吸引力相对减少，香港特区政府积极开发了新的旅游项目，如2005年投入运营的“迪士尼乐园”增加了对游客的吸引力，不仅吸引新的游客，还使许多已经游过香港的老游客故地重游。九寨沟不但增加了新的景点，还修建了九寨机场，降低了游客进入九寨沟的难度，延长了其旅游产品的生命周期。

2. 旅游市场开拓策略

市场开拓策略，就是为成熟期的旅游产品寻找新的游客，开发新的市场。如果旅游产品的原客源市场主要放在本地区，那么就可以到外地区去开发客源市场，甚至开发国外客源市场，当客源增加时旅游产品的销售量必然持续增长。比如泰国的旅游，1997年下半年，泰国受亚洲金融风暴影响，国内游客和东南亚游客大大减少，旅游业凋敝，而我国受金融风暴的影响较小，因此，泰国旅游部门就把组织客源市场的重点放到了我国，很快我国游客成为泰国旅游业的主要来源，泰国旅游也因此恢复了生机。就我国国内旅游市场的开拓来看，基于我国的国情，城乡二元结构致使旅游几乎成为城里人的活动。近年来，我国农村经济发展很快，对旅游的需求大幅度增长，这是旅游产品开发的新机遇。

3. 调整旅游产品的营销组合策略

市场营销组合策略，就是对产品、促销、销售渠道和定价这四个因素，加以合理的改进和重组，以刺激旅游产品销售量的回升。如提供更多的服务项目，改变分销渠道，增加直销和广告，或在价格上加以调整等，以刺激销售量，吸引更多的旅游者。

4. 旅游产品升级换代策略

延长旅游产品生命周期的根本途径是根据旅游市场上涌现出的需求新特点，进行旅游产品的升级换代和旅游新产品开发工作。如对于中国观光旅游产品来说，理想的情况是，当第一代观光产品，即以七大旅游城市为中心，散布于部分重点旅游城市的观光产品进入成长期后，就有第二代产品逐步进入开发建设阶段，如增加参与性活动在内的娱乐、观光型产品。这样第一代观光产品进入成熟期后，第二代观光产品就进入成长期，依此类推，使观光产品的生命周期得以延长。

知识拓展

中国旅游产品创意案例发布　令人耳目一新

山里DOU是好风光、上海环球港、牛人专线、文和友龙虾馆……2019年第二届“中国服务”旅游产品创新大会于8日至10日在海南博鳌举行，来自国内多个省区市旅游主管部门的官员、旅游协会负责人、旅游业界专家学者、企业代表等，围绕“中国服务”旅游产品创新建言献策。

会议期间，中国旅游协会发布了多个“中国服务”旅游产品创意案例及旅游工匠精神案例，令人耳目一新。

其中，湖南文和友龙虾馆在五万平方米的营业面积中，用艺术创意的手法生动地再现了20世纪七八十年代长沙的市井文化，令来这里的人们难以辨别它是餐厅还是景点；上海环球港则在近五十万平方米的空间里，用现代、时尚的手法实现了吃、住、行、购、娱以及艺术欣赏、人文体验的大集成，成为打造生活方式类产品的一个范例。

中国旅游协会会长段强在会上表示，2019年，中国旅游产业的发展展示出众多可圈可点的新趋势、新特点：一是从发展理念上看，践行文旅融合、打造生活方式类产品成为年度时尚；二是从发展地域上看，民宿、乡村旅游速度加快，且质量也在稳步提升；三是从营销模式上看，一些新的创意性营销手段频频出现；四是从产品品质上看，工匠精神得到了进一步的发扬光大；五是从科技应用上看，一些线上产品更加成熟，为广大旅游消费者提供了更加良好的使用体验。

“河南大别山的田铺大塆创客小镇，几年前还是泥巴路、臭水沟遍布全镇，如今却成为远近闻名的创客小镇。他们将创客平台与文化旅游相结合，采取‘党支部＋合作社＋运营公司＋农户’的模式，利用传统村落的地理优势、建筑特色，在不改变原有布局的情况下，改善基础设施，让古色古香的传统村落焕发了现代活力，走出了一条乡村旅游的新路子。”段强介绍。

开元旅业集团创始人陈妙林、无锡灵山文化旅游集团有限公司董事长吴国平分别以《“网红”森泊—开元人的传承与创新》《无中生有的拈花湾》为题作了旅游产品创意案例汇报，介绍其创新创意的市场营销经验。

段强认为，中国进入服务经济时代，广大旅游企业身处其中，可谓任重道远。中国旅游协会挖掘、发现、推介经典案例的努力得到了行业的广泛认可，起到了赋能行业的积极作用，进一步促进了中国旅游产业的繁荣发展。

当天，华南理工大学广东旅游战略与政策研究中心主任吴志才博士，五洲传播出版社图书中心副主任、营销总监张斌，环球旅讯首席商务官王京，中国社科院旅游研究中心特约研究员高舜礼等专家学者和业内人士，进行了圆桌论坛讨论，围绕“中国服务”旅游产品创新碰撞思想的火花。

期间，与会的专家学者和业界人士还将到博鳌乐城国际医疗旅游先行区、中国（海南）南海博物馆进行考察。

海南省旅游和文化广电体育厅副厅长刘成表示，打造国际旅游消费中心是海南新战略定位的重要组成部分。海南将以国际旅游消费中心为抓手，拓展发展空间，培育成高端旅游文体消费目的地。海南期待与国内外各界进一步加强沟通、深化合作、共谋发展。

课间思考

1. 如何理解中国旅游产业发展的新趋势？
2. 在当今形势下，中国旅游产品应该如何创新？

>> 任务二　开发旅游产品 <<

任务导入

在大众旅游时代，尤其是文旅融合时代，只有抓住游客的需求，立足于日常生活，打通主客共享的桥梁，才能立于不败之地。过去是资源驱动，现在是需求驱动。

2019 年，“五一”假日期间全国国内旅游接待总人数为 1.95 亿人次，可比口径增长 13.7%；实现旅游收入 1176.7 亿元，可比口径增长 16.1%，总量看着很大，但一算人均才 600 多元。但如果能够开阔视野至日常生活，至主客共享空间，那当地人一年 365 天的惯常生活和消费这个巨大的空间，我们必须充分重视。

未来的增长空间将集中在一些小而美的、与生活场景密切结合的景区景点或者旅游产品上。小即美，将会变成旅游产品的指导思想。在可预见的未来，观光旅游仍然将是基础市场，度假游呈现出与观光游融合发展的趋势。面向观光、面向游客、面向日常生活是未来旅游的发展趋势。

课堂活动

学生以小组形式收集旅游产品开发成功案例，讨论：什么是旅游产品开发？你是如何理解的？旅游产品开发的趋势走向如何？

项目导读

旅游产品设计，是旅游开发最重要的一个环节。一个成功的旅游产品设计需要具备四条标准：定位准确，核心吸引力凸显，游玩方式适应游客需求和投入产出合理。在同样的资源与市场要素的条件下，可以通过旅游产品设计，产生多种多样可能的结果。例如，以资源为对象，进行产品设计，其独特的自然资源本身就是观赏对象；以资源为背景，进行产品设计，打造度假村、高尔夫球场等；还可以完全“无中生有”，打造主题公园等。设计旅游产品，最重要的是确定游玩方式，即“玩法”。最高境界是创造全新的生活体验，形成人们向往的生活方式。

中国旅游业的发展，已经树立起中国世界旅游大国的鲜明形象，中国成为当今国际旅游的重要目的地。面对新形势下国际旅游市场的激烈竞争，中国旅游业将进一步加强基础设施建设，完善产品体系，全面提升产业素质；进一步加大市场开发力度，树立中国旅游目的地的崭新形象，促进入境旅游持续增长，向着世界旅游强国的目标阔步前进。

知识链接

2.1 旅游产品开发的概念

旅游产品开发是根据市场需求，对旅游资源、旅游设施、旅游人力资源及旅游景点等进行规划、设计、开发和组合的活动。由于旅游产品的生命周期客观存在，旅游企业应该既有处于成熟期的一代旅游产品，也有处于成长阶段的一代产品，还有正在开发当中的一代产品，只有这样才能保持可持续发展。

旅游产品开发主要包括以下几个方面：一是对旅游目的地的规划和开发；二是对旅游线路的设计和优化组合；三是对相关的旅游设施进行配套和完善；四是积极营造和谐、舒适的旅游服务氛围；五是设计开发具有代表性的、当地独有的旅游纪念品。无论哪一种开发，首先要对潜在需求进行分析，对市场环境、投资风险、价格政策等诸多要素进行深入研究；然后根据对这些要素的分析对比，形成一系列规划和设计方案；最后从中选择既符合潜在客源市场的需要，又符合当地特色、具有竞争力的项目进行开发。

2.2 旅游产品开发的原则

旅游产品既是旅游业赖以生存和发展的核心和物质基础，也是旅游目的地借以吸引旅游者的重要因素。它贯穿于整个旅游活动中，是旅游业竞争的核心。因此，对其进行开拓和深度开发，对保持旅游地持久的竞争优势具有重要意义。随着我国各地旅游开发热潮的兴起，旅游产品开发的盲目性、随意性屡见不鲜，产生了诸多问题。因此，研究旅游产品设计与开发的原则问题具有重要的理论和实践意义。所谓原则，就是观察问题、处理问题的准绳。旅游产品设计与开发的原则是由旅游产品和旅游需求的特点决定的。在开发时要把握好以下几项原则。

2.2.1 市场原则

旅游业具有典型的市场经济特征。旅游需求是旅游产品产生、发展和消亡的直接决定性因素。因此，旅游产品的设计与开发，必须与旅游市场相适应，以旅游者的需求为中心，以满足旅游产品市场竞争的需要和实现旅游产品的价值。要特别重视旅游市场的调查、细分、定位和预测，掌握旅游市场发展变化的趋势，以市场为起点和终点，确定旅游产品设计与开发的导向和规模。所谓旅游市场原则，就是指旅游产品的设计必须遵循旅游市场的基本经济规律，以满足旅游者的旅游需求为前提。这就要求旅游企业在开发设计旅游产品之前，必须对旅游市场进行大量的调查研究，做出科学的旅游市场需求预测，然后有针对性地设计出满足不同目标市场的旅游产品。

此外，旅游产品的设计在具体操作过程中要与市场调研、可行性分析相结合。进行市场调研工作有助于分析旅游市场动态、细分市场，进而有的放矢地进行旅游产品设计开发。只有保持对市场的敏感性，抓住转瞬即逝的市场契机，设计出的旅游产品才能为广大旅游者所接受。市场原则一方面要求在市场分析和市场定位、遵循市场经济规律、满足旅游者需求的基础上做出正确的商业价值判断；另一方面还要求根据市场的变化和产品生命周期理论，考虑产品的升级换代，以新的产品去迎合和满足旅游者的需求，即以市场营销的观点来开发旅游产品。

2.2.2 特色原则

特色原则，是指旅游产品的核心要有区别于其他产品的独特之处。无论是在资源开发、设施建设，还是在旅游服务上旅游产品都要有特色，要具有独特性，做到“你无我有、你有我优、你优我新、你新我奇”。旅游产品开发要避免雷同，特色是旅游产品的生命。一项旅游产品如果没有特色，就没有竞争力，也就没有长久的生命力，最终会在激烈的旅游市场竞争中被市场淘汰，被旅游者抛弃。

进行旅游产品特色的设计与开发，先要对区域文脉和资源特色进行综合分析，辨别其文脉与资源是具有突出的地方特色和比较优势还是具有普遍性的特征。文脉是指旅游产品所在区域的地理背景，包括地质、地貌、气候、土壤、水文等自然环境特征和历史、社会、经济、文化等人文地理特征，是一种综合性、地域性的自然地理基础、历史文化传统和社会心理积淀的时空组合。与文脉相协调，可以使旅游产品具有地方特色；突破文脉则能在地方特色不明显、具有一定普遍性的旅游地形成出奇制胜的旅游产品。旅游产品只有能够体现地域特色、文化特色、民族特色，才能具有强大的生命力和竞争力，才能吸引更多的旅游者。例如，山东的青岛啤酒博物馆内有一台100多年前的机器，只要合上电闸，机器的电机和变速箱就如100多年前那样从容运转。在这里，珍贵的老照片、古老的制酒工具及早期酿酒场景，既把游客带入悠悠往事之中，又为企业赢得了难以估价的品牌效应。另外，在区域旅游产品系列设计与开发中，要注意产品结构的协调、优化。在产品系列中突出拳头产品，以发挥其主导、带动和支撑作用。拳头产品可以是系列产品中具有典型特点的产品；或本着“你无我有、你有我优、你优我新、你新我奇”的原则选出的具有垄断性的产品；或能发展成规模和名牌，进入旅游市场会产生轰动效应和强大竞争力的产品。

2.2.3 综合效益原则

旅游产品开发要投入巨额资金，投资者要追求投资回报、追求经济效益，然而旅游产品开发除了追求经济效益外，更重要的是要讲究社会效益和环境效益。在进行旅游产品开发时要考虑旅游目的地的经济水平、风俗习惯、人们的心理承受能力等，要考虑旅游地的生态环境承受力，要以开发促进保护为目标，从而形成保护—开发—保护的良性循环，创造良好的生存环境。

2.2.4 符合美学要求原则

旅游的本质是审美和愉悦。旅游是现代人对美的高层次追求，是综合性的审美实践。旅游产品的设计与开发就是要在旅游资源中发现美，并按照美学原理创造美，使分散的美集中起来，形成相互联系的有机整体，使复杂、粗糙、原始的美经过设计与开发而变得更纯粹、更精致、更典型化，符合旅游审美要求，使易逝的美经过创造和保护而美颜永驻、跨越时空、流传久远。旅游审美可分为自然审美、社会审美和艺术审美三种基本类型。自然审美以大自然为载体，具有较大的共同性和随意性。不同个性特征的旅游者都有自然旅游审美的渴望和能力，自然美需要发现，这依赖于旅游者的审美结构和审美层次。社会审美的对象主要由人的存在和活动构成，普遍地存在于人类的历史积淀、道德伦理、习俗礼仪、婚姻家庭、经济政治、宗教信仰以及社会劳动和社会产品之中。独特的社会审美类旅游产品具有很强的旅游吸引力和竞争力。要有意识地拓宽社会审美的领域，有目的、有针对性地开发具有典型性、独特性的相关旅游产品和有意识地培育旅游地良好的社会风范。艺术审美的对象是人们按照一定的意图、遵循美的法则创造出来的有意味的形象——艺术品，具有鲜明的主体性和形象性等特点，这决定了旅游艺术审美的主导性和强制性的特征。艺术品的审美价值主要不在于它的存在本身，而在于它的内在意蕴。艺术审美对旅游者不仅具有愉悦作用，而且具有审美认识和审美教育作用，旅游产品的设计与开发不仅要体现自然、社会、艺术审美的要求，而且要努力实现三者的协调、融合。美的最高境界是自然的意境美、艺术的传神美、社会的崇高美和悲壮美，这也是旅游产品开发所追求的最高目标。旅游产品的美学特征越突出，知名度越高，旅游吸引力和市场竞争力就越大。

2.2.5 创新原则

旅游产品形象载体的选用要打破常规，从人们的惯性思维中找到一个新的切入点，特别是对于个性不鲜明的旅游产品，形象载体的创新既可以避免与市场上其他各色各样的商标、徽标相混淆，增强视觉上的认知感和感染力，产生出奇制胜的效果，又可以通过新形象的塑造，让旅游产品焕发出新的生命力。如杭州有很多知名景点：三潭印月、灵隐寺、钱塘江大桥等，这些元素已经被广泛应用于各类广告等中，如果单纯作为杭州市旅游形象标志就明显缺乏新意。正是基于这一点，根据公众意见和专家评议，最后杭州市旅游形象标志选用了“大尾凤蝶”这一创意。

2.2.6 可持续发展原则

可持续发展原则要求旅游产品的设计与开发必须正视旅游产品的生命周期以及与环境、资源保护的协调。

1. 正视旅游产品生命周期

旅游产品从产生到被市场淘汰，一般经历探查、参与、发展、巩固、停滞、衰落或复苏6个阶段。我们应重视应用旅游产品生命周期理论，研究各种不同旅游产品的具体生命周期特点和规律，剖析形成这些具体的生命周期特点和规律的内在因素，以有效地指导旅游产品的设计、开发和管理。一方面，分析旅游产品所处生命周期阶段，在不同阶段采取不同的开发营销策略，以尽量延长其生命周期。特别是在产品的衰落阶段，应研究运用深度开发、转型开发、塑造新形象、开拓新市场等方法，以延长产品生命周期，保持其持久的吸引力。另一方面，要协调、优化区域旅游产品组合结构，研究旅游市场需求变化的新趋势和区域环境、资源特点，不断设计开发新的旅游产品。在旅游产品开发的时序上，做到“销售一代、开发一代、储备一代”，以保持旅游业的可持续发展。

2. 与环境、资源保护相协调

良好的生态环境和旅游资源的可持续利用是旅游可持续发展的重要基础和标志，这就要求旅游产品的设计与开发必须保持与环境、资源的和谐统一，保证经济效益、环境效益、社会效益的统一。旅游产品的设计、建设、消费和管理等观念与行为不当，会造成旅游环境和资源的破坏，损坏旅游地形象，降低旅游地吸引力，使旅游业发展难以持续。为实现旅游业与环境、资源的协调发展，旅游产品的设计与开发，第一，要强化环境、资源的保护意识和观念，自觉执行国家有关环境、资源保护的政策、法规和标准。第二，坚持保护与开发并重的原则，建立旅游产品开发项目的环境影响评估制度，防止低水平、掠夺性、破坏性的开发建设。第三，研究、调控旅游环境容量。旅游地环境容量的饱和与超载，将导致旅游资源的破坏、生态系统的损伤、旅游者与当地居民关系紧张等问题，对旅游业造成致命的消极影响。应采取控制旅游需求、提高旅游供给能力等方法，调控旅游者的时、空分布。第四，加强旅游环境与资源的抚育，在旅游业发展的同时，不断改善生态环境的质量和提高资源的可持续利用水平。第五，加强旅游地环境监测管理。第六，有序开发，建立旅游资源与环境保护区，留给后代一定的开发空间和可利用资源。

2.3 旅游产品开发的定位

2.3.1 旅游产品开发的定位与选择

在旅游产品开发过程中，应根据各种开发原则确定旅游产品的开发数量、质量和品位，这就要求：

①对各种潜在的旅游产品进行分析评价和文化定位，找出其特色和开发价值。

②进行市场调研和市场定位，把握时代脉搏，开发设计出能满足市场需求的各种品位和档次的顶级旅游产品，走“普品、特品、名品、精品”相组合的发展道路。

③进行投资效益分析，确定旅游产品供给指标和需求指标，以达到旅游供给与需求的动态平衡。

2.3.2 旅游产品的定位方法

1. 攀附定位法

这是一种借光的定位方法，借用著名旅游产品的市场影响来突出、抬高自己，如三亚被誉为“东方威尼斯”，小浪底水库被誉为“北方的千岛湖”。采用这种定位方法的旅游产品并不去占据攀附对象的市场地位，与其发生正面冲突，而是以近、廉、新的比较优势去争取攀附对象潜在顾客群。

2. 心理逆向定位法

心理逆向定位是打破消费者一般思维模式，以相反的内容和形式标新立异地塑造市场形象。如四川卧龙大熊猫自然保护区、深圳野生动物园的形象定位即属此类，它们与人们心目中动物园形象相反，是一种开放式的动物园，游客与动物的活动方式做了对换。

3. 狭缝市场定位法

这种定位方式是旅游产品不具有明显的特色优势，而利用被其他旅游产品遗忘的旅游市场角落来塑造自己旅游产品的市场形象，以填补市场的空白。如深圳的“中华民俗文化村”“欢乐谷”就以中国前所未有的主题公园形象出现在公众面前，很快打开了市场。

4. 变换市场定位法

它是一种不确定的定位方法，主要针对那些已经变化的旅游市场，或者根本就是对一个易变的市场而言的。市场发生变化，旅游产品的特色定位就要随之改变。比如，深圳在改革开放初期以“改革开放窗口”为特色，吸引全国各地的游客前来参观学习，改革开放全面铺开后，原有特色影响力迅速衰退，深圳又推出了以人造景观为主的大型游乐主题公园，重拾快速发展的道路。

5. 重新定位法

重新定位法即依据旅游产品的生命周期，重新对旅游产品采取定位的策略。当旗下的众多旅游产品进入衰退期时，为延长其生命，就有必要重新定位。

2.4 旅游产品组合

2.4.1 旅游产品组合的概念

旅游产品组合主要包括旅游者从旅行开始到结束的全部内容。时间和空间是组成旅游产品的两个基本脉络。所以旅游产品组合就是以旅游日程安排和旅游线路制定为主体，并包含食宿交通等在内的旅游服务要素的组合。

旅游日程安排的核心问题就是以时间为主要脉络来组织旅游活动的开展。旅游日程安排科学与否，与旅游产品质量的关系极为密切，因此，旅游产品组合中必须做出理想的时间筹划。

旅游线路的制定则表现为空间上的转移，在空间上旅游者对旅游产品组合最为关心的是旅游景点的数量和品质，如旅游产品由多少个旅游景点构成、观光游览景点各具什么特色、有何种项目。因此，能否在有限的旅游日程中安排较多的特色游览景点是衡量旅游产品组合水平高低的一个重要标志，也直接影响到旅游产品的质量。

2.4.2 旅游产品组合的原则

1. 针对性原则

就是针对目标客源市场旅游者的需求特征，组合旅游产品。同一目标市场的旅游消费需求大体相同，不同目标市场则存在较强的差别。所以，组合产品的主要部分要与目标市场需求完全接口，并与其他市场相兼容。

2. 多样性原则

旅游产品可满足不同旅游者的需求，不同国籍、职业、出身、年龄、文化背景、宗教信仰、风俗习惯的旅游者对旅游产品的需求是各不相同的，这导致组合产品的种类与数量也应是极其丰富的。遵循这一原则，旅游产品组合的广度大、层次多、独立性强，可以应旅游者的要求随时随地组合成任何一种类型的旅游产品。

3. 时效性原则

为了提高旅游活动的时效性，使旅游者在有限的时间内游览到较多的内容，合理使用交通工具、减少旅途时间十分必要。因此，要尽量利用现代化的交通工具，如在经济条件容许的情况下，尽量使用飞机等现代化交通工具。

4. 适度性原则

旅游的线路安排也就是空间转移，要以旅游城市为依托，旅游城市或旅游点的选择要适度，既要安排尽可能多的旅游景点，让旅游者大饱眼福，游得尽兴，又要把握分寸，留出一定的弹性时间让旅游者调整，不致疲于拼命。

2.4.3 旅游产品组合的形式

一个旅游目的地可以提供多种类型的旅游产品，如文化旅游产品、会议旅游产品等。旅游产品组合可选择区域内所有可提供给旅游者的产品线路和产品项目。旅游产品组合形式大致分为以下几种。

1. 地域组合形式

这种旅游产品组合是由跨越一定地域空间、产品特色突出、差异性较大的若干个旅游产品项目构成的。组合产品以内容丰富、强调地域间的反差为特色。如北京—昆明的旅游线路。这种组合按地域范围大小可以分为国际与国内两种组合形式，国内组合形式可细分为全国型、区域型、城市型等。全国型旅游产品组合是由全国各旅游城市或旅游风景区之间组成旅游产品，适合一般大众国内旅游。区域型旅游产品组合是区域内具有一定旅游特色的旅游产品之间的组合，如东北冰雪旅游。城市型旅游产品组合是针对某城市的旅游资源而组织的旅游产品，如北京一日游、秦皇岛一日游。

2. 主题组合形式

这种组合根据旅游活动的主题选择其组成部分。所选定的组成部分不受地域的限制。一般可以分为专业型组合产品与综合型组合产品。如中国传统文化旅游、佛教文化旅游等是同一主题内容的专业型组合旅游产品；一些地区举办的旅游文化节则多为综合型组合旅游产品。

3. 时节组合形式

这种组合是指依据季节的变化组合不同的旅游产品，有的旅游产品季节性变动较大，如北京冬季的冰雪旅游产品，夏季登山健身旅游产品。而有的旅游产品则季节性变动较小，如北京—西安的旅游产品组合、新马泰的出境旅游。

4. 旅游者组合形式

这种组合是指根据旅游者出行的方式来组合不同的旅游产品，主要有团队旅游产品组合和散客旅游产品组合。团队旅游产品组合一般为综合型旅游产品组合，而散客旅游产品组合一般根据散客个人需求偏好而定，多为专项型组合。

5. 动静结合形式

动静组合是指根据旅游产品组合的性质分为静态组合和动态组合。所谓动态组合，是指一旦旅游产品组合确定以后，如果没特殊情况，在一定的计划期内这种组合关系随着季节的变动、经济周期的波动和观念的变化而处在不断变化之中。目前，旅游产品组合多为动态组合的形式。

2.5 旅游商品

旅游商品是旅游目的地向旅游者提供的富有特色，对旅游者具有强烈吸引力，具有纪念性、艺术性、实用性的物质产品。我国的旅游商品品种繁多，有旅游食品、轻工业品、纺织工业品、手工业品、工艺美术品、文物、土特产、旅游纪念品等。其中许多商品驰名中外，如烹调技术高超、风格独特的各种食品菜肴，技艺精湛的工艺美术品，独具一格的金石字画、文房四宝，以及丝绸刺绣、名贵的中药材，反映传统特色的日用小商品和纪念品等。我国旅游商品的生产和供应，主要通过中国旅游产品生产供应公司、工艺美术服务部、友谊商店等进行。一般按当地市场零售价格作价，实行按质论价、同质同价、优质优价的销售原则。

2.5.1　旅游商品的概念

旅游商品是指由旅游活动引起旅游者出于商业目的以外购买的，以旅游纪念品为核心的有形商品，包括以下四个部分。

①旅游者旅行前在居住地购买的，准备在旅途中使用的商品，包括旅游户外用品、旅游书籍、生活日用品以及用于探亲访友的土特产等。

②旅游者在旅游中购买的，具有旅游目的地地方特色的商品，称为旅游纪念品。它是旅游商品的核心组成部分，包括旅游工艺品、土特产和旅游印刷品等。

③旅游者在旅游中购买的，满足日常生活需要的日用品。

④国际旅游者在已经办完出境手续，即将登机、上船和乘车前往境外之前，在免税商店购买的商品，称为免税商品。

2.5.2　旅游商品的分类

1. 旅游商品分类的意义

我国的旅游商品资源丰富，品种众多，特征各异，价值相差大。其性能和用途以及储运要求各不相同。只有把商品进行分类，才可以保证开发生产、市场营销、统筹规划相继进行。所以，旅游商品的分类，是其他相关工作的基础和保障。

(1)旅游商品的分类可以提高旅游商品经营管理的效率

旅游商品从设计生产到最终的消费过程需要经过市场调研、数据统计、核算、储运、保管、交换等过程。对旅游商品进行分类，有利于进行调查核算，进一步把握旅游商品生产、流通和消费等活动的动向。因此，对旅游商品进行分类是非常有必要的。

(2)旅游商品的分类有助于消费者了解商品的性能和特点

旅游商品的分类有助于消费者了解旅游商品的特征。旅游商品经营者应该熟悉、了解所主管和经营的旅游商品的特征，掌握旅游商品的质量变化，从而科学保管和养护旅游商品。旅游消费者了解和掌握旅游商品的分类可以更好地选购旅游商品。

(3)旅游商品的分类有利于旅游业更好地发展

在信息时代，许多国家和地区将计算机网络等先进信息工具运用于旅游商品的经营中，旅游商品的分类也是实现旅游业现代化管理的一项工作。比如，一些国家和地区的旅游商品具有统一的商品编码，在生产和包装旅游商品的时候，他们就将商品编号印刷于商品的外包装上。旅游商品的批发商、零售商、物流企业之间的货物转换，均由计算机网络控制监督，大大提高了旅游业的电子信息化管理程度。

2. 旅游商品分类的原则

旅游商品是旅游资源的一个重要组成部分，旅游商品的创汇在旅游经济总收入中所占的比重是衡量一个国家、一个地区旅游经济效益好坏的主要标志之一，直接影响着旅游业整体收入水平和收入结构的合理性。旅游商品分类原则是建立科学系统的旅游商品分类体系的依据和标准。为了使旅游商品的分类能够满足其他部门日常管理需要，适应现代社会信息化、网络化的发展，在进行旅游商品分类的时候必须要遵守以下原则。

(1)旅游商品分类的实用性原则

我们应该了解分类目标集合体的范围包括哪些，在相对封闭的时间和空间范围内的集合体内，根据不同的分类标准进行特征归类和类别划分。社会各部门、各行业对于商品管理的范围存在很多标准和差别，因而商品分类系统也是十分复杂的，每个分类系统都是围绕一个特定的目标形成的。对于旅游商品的分类，我们一定要明确分类的目的和标准以及商品的范围，从有助于商品的生产、销售、经营的目的出发，最大限度地满足旅游消费者的需求，使得旅游商品的分类具有更好的、更加实际的使用价值。

(2)旅游商品分类的科学性原则

建立旅游商品分类的体系之前，先要明确分类目标，确定分类范围，统一分类名称和标志。在对旅游商品分类时，本书所做出的旅游商品分类以及分类体系，都是在对于旅游商品概念的独立认识和界定下完成的。旅游商品的分类要满足一定的需要，或者旅游相关政府部门的管理、统计，或者旅游企业的经营、运作和研发等。无论出于哪种分类的目的，旅游商品的分类都要从实现目标的科学性出发。旅游商品分类的标志十分重要，必须满足旅游商品分类的目的、要求，确保分类清楚，使分类具有系统性、科学性。

(3)旅游商品分类的可延性原则

为了让旅游商品分类体系能够满足市场上不断出现的新商品的需要，要求建立商品分类体系的时候遵守可延续性原则，必须留有足够的空位，以便在安置新商品时不打乱已经建立好的分类体系。

(4)旅游商品分类的兼容性原则

兼容性原则是指相关的各分类体系之间具有对应与转换关系。同时，旅游商品分类体系还应该与现有的其他产品的分类体系相兼容。

2.5.3 旅游商品分类的方法

旅游商品分类方法是在日常的经营管理当中根据一定的分类标志对旅游商品进行系统划分的方法。分类标志不同，分类的方法也不同，大致有以下四种分类方法。

1. 按照用途分类

旅游消费者的需求在一定程度上决定着旅游商品的用途。按照用途分类的方法，方便旅游消费者根据用途来选择合适的旅游商品，做到物尽所能，既可以发挥旅游商品的效用，又可以提供分析、比较相类似的旅游商品的效用。按照此方法一般将旅游商品分为以下几种。

(1)消耗性旅游商品

消耗性旅游商品是旅游者在旅游过程中购买的在平时生活中有具体用途的、并且可以代替一般生活用品功能的旅游商品。它具有一次性消费的特征，而且具有一定的使用期限。消耗性旅游产品可以再分为旅游中消耗品和旅游后消耗品。

旅游中消耗品是指旅游者在旅游过程中消耗的食品、饮料、日常生活用品，满足旅游者在旅游过程中的基本商品需求。这种旅游商品主要是按照旅游消费者的喜好来选择购买的，消费支出较为稳定、有限。

旅游后消耗品是旅游者在旅游途中购买的具有当地特色的、异地消费的商品，现在各地的土特产品多数属于旅游后消耗品。这些旅游商品反映了旅游目的地的文化特点，常常作为旅游者完成旅游活动后的馈赠品。

(2)旅游用品

旅游用品是指为了实现旅游者特定的旅游目的需求所购买的在旅游过程中使用的商品。比如记录旅游目的地景色的相机、录像机等；旅游过程中需要的雨衣、鞋帽、美容护肤品等。

(3)旅游纪念品

旅游纪念品是旅游者在旅游过程中购买的具有区域文化特征、富有民族特色、具有长期纪念意义和收藏价值的一切物品。我国旅游纪念品的种类繁多，归纳起来主要有以下三类。

第一，陈设类旅游纪念品。

此类旅游纪念品是旅游者到旅游地购买的具有当地文化艺术特色的旅游商品，主要是为了纪念参加的旅行活动，同时商品也可以起到陈设装饰的作用。一般多为地方特色商品和传统手工艺品。比如雕刻、镶嵌器具、书画等纪念性小商品。

第二，有日用功能的旅游纪念品。

目前我国具有地方特色的日用工艺品主要包括漆器、陶瓷工艺品、织绣、竹器等，具有较高的实用性和欣赏性，是我国传统文化的重要组成部分。特别是一些经过艺术加工的日常生活用品，受到国内外旅游者的喜爱。

第三，收藏类旅游商品。

此类商品是指一些旅游收藏爱好者为了收藏的目的而在旅游目的地购买的极具当地文化艺术特点的旅游商品。最具代表性的如中国邮票、钱币、古玩等。

2. 按照原材料分类

旅游商品的品种、质量和性能是由旅游商品的原材料决定的。按照原材料对旅游商品进行分类，可以使分类更加直观清楚，还可以从本质上反映出商品的性能、特点、使用以及质量。按照此分类方法，旅游商品可以分为动物性旅游商品、植物性旅游商品和矿物质旅游商品。

（1）动物性旅游商品

此类商品是指以动物性原料制成的旅游商品，如皮毛制品、动物性小商品、小工艺品等。

（2）植物性旅游商品

此类商品是指以植物性原料制成的旅游商品，如盆景、根雕，以及农副产品、植物标本、布艺品服饰等。

（3）矿物质旅游商品

矿物质旅游商品是指以矿物质原料制成的旅游商品，如陶瓷工艺品、金银饰品、金属工艺品以及宝石玉器等以矿物质为原料的各种工艺品。

3. 按生产加工方法分类

生产加工方法对于旅游商品的性能、特征和质量具有很强的影响力。一些旅游商品虽然原材料相同，但是由于制造或者加工方法不同，其特征和性能出现很大的差异，甚至出现不同的种类品种。比如，酒产品由于酿造方法迥异而有酿造酒、配制酒、蒸馏酒等；茶叶按照制作方法的不同可以分为绿茶、红茶、白茶、黄茶和青茶等。

4. 按照标准化程度分类

按照标准化程度，旅游商品可以分为标准旅游商品和非标准旅游商品。

（1）标准旅游商品

这类旅游商品最大的特点是有明确的标准和政策对旅游商品进行管理和评价。标准旅游商品可以分为以下六大类：

①旅游食品和饮料；

②日常消耗用品；

③基本加工材料；

④动植物和矿物等作为原料生产的旅游商品；

⑤工业化生产的成品；

⑥无法分类的其他商品。

（2）非标准旅游商品

这类旅游商品最显著的特点是很难制定确切的质量标准，其质量的高低好坏主要由消费者的主观评价为主，如古董、美术品、艺术品等。

除此之外，旅游商品的结构、重量、包装、属性、产地、生产时间等都可以作为旅游商品分类的标志。

2.5.4 旅游商品的特点

旅游商品既具有一般商品的特点，又不同于一般商品，其特点主要有以下几点。

1. 纪念性

纪念性是指旅游商品所具有的能够显示旅游目的地国家或地区的某种特点，而在时过境迁之后又能够引起游客美好回忆的属性。纪念性是旅游商品一个最基本的特征。对旅游者而言，旅游是一段短暂的经历，是一种心理体验和精神享受。旅游纪念品是旅游者旅游经历的物化，是其日后重温美好旅游经历的象征和载体。

旅游商品大多是与特定文化环境氛围相一致、具有明显纪念性的商品。例如，到北京的旅游者，一般喜欢买以长城为内容的文化衫、鸟巢的微缩模型等；到苏州的旅游者，多会购买苏绣的代表作双面绣、丝巾等。

2. 艺术性

艺术性是指旅游商品所具有的独特创意和典型美观的特性。旅游者旅游的目的之一是获得美的感受，具有美感的商品自然成为旅游者购买的首选对象。旅游商品越具有艺术性，感染力就越强。在旅游商品设计中，必须将某种文化内涵、艺术思想、审美功能以艺术的手法表现或物化在旅游商品中，也就是将抽象的艺术思想(艺术性)与具象的物品(功利性)有机地结合在一起。在具体的旅游商品设计上，就是要精心选择艺术题材。如四川三星堆古蜀文化遗址，开发的古蜀国的青铜人面像、人头像、黄金面罩等国家级文物复制品，造型各异，显示了古蜀国艺术家高超的铸造艺术和完美的雕塑艺术水平，深受国内外旅游者喜爱。

3. 地方性

地方性是指旅游者在选购旅游商品时一般会选择能突出反映地方文化特点的商品。旅游商品应当具有独特的吸引力，对游客而言是“到此一游”必须购买的能够带来旅游回忆的商品。例如，说到法国，人们立刻就会想到香水；说到云南，人们立刻就会想到各种鲜花制品；说到瑞丽，人们想到的是琳琅满目的翡翠制品。这些商品都具有明显的所属地域标签。旅游商品应当成为所在地的文化符号，在保留当地传统文化精髓和神韵的前提下，加入新的文化内涵，具有收藏性和纪念性等文化特质。

4. 民族性

民族性是与地方性相区别又十分相近的一种特征。旅游者在异国他乡旅游购物时，总想买些该国该地富有民族性的商品。例如，去韩国的旅游者会选择购买高丽参、青瓷白瓷、泡菜；去我国西藏的旅游者，会选择购买藏族的饰品、唐卡、佩刀等。

2.5.5 旅游商品的开发

旅游商品在旅游业中的重要经济地位，决定了重视和发展旅游商品的必然性和重要性。旅游商品开发研究的意义可以总结为以下几个方面：旅游商品开发是提高旅游业整体经济效益的重要途径；开发旅游商品可以尽快回笼货币，换取更多外汇，有利于支援国家建设；开发旅游商品，可以为社会提供大量的就业机会；开发旅游商品有利于传播我国传统的优秀文化艺术，加强国际文化交流。在开发旅游商品的过程中，应当注意以下几点。

1. 充分利用当地资源，开发特色旅游商品

一种资源，从某种意义上讲，可以成为一个国家或一个地区的象征，在设计旅游商品时必须考虑到这一点。充分利用当地资源，既经济实惠，又具有浓郁的地方特色。以当地资源为依托设计的具有地方特色的旅游商品，不但能激发旅游者的购物兴趣，而且对当地旅游资源起着广告宣传作用。比如，加拿大凭借丰富的枫叶资源，生产了不计其数以枫叶为原材料的旅游商品，现在，枫叶已经成为加拿大的象征。再如，在中国的瓷都景德镇，以当地的瓷土为资源，专家们设计出成千上万种精致瓷器，深受国内外旅游者喜欢。因此，要对当地的资源充分认识，发现它们的价值，以当地丰富的资源为原材料设计、生产出独具地方特色的旅游商品。

2. 增强旅游商品的文化内涵

旅游业说到底是个文化产业。要想在旅游商品中抓住文化的本质，添加文化元素，并不是依葫芦画瓢就能完成的简单事情。一件有吸引力的旅游商品，在从创意到市场推广的一系列开发环节中，最应受到重视的是创意。旅游商品创意的基本要素之一是异域、异国、异地文化的渗透。具有文化品位的旅游商品，在促进旅游业发展的同时，也带动了文化产业的发展及其他相关产业的进步。经过特色文化的挖掘和凝练之后，旅游商品便成为文化的传播使者，拥有了强大的传播效应，对于提升旅游目的地的形象拥有很好的宣传效果。

旅游商品文化构成要素大体可分为价值观、传统风俗、信仰、艺术(包括美学艺术、文学艺术、戏曲艺术)等。在进行旅游商品开发时，可从以上文化构成要素的差异上做文章，创造出蕴含不同地域文化的产品。例如，美国的自由女神像是西方人追求自由平等的象征，而在中国，人们对“福”字特别钟爱，利用价值观的差异设计的产品往往能起到很大的吸引作用。典型的中国传统饮食中的饺子，因与中国最盛大的传统节日春节密切相关而成为中国饮食文化和传统风俗的象征，也成为国外游客非常愿意体验的一种饮食文化，如果在饺子文化上多做文章，如设计制作一些饺子型的小挂坠等饰物，也许会有很好的市场前景。

3. 提高旅游商品的质量和档次，重视包装

旅游商品具有纪念性、艺术性、实用性和收藏性的基本特征。在突出特色的同时，旅游商品不论是所用材料、制作工艺，还是实用性能、包装装潢等都应体现较强的质量意识。可通过成立专门的旅游商品研发机构和生产机构，提高旅游商品的生产工艺，改善质量。好的旅游产品需要好的包装，好的包装也是一块金字招牌。一种商品能够立足于市场，获得消费者的青睐，往往与商品包装有着密切的关系。做好产品的包装设计，应该从具有地方特色的产品入手，强调其地方特色及文化品位，将地方文化融入包装，进行包装的改进和创新设计。目前国内外许多旅游城市非常重视当地标志性旅游商品的开发，使旅游商品富有浓郁的民族风格和地方特色，并做到艺术性与实用性兼备。如我国海南的椰子壳、贝壳雕刻工艺品，潍坊的风筝工艺品，新加坡的“狮子”玩具等，这些“独一无二”的纪念品，不但给当地带来巨大的经济利益，而且提高了这些地方的知名度。

4. 重视旅游商品相关人才的培养

应有计划地建设一支高素质的旅游商品研发队伍。可在有条件的院校开设旅游商品研究专业，培养专业性较强的人才，使其既能研究解决开发旅游商品的生产技术问题，又具有市场意识，掌握市场动向。可以由旅游商品生产企业与旅游科研单位联合组建旅游商品开发机构，如上海豫园商城和上海交通大学联手建立了旅游商品设计开发中心，对上海旅游商品的开发起到了积极的推动作用。此外，要加强对旅游从业人员的培训，通过定期授课辅导，提高从业人员的素质。

5. 发挥政府宏观调控作用，营造良好的旅游购物消费环境

旅游商品尤其是知名土特产是提升地区旅游层次、扩大地区影响力的有效途径，应当作为当地政府促进旅游发展的重要内容。一方面，政府要出台相应的政策法规，提供良好的经营环境，做好产品定点资格认证及其管理工作；另一方面，又要为经营者提供一定的优惠条件和必要的资金支持。政府和社会应从政策、资金、技术等方面扶持旅游商品的开发。

2.6　旅游路线的设计

2.6.1　旅游线路的定义及构成

旅游线路是旅游产品的重要形式之一，是旅游市场竞争的产物。许多旅游企业为了在日趋激烈的市场竞争中占据一席之地，充分发挥旅游资源的群体优势，将一些跨地区的旅游产品联合起来，形成一个比较完整的综合性旅游产品，出售给旅游者，即一条旅游线路。这条旅游线路包含旅游者从开始到结束旅游活动所需要的全部旅游产品。因此旅游线路是指旅游企业根据市场的需求情况，将一定地区范围内的旅游资源产品、旅游交通产品、旅游食宿与娱乐、购物产品等多项旅游产品，按照特定的目的与方式联系起来形成的一种综合旅游产品形式。

旅游线路由两大部分构成：其一是构成线路的节点。节点是指具有相对完整旅游意义的区域，多指旅游城市或比较大的旅游景区。如果把整条旅游线路比喻成一条珍珠项链，那么节点则犹如项链上的粒粒明珠。它反映了旅游线路的核心内容，属于旅游活动的“静态”部分，体现了旅游线路的等级、类型、特色，是旅游线路的主体、精华所在。相对而言，节点是很复杂的，内部又可形成一个或多个次一级的旅游亚线。就是这一条条的旅游亚线构成了旅游线路的主体内容。如北京—武汉—长江三峡—重庆的旅游线路，其中北京、武汉、长江三峡、重庆就属于旅游线路的节点。其二是旅游线路节点之间的联结线路与联结方式。它担负着旅游者地域空间的转移，属于旅游活动的“动态”部分。联结线路指铁路、公路、水运、空运的交通网络。联结方式指采用的交通运输工具。

2.6.2 旅游线路的类型

按照不同的分类标准，旅游线路有不同的类型。

1. 按旅游者活动行为划分

周游观光性旅游线路：游客的目的主要在于观赏，线路中包括多个旅游目的地，同一旅游者重复利用同一路线的可能性小，其成本相对较高，在设计周期性旅游线路时应从单纯的周游性向线性化转移。

度假逗留性旅游线路：此种线路主要为度假旅游者设计。度假旅游者的目的在于休息或娱乐，不很在乎景观的多样性变化，因此，度假逗留性线路所串联的旅游目的地相对较少，有时甚至可以是一两个旅游点，同一旅游者重复利用同一线路的可能性大。

2. 按旅游线路的结构划分

环状旅游线路：该线路一般适用于大、中尺度的旅游活动。例如，我国以北京(入境)为起点的东线和西线串联合并而成旅游环状线路：东线主要有北京—南京、苏州—上海、杭州—广州、香港(出境)；西线主要有北京(入境)—西安—成都、昆明—桂林—广州、香港(出境)。这类旅游线路的特点：一是跨度大，主要由航空交通联结，铁路或公路交通主要用于连接站点相对密集的区段；二是所选各点均为知名度较高的精华旅游城市或风景旅游地；三是基本不走“回头路”，对境外游客的出入境地点一般安排在不同口岸。

节点状旅游线路：该线路是一种小尺度的旅游线路。旅游者选择一个中心城市或自己的常居地为“节点”，然后以此为中心向四周旅游点作往返性的短途旅游。这类旅游线路在国内游客出游中较为常见。原因在于：节点多为旅游地或旅游点的依托城市，游客对中心城市有归属感，食、宿、行、购等条件较好；其二，节点的交通联系更为方便；其三，游览游程短，可以在短期内往返；其四，经济适用，多种因素促使游客宁愿走回头路，而不选择环线。

3. 按旅游活动的内容划分

综合性旅游线路：综合性旅游线路所串联的各点旅游资源性质各不相同，整条线路表现为综合性特色。1995 年推出的“95 中国民俗风情游”依托风格独特的民俗节庆活动逐月展开，贯穿全年，并按照历史上形成的地方传统习俗和民族风情，推出了北方风情卷、中原民俗画廊、大漠丝路情怀、江南水乡风物集锦、西南民族风情、一江两湖漫游和南国风景窗七大旅游区。这七大旅游区域，民俗风情异彩纷呈，基本涵盖了我国各个民族传统文化特点，其产品具有大众化的鲜明特点。

专题性旅游线路：专题性旅游线路是一种以某一主题内容为基本思想串联各点而成的旅游线路。全线各点的旅游景物或活动有比较专一的内容和属性，因而具有较强的文化性、知识性和趣味性，受到兴趣爱好不同游客的欢迎。在 1997 年“中国旅游年”国家旅游局推出的16条中国旅游专线中，有15条属于专题性旅游线路，这些线路把我国大部分精华旅游点、旅游地用各种“专题”串联，供兴趣爱好不同的游客选择。

4. 按旅游组织的形式划分

传统的包价旅游：旅游线路全程所需的所有行程及所需的服务都由旅行社负责安排。

灵便式包价旅游：可分为拼合选择式旅游线路——整个旅程有几种分段组合线路，游客可以自己选择拼合，并可在旅游过程中改变原有选择；跳跃式旅游线——旅游部门只提供旅程中几小段路线或大段服务，其余皆由旅游者自己设计。

5. 按旅游者旅游目的划分

这类旅游线路可以划分为观光旅游线、探险考察旅游线、文化旅游线、宗教旅游线、度假旅游线、民族风情旅游线、节庆活动旅游线等。

观光旅游线路：观光旅游线路是利用旅游目的地的自然旅游资源和人文旅游资源，组织旅游者参观游览及考察。观光旅游线路内容包括文化观光、自然观光、民俗观光、生态观光、艺术观光、都市观光、农业观光、工业观光、科技观光、修学观光、军事观光等。观光旅游线路一般具有资源丰富、可进入性大、服务设施齐全、安全保障强等条件。

观光旅游线路开发难度小，操作程序简易，使旅游者能在较短的时间内领略旅游目的地的特色，缺点是旅游者参与的项目少，旅游者对旅游目的地感受不深。

度假旅游线路：度假旅游线路是指组织旅游者前往度假地区短期居住，进行包括娱乐、休憩、健身、疗养等消遣性活动。度假旅游线路内容包括海滨度假、山地度假、湖滨度假、温泉度假、滑雪度假、海岛度假、森林度假、乡村度假等。

度假旅游线路要求度假地(区)具备四个条件：环境质量好，区位条件优越，高标准的住宿设施和健身娱乐设施，服务功能强。度假旅游线路所含的项目都是参与性很强的户外休闲、健身、娱乐运动等。度假旅游线路中的旅游者在旅游目的地停留的时间较长、消费水平较高且大多以散客的形式出行。度假旅游产品适应了散客旅游、自助旅游日益增多的潮流，是值得开发的旅游产品。

此外，还可按旅游目的划分为公务旅游、休闲旅游(含观光和度假)、探亲游和专项旅游(奖励、农业、工业、会议、会展、修学、文化、考察、生态、宗教、康复、新婚、购物、探险、体育、特殊兴趣等)；按旅游活动的时间可分为一日游线、多日游线；按产品的档次划分为豪华旅游、标准旅游和经济旅游；按旅游线路跨越的空间尺度可分为洲际旅游线、周边国家旅游线、国内旅游线、邻近省际旅游线及区内旅游线等。无论设计何种旅游线路，都是为了增强旅游活动组合的科学性，提高旅游组织的效能，方便游客，使其达到满意的旅游效果。

专项旅游线路：专项旅游线路又称特种旅游线路，具有主题繁多、特色鲜明的特点。专项旅游线路包括探险旅游、烹饪旅游、保健旅游、考古旅游、漂流旅游、登山旅游、自驾车旅游、品茶旅游、书画旅游、朝圣与祭祀旅游等。专项旅游线路适应了旅游者个性化、多样化的需求特点，得到旅游者的青睐，是今后旅行社产品的开发趋势。专项旅游线路的缺点是开发难度大，操作程序多，需要多个政府部门、社会组织的协作，成本一般较高。

2.6.3 旅游线路设计的原则

1. 以满足游客需求为中心的市场原则

旅游线路设计的关键是适应市场需求，具体而言，即它必须最大限度地满足旅游者的需求。旅游者对旅游线路选择的基本出发点是：时间最省，路径最短，价格最低，景点内容最丰富、最有价值。由于旅游者来自不同的国家和地区，具有不同的身份以及不同的旅游目的，因而，不同的游客群有不同的需求。总的来说分为：观光度假型、娱乐消遣型、文化知识型、商务会议型、探亲访友型、主题旅游型、修学旅游型 、医疗保健型。

如每年春秋两季交易会期间，不少外商到广州洽谈生意，平时为了业务他们也需要到内地旅行，他们的旅行多是出于商务方面的动机。商务旅行者的特点是消费较高，喜欢住高级套房，为业务交往需要经常在餐厅宴请宾客。但他们来去匆匆，说走就走。

国内旅游者多数人外出旅游是为了游览名胜古迹，轻松、娱乐、增长见识是他们的主要需求。现在越来越多的年轻人喜欢富于冒险、刺激的旅游活动，一种国外很流行的健身方式被引入国内，这就是包括野外露营、攀岩、漂流、蹦极、沙漠探险等为一体的户外运动。由于这项运动既充满挑战性，又满足了人们的猎奇心理，很快得到年轻人的宠爱，成为流行时尚。所以旅游线路设计者应根据不同的游客需求设计出各具特色的线路，而不能千篇一律，缺少生机。

2. 独一无二的特色原则

世界上有些事物是独一无二的，如埃及的金字塔、中国的秦始皇兵马俑，这就是特色。

由于人类求新求异的心理，单一的观光功能景区和游线难以吸引游客回头，即使是一些著名景区和游线，游客通常的观点也是“不可不来，不可再来”。因此，产品设计应尽量突出自身的特色，唯此才能具有较大的旅游吸引力。

国内一次抽样调查表明，来华美国游客中主要目标是欣赏名胜古迹的占26%，对中国人的生活方式、风土人情感兴趣的却达56.7%。民俗旅游是一项颇具特色的旅游线路，因深刻的文化内涵而具有深入肺腑、震撼心灵的力量。如云南的少数民族风情旅游线路：昆明—大理—丽江—西双版纳旅游线路展现了我国26个少数民族绚丽的自然风光，以及浓郁的民俗文化和宗教特色。如古老的东巴文化；大理白族欢迎客人的“三道茶”；“东方女儿国”泸沽湖畔摩梭人母系氏族的生活形态；美丽而淳朴的丽江古城；以及纳西族妇女奇特的服饰“披星戴月”装等。这些都以其绚丽多姿的魅力深深吸引着广大的中外游客流连忘返。这些旅游线路和旅游项目在世界上都是独一无二的，具有不可替代性，这就是人们常说的“人无我有，人有我特”。

3. 生态效益原则

生态旅游的产生是人类认识自然、重新审视自我行为的必然结果，体现了可持续发展的思想。生态旅游是经济发展、社会进步、环境价值的综合体现，是以良好生态环境为基础，保护环境、陶冶情操的高雅社会经济活动。生态旅游是现代世界非常流行的旅游方式，在国外尤其是美国、加拿大、澳大利亚以及很多欧洲国家已经发展得非常成熟。专家认为，草原、湖泊、湿地、海岛、森林、沙漠、峡谷等生态资源和文物一样，极易受到破坏，并且破坏了就不能再生，甚至可能在地球上消失。

在北京，人们不得不拓宽建于15世纪的天坛(1998年被列入世界文化遗产)周围的矮墙，以容纳更多的游客。有人抱怨说：“天坛上的人太多了，就好像在东京的马路上一样。”敦煌因游客“超载”导致窟内空气湿度过大，对壁画造成损害。华山旅游超载开发，造成许多古树死亡。

现在人们已经开始认识到生态对于景区可持续发展的重要性。

除了景区采取限制人数外，部分旅行社也纷纷设计出生态旅游线路。如北京的一家公司煞费苦心地设计出几条生态旅游路线，并严格采用国外的生态旅游办法规章，如限制人数、讲解生态知识、旅游途中允许的操作行为、特殊路线安排等。

4. 旅游交通安排合理原则

一次完整的旅游活动的空间移动分三个阶段：从常住地到旅游地、在旅游地各景区旅行游览、从旅游地返回常住地。这三个阶段可以概括为：进得去、散得开、出得来。

没有通达的交通，就不能保证游客空间移动的顺利进行，会出现交通环节上的压客现象，即使是徒步旅游也离不开道路。因此在设计线路时，即使具有很大潜力，但目前不具备交通要求或交通条件不佳的景点，景区也应慎重考虑。否则，因交通因素，导致游客途中颠簸，游速缓慢，会影响旅游者的兴致与心境，不能充分实现时间价值。

5. 旅游产品推陈出新原则

旅游市场在日新月异地发展，游客的需求与品位也在不断地变化、提高。为了满足游客追求新奇的心理，旅行社应及时把握旅游市场动态，注重新产品、新线路的开发与研究，并根据市场情况及时推出。一条好的新线路的推出，有时往往能为旅行社带来惊人的收入与效益。

6. 行程安排机动灵活原则

一条好的旅游线路就好比一首成功的交响乐，有时是激昂跌宕的旋律，有时是平缓的过度，都应当有序幕、发展、高潮、尾声。旅游线路的设计，应充分考虑旅游者的心理与精力，将游客的心理、兴致与景观特色分布结合起来，注意高潮景点在线路上的分布。旅游活动不能安排得太紧凑，应该有张有弛，而非走马观花，疲于奔命。旅游线路的结构顺序与节奏不同，产生的效果也不同。

2.6.4 旅游线路设计的流程

旅游线路的设计是一项技术性工作，线路设计的成功与否主要反映在行程安排、价格和市场认可度等方面，设计旅游线路主要有以下步骤。

1. 市场调研

(1)实地考察与调查

对旅游目的地的旅游资源、交通、住宿、餐饮、娱乐、购物等情况进行调查，内容包括价格水平、发展规划、潜力预测及游客评价等，在条件允许的情况下还应该对旅游目的地周边的旅游景区进行考察，比较该旅游线路中景点的优势所在，明确与其他景点的竞争与合作关系。

(2)分析与预测

实地分析旅游线路的可行性，分析预测该旅游线路的价格及其与类似产品价格的比较，大体确认旅游者可接受的范围，预测竞争态势。

2. 突出主题，确定旅游线路名称

要确定旅游线路的名称和主题、产品特色、服务和设施等级。确定旅游线路名称应该综合各方面因素，力求体现简约、突出主题、时代感强、富有吸引力。

(1)优化资源，策划旅游线路

旅游线路的始端是第一个旅游目的地，是该线路的第一个节点；终端是最后一个节点，是旅游活动的终结或整个线路的最高潮部分。途径地则是线路中的其他节点，是为主体服务的旅游目的地。策划旅游线路就是确定从始端到终端以及中间途径地之间的游览顺序，在线路上合理布局节点。

(2)充实内容，安排活动日程

活动日程是指旅游线路中具体的旅游项目内容、地点及各项活动进行的时间。活动日程的安排应体现劳逸结合、丰富多彩、节奏感强、高潮迭起的原则。

(3)交通方式的选择应体现“安全、舒适、经济、快捷、高效”的原则。

(4)食宿安排上应遵循经济实惠、环境优雅、交通便利、物美价廉的原则，进行合理安排。当然旅游者有特殊要求的除外。

(5)合理安排购物和娱乐活动。娱乐活动要丰富多彩、雅俗共赏、健康文明。

(6)总结反馈

旅游企业与计调部、销售部、旅游者等协作修改旅游线路；对旅游线路相关事项做出备注说明，推出旅游线路；收集整理旅游者的反馈意见，对产品做进一步修改。

知识拓展

世界上一些国家具有代表性的土特产品和旅游纪念品

一、美国具有代表性的土特产品

（一）蔓越梅

蔓越莓是一种表皮鲜红、生长在矮藤上的小圆果，生长在寒冷的北美湿地，全球产区不到4万英亩（约161.9平方千米）。蔓越莓只适合栽种在高酸性沙土中，需经过3—5年栽培，才能长成鲜红的果实。有“小红莓”之称的蔓越莓，不但鲜红欲滴的外表讨人喜欢，而且那酸酸的刺激口感也令人口水直流。（最值得一提的是，蔓越莓不但能抗氧化，而且可以预防尿道感染。）只有到了美国才能品尝到新鲜的蔓越莓和地道的蔓越莓制品。

（二）花旗参

美国的花旗参品质好，药用价值高，是上等的花旗参。美国的花旗参是在没有污染的土地上种植而成的，味道甘香。用它来煮汤、冲茶都是很好的选择。

（三）蓝莓

蓝莓为多年生落叶或常绿果树，果实为浆果。其栽培历史不到100年，最早始于美国。果实柔软多汁，风味醇美，香气特殊，适于鲜食，更适于加工，具有一定的保健价值。

（四）印第安人传统工艺品

印第安人在遭受到种族灭绝之后，留下的东西已经很少了。现在有少量的印第安人在美国生活着，他们传承着祖先留下来的文化，这些文化是以手工艺品为载体的。比如传统的印第安纺织品，有色彩鲜艳的毛衣、斗篷、毯子、背包和鞋子，林林总总让游客目不暇接。代表性的有巴拿马草帽、披肩饰品、印有印第安图腾的各种器件。

二、英国具有代表性的土特产品

（一）苏格兰威士忌

英国苏格兰威士忌历史悠久，在世界上负有盛名。苏格兰高地的特殊水质和极为严格的酿造工艺，使那里出产的威士忌被誉为“液体黄金”。

（二）银器

英国的银器非常华丽，造工精良而复杂，广受各国游客的欢迎，特别是银制的圣诞餐具，除了美观，品种还很多，从蜡烛台到刀叉再到碟子应有尽有。这一类银器也是英国传统的手工艺制品。

（三）皮革制品

英国的皮革制品由来已久，从资本主义萌芽时期的小手工作坊到现在的机械化大生产，经过历代的改良形成今天的风格。英国的皮革制品总是想表现稳重、脱俗的绅士气质。

(四)烟斗

能够让男人爱不释手，并有一定实用价值的小东西不是很多。烟斗应当算其中一种。烟斗的优势在于，既是吸烟工具，又是艺术品，在烟斗那简单的线条和造型中，蕴含着无穷的智慧和乐趣。

(五)陶瓷

英国美术陶瓷需求强劲。英国是欧洲生产陶瓷较早的国家，陶瓷在英国使用较普遍。英国除大量出口陶瓷之外，也大量进口陶瓷。骨瓷以英国的最有名，世界十大名瓷(骨瓷)全在英国。过去几十年间，威治活陶瓷器曾经历不同的耐力测试，包括 1988 年 9 月所创的世界纪录，四只威治活骨瓷咖啡杯承载一辆重达 50 吨的运土车，可见其坚固度，值得世人所赞扬。

三、巴西具有代表性的土特产品

(一)瓜拉那

瓜拉那是亚马孙地区特产的一种野莓，内含咖啡因、维生素，以及丰富的生物碱、单宁酸、蛋白质等。用瓜拉那制成的饮料风味独特，是一种健康饮料。

(二)咖啡

巴西是世界上最大的咖啡生产国。巴西原本不产咖啡，咖啡原产于阿拉伯，18 世纪时传入欧洲，广受欢迎。后来法国人特意将咖啡树苗船运到法属圭亚那，之后才传入巴西，最后咖啡竟在巴西发扬光大。

(三)马黛茶

马黛茶是当地印第安人的饮料，茶内含咖啡因，具有提神醒脑、帮助消化、消暑解热的功效。医学研究显示，马黛茶含有大量的维生素、矿物质和蛋白质，是非常好的健康饮料。

(四)卡沙萨酒

卡沙萨酒是巴西的国酒，其酿造有 500 多年的历史，年产量 13 亿升，是世界五大名酒之一。其种类很多，有白色的、金黄色的陈年酒，既有大型酒厂生产的，也有家庭酿制的。巴西全国共有 4000 多个品牌的卡沙萨酒。

(五)蘑菇

姬松茸又名巴西蘑菇，是一种食药兼用的腐生菌，营养丰富，味道鲜美可口，具有杏仁香味，集食用、美容、医疗、保健作用于一体。

(六)蜂胶

巴西原装天然蜂胶，是大自然赐予人类的珍宝，可强化机体免疫力，抗菌解毒，消除炎症。

(七)黑豆

黑豆在巴西人眼中简直就是生命，在日常生活中是不可或缺的。为什么呢？因为巴西盛产黑豆，巴西的黑豆营养丰富，个大味香，对人体非常有好处，多吃有益于新陈代谢。

(八)蝴蝶标本

巴西有大片的热带雨林——亚马孙热带雨林，它简直就是地球的肺部。因为特殊的地理环境，亚马孙热带雨林中有许多珍奇的物种，蝴蝶就是其中之一。那里有成千上万科学家还没有命名的蝴蝶，其中有的煞是美丽。

(九)宝石

假如你到集市上走走会有人向你兜售大量的宝石，样式很好看，质地也不错，主要是价钱不贵还可以砍价，可以做手信送人。

四、南非具有代表性的土特产品

南非身为“彩虹之国”，其土特产非常多元化，有浓郁的独特性。

(一)钻石

南非境内分布着规模大小不等的钻石矿区。规模较大的钻矿包括：豪登省的第一钻矿区，北开普省的金伯利钻矿区，凌波波省的橡树钻矿区和 Venetia 钻矿区，后者是目前世界上钻石矿藏最丰富的矿场之一，全球40%以上的宝石级钻石就出自该区。

(二)黄金

南非是世界上最大的产金国。如今，南非的黄金矿业主要掌握在 5 家上市公司手中，最大的 3 家是安格鲁阿山帝黄金有限公司、Gold Fields 以及 Harmony。3 家公司的黄金总产量达南非黄金总产量的 90%以上。据估计，南非大约有 500 多家从事黄金饰品制造的生产商。除黄金饰品外，著名的克鲁格金币(Krugerrand)更不容错过。这是由安格鲁阿山帝黄金有限公司旗下的兰德精炼厂制造的，从 1967 年发行起就风行世界。因为正面有南非共和国第一任总统保罗·克鲁格的侧面像而得名。当时它是唯一的 1 金衡盎司金币，市场价格依黄金价格的涨落而涨落，并且又有国家标准，含金量准确，许多人在收藏的同时也把这当成一种投资。

(三)路依保斯茶

南非路依保斯茶，又称博士茶，与黄金、钻石并称南非三宝，是目前时尚的草本植物饮品，行销 50 多个国家和地区，在美国、德国等更是人尽皆知。

它不是传统意义上的茶，而是一种豆科植物，这种茶树的种植条件极为苛刻，必须在高原地带，而且要酸性土壤，年降水量需保持在 380—650mm，因此它只生长于南非的西开普省塞德堡。南非红茶具有美容养颜、调压降脂、软化血管、改善睡眠的作用。它所含有的抗氧化成分有助于延缓衰老，增强系统免疫能力。在德国被称为“不老茶”，在日本被称为“抗过敏茶”“解酒茶”，在美国被称为“神茶”，口感柔滑，香气四溢，是风靡当今世界的保健饮品。

五、法国具有代表性的土特产品

法国是公认的葡萄酒王国。可以说法国处处皆有酒，是酒的天下。葡萄酒的销售渠道众多，除饭店、酒吧等直接消费场所，其他类型卖场有超市、酒廊、机场免税店和酒庄。大型超市，如家乐福、欧尚，专业酒廊，如连锁专卖店 Nicolas、综合商行Fauchon和老佛爷(Lafayette)的葡萄酒专卖区，都是值得购酒的去处。前者是选择中低档、普通需求葡萄酒的最佳场所，价格最为实惠。后者是葡萄酒发烧友多会光顾的去处，他们在此可淘得一些特别年份、特别酒庄或性价比好的特别佳酿。

六、日本具有代表性的土特产品

日本历来重视传统文化保护，所以日本的土特产大都具有悠久历史，且历久弥新。其中较著名的有石川县的轮岛涂、山中漆器、九谷烧、加贺友禅、金泽箔，佐贺县的陶瓷，广岛县的手工制熊野毛笔，山口县的大内涂，富山县的越中和纸，德岛县的蓝染以及福冈县的泡泡玉，它们都各具特色，作为礼物再合适不过了。

课间思考

1. 旅游商品分类的原则有哪些?

2. 我国的旅游商品是如何分类的?

项目小结

迄今为止，学术界对旅游产品的概念仍然颇有争议，在前人研究的基础上我们把旅游产品总结为在特定区域内被游客利用的若干旅游设施和服务的总和。它是一个整体概念，不仅包括有形的旅游资源、旅游设备及各类设施等，也包括无形的旅游服务、旅游线路和日程的安排与设计、旅游宣传、节事活动等。构成旅游产品整体的主要有旅游资源、旅游设施、旅游线路、旅游服务等。旅游者在购买的产品组合中，既有同一般产品相同的部分，又有不同于其他产品的特殊部分。就本质而言，旅游产品具有综合性、不可转移性、无形性、生产和消费的同步性、不可储存性等特性。随着我国各地旅游开发热潮的兴起，旅游产品开发的盲目性、随意性屡见不鲜，产生了诸多问题。因此，在旅游产品的开发中要注意把握好市场原则、特色原则、经济效益原则、创新原则、可持续发展原则等几项原则；注重旅游产品的生命周期；掌握设计和开发旅游产品的要领，并区分旅游产品和旅游商品的不同之处。

项目练习(满分100分)

一、填空题(共2题，每空5分，合计30分)

1. 旅游产品的特性包括(　　)、(　　)、生产和消费的同步性、(　　)和不可储存性。

2. 旅游产品生命周期可以划分为(　　)、(　　)、(　　)和衰退期四个阶段。

二、单选题(4个选项，有且只有一个选项正确；共2题，每题5分，合计10分)

1. 旅游产品的最基本构成部分是(　　)。

A. 核心产品　　B. 形式产品　　C. 期望产品　　D. 延伸产品

2. 三亚被誉为“东方威尼斯”，小浪底水库被誉为“北方的千岛湖”。这种定位方法属于(　　)。

A. 重新定位法　　B. 变换市场定位法

C. 心理逆向定位法　　　　　　　　D. 攀附定位法

三、多选题(每题有4个选项，有2个至4个选项正确；共2题，每题5分，合计10分)

1. 从旅游经营者的角度看，属于旅游产品构成要素的是(　　)。

A. 基本旅游产品　　　　　　　　B. 非基本旅游产品

C. 旅游资源　　　　　　　　　　D. 旅游服务

2. 延长旅游产品生命周期的经营策略有(　　)。

A. 旅游产品改进策略　　　　　　B. 旅游市场开拓策略

C. 调整旅游产品的营销组合策略　　D. 旅游产品升级换代策略

四、简答题(共5题，每题10分，合计50分)

1. 旅游产品包括哪几个层次?

2. 如何理解旅游产品开发的概念?

3. 旅游商品的开发应注意些什么?

4. 旅游线路设计的原则有哪些?

5. 旅游产品组合的形式有哪些?

参考答案

一、填空题

1. 综合性　不可转移性　无形性　解析：旅游产品的特性包括综合性、不可转移性、无形性、生产和消费的同步性、不可储存性等。

2. 导入期　成长期　成熟期

二、单选题

1. A　解析：核心产品是指旅游者真正需要的根本服务或利益，它满足旅游者从事旅游活动最基本的需要，是旅游产品最基本的构成部分，如住宿服务、餐饮服务、娱乐服务等。

2. D　解析：攀附定位法是一种借光的定位方法，是借用著名旅游产品的市场影响来突出、抬高自己的一种方法。三亚和小浪底水库正是分别借用夏威夷和千岛湖的影响力来抬高自己的地位。

三、多选题

1. CD　解析：从旅游经营者的角度看，旅游产品一般由旅游资源、旅游设施、旅游线路、旅游服务、旅游商品和旅游便捷性等多种要素构成。按旅游者的需求程度分析，旅游产品可分为基本旅游产品和非基本旅游产品。

2. ABCD　解析：延长旅游产品生命周期的经营策略有旅游产品改进策略、旅游市场开拓策略、调整旅游产品的营销组合策略、旅游产品升级换代策略。

四、简答题

1. 答：现代市场营销理论认为，一切产品都是由核心产品、形式产品、期望产品、延伸产品、潜在产品五个层次构成的。旅游产品也是由这五个层次构成的。

第一个层次：核心产品，是指旅游者真正需要的根本服务或利益，它满足旅游者从事旅游活动最基本的需要，是旅游产品最基本的构成部分。如住宿服务、餐饮服务、娱乐服务等。

第二个层次：形式产品，是指旅游产品的载体、质量、特色、风格、声誉及组合方式等，是旅游产品核心价值部分向满足人们生理或心理需求转化的部分。如各种旅游接待设施、景区景点、旅游购物品、旅游线路等。

第三个层次：期望产品，是指旅游者购买产品时期望获得的与该产品密切相关的一系列属性和条件。如住店客人期望得到清洁的床位、浴巾、免费 WiFi 等服务。

第四个层次：延伸产品，是指旅游者在购买和消费旅游产品时获得的各种优惠条件和其他附加利益。如旅游景区给予的门票折扣优惠、饭店为顾客提供的免费往来于机场的班车、旅游者乘坐游船观光时获赠的一件小礼品。

第五个层次：潜在产品，是指现有产品可能发展成为未来最终产品的潜在状态。如全套家庭式旅馆的出现。

2. 答：旅游产品开发是根据市场需求，对旅游资源、旅游设施、旅游人力资源及旅游景点等进行规划、设计、开发和组合的活动。

旅游产品开发主要包括以下几个方面：一是对旅游目的地的规划和开发；二是对旅游线路的设计和优化组合；三是对相关的旅游设施进行配套和完善；四是积极营造和谐、舒适的旅游服务氛围；五是设计开发具有代表性的、当地独有的旅游纪念品。

3. 答：(1)充分利用当地资源，开发特色旅游商品。

(2)增强旅游商品的文化内涵。

(3)旅游商品分类有利于旅游业更好的发展。

(4)提高旅游商品的质量和档次，重视包装。

(5)重视旅游商品相关人才的培养。

(6)发挥政府宏观调控作用，营造良好的旅游购物消费环境。

4. 答：(1)以满足游客需求为中心的市场原则

旅游线路设计的关键是适应市场需求，具体而言，即它必须最大限度地满足旅游者的需求。旅游者对旅游线路选择的基本出发点是：时间最省，路径最短，价格最低，景点内容最丰富、最有价值。

(2)独一无二的特色原则

由于人类求新求异的心理，单一的观光功能景区和游线难以吸引游客回头。对于一些著名景区和游线，游客通常的观点也是“不可不来，不可再来”。因此，产品设计应尽量突出自身的特色，唯此才能具有较大的旅游吸引力。

(3)生态效益原则

生态旅游的产生是人类认识自然、重新审视自我行为的必然结果，体现了可持续发展的思想。生态旅游是经济发展、社会进步、环境价值的综合体现，是以良好生态环境为基础，保护环境、陶冶情操的高雅社会经济活动。

(4)旅游交通安排合理原则

一次完整的旅游活动的空间移动分三个阶段：从常住地到旅游地、在旅游地各景区旅行游览、从旅游地返回常住地。这三个阶段可以概括为：进得去，散得开，出得来。

(5)旅游产品推陈出新原则

为了满足游客追求新奇的心理，旅行社应及时把握旅游市场动态，注重新产品、新线路的开发与研究，并根据市场情况及时推出。

(6)行程安排机动灵活原则

旅游线路的设计，应充分考虑旅游者的心理与精力，将游客的心理、兴致与景观特色分布结合起来，注意高潮景点在线路上的分布。

5. 答：(1)地域组合形式

这种旅游产品组合是由跨越一定地域空间、产品特色突出、差异性较大的若干个旅游产品项目构成的。组合产品以内容丰富、强调地域间的反差为特色。

(2)主题组合形式

这种组合根据旅游活动的主题选择其组成部分。所选定的组成部分不受地域的限制。一般可以分为专业型组合产品与综合型组合产品。

(3)时节组合形式

这种组合就是依据季节的变化组合不同的旅游产品。

(4)旅游者组合形式

这种组合是指根据旅游者出行的方式来组合不同的旅游产品，主要有团队旅游产品组合和散客旅游产品组合。

(5)动静结合形式

动静组合是指根据旅游产品组合的性质分为静态组合和动态组合。

实训项目

小组合作编写一套《家乡旅游线路》。

编写目的：了解家乡旅游资源，学会团队合作，设计旅游线路。

编写要求：图文并茂，用 PPT 展示。

模块三　分析旅游活动发展趋势

项目一　分析旅游活动的影响

知识目标

全面认识旅游业在国民经济中的地位和作用；

理解旅游对目的地经济的积极和消极影响；

认识旅游活动对目的地的社会文化影响；

了解旅游和目的地环境之间的相互作用。

能力目标

能解释旅游业经济作用的表现；

能说明旅游业社会影响的表现；

能解释旅游业文化影响的表现。

关键术语

旅游目的地经济　旅游目的地文化

旅游目的地环境　旅游出口创汇

可持续发展　可持续旅游

>>任务一　研究旅游活动的经济影响<<

任务导入

从少数人的享受到走进大众生活，从畅游大江南北到领略世界风情，从满足于看山看水到更加注重精神文化享受……旅游休闲正成为中国人的必需品，旅游消费日益成为拉动经济增长的新动力。

如今的旅游业，需求一侧迅猛扩张：市场不断细化，消费体验向个性化、多元化、高品质方向发展，巨大增长潜力的背后是群众对美好生活的向往。供给一侧优化升级：文旅融合加速，知名品牌涌现，景区品质提升，特色产品出新，夜间消费走强。旅游消费，还可以更旺。

2018年，国内旅游人数为55.39亿人次，比上年同期增长10.8%；入出境旅游总人数为2.91亿人次，同比增长7.8%；全年实现旅游总收入5.97万亿元，同比增长10.5%。初步测算，全年全国旅游业对GDP的综合贡献为9.94万亿元，占GDP总量的11.04%。

随着消费升级步伐加快，旅游休闲已成为国民日常生活的重要组成部分，成为拉动消费和经济增长的新动力。

课堂活动

学生以小组形式收集旅游发展带动当地经济的案例，讨论在未来旅游如何更好地拉动经济增长，旅游对经济有哪些负效应。

项目导读

旅游既是一种社会文化现象，又是一种社会经济现象。各种类型的旅游活动几乎都伴有消费行为的发生。来访游客在旅游目的地的消费行为不仅为当地的旅游企业提供了直接的商业机会，而且还通过继发效应对当地经济中的其他方面产生直接或间接的影响，当然对旅游客源地的经济也会产生不同程度的影响。全面考察旅游与社会经济的关系，提高对旅游活动的认识，将对旅游业的快速健康发展起到积极推动作用。

知识链接

1.1 旅游对经济的积极作用

1.1.1 增加外汇收入，平衡国际收支

增加外汇收入、平衡国际收支作用主要体现在国际旅游方面。一个国家获得外汇收入的途径有贸易收入、非贸易收入和资本往来收入三种。贸易收入是指商品出口的收入。非贸易收入是指不通过对外贸易途径实现的外汇收入。资本往来收入是指对外投资和贷款方面的外汇收入。旅游外汇收入是非贸易收入的重要组成部分。在非贸易创汇中，旅游业较之其他产业具有明显优势。

1. 换汇成本低

由于旅游业经营的是“风景就地出口”，是“不出国门的劳务出口”，因而不需要直接输出物质产品，省去了运输费、仓储费、保险费和有关税金等开支和一些繁复的相关手续，同时不受贸易保护主义干扰，不受关税壁垒和出口配额的限制。

2. 创汇便利

旅游产品除了不必包装、保险和储运外，也不必长期等候对方付款和办理繁杂的进出口手续。在旅游出口中，买方即旅游者往往要采用预付或现付的方式结算，因此卖方即接待国能立即得到外汇，不像外贸商品出口从发货到结算支付往往要间隔很长时间。外汇结算支付时间的长短，不仅有利息差额的问题，而且会影响所得外汇的使用效益。

3. 产品定价自主权大

旅游产品因地理上的不可移动而具有被该地所垄断的特点，故旅游产品的价格也具有垄断性，这样，国际竞争在一定程度上被弱化，制定价格的自主权比较大。

1.1.2 提供大量就业机会，吸收农村剩余劳动力

就业问题是国民经济发展中一个至关重要的问题。它不仅关系到每个劳动者的生存、发展和享受，而且关系到社会的安定、国家的繁荣。一个国家有较高的安排就业能力是其政局稳定、社会经济发展水平高的一个标志。由于科技的发展、劳动生产率的提高，加上人口的增长，失业问题已成为全球性问题。每一个国家都在努力开辟就业门路，扩大就业机会，降低失业率。

旅游业与其他行业相比，在创造就业机会方面具有明显的优势。

1. 就业容量大

旅游业一般被认为是劳动密集型行业，又是一门综合性的服务行业，它要满足旅游者在旅游活动过程中的食、住、行、游、购、娱等多方面的需求，并相应带动其他行业的发展，从而提供较多的就业机会。

2. 就业门槛低

旅游业的就业岗位层次众多，一方面需要高素质管理与技术人才，另一方面很多工作，尤其是旅游交通、旅游餐饮、旅游商品、旅游景区等行业的大多数工作并不需要很高的技术，对年龄要求也不是十分苛刻，能为尚不具备技术专长的青年和下岗职工提供就业机会。当然，这并不是说旅游就业不需要知识和技术。为了保证旅游产品的质量，也需要对从业人员进行适当的教育和训练。但同技术程度要求较高的制造业等的就业相比，旅游业就业门槛较低，只需短期培训即可上岗。

3. 可带动间接就业

旅游业是一个综合性的服务行业。旅游业的发展不仅提供了许多直接就业机会，还刺激着相关产业的发展，提供了许多间接的就业机会。旅游活动本身包括食、住、行、游、购、娱六大要素，所以它一方面给交通运输、饭店宾馆、餐饮服务、商业网点等带来客源，另一方面也带动影响了旅游地轻纺工业、建筑业、加工制造业、邮电通信业、房地产业、金融保险业、文体事业等的发展，起到了“一业带百业”的作用。根据世界旅游组织资料，旅游业直接就业人数与其所带来的其他行业相关就业人数之比为 1∶5；旅游资源丰富的发展中国家，每增加 3 万美元的旅游收入，将为社会增加两个直接就业机会和 5 个间接就业机会。

1.1.3 有助于旅游扶贫致富，缩小地区差异

一个国家不同地区之间的经济发展大都是不平衡的，旅游业的发展能实现财富在地区间的转移，有利于促进区域间经济和社会的协调发展。旅游者从发达国家流向发展中国家，从一个国家的发达地区流向欠发达地区，由城市流向农村。实际

上，旅游者的这种流动也是一种货币流动的过程。也就是说，旅游者是带着钱到旅游地去消费的，而且消费水平较高，这样就可以增加旅游目的地的经济收入，可以促进当地经济的发展，从而缩小地区差别，实现共同富裕、共同繁荣。这对一个国家或地区乃至世界的稳定和发展都起着重要作用。

改革开放以来，中国已经出现一大批通过发展旅游实现人民脱贫致富的地区和社会经济快速发展的乡村，像革命老区井冈山、延安、西柏坡，贫困山区张家界、黄山、长白山，少数民族地区九寨沟、西双版纳、丽江、延吉等。

1.1.4 有利于优化产业结构，带动其他产业发展

加快发展第三产业是优化经济结构、提高整体竞争力的必要条件，第三产业的发展要以第一、第二产业的发展为基础，反过来又促进第一、第二产业的发展。加快发展第三产业，有利于提高经济运行的质量和水平，促进国民经济全面协调发展。作为朝阳产业的旅游业是第三产业中的主要行业，它的发展必将有力提升第三产业在国民经济中的地位，从而调整第一、第二、第三产业的结构比例，优化产业结构。

另外，旅游业作为一项重要产业，表现出极强的综合性、关联性的特点。旅游业不仅直接给航空、交通、餐饮服务、商业网点、景区等带来客源和市场，而且间接地带动和影响了农村与城市建设，加快了制造、文化体育等行业的发展。

旅游业是个综合性产业，一方面对其他的行业有很强的依托性，另一方面又有十分突出的关联带动作用，在国民经济和第三产业中处于一个产业群的核心地位，发挥着带动其他产业发展的核心作用。

1.1.5 有利于改善投资环境，扩大国际交流

旅游业是一种外向型经济，且具有投资少、见效快、产出多的特点，因此旅游业本身就是外商投资的热门行业。除此之外，旅游业的发展还会为其他行业引进外资创造良好的环境，从而扩大国际经济合作和交流。

旅游吸引了许多外国旅游者，他们通过旅游活动了解各地的历史文化、风俗民情、建设成就、政策法规，因此，旅游在客观上促进了对外开放，为吸引外部资金和对外贸易创造了机会，对环境保护起到经济支撑的作用。旅游收入增加了维护和美化环境的资金。

1.1.6 有利于回笼货币，促使良性循环

这项功能是就发展国内旅游产业来说的。为使经济社会正常运行，社会上流通的货币量必须与流通的商品量协调一致。国家投放货币后，都要设法将其回笼，有计划地投放和回笼货币是一个国家或地区经济社会正常运行的前提。货币回笼的途径有很多种，如财政回笼，即通过征税回笼货币；信用回笼，即通过吸收存款、收

回贷款、发放国债等回笼货币；商务回笼，即通过销售商品回笼货币；服务回笼，即通过服务收费回笼货币。其中，通过服务收费回笼货币最为有益。发展旅游产业，刺激旅游消费，就属于通过服务收费回笼货币。在商品投放能力有限，难以满足市场需求的情况下，发展国内旅游产业，转移人们购买倾向，鼓励人们消费旅游产品，既可加速货币回笼，稳定货币流通量和商品供应量之间的比例，又能减轻市场压力，稳定物价，更能为国家建设积累资金。

1.2　旅游对经济的消极作用

“旅游是一把双刃剑”，它在经济建设和社会发展中发挥积极作用的同时，也对经济产生了消极影响，这也应引起人们的重视。

1.2.1　游客大量涌入有可能引起物价上涨

一般来说，旅游者的收入水平是比较高的，有很强的消费能力。在旅游活动中，旅游者的消费能力高于旅游目的地的居民，能以较高的价格来购买食、住、行中所需要的物品，经常有大量游客来访，难免会引起旅游地的物价上涨。同时随着旅游业的发展，土地价格也会迅速上升，房价上升会影响当地居民的正常生活，这势必会影响当地居民的经济利益。

1.2.2　有可能影响产业结构发生不利变化

如以农业为主的地区，发展旅游业后，个人从事旅游服务收入高于务农收入，因此常使得大量的劳动力弃田从事旅游业。这种产业结构不正常变化的结果是，一方面旅游业的发展扩大了对农副产品的需求，另一方面农副产品产出能力下降。旅游地居民失去了赖以生存的基本生产方式，一旦危机袭来，就会产生社会问题，还可能会影响社会和经济的安定。

1.2.3　过重依赖旅游业会影响国民经济的稳定

第一，作为现代旅游活动主要组成部分的消遣度假旅游有很大的季节性，旅游活动具有较强的季节性特征。在旅游淡季，旅游季节性较强的国家和地区的设备设施和劳动力处于闲置状态，这不仅造成资源的浪费，而且会出现严重的“季节性失业”现象，从而会给接待国或地区带来严重的经济和社会问题。因此若接待国或地区过分依赖旅游业，就不可能完全消除旅游季节性差异所带来的一系列问题。

第二，旅游需求是接待国或地区所不能控制的。旅游需求在很大程度上取决于客源地居民的收入水平、闲暇时间和有关旅游的流行时尚，而这些都是旅游接待地区所不能控制的。如果客源地经济不景气，那其旅游的需求势必会下降。另外，一旦客源地居民对某些旅游地的兴趣爱好发生转移，就会直接影响旅游地的市场。从长远的观点来看，这些问题都难免发生。

第三，旅游需求还会受到接待国和地区各种政治、经济、社会乃至某些自然因素的影响。旅游业是敏感产业，易受突发事件及偶然因素的影响而出现大的波动。一旦影响旅游业的因素发生不利变化，就会使旅游需求大幅度下降，目的地旅游业乃至整个经济都严重受挫，造成严重的经济和社会问题。例如，2001 年美国发生"9·11"恐怖袭击事件之后，美国入境旅游的人数及旅游收入骤减；2008 年我国发生的汶川地震使四川的旅游业遭受巨大的损失。

上面只是从国家和地区经济安全的角度说明了对旅游业的发展要加强宏观调控和总体规划的必要性。我国是社会主义市场经济国家，我国旅游业发展也必须体现这一点，对于应当开发的地区应大力支持和扶植，对于不宜发展旅游业的地区则应加以限制。

1.3 旅游业经济影响的衡量

1.3.1 旅游乘数效应

1. 旅游乘数的概念

(1)乘数

乘数是指经济活动中某一变量变化引起的其他经济量的变化量与原变量的变化值的比率。

乘数＝因变量变动量/自变量变动量

乘数＝总收入增加 10%/劳动力投入增加 5%＝2

(2)旅游乘数

①马西森和沃尔在 1982 年提出的概念。

旅游乘数是这样一个数值，最初旅游消费和它相乘后能在一定时期内产生总收入效应。

②英国萨瑞大学阿切尔的观点。

旅游乘数是指旅游花费在经济系统中导致的直接、间接和诱导性变化与最初的直接变化本身的比率。

③旅游乘数的完整定义。

旅游乘数是用以测定单位旅游消费对旅游接待地区各种经济现象的影响程度的系数。

2. 旅游乘数效应的发挥

(1)旅游乘数效应的三个阶段

①第一阶段：直接效应阶段。

旅游者原生旅游消费对于经济系统中旅游企业在产出、收入、就业等方面造成的影响，成为旅游消费的直接效应。

②第二阶段：间接效应阶段。

直接受益的各旅游部门和企业在再生产过程中要向有关部门和企业进购原材料、物料、设备，各级政府把旅游中缴纳的税金投资于其他企事业、福利事业等，使这些部门在不断的经济运行中获得效益，即间接地从旅游收入中获利。

③第三阶段：诱导效应阶段。

诱导效应是指给为旅游相关部门服务的更广泛的层次带来的收入增加或产出增加。(旅游业——农业部门、工业部门等)

(2)旅游乘数的计算

①旅游乘数可以从两方面估算

旅游消费中，留在经济系统内急需转手花费的数额。这部分数额越大，旅游乘数越大。数额越小，旅游乘数越小。

旅游者的花费能在本地再次花费的次数。轮转次数越多，乘数越大。次数越少，乘数越小。

②旅游乘数计算公式

假设旅游收入的漏损为零

$$K=\frac{1}{MPS+MPM}\text{或} K=\frac{1}{1-MPC}$$

K——旅游收入乘数

MPC——边际消费倾向

MPM——边际进口倾向

MPS——边际储蓄倾向($1-MPC$)

例：

假定旅游目的地1区的旅游边际消费倾向为50%，地区2的旅游边际消费倾向为35%，则表明两地的旅游收入中，各有50%和35%的资金注入了本地区的经济运行中，而剩下的50%和65%的资金则被储蓄或用于进口物资，脱离了本地经济的运行。试计算它们各自的乘数。

$$K=\frac{1}{1-MPC}=\frac{1}{1-50\%}=2 \quad K=\frac{1}{1-MPC}=\frac{1}{1-35\%}\approx 1.54$$

3. 旅游乘数类型

(1)收入乘数

①概念

旅游收入乘数是指旅游消费所带来的总收入与旅游消费之比。

②分类

旅游收入乘数可分为居民收入乘数和政府收入乘数。

居民收入乘数：一地区旅游收入增加量与由此引起的该地区居民总收入增加量之间的比率关系。

政府收入乘数：每增加一单位旅游收入最终可使目的地政府收入的净增量。也就是说，政府从旅游企业上缴税金、手续费及其他上缴国库的应收项目中，除掉政府向旅游业投资的余额的增加量。

③标准乘数

旅游收入乘数=(直接收入+间接收入+诱导收入)/旅游消费总额

④比率乘数

旅游收入乘数=(直接收入+间接收入+诱导收入)/直接收入

(2)销售乘数和产出乘数

销售乘数：是指增加单位旅游消费对目的地国家或地区的直接效应和继发效应所导致全部有关企业营业收入总额的增长量。

产出乘数：是指单位旅游消费给目的地国家或地区的整个经济系统带来的产出水平的增加。

(3)就业乘数

就业乘数用来说明单位旅游消费所引起的全日制就业机会的数量的变化。有两种用法：

第一，单位旅游消费带来的全部就业人数。

第二，由单位旅游消费带来的直接就业人数与继发就业人数之和同直接就业人数之比。

(4)进口额乘数

进口额乘数表示的是每增加一单位旅游收入最终导致目的地总进口额增加的比率关系。

4. 乘数模型介绍

(1)投入—产出模型

投入—产出分析的关键是建立一个包括旅游部门在内的各个经济部门的投入—产出状况表。就旅游部门与其他部门关联的矩阵进行计算，即可获得旅游对整个国民经济的影响数值。

优点是综合性最强、最全面的旅游乘数分析工具。在评价旅游者"购物单"的具体构成后，能有效地用于分析旅游业经济影响，尤其是继发影响。

缺点是对资料的要求过高，而且资料经过四五年的老化后才能形成投入—产出表。

(2)经济基础模型

经济基础模型认为，大多数企业同时为本地市场和外部市场销售产品和服务，如果将这些企业就业总量、产出或营业收入分成基本市场份额和非基本市场份额，那么总就业量同相应的基本市场份额之比即旅游乘数，可以用之分析旅游业的直接经济影响，其前提是这些企业为本地市场服务是它为外部市场服务的直接结果。

优点是收集材料比较容易，而且具有很强的实用性。

缺点是它将地区内经济增长源错误地假设为单一的出口提高，忽视了增长的内部动力，从而过高地估计了出口销售的经济影响，也没有对“游客购物单”的组合内容进行分析，认为不同形式外部资金的注入会产生相同的经济效果。

5. 旅游乘数理论的局限性

第一，乘数理论不以分析旅游接待国家或地区的产业结构、经济实力为基础。

第二，乘数理论的前提条件之一是要有一定数量的闲置资源和存货可被利用，以保证需求扩张后供给能力相应增长。

1.3.2　旅游卫星账户

旅游卫星账户（Tourism Satellite Account，TSA），又称旅游附属账户，是当前联合国和世界旅游组织等国际机构所积极推广的一种测度旅游业经济影响的方法体系。旅游卫星账户作为一种新型、权威、有效的衡量工具，是世界旅游组织和联合国统计委员会推选的国际标准，并成为各国政府部门制定旅游经济发展政策的有力工具。

20 世纪 90 年代中期，旅游卫星账户核算方法一出现就受到了一些经济学家和统计学界的推崇。2000 年 3 月联合国统计委员会正式批准了世界旅游组织提交的《旅游卫星账户：推荐方法框架》（Tourism Satellite Account：Recommended Methodological Framework，TSA：RMF，简称“框架”），使旅游业成为第一个拥有获得联合国首肯的国际性标准来测量和计量的产业。旅游卫星账户是一种宏观统计计量方法。它是以国民经济核算为统计基础，按照国际统一的国民账户的概念和分类标准，在国民经济核算总账户下所单独设立的一个子系统。通过编制这一账户可以把由于旅游消费引发的国民经济各行业中的直接和间接的旅游产出，从相关行业中分离出来单独进行核算，从而达到在国际统一的统计框架下对旅游经济进行全面测量和分析比较的目的。旅游卫星账户区别于传统的旅游统计体系，为各旅游发展国家提供了一个有国际统一标准的计量方法，不仅大大提高了旅游统计数据的可信度和区域间的可比性，而且能够准确全面地测度旅游经济在整个国民经济中的地位和作用，实现国家间的比较和对旅游业经济影响的量化分析。

20 世纪 90 年代初，世界贸易组织（WTO）和经济合作与发展组织（OECD）就旅游业对社会经济的重要性做了大量的研究工作，着力解决了如何描述旅游经济以及如何测度旅游对经济的影响等难题，这对后来卫星账户的设立起了重要的作用。WTO、OECD、欧盟统计局（Eurostat）和联合国统计司合作进行“框架”的编制。统计委员会同意此框架，于 2000 年 3 月批准采纳。

旅游卫星账户为政策制定者提供了旅游部门的概览，以及旅游部门与其他经济部门的比较。“框架”遵守国民核算原则，设置了一系列全球标准和定义来测量旅游业对 GDP、就业、资本投资、税收等的贡献，以及旅游业在国家收支平衡中的重要作用。

1.4 全面认识旅游业在国民经济中的地位

作为朝阳产业和新兴的税收财源，旅游业日益受到世界各国的重视。目前，旅游业已成为世界上最大的产业之一，是仅次于食品与住房的第三大消费领域，旅游业作为国民经济新增长点的地位得到进一步巩固。旅游业在国民经济中的地位主要反映在以下几个方面。

1.4.1 旅游业是发展最快、前景最广阔、规模最大的新型产业

旅游业所创造的产值占全球国内生产总值(GDP)的份额已超过10%。就我国而言，旅游业在第三产业中已经处于支柱地位，成为我国的一项重要产业，在经济社会发展中的作用不断增强，在世界旅游业中的地位不断提高。

旅游成为新的经济增长点与政府主导型发展战略密不可分，政府的主导作用是从中央和地方两个方面体现的。中央政府的主要作用是从宏观的角度为旅游业进行产业定位和排序。即确定旅游业作为国民经济新的经济增长点和支柱产业的地位，并列入国家产业发展扶持和优先发展的队伍。各级地方政府则主要根据当地旅游发展的条件和程度因地制宜地落实中央的政策。即中央给政策、出题目，地方做文章、求发展、得实惠。

1.4.2 旅游业是国民经济的先导产业

旅游业综合性高，带动性强，关联度大，对相关产业发展辐射作用强，特别是在扩大就业、提高收入方面有着重要的意义。

1.4.3 旅游业与国民经济的发展密切相关

国际旅游专家曾这样分析，当一国人均国民生产总值达到800～1000美元时，居民将普遍产生国内旅游动机，当达到4000～10000美元时，居民将普遍产生国际旅游动机，当超过10000美元时，居民将普遍产生洲际旅游动机。因此，世界各国都注重抓住时机，开拓旅游市场，加快发展旅游业。

1.4.4 旅游业是对外开放的一个“窗口”

发展旅游业可以促进各国人民的相互理解和合作，促进科技人员和信息的交流。旅游业为经济合作提供了食、住、行等必要的物质条件，国家通过它可以改善投资环境，为国民经济其他行业的发展打好基础，推动整个国民经济的大发展。

发展旅游业对国民经济有很重要的现实意义，但我们要全面考察它在国民经济中的地位。虽然旅游业对一个国家或地区的经济能起到积极的推动作用，但其负面影响也不容忽视。因此，必须正确对待旅游业在国民经济中的地位，既不能因为其消极的影响而否定它积极的作用，又不能无限夸大它的地位，只有这样旅游业才能

够健康全面地发展，才能推动国民经济的快速增长。

知识拓展

旅游活动经济的典型案例分析

纵观国内外旅游开发实践，不少地方已将活动经济作为旅游经济的基本属性之一，并运用它指导旅游开发。可以说，在旅游发展较为迅速的地区，人们可以轻而易举地发现“活动经济”的影子。西安仿古迎宾入城式、凤凰古城周边漂流、丽江古城放河灯、西双版纳曼迈桑康泼水节·印象、张家界系列旅游营销事件等莫不如此。这里以西安仿古迎宾入城式为例加以简要分析。

始建于明代的西安城墙堪称我国目前保存最完整的古代城垣建筑之一，是古城西安的标志性景观。依托城墙，西安已经形成两大旅游观光点(古城墙景区、城墙公园)和一大节庆活动(城墙灯会)，成为国内城墙旅游的佼佼者。但是，受多种因素的制约，城门多年来一直被简单地作为旅游通道加以利用，未能产生更大的经济效益。后来，西安市组织部署，投入人力、物力和财力，经过对中华礼仪文明的挖掘、唐朝礼宾史料的整理和创意策划，产生了仿古迎宾入城仪式的项目构想，经过排练后于1996年第一次正式亮相。1998年6月25日，古城西安在南门举行仿古入城式，欢迎来访的美国总统克林顿，西安仿古迎宾入城式随之引起瞩目。此后，南门仿古迎宾入城式迎接了多国元首，被定位为非正式的国家迎宾礼仪。同时，这一旅游活动项目的商业化运作也在不断探索中取得突破，不少旅游团队慕名前来体验。2012年3月27日，近600名日本和韩国游客在古城墙南门参加并观赏了仿古入城仪式。此外，仿古入城仪式与其他事件嫁接，成为一种有效的旅游营销手段。2011年12月21日，古老的入城仪式牵手时尚的国际旅游小姐冠军总决赛，百位佳丽在此欣赏了精彩仿唐乐舞，参加了独特的入城仪式。这一事件引发了不少的报道和无数的关注，为西安旅游吸引了不少眼球。西安仿古迎宾入城式利用礼仪文化盘活了城门这一闲置资源，丰富了游客对古城的体验，提升了西安城市形象和旅游品牌，促进了艺术表演、文化经纪等行业发展，在产生了经济效益的同时也创造了无法估量的社会效益。值得指出的是，它还给游客和社会以创造灵感。有人受此启发，提出了在丝绸之路的起点——西安古城西门(安定门)举行仿古出城仪式的创意。

课间思考

旅游目的地在拉动经济发展的过程中应该注意些什么?

>> 任务二　研究旅游活动的文化影响 <<

任务导入

自19世纪托马斯·库克的旅行社诞生拉开现代旅游的序幕，至今已有一百多年的历史，旅游也经历了从个别到大众经营的历史发展过程。当还处于低水平阶段时，旅游对社会的影响并不大；当现代旅游兴起后，随着规模、参与人数的不断扩大，旅游对社会的发展产生了很大的影响。

旅游影响社会文化的变迁，促进文化的互动和交流。影响文化变迁的因素很多，有自然环境的改变、文化内部的冲突、文化的传播等。人们外出旅游是本土文化与异地文化接触的过程，属于地道的文化传播过程。尽管旅游不是文化的主体，但它可以加速文化信息的传播。传播又可以导致不同文化之间的冲突与融合。

旅游是旅游者在一个时期内支付能力的一次集中展示，旅游者花钱大方，与当地居民之间有报酬的交往关系容易使他们产生物质和文化上的优越感，甚至言行傲慢。同时旅游者停留时间的短暂性和相对隔离的状态使他们不能深层了解当地文化知识，而只是表层认识。另外，旅游机构追求的是商业利润，他们将当地文化作为商品来出售，因此旅游者体验到的是包装的带有虚幻色彩的异质文化印象，在这种情况下，旅游者未必能从旅游中获得更多教益。

目前旅游业正在蓬勃发展，各地也在积极推进旅游业，这说明旅游业的确具有很大的发展前景。旅游业的发展能带来很多效应，只有当积极影响大于负面影响时，旅游业才能够顺利发展，所以为了旅游业的长期、健康发展，我们要客观地认识旅游影响，发挥它的积极影响，削弱它的不利影响。

课堂活动

学生以小组形式讨论旅游对社会文化的影响。

项目导读

当今社会，旅游已经成为人们的一种生活方式，大众化旅游的浪潮席卷世界，旅游业正以前所未有的势头迅猛发展。旅游业的发展给旅游地带来了巨大的经济效益，同时也对当地的社会文化产生了一系列潜移默化的影响。

知识链接

2.1 旅游对社会文化的积极影响

旅游活动对社会文化的积极影响是非常显著的。这不仅表现在对旅游地社会文化(旅游地居民)与客源地社会文化(旅游者)的积极影响，而且表现在对整个人类社会文化的积极影响。其中既包括文化层面的积极作用，也包括广泛的社会层面的积极作用；既有对物质、行为、组织、制度文化的积极触动，也有对精神文化，特别是价值观的积极触动。

2.1.1 旅游对整个人类社会文化的积极影响

从宏观看，旅游促进了不同国家、民族与地域，甚至时代文化的交流交融，从而加强了不同国家、民族与地域，以及不同层次人们之间的了解，有利于人类社会的和谐共处。生物学重视物种杂交，文化学重视文化交融。通过人类社会文化的沟通与交流，实现不同文化的互补互动，进而促进社会和谐进步、人类和平共处，是人类一直的梦想。中国古代哲学中有关“大同”社会的总结就反映了人类对和平共处生活方式的向往；古希腊柏拉图所著的《理想国》一书中，也幻想过人类的共融关系；西方基督教《圣经》中的故事里，更是认定了人类曾经历过语言统一的社会阶段；西方从人文主义运动起直至现今社会中的一些文化运动，都在一定程度上反映了人类通过文化交流促进和平的美好意愿。

旅游是旅游者之间、旅游者与旅游地人们之间的社会交往和文化交流活动，有助于加深人们之间的感情联系，其中跨国旅游还可以对国家外交关系的建立与发展，以及世界和平的维护发挥积极作用。1980 年 9 月世界旅游组织在《马尼拉宣言》中曾对此做出总结：旅游在国际关系和寻求和平方面，在促进各国人民之间的相互认识和了解中，是一个积极的现实因素。

人类的国际交往关系一般有三种形式。第一，政府之间的官方外交。其形式受到国际惯例、礼节规范、国家政策等种种限制。第二，社会集团之间的半官方外交。它反映着本集团的意志，交往活动带有明显的政治倾向或经济目的。第三，民间外交。无论政府之间是否建立有正式外交关系，各国人民总会通过各种途径进行接触。旅游者的交往不代表任何组织或他人的意图，他们在整个旅游活动过程中可以任选交往对象，这种社交最大限度地回避了政治与功利的干扰，所以是自由的民间外交形式。旅游这种民间外交形式虽属个人行为，却在一定程度上反映出全体人民的态度倾向。它可作为官方外交的先导与补充，起到独特的积极作用。因此，世界旅游文献中普遍承认，旅游这种和谐、融洽的民间交往形式不仅可以加强世界各族人民的相互了解，增进他们之间的友谊，还有可能对世界和平与稳定起到积极的促进作用。

无论是国际旅游，还是国内旅游，作为民间交往形式都表现出三大鲜明特点。

1. 阶层广泛，身份平等

旅游者和客源地居民的社会交往可以从不同侧面影响不同阶层的人，有助于消除不同阶层人士的感情隔阂。与外交官员相比，国际旅游者的接触属于多层次、全方位、少限制、无顾忌的自由民间外交。旅游是自由休闲活动，每个参与者都不存在管理上的上下级责任关系，从而也就没有区分身份的必要。这种交往形式之所以能够形成轻松愉快的气氛，是因为交往对象的社会地位平等。不分贵贱的平等身份消除了以往因地位关系造成的感情隔阂，有助于人民相互了解，友好相处。

2. 自由灵活，无私坦诚

旅游是个人行为，参加者不代表任何组织，所以其交往既没有工作的任务要求，也不受官方外交所特有的礼宾规定限制。这种无拘无束、畅所欲言的交往形式能使人民之间进行最真实的情感交流。旅游者的交往关系通常不存在相互交换利益的关系。多数人都愿意以与人为善的态度主动接近他人，并无条件地交流信息、传递知识或主动帮助他人。旅游交往关系的无功利性还表现为双方关系的适度，除非个别人另有图谋，通常人们不会建立过度密切的私人感情关系。恰恰由于存在着无私坦诚的特点，旅游交往才显得格外轻松。

3. 互相善待，关系融洽

旅游交往为人们提供了充分表现自己善良品质的机会，所以特别容易促成交往关系的融洽，友好的交往气氛通常被视为双方人民意志与愿望的反映，关系不融洽则仅被看成交往者个人情绪的表现。共同置身于异地的旅游者由于存在一致的旅游需求，通常会自然而然地组合成互相照顾的临时小团体，故某些团体通常以奖励旅游的方式来培养团队精神。旅游是人们寻求愉快的外出活动，参与者没有与他人发生矛盾的必要。当意见相左时，最不好的结局也就是不再往来，而绝大多数情况是相互谅解。如果同行者原本相识，暂时共度旅游生活的进一步接触可以加深彼此的了解，增进友谊；关系淡漠者可以建立友谊；有矛盾者可以通过交谈消除误会。就家庭而言，旅游可以增进夫妻之间的感情，甚至在一定程度上可以缓解夫妻间的矛盾，他们在旅游行程中表现的相互关心与谦让可使原已受伤害的感情得以弥合。无论哪种旅游形式都有利于人们进一步理解“宽容”在社会交往中的实际内涵。

2.1.2 旅游对客源地社会文化的积极影响

旅游者是客源地社会文化的载体，旅游活动对客源地社会文化的积极影响是通过旅游者实现的。尽管旅游活动中的社会文化影响具有双向不对称性，但旅游者仍然会受到旅游地社会文化的影响，特别是当旅游地社会文化呈现强势的时候。旅游活动一方面提升了旅游者的素质，另一方面也调剂了旅游者的生活，从而促进客源地社会文化的进步。

1. 提升旅游者的素质，促进客源地社会文化的兼容并蓄

旅游活动既是一种体质的锻炼活动，又是一种知识的学习活动。旅游者通过旅游活动，广泛接触世界各地的自然风光、文物古迹和风土人情，享受各种休闲娱乐，不仅锻炼了体质，磨练了意志，而且学习了知识、开阔了视野、陶冶了性情，从而提升了身心素质。这主要表现为：第一，旅游可锻炼体质，磨练意志。异地旅游需要出行，观看风景需要步行，体验民俗需要参与，享受休闲需要活动……可见异地旅游休闲并不是静止的，而是活动的，其中以体育旅游、探险旅游为甚。有活动，就有体质的锻炼，有体质的锻炼，就有意志的磨练。现代许多城市旅游者，特别是脑力劳动者的出行，很大部分是出于身体锻炼、身体保健的考虑。第二，旅游可开阔视野，学习知识。“喜新厌旧”乃人之常情，旅游活动实际上也是人类“喜新厌旧”的表现，人们厌倦了居住地，就想去看看外面精彩的世界；厌倦了旧景点，就要去寻找其他美丽的景观；厌倦了旧项目，就要去体验另类刺激的活动。人们在永无止境的求新中追求需求的满足，从而不断开阔视野、了解新事物、学习新知识。俗话说“读万卷书，行万里路”，可见不仅读书，而且旅游也是人类掌握知识的主要方式。旅游是在求新中求知，在娱乐中学习，远比单纯读书有吸引力(见表 2-3)，其中以修学旅游、文化旅游、生态旅游为最。第三，旅游可提高思想修养，陶冶情操。旅游活动对旅游者精神素养的提升作用突出。面对优美的大自然、灿烂的人类文明、精彩的异质文化，以及丰富的娱乐活动，旅游者会在认识的基础上，获得情感和思想上的升华。认识异质文化，可以纠偏反思；回归自然，可以陶冶性情；领略人类文明，可以拓宽胸怀。例如，奖励旅游可以培养团队精神，生态旅游可以培养环保意识，文化旅游可以培养道德情操等。旅游通过旅游者的思想变化，影响客源地社会文化，形成"宽容"的文化态度，促进人类社会的和谐互动。

表 2-3　读书与旅游的特点比较

项目	读书	旅游
表现方式	抽象概念	具象事物
内容范围	单一、有逻辑关系	广泛、多样、松散
知识特点	专业性强、偏重理性	社会生活化、侧重感性
认知方式	被动灌输、强行记忆	主动探索、随机接受
驱动力	意志	兴趣
效果	难懂、记忆深刻	易懂、易忘
秩序	纪律约束	自由
标准	必须掌握	任意取舍
紧张度	考试压力	无压力
性质	纯粹学习	学习与实践结合

2. 调剂旅游者的生活，促进客源地社会文化的休闲发展

人类的生活是单调的，劳动或工作、家庭和社会义务、饮食与休息占据了人生大部分时间。工业化和城市化尽管带给了人类丰富的物质，但不仅没有使人类摆脱生活的单调性，反而带来了城市生活的种种压力，包括社会规矩的约束、工作的单调疲劳、环境的恶化、人际关系的困扰。因此，通过旅游与休闲来调剂生活、丰富人生成为现代人的基本追求。旅游调剂生活在于旅游不仅使人们暂时摆脱了日常的工作与义务，而且还提供给人们运动健身、保健享受、娱乐休闲、观光审美等放松身心的机会，从而唤起旅游者对生活的热情。因旅游休闲的影响，客源地社会文化逐渐向休闲发展，休闲文化成为流行——追求身心愉悦，追求"自由、轻松、随意"，追求"兴趣、爱好"，以及追求"发展、享受"等成为社会文化的主旋律。

2.1.3　旅游对旅游地社会文化的积极影响

1. 促进旅游地社会文化的对外交流

文化沟通、文化交流是文化发展的前提。客观上，旅游起着促进不同地区、民族、国家文化之间相互沟通和相互交流的作用。旅游活动对文化沟通和文化交流的促进优势十分明显。首先，这是一种人群与人群之间的直接交往，而不是以文字、图片、有形物品等形式，或以个别人为代表的间接沟通或信息传递，是对文化的亲身体验。其次，旅游体现着各种社会文化现象的交叉和渗透，其中不同文化主体间的沟通内容涉及甚广，几乎无所不包。再次，旅游是人类的和平交往，是人类文化最理想的交流方式。最后，以旅游为媒介的对外文化交流虽然离不开政府的参与，但主要是一种民间文化交流，常常能发挥正式的外交活动所不能发挥的作用。旅游地通过发展旅游，一方面可以了解别人，促进人类整体观念和世界大同观念的形成；另一方面又可以宣传自己，树立自己的真正形象。

2. 促进旅游地民族传统文化的保护复兴

由于了解和体验不同文化是旅游者的主要动机之一，旅游地在旅游开发中就有可能重视历史文化遗产的保护、开发和利用，以便尽可能多地吸引旅游者。二战以来，随着世界旅游业的蓬勃发展及旅游产业经济优势的凸显，许多国家和地区逐渐对民族传统文化采取了系统的保护、挖掘和利用措施，以使本国、本地旅游业更具特色和魅力。因此，一些原先几乎被人们遗忘的传统习俗和文化体育活动又得到开发与恢复，如西安市抢救整理了仿唐乐舞；几近湮灭的文物古迹得到维护、整修甚至重建，如我国的江南三大名楼；更有意义的是一些国家和地区从经济建设总体的高度研究民族传统文化的保护和发展，把民族传统文化遗产的保护和开发纳入城乡总体建设规划之中。因此，世界旅游组织指出，对于具有文化价值和旅游价值的东西，旅游有能力保护、拯救和复兴它们。当然，所有这些原先几乎被抛弃的传统文化遗产之所以能够得到前所未有的重视，确实如法国研究旅游社会学的朗卡尔所说，是因为旅游业所能带来的“实惠”，而不是因为它们对当地居民所代表的价值。

3. 促进旅游地社会文化的现代化

首先，旅游能促进旅游地社会文化在物质层面的现代化。为了适应旅游业发展的需要，吸引游客前来参观访问，接待地会不断改进自己的物质条件，新的文化设施会有所增加，文化环境会不断优化。旅游促进了一些城市独特风貌以及其他颇具创造性的人文景观的形成，它们为旅游地增添了新的文化风采。其次，旅游能促进旅游地科学技术水平的提高。科学技术的发展是旅游活动产生和发展的前提条件，旅游在发展过程中又不断对旅游地科学技术提出新的要求，要求与旅游活动有关的交通运输工具、通信以及旅游服务设施和设备等更加快速、便利、舒适和安全。尤其对发展中国家来说，旅游是刺激这些地区加快发展的重要因素。同时，在旅游过程中，一些旅游者会给旅游地直接带来先进的科学技术思想和成果，对旅游地科学技术的发展起到促进作用。最后，在旅游活动的影响下，旅游地社会的行为方式、价值观念会发生改变，总体上会更加趋向开放，趋向国际化、现代化。可以说，改革开放以来我国旅游业的发展不仅为国民经济的繁荣做出了巨大贡献，而且在很大程度上促进了文化的现代化进程。

2.2 旅游对社会文化的消极影响

任何事物都具有两面性，旅游活动也不例外。旅游在促进东道地的环境、经济、社会、文化等方面改善与发展的同时，也必然会带来一些消极影响。一些对旅游抱有偏见的人常常过分夸大它在社会与文化中产生的消极影响。例如，有人认为旅游给东道地带来了交通拥挤、环境污染、物价上涨、价值失范等问题，澳大利亚的环境保护主义者曾采取极端手段阻止奥运会在该国举行，因为他们担心组织这种大规模的活动将给那里的环境带来毁灭性灾难。又如，有些思想极端的人将旅游看成帝国主义和殖民主义的最新形式，说发达国家狡猾地避免了“侵略扩张”的谴责，以发展国际旅游为幌子，将本国通货膨胀的经济危机转嫁给发展中国家。

2.2.1 “旅游负效应”概念

我国旅游学术界曾将旅游造成的消极作用统称为“旅游污染”，并定义为：“旅游污染是指由于旅游业的发展，给旅游接待国或旅游接待地的环境造成的损害和对社会文化产生的消极影响”。

“污染”一词在中国学术理论中被界定了环境与社会的双层范围。国外旅游理论研究者对旅游污染的理解仅限于“环境污染”。我国独创的“精神污染”一词在社会科学中的解释远比“环境污染”的解释显得复杂。世界上多数民族的语言中不存在这种概念，我国为开展社会道德教育而提出的“精神污染”一词自改革开放以来在一段时期内曾被广泛应用，但很容易被外界误解。由此引申的“旅游污染”概念也是如此，所以需要更为准确的词汇取而代之。随着社会法制的不断健全，“精神污染”概念正逐步被各种更为具体、明确的词汇所取代，“旅游污染”一词也已不再适用。鉴于这是一个既令外国人费解，又容易被国内人民含混的概念，所以我国现在将旅游产生的消极影响改称为“旅游负效应”，定义为：“因发展旅游业所导致的旅游东道地区的环境破坏，以及社会、经济、文化，旅游者与接待地居民的观念等社会上层建筑向消极方向变异的社会形态总和”。

根据这一定义，“旅游负效应”分为旅游的经济负效应、旅游的社会负效应、旅游的文化负效应和环境破坏等。

2.2.2 旅游的社会负效应

旅游的社会负效应主要以社会矛盾的形式出现，不仅在东道地社会，而且在客源地社会都普遍存在。例如，旅游者的大量到来会造成东道地的交通拥挤、物价上涨等现象，进而引发旅游者与东道地居民的矛盾；经济文化比较落后的客源地的旅游者可能会被东道地的发达先进所吸引而对客源地社会现状不满，造成客源地社会不稳定。不过，旅游的社会负效应以东道地社会最为明显。

对旅游持消极态度的人认为多数旅游者所从事的旅游活动只是旅游公司为迎合消费者心理需求而特意制造出来的产品，而不是真正的文化交流，旅游者非但没有通过与当地人的交往而加深理解，反而有可能出现新的误解。环保人士认为旅游给人们带来的好处难以抵消对环境造成的损失，旅游者愉快离去后，给旅游胜地留下的只是生活垃圾。更有甚者将旅游称为帝国主义和殖民主义的最新表现形式，认为以前的帝国主义用军事手段占领别国土地，为的是掠走资源；现在却以旅游者的身份直接到不发达地区来享受，本质在消费他国资源，将本国难以解决的经济危机转嫁给经济不发达地区。

联合国教科文组织 1976 年的一份报告中列举了旅游东道地主客关系的四项特征：

A. 关系是短暂的、表层的。

B. 交往关系受到时间和空间的限制，旅游者以尽可能短的时间到多处景点观光。

C. 关系缺乏自发性，接触一般是预先安排好以符合旅游日程表，目的主要是商业交易。

D. 关系不平等、不平衡，原因是双方的财富和地位悬殊。

由此可见，旅游活动所导致的社会矛盾还是不同程度地普遍存在着，其中以东道地区最为明显。

1. 因观点对立而引发社会矛盾

旅游者与东道地居民常持有截然不同的观点，特别是政治观点，双方在旅游交往中不可避免地要涉及此类问题的讨论，因而引发情绪情感的对立。在东西方文化冲突中，西方带有明显殖民主义色彩的文化理论对世界政治与文化的发展至今都起着破坏作用，同时也对发展中国家的人民造成心理上的伤害。

例如，以英国格林尼治皇家天文台为中轴确定的东西半球的经线划分，就是大英帝国殖民主义的产物。又如，意大利人哥伦布最先发现美洲大陆的西方殖民主义文化理论早已引起美洲土著人民的强烈不满。美洲土著人民解放运动家布鲁斯·威·角说："讲哥伦布发现了新大陆，对我们原住民来说，是一个莫大的侮辱。"因为早在哥伦布到达美洲之前，就有许多被误称为印第安人的美洲土著人民生活在这片土地上并创造了特有的文化。哥伦布的实际功绩只是在于让欧洲人开阔了眼界，了解到大西洋的彼岸还存在着一个过去自己所不知道的大陆。摩尔根的《古代社会》一书对此做过明确论证。联合国在 1991 年的决议中宣告 1992 年为世界土著人民国际年，据说就是为了否定哥伦布发现新大陆的结论。

2. 因利益不同而产生排外情绪

旅游活动涉及旅游者、东道地居民、旅游经营者、地方政府等利益相关者，其利益不仅包括物质利益，还包括环境、社会、文化等方面的利益，如果这些利益关系不能很好地协调，常常导致社会紧张，特别是东道地居民与旅游者关系的逐渐恶化。

随着不同素质的外来游客越来越多，旅游东道地居民的防范意识也随着社会经验的逐渐积累而加强。东道主与客人之间关系产生裂痕的主要原因并非像西方人理解的那样是出于旅游者数量的变化，其根本原因在于利益被侵犯。道克西曾就社会紧张与旅游发展两者关系总结出“伊里戴克斯”模式。

表 2-4 旅游地居民与旅游者关系变化分析

阶段	状态	接待者心态	待客表现
Ⅰ	接待规模尚未或初步形成	欣喜	围观与欢迎
Ⅱ	交往趋向商业化	淡漠	习以为常
Ⅲ	因设施档次显现贫富矛盾	不满	计较利益
Ⅳ	力图减少损失	敌意	防范与排斥

可见，旅游东道地居民对待客人的态度会随着旅游业发展进程发生变化。在旅游开发的最初阶段，对外界不甚了解的当地居民不仅多用好奇的眼光围观旅游者，而且其中有些好客的主人曾以无偿接待赢得“民风淳朴”的美誉；旅游者表示感谢所馈赠的礼品则成为他们炫耀自己有幸接触外界文明的资本。

随着旅游者的大量进入，人们逐渐习以为常，东道地居民对待旅游者的态度就开始出现冷淡的表现。第一，当主客合影成为赢利方式时，寻求友谊的善良旅游者会感到情感受到了伤害，旅游者们感觉到接待者具有“商业性质的微笑”已很难掩饰营利的动机，从而产生主客关系的不和谐。第二，出于扩大客源的需要，几乎所有旅游地区都会将生产兴趣转向游客需求的旅游购物品，而这种以游客为经营方向的生产有可能减少原本可以满足当地人生活的物质产品生产规模，当地居民如果买不到维持正常生活的商品，就会把责任推给外来者。第三，收入差别也是造成东道地区居民产生排外情绪的重要原因之一。不仅旅游业服务者的高收入会引起技术工人的嫉妒，而且外来旅游者的高消费也会使东道地居民在与旅游者的接触中表现出明显的不满情绪。未能跻身旅游行业工作的东道地居民也会把自己的贫困归罪于游客带来的通货膨胀。第四，严重影响旅游地居民利益的政策与项目也会导致排外情绪的进一步恶化。日常生活受到干扰的旅游地居民甚至可能公开驱赶外来旅游者；旅游设施建设给东道地居民的生活造成妨碍时，许多未能跻身旅游行业工作、未从中得到利益的当地人会对发展旅游业持抵制态度。他们会把旅游者的消费当作特权，或指责旅游者侵犯了他们的利益。例如，以野生动物为主要食物来源的北美土著居民曾经抱怨旅游者捕走了他们的鱼、杀死了他们的鹿；在英国乡村，农民对隔窗窥视的外来者直接采取制止或驱赶的方式以表达他们的厌恶。第五，互不尊重导致的感情伤害在旅游地时有发生。一些地区的特殊民俗被开发成旅游项目后成为供客人取笑的话柄。在泰国清迈缅甸难民营一个专门建造的村落里，旅游者在购买昂贵门票后，便获得观赏“长脖子”妇女的权利。

3. 因收入变化而分化社会阶层、出现家庭矛盾

民族文化占社会主导地位的区域在发展旅游业的初期几乎都经历过社会阶层变异的阶段。根源在于旅游从业者的经济收入猛增，原来的社会阶层划分在经济收入不平衡的冲击下发生动摇。以往令人尊重的领袖、长者如今不再受年轻人尊重，只有当旅游者到来之际，他们才有可能根据场景需要被临时安排成演出的“主角”。

旅游业的发展带来了家庭成员经济收入的变化，从而导致了家庭矛盾的出现。一方面，夫妻关系解体。走向旅游行业工作岗位的妇女以劳动代价取得了高于丈夫的收入后，经济自立的权利意识增强。她们在社会、家庭中地位的提高对封建家庭观念较强地区造成很大的思想冲击。当妇女开始比丈夫挣到更多的钱时，作为家庭经济支柱的丈夫可能会因自尊心受到伤害而感到委屈，由此导致的离婚率上升，以及因单亲家庭增加而导致的青少年犯罪率上升便成为社会问题。例如，为缓解夏威夷发生此类社会矛盾，美国政府制定了农业补贴政策，据说用这种方法曾降低了离婚率，但这并不代表能根治这一矛盾。另一方面，出现人际代沟。旅游行业以招收青年人为主的就业特点使得社会劳动价值发生偏离，原先在当地曾因高超技术而享有盛名的地方传统工艺制造者的劳动价值与旅游业简单劳动价值相比显得无足轻重。当父辈辛苦几天的收入还抵不上子女在旅游工作岗位上一天的小费时，他们作为家庭经济顶梁柱的形象与威望在子女心中大打折扣，长者以往特有的权威受到冲击。

4. 因旅游需要而改变妇女地位

妇女从事旅游接待工作后，虽能增加个人收入，并相应提高社会地位，但她们比男人付出了更大的代价。例如，找工作时常受到年龄、相貌、身材、婚姻、家庭状况等特殊规定的限制；从事一些特殊工作还须被迫打扮得“更有魅力”；甚至在受到性骚扰时被要求装成若无其事的样子等。更有甚者，受不公平的社会待遇或生活所迫，旅游东道地妇女可能会改变传统伦理观念去从事违背社会道德的色情服务，一些好吃懒做的妇女就干脆将之当作致富的捷径，反而使妇女地位变得更为低下。

5. 因文化偏见而引起种族矛盾或民族纠纷

来自发达地区的旅游者常常具有一种居高临下的优越感，对东道地社会文化按照自己的文化价值加以曲解，甚至有意无意地宣扬种族主义偏见、狭隘民族主义；别有用心的旅游者打着自由平等的招牌，不怀好意地在一些民族地区散布谣言，以图激化民族矛盾，挑起民族事端，制造不稳定局面，民族歧视、民族纠纷等社会矛盾便就此出现。另外，旅游者如果触及诸如语言、风俗等禁忌也会造成民族纠纷。

2.2.3 旅游的文化负效应

从空间看，旅游不仅可能对客源地文化产生负面效应，由旅游者在旅游过程中受到心理伤害(如购物陷阱、受骗上当、额外支出、拥挤不堪等)和吸收文化糟粕所致，而且可能对旅游地文化产生负面效应，包括民族文化的变异、思想观念的腐蚀、物质文化的破坏，并以后者为主。从层面看，旅游的文化负效应波及物质文化、制度(或行为)文化、精神文化领域；从时间看，旅游的文化负效应具有长期性，在旅游发展的初期表现并不明显；从方式看，旅游文化负效应的发生具有自发性和隐蔽性，不像环境污染、社会矛盾、经济变化那么明显快速。

1. 民族文化变异

人类社会的文化多样性正如自然界的生物多样性一样为人类社会发展所必需，“越是民族的，就越是世界的”。但在经济发展中民族文化可能被同化，甚至异化，旅游活动则会加剧这一影响。

(1)文化情绪的媚外或排外化

经济发展水平相对落后的国家和地区居民，受社会历史因素的影响，本来就可能存在着“洋人优越”的思想遗毒；在旅游发展过程中受来自经济发达国家和地区的富有游客，以及随这些游客进来的外来经济势力的直接冲击，这些民族或地区的自卑感和媚外思想会逐渐加重。一些人在过高评价西方社会的同时，贬低本国社会，甚至抛弃本国本地的传统文化而一味模仿旅游者的生活方式，从而对旅游地社会文化产生强烈的腐蚀作用。

旅游发展既有可能加重旅游地文化的“仆从性”，又有可能导致旅游地产生排外情绪。旅游者的大量涌入会激发他们与当地居民之间的某些矛盾，特别是在旅游地综合接待能力有限的情况下，外来游客的大量增加和游客密度的提高，将使当地居民的正常生活受到干扰。当这种情况发展到一定程度时，当地居民对旅游者的态度就有可能从起初的友好热情转为不满甚至怨恨——旅游业的专职人员称之为“旅游怨”。此外，一些来自发达国家和地区的旅游者深受文化上的“种族中心主义”影响，认为只有本民族传统文化才是最正确、最优秀的，喜欢用傲视天下的态度来对其他文化加以贬低和批评，这无疑会引起旅游地居民的反感，从而造成旅游者与当地居民之间人际关系的紧张。

在很多情况下，旅游地居民对旅游者的两种态度往往是变化的、交叉的。比如，法国学者朗卡尔观察到：“每年 9 月底，居住在大西洋海边或地中海沿岸的西班牙村庄里的当地居民，便深深地吸一口气，如释重负地说，‘外国佬终于走了’，他们总算又‘过上安稳日子了’。但是，一到来年 3 月份，他们又担心起新的旅游季节是否会游客少，便眼巴巴地盼望着‘外国佬’游客的尽快到来。”当然，无论是媚外思潮还是排外思潮，对旅游地社会文化的发展都是不利的。盲目媚外，会诱发民族虚无主义；盲目排外，则有可能导致社会文化的固步自封。

(2)民俗风情趋向商品化

为满足旅游者的追新猎奇，东道地区原本非常神圣的传统礼教仪式变成取悦客人的杂耍或任由客人点评的笑料，这无疑会伤害当地人的自尊心。而经济利益的诱惑又很难让当地人对旅游者的请求“加演”做出回绝。

为能进一步刺激游客，一些地区旅游产品生产者可能会打着保持和恢复传统文化本来面目的幌子，不顾当地社会文明的需要并正在不断进化的事实，硬是“保留”、甚至制造出一些原始部落来，还煞有介事地标上正宗传统文化的标签，并冠以“人类学的活博物馆”的美名供客人观赏，以便游客日后能作为闲聊的话题或嘲讽的对象。这种状态在亚太地区、美洲、澳洲、非洲都有不同程度的表现。

(3)文物仿真与伪造化

许多国家都制定有禁止或限制出口文物及特殊艺术品的严格规定，以防止文化损失，于是仿真商品开始充斥市场。虽说经机械批量生产出来的仿真商品由于没有经过匠人的精心创作而失去了艺术魅力，却因价格低廉损害了原物的价值。特别是人们运用高科技手段将它们造得足以乱真或更为精良时，文物甚至有可能变为无人理睬的“垃圾”。

(4)艺术品歪曲化

旅游者满足于购买他们认为是当地正宗的典型艺术品留作纪念，旅游地手工业者却以旅游者需求为本进行生产。艺术家和手工艺人根据旅游者的需求逐渐改变传统风格，不再追求艺术创作，而以怪异的造型，能唤起旅游者注意的绚丽色彩，有利于包装、携带、邮寄为尺寸来设计商品规格为生产标准。于是在旅游商品市场上出现了买卖双方全看不懂的物品反被当作时髦商品出售的可笑现象。

(5)表演艺术庸俗化

表演艺术如民间歌舞只为包价旅游者表现，传统部落的舞蹈被人为缩短。在丰厚报酬的诱惑下，日趋商品化的传统文化面临庸俗化的危险。美国旅游经营者发现，夏威夷人传统的好客意识已明显减弱。前来欢迎旅游者的当地人为旅游者脖子上戴的花环由于费用高和旅游者数量的增多，现已被塑料花环取代，这种具有了商业性质的礼节令旅游者感到失望。在中国西北地区，哈萨克族的传统风俗“姑娘追”也失去了群众娱乐与男女青年表达爱情的原有意义，在旅游创收的驱动下变质为讨价还价的商业表演。有些西方社会学家认为，流行于埃及与土耳其的腹舞(俗称肚皮舞)虽然被称为东方著名表演艺术，但是实际上只是为了取悦西方旅游者而编出来的节目。持有这一看法的依据是这种显示女性人体美的舞蹈在社会上所起的作用与占有当地人口多数的穆斯林所信奉的教义、教规完全背道而驰。

(6)传统技能消失化

许多旅游地区原本都保持有传统工艺的制造技术，这些令当地人引以为荣的手工制造艺术品凝结着劳动者的智慧与创造力。而当它们迎合多数旅游者的购买需求后，其加工方式就有可能发生变化，工厂机械化批量制造出来的此类商品以低廉价格涌入市场后，传统手工业者就面临破产的境地，他们的技艺也由此被社会所淘汰。与吸收劳动力的社会效应相反，旅游业提供简单生活服务的劳动特点也会带来社会劳动者所掌握的技能逐渐下降的新问题。

2. 思想观念腐蚀

旅游者给旅游地带来异质文化，注入文化活力，但同时，外部世界意识形态中的糟粕也会跟随旅游者悄然而至。它们往往戴着现代文明的桂冠迷惑民众，当旅游地的居民良莠不分地大量接触这些外来文化后，一部分人(以年轻人最为典型)会造成思想认识上的混乱。这些外来文化的影响波及旅游地社会所有阶层，特别是对年轻人的思想起到极为恶劣的腐化作用，使社会心态严重扭曲又很难纠正。为了挽救下一代，当地人也会积极采取对抗措施，反对与游客交往。

(1)价值观念发生变化

在旅游业带动商品经济发展的同时，金钱万能意识也可能破坏旅游地的淳朴民风，一切向钱看的意识在旅游地会形成风潮。

旅游地居民经常用羡慕的眼光观察旅游者的高消费生活方式。但是如果商品需求随旅游者大量涌入而增加，暴涨的物价就会严重影响当地人正常的生活。如果旅游者仍旧具有较强的购买力就会引发当地人的嫉妒。旅游接待部门大多数只从事简单劳动的员工的工资如果明显高于其他行业员工的收入，特别是高于从事复杂劳动的技术人员的收入，会造成当地劳动力价值的相应贬值。人们开始对自身的价值产生疑虑，不再重视掌握文化知识和专业技术的作用和意义。旅游业可观的收入将吸引各个行业的专业技术骨干自动放弃原有的工作前去谋职。传统民族地方工业开始向旅游商品化转移，而当地的社会需求不再被生产者关心，旅游者成为民族艺术品的唯一客户。人们交往、社会义务、互相帮助、礼貌微笑、回答问题、合影留念等都沾染上铜臭。老人们忧虑“人心不古”，旅游者抱怨“钱能通神”。金钱成为衡量一切价值的根本标准。

旅游点的一些个体住宿业者或轿夫为抢夺生意对刚刚下车的旅游者拉拉扯扯，互不相识的客人却在主动交流着如何摆脱向旅游者强行索取费用的当地人纠缠的经验，许多景点用罚款增加本部门的收入。种种唯利是图的商业行为造成旅游景点声誉的严重破坏。

(2)社会信仰出现困惑

精神文明并不是总能与物质文明同步发展。旅游者来自社会制度不同的国家或地区，他们会自觉或不自觉地通过交往形式将自己的信仰及政治主张灌输给东道地区居民。通过与旅游者昂贵物质消费的比较，东道地区居民可能逐渐对以往受到的教育产生怀疑。有些涉世不深、思想单纯的年轻人由于理论水平有限，缺乏分析事物的能力，在盲目听取只言片语的错误论点后会产生疑惑，在外来文化的诱惑下，逐渐对自己原来的信仰持否定态度。他们不是辩证地、历史地探究社会现象的本质，而是冲动地对以往所受到的教育产生怀疑，对自己所持有的信仰产生动摇，继而把自己的国家看得一无是处，觉得社会制度、民族文化、工作环境、生活方式等统统不如外国的好。他们遗憾自己生不逢时，认为整个社会、整个时代都有负于自己。一些人不再追求真理，不再进取探索，开始玩世不恭，对生活不负责任，只求得到刺激，追赶“新潮”。一些人幻想破灭、头脑空虚，感到前途渺茫，开始消极遁世，对生活缺乏热情，还自认为大彻大悟，看破红尘。一些人变得自私自利，不愿尽社会义务，不肯帮助他人，开始学着损人利己、唯利是图。

(3)伦理道德逐渐低下

道德具有时代性、民族性、地域性，不能简单地用自己所在地区的道德规范去衡量所有外来者行为的好坏，但不合国情的外来伦理意识也能给旅游地社会带来很多麻烦。

旅游者的言谈举止常常冲击旅游地居民固有的道德观念。一些人开始对传统道德中真假、善恶、美丑、是非等的标准的合理性产生疑问。他们会认为“旅游者如此这般，为什么我们却不能?”通过观察旅游者迥然不同的生活方式，旅游地居民打开了认识外部世界的通道，他们竭力想缩小文明上的差距，于是开始向外来者学习。可是有些人只注重外来事物的表面现象，不切实际地追求生活的超高标准，甚至把外界那些庸俗、低级、难登大雅之堂的东西误认为时髦。虚荣心驱使有些人热衷于模仿外国客人的服饰和气派。道德情操的改变被披上个性解放的外衣，酗酒、吸毒、卖淫、走私、迷信活动等社会病态现象开始公开。在金钱的唆使和纵欲意识的支配下，一些不良分子明目张胆地从事非法活动，赌博、色情、走私、贩毒、投机、诈骗、偷窃、抢劫等各种罪恶行径开始复燃，有些地区甚至形成具有黑社会性质的犯罪网络。犯罪率上升，社会治安受到威胁。

随着旅游者的进入，外界道德可能改变旅游地居民的意识。赌博经改头换面称为博彩后，已成为一些地区具有突出业绩的旅游合法经营；吸毒被当作潇洒而流行于吸毒者之间；成功躲避海关检查的走私被旅游者当作炫耀自己如何聪明的话题；人们有时可以看到旅游纪念品商店的业主们在嘲笑刚刚离去的游客在讨价还价时所表现的无知。

(4)民俗风情慢慢变味

历经千百年历史经验总结出来的风俗也发生了质变。例如，为索取可观的小费，身穿民族服装的女服务员强拉客人与其举行“婚礼”，此类闹剧似乎已变成某些民族旅游村的重点活动项目，体验乡土文化的民俗旅游活动由此掺杂了色情服务的成分；传统饮食文化中的禁忌也因旅游者的需求而被解除，一些旅游者不分场合地对自己不合口味的地方餐饮或烹饪方法表现出厌恶的神情；民族服饰也发生很大变化，发达国家或地区旅游者的生活用品引起东道地区居民的浓厚兴趣，来自大城市的廉价 T 恤衫、牛仔裤误认为是现代文明的时尚潮流，当地人的传统服装被旅游者当作旅游纪念品抢购后价格飞涨，而一些民族服饰被无知的旅游者嘲笑，处于被社会淘汰的尴尬处境。

(5)固守陋习与宣扬迷信

有特色的风俗常常吸引着旅游者的注意力，这很容易唤起旅游开发者不加甄别地发掘所有社会现象的热情，致使一些低级的事物或被当作嘲讽对象，或被冠以合理解释成为固守陋俗的正当理由。号称民族传统的舞蹈表现出明显的色情挑逗内容，封建社会的婚丧礼仪成为旅游表演。在我国许多旅游景点，封建帝王、封建军阀，甚至外来侵略者的服装和武器已名正言顺地成为供旅游者照相的道具。

迷信活动在弘扬民族文化的幌子下开始复苏，只要稍微疏于管理，便会见缝插针地混杂在正当宗教场所附近从事欺诈活动。由于土地有限，我国一些地区甚至出现拆学校建寺庙的反常现象；有些迷信活动甚至采用高科技手段，如用电脑进行算命、测风水、定姻缘，用验血型来定性格等；原本是道家用于修身养性的吐纳术被神化成包治百病的神奇"气功"。不了解内情的外来旅游者常常良莠不分地将其视为当地传统文化。

3. 物质文化破坏

旅游活动对旅游地物质文化的破坏，主要包括旅游者在旅游消费活动中和旅游经营者在旅游经营活动中有意无意的破坏，其中以旅游者有意无意的破坏较为典型。

旅游者对旅游地文化遗产的损害，一类是由其不检点的行为造成的，另一类则是旅游发展的必然结果。现实中不乏这样的现象：一些旅游者每到一处，常常毁掉那些他们不顾路途遥远特地去观赏的宝物。如意大利古罗马广场的大理石装饰饱受人为破坏；绘在埃及卢克索城内庙宇墙上的古象形文字正在逐渐消失；中国甘肃境内的阳关古堡屡遭践踏。至于因游人乱刻乱画、随意丢弃废物所直接或间接导致的文物古迹的破坏，更是举不胜举。然而，更加普遍也更令人棘手的问题似乎还不是由游人行为不检点造成的损害，而是由旅游过度接待所导致的损害。例如，埃及金字塔由于长时间里大量游人的攀登出现严重损害情况，有人估计 1 万年后埃及的金字塔将不复存在；照相机的闪光灯，数以百万计游客的汗水、呼吸和指印，使得埃及尼罗河谷一些庙宇中的壁画和雕像受到腐蚀；成千上万旅游者的脚步几乎将意大利佛罗伦萨和威尼斯等历史名城博物馆内珍贵的镶嵌画地板磨平；过多的游人也使建筑物内的空气温度和湿度过高，给名贵油画的保护带来不利影响。我国的万里长城、北京故宫、秦兵马俑博物馆等著名人文旅游景点也有类似的问题存在。种种现象不得不令人怀疑有些人所持的"旅游资源可以永续利用"的命题。除了来自旅游者直接或间接的破坏外，旅游地的文化遗产还有可能因开发和保护不当而遭到损坏。比如因规划不当、管理不力或者片面追求短期经济效益，一些古都、古城的历史风貌被削弱，一些古建筑被毁坏或者被改造得面目全非。

知识拓展

武威市文化旅游名市建设成果发布暨冬春旅游推介会在兰州举办。推介会上，主办方播放了武威市文化旅游宣传片，市文体广电旅游局推介了全市冬春文化旅游产品和优惠措施，各县区文体广电旅游局及雷台、文庙、天梯山石窟等全市重点景区和凉州老街也进行了现场宣传推介，并向参会嘉宾赠送了 200 多份武威文创旅游产品，盛情邀请广大游客来武威旅游观光。

该市为发展冬春文化旅游，进一步激活冬春旅游市场，精心编制推出激情冰雪游、历史文化游、生态冬景游、民俗体验游、畅享美食游、乡村休闲游、科普研学游、红色文化游 8 大精品冬春文化旅游产品。同时，还推出夜游博物馆、"传承国粹崇文拜师"系列活动、乌鞘岭国际滑雪场冰雪嘉年华暨甘肃省滑雪运动开板仪式、2020 年丝绸之路·武威祁连冰雪嘉年华暨第三届银武威冰雪旅游文化节、非遗庆元旦、非遗过大年、"二月二"天祝藏族自治县赛马大会等 12 项地方传统特色民俗活动，印制发放了近200多万元的冬春旅游优惠券，全市3A级以上重点景区凭优惠券免费游览观光，可满足不同游客的旅游需求。

武威古称凉州，是中国历史文化名城、中国旅游标志之都、中国优秀旅游城市、中国葡萄酒城。文化底蕴深厚，旅游资源丰富，已形成以历史文化、红色旅游、科普研学、乡村休闲、民俗体验、地方美食、激情冰雪等为主的特色鲜明的文化旅游产品和线路，深受广大游客青睐，“天马行空·自在武威”正在成为游客心中的“诗与远方”。

课间思考

1. 武威市的文化旅游有哪些是值得借鉴和推崇的？
2. 在发展文化旅游的过程中要注意哪些问题？

>>任务三　研究旅游活动的环境影响<<

任务导入

旅游业是随着人们生活水平的提高、物质相对丰富而发展起来的朝阳产业。通过旅游人们既可以开阔视野、增长知识、愉悦身心，又可以锻炼身体、广交朋友。因而旅游逐渐成为人们生活的重要组成部分，尤其是外出旅游已成为一种时尚，也是人们追求和向往的休闲方式。国家改革开放政策和经济高速发展为我国旅游业的发展创造了良好的宏观环境，使我国旅游业得到了迅猛的发展，并由此产生了可观的经济效益。但随着旅游业的发展，我国的旅游资源、生态环境也遭到了破坏。

很多地方政府及旅游部门片面追求经济效益，对旅游资源做过度的、掠夺性的开发，使许多地方的旅游资源遭受不同程度的污染和破坏，这必然会使整个旅游环境遭到破坏。在旅游资源开发利用过程中，有关设施建设与旅游景区整体不协调，造成对旅游资源、旅游景区生态环境，特别是旅游气氛环境的破坏。这主要表现为古迹复原处理不当，新设项目与旅游景区景观不协调，改变或破坏了旅游景区所有的且应当保留的历史、文化、民族风格和情调，而旅游的价值正蕴含在这些当中。在开发利用旅游资源时，这些无疑是应当保留且极力保护并充分予以展现的。忽视旅游景区的整体协调及其内涵，盲目开发，只会造成景点的不伦不类，进而丧失其旅游价值，使游客的兴致减退。而盲目的城市建设破坏和削弱景区的协调性，也是显而易见的。

课堂活动

学生以小组形式讨论如何处理好旅游与环境的关系，以案例阐述为主。

项目导读

旅游与环境有着非常密切的联系，二者是一种互相依赖又相生相克的关系。一方面，环境资源为旅游产品的生产提供了最基本的成分，是旅游产品一个关键性的生产要素；另一方面，随着旅游业的开发和旅游者的来访，旅游目的地的环境不可避免地会发生变化。旅游业的发展会改善、优化环境，也会产生诸多副产品。因此旅游业发展对于目的地环境的影响既有积极的一面，也有消极的一面。

知识链接

3.1 旅游对环境的积极影响

1. 保护了自然旅游景区和名胜古迹

旅游资源是旅游业的物质基础和赖以发展的条件，更是吸引旅游者的首要资源条件。为了发展旅游业，很多自然资源被作为旅游资源进行了开发。旅游资源开发必然涉及对各类自然旅游资源以及名胜古迹的开发与保护，应力求将最有价值的景观资源呈现在游客面前。随着旅游业竞争的加剧，各国以及各区域政府积极增加资金投入，开发建设和保护当地的旅游资源，为环境建设提供大量的资金支持，并组织相关的旅游资源评比活动，这些都有利于自然旅游景区及名胜古迹的保护。

2. 提高了旅游目的地的环境质量

发展旅游业能提高旅游目的地的环境质量，主要有两个原因，一是优越的环境质量本身就具有强大的旅游吸引力。在环保意识日益深入人心的现在，为了发展旅游，人们比以往任何时候都更注意环境保护和改善环境质量。旅游业的需要及发展使当地环境迅速改观。因为人们已经意识到，如果没有优越的环境，哪怕旅游资源再好，也不可能成为好的旅游地。有一些地方既无出色的文物古迹，也没有奇特的自然风光，却凭借环境质量优越而成为旅游胜地。二是提高了人们的环保意识，促进了环境保护活动的开展。在旅游活动中有两类人群对旅游环境的保护起着关键作用，即旅游地居民和旅游者。旅游地居民能否积极保护该地环境，能否支持旅游业发展，是影响旅游业环境建设与发展的重要方面。而从目前的现实状况来看，旅游地居民依靠旅游业生存是一个不容忽视的现实。这也意味着，为了从旅游业发展中获利，旅游地居民必须要积极保护该地旅游业的依托——旅游环境，以吸引游客，进而获得相应的利益。对于该部分人群来说，旅游有利于提高环境保护意识。另外，旅游者在整个旅游环境保护中也起着关键作用。优美的自然环境、和谐的氛围是引起其旅游兴趣的要点。在身临现场感受自然优美的同时，旅游者也会因对优美环境的欣赏与认可而产生追求与保护的意念。随着旅游环境保护宣传力度的加大以及旅游者素质的日益提高，旅游者自然也可以对旅游环境起到保护的作用。

3. 改善了旅游目的地的基础设施和服务设施

交通是旅游基础设施的重要组成部分。发展旅游业，交通是关键。人们在旅游出行前，首先考虑的往往是所去旅游地的交通是否便利。如果没有方便的交通，时间上、旅费上会增加多余的支出，旅游者就有可能取消旅游活动。所以再好的旅游胜地，如果没有良好的交通作保证，也会影响旅游客源。因此旅游业的快速发展首先带来目的地交通条件的大幅度改善。另外，通过旅游业吃、住、行、游、购、娱等产业的发展，休闲和娱乐场所及相关服务设施的数量得以增加，服务质量得以提高。

3.2 旅游对环境的消极影响

不恰当的旅游发展会给当地环境造成十分明显的消极影响，旅游对环境的负面影响归纳如下。

1. 旅游活动对地表土壤的影响

旅游者的行为对风景区内地被植物—土壤环境的影响主要表现为践踏、采摘及旅游垃圾堆放等的干扰和胁迫作用。旅游活动产生水平、垂直方向作用力，对地被植物—土壤环境造成直接与间接损害。旅游活动的最终后果是影响地被植物的种群成分、土壤的外部形态，影响风景区自然保护价值，不同程度地改变了景观面貌，进而影响了景观价值。风景区游人践踏植被、土壤的痕迹随处可见，形成了多条旅游小径。土壤裸露，土壤板结程度增加，水分渗透力降低，增加了地面径流的机会，雨水冲刷后常造成水土流失。游客扔掉的含难分解有机质的塑料袋、易拉罐、塑料瓶等，易使土壤结构发生变化，从而使土壤微生物活动减少，特别是喝过的饮料汁液溅洒到土壤里，使局部土壤酸碱度发生变化。由此可见，旅游活动对土壤理化性状有比较明显的影响。

2. 旅游活动对植物的影响

旅游活动对旅游地环境的影响几乎是不可避免的，尤以对植物的影响最为显著。随着游客的大量增多及旅游宾馆酒楼释放的废气污染物的急剧增加，旅游区内的植物遭受了较为严重的污染和伤害。

人类的旅游活动对地表植被和植物的影响可分为直接影响和间接影响两大类。直接影响包括移除、踩踏、火灾、作为营火材料采集和对水生植物的危害。间接影响包括外来物种引入、营养盐污染、车辆废气排放、造成土壤流失等，这些都会间接地影响植物的健康和生长。

(1)大面积移除

这是人类旅游活动对植物的最直接伤害。比如，为兴建宾馆、停车场或其他旅游设施，大面积地移除地表植被，甚至还从外地搬来其他土壤进行客土，以符合工程上的要求，这无疑是对植物族群抄家灭族的行为。

(2)游客践踏

在旅游活动对植物的影响中，游客践踏是最普遍的行为。只要游客一踏上公园或绿地，他的双脚就可能施压于植物。游客观赏自然风景区后，势必会使植物种群发生改变，有时会造成重大的变化。游客对植物践踏行为会引起一系列的相关反应。如会影响到植物种子发芽，因土壤被踩实而导致幼苗无法顺利成长；已成长的植物则可能因踩踏而导致生理、形态等发生改变；步行道规划设计不合理，也可能影响濒危植物物种的生长；游客所搭乘的交通工具常会留下车痕，造成植物组成的改变。

(3)采集

采集也是对植物的一种伤害行为。游客最常见的采集动机是想摘下某朵漂亮的花，或想尝尝果实的滋味，或是想带一部分植物回家种植。此外，许多游客迷恋植物的神奇疗效，一到野外看见药用植物就摘，使许多药用植物的天然族群越来越少。

此外，由于旅游者不慎或管理不善导致的森林火灾，致使植被覆盖率下降；任意砍伐树、竹做木屋、竹屋和烧柴等，毁坏了一些幼木，改变了森林树龄结构；大量垃圾堆积，导致土壤营养状态改变；空气和光线堵塞致使生态系统受到破坏等。

3. 对动物的影响

旅游区的开发可能会破坏野生动物的栖息地或庇护所。游客到达旅游区后，无论是旅游活动本身或是游客所制造的噪声都会干扰野生动物的生活和繁衍。而且一般游客总喜欢“有吃又有拿”，嗜吃各种山珍海味，又偏爱收集各类野生动物制品，以显示自己的“霸气”，这样野生动物的生命就受到了威胁。

(1)干扰

游客从事户外旅游活动时，不可避免地会对生存其中的动物尤其是较为敏感的鸟类和哺乳动物造成干扰。如西双版纳的象谷，由于大规模游客的进入，影响了野象的生活规律，经常出没于原始森林溪水旁的野象，现在只是偶尔有一两头到此活动；游客从事水上活动也可能对水鸟族群造成威胁，使水鸟不能好好孵蛋，天鹅或水禽还可能被钓客的钓钩挫伤，或食入钓鱼用的小铅块而丧命。游客使用各种旅游设施时所产生的噪声也是其中的一大影响因素，如手提音响、水上摩托车、汽艇均产生极大的噪声，这对动物的影响相当大；同时，水上各种船舶还可能产生油污污染，从而影响水中生物的生存。此外，游客在沙滩上的活动也会影响动物的生长，如影响海龟产卵行为等。

(2)对野生动物的消费

旅游活动对野生动物的影响，以游客对野生动物的消费行为最为严重。我国的游客不仅爱吃海鲜，更爱吃山珍，各种珍禽异兽只要没有毒，都有可能成为游客猎食的目标，从而造成这些族群数量的下降甚至绝迹。除了吃外，游客还喜欢购买野生动物的相关制品，如动物毛皮、象牙等；许多海域原本有各式各类的贝类，但大量供人食用以及被制成各式纪念品后，贝类的数量锐减。

4. 对水体环境的影响

水体环境在旅游文化中占有重要地位，旅游活动对水体环境的影响也是相当广泛而严重的。主要体现在以下几个方面。

(1)船舶油污、垃圾污染

旅游水体污染的重要原因之一是旅游船只所排放的垃圾、油污的污染。如桂林漓江，每逢旅游高峰季节，旅游船只几乎是首尾相接，组成浩浩荡荡的“船队”，不仅破坏了游江意境，而且船舶排放的污物大大超过漓江的自净能力，造成江水污染。很多水边地区为发展旅游业而修建度假村、休闲中心，其餐厅、宾馆等排放的污水和垃圾也是水体的污染源。

(2)水上运动

随着度假旅游活动的日益兴盛，湖畔、河边、泉点等地水上运动项目，如水上摩托艇、划船、踩水、游泳、垂钓、跳水、潜水、驾驶帆船等，极大地丰富了人们的度假生活内容，同时也给水体环境带来了巨大的冲击。如水上摩托车活动不仅对沙滩及海岸线产生侵蚀作用，而且其产生的涡流会影响海域生态，如珊瑚礁内的浮游生物和鱼类，漏出的油污还会污染水体，甚至会散布化学物质威胁水体生物的健康。

5. 对大气环境的影响

随着游客进入旅游区以及供游客乘坐的交通工具蜂拥而至，汽车排放的大量有毒尾气、扬起的尘埃和众多游人呼出的二氧化碳，以及旅游区内的宾馆、饭店等生活锅炉排放的废气，都会对旅游区的大气环境造成严重的污染。

(1)交通工具污染

数以万计的游客使用的私人交通工具，是最没有效率的运输方式，它不但会消耗更多的资源，而且会排放出更多的大气污染物。车辆所引起的大气污染以光化学烟雾污染最具伤害性，光化学烟雾中存在许多高反应性的光化学物质，不但会影响植物生长，还会危害人体健康。光化学烟雾严重时会影响视线，降低能见度，造成游客困顿。它所含的某些物质可能会刺激眼睛，造成流泪等不舒适的感觉。此外，交通工具所排放的废气还可能含有有毒物质，威胁地球生态的健康。从全球气候变化的角度来看，废气排放可能导致酸雨，也可能排放使地球增温的温室气体，或是排放诱发臭氧层空洞的物质。

(2)垃圾等固体废弃物

垃圾等固体废弃物有机含量高，如处理不当，会滋生细菌和病毒，特别是堆放在底层的有机物，因严重缺氧，厌氧菌迅速繁殖，病原菌滋生，并产生恶臭；旅游公厕如管理不善也会产生恶臭，增加大气含菌数。

(3)封闭环境中的大气污染

溶洞、餐厅、娱乐场所等，除了受外界大气影响外，还受内部污染物排放影响，如旅游者呼吸释放的二氧化碳、水汽并携带的病毒和细菌，吸烟增加的二氧化碳和烟雾，使用电子设备释放出的大量正离子，装修释放的有害物质，取暖散发出来的一氧化碳、二氧化硫、烟尘等，由于空气流动性差，空气污浊，令人头痛、气闷、食欲不振、精神不佳，甚至导致某些疾病的传播和发生。

(4)旅游设施对大气环境的污染

旅游宾馆饭店是任何一类旅游形式都必需的生活服务设施，对大气的污染源主要是供水、供热、供能的锅炉烟囱、煤灶的排气，旅游地域小吃摊排放的废气等，释放出来的主要是燃烧煤、煤气和液化气产生的二氧化硫、二氧化氮、一氧化碳和烟尘等，总量虽较工业小，但排放源分散、高度低、距景点近，且多无除尘设施，对旅游地大气质量影响大。

6. 对环境卫生的影响

旅游活动对环境卫生的影响主要表现为固体废弃物垃圾污染。在很多风景名胜区，人们都可见到游客丢弃的各种固体废弃物垃圾。垃圾污染现已成为我国很多风景名胜地区的一大祸害，是一个十分普遍而又棘手的问题。

我国游客总喜欢将各种食品带到户外食用，或是到旅游区附近的土产店、海鲜店里大吃大喝，为当地制造出了许多垃圾。南岳衡山每年约有 6000 吨的经营垃圾、2000 吨的旅游垃圾倒入旅游区内的溪流和水体中。某些山地的谷地几乎成为登山游人丢弃杂物的垃圾桶。山谷垃圾难处理，日积月累，臭气熏天。此外，这些垃圾的处理也是一大难题，因为“没有一种废弃物的处理方法是全然安全的”，如处理设备要耗电、耗能，而且部分污染防治设备会产生二次公害(如焚化炉可能排出含有有毒物质的废气)，再次威胁环境，甚至损害大众健康。

7. 对环境美学的影响

旅游活动对环境美学的不良影响主要在于游客的不文明旅游行为和旅游业的不合理开发建设。

(1)游客的不文明旅游行为

游客的不文明旅游行为会降低文化旅游资源的价值。比如，在旅游过程中，一些游客除了眼看、耳闻、鼻嗅外，还有在古树、碑刻、石头等上刻字画画的不良习惯。刻字留念可以说是最常见的游客恶习，景区内常可见到“××到此一游”，或“××爱××”的心型图案，不仅破坏景观，而且给人大煞风景的感觉。再如，我国黄山风景区非常盛行同心锁，情侣买来同心锁挂在树木旁的铁链上，可怜的巨树身上围绕成串的金属，古木参天的天然意境全被破坏了。

(2)旅游业的不合理开发建设

旅游设施建设项目规划不当或开发过度，会使当地原有的景观环境遭到破坏，即所谓的“开发污染”。旅游开发的实质是在自然山水或原有风景区的基础上添加人工建筑，使之适应旅游活动开展的需要。但现今很多的旅游开发，只考虑迎合其主观上认定的旅游者的兴趣所在的审美特点，忽视或根本不顾及该项目建设同周围景观环境的协调，从而造成对该地景观环境的破坏。如山东泰山、北京西山、河南嵩山国家森林公园等，索道悬空，电线杆插天，严重破坏了山岳风景区的原有生态。浙江普陀山是我国四大佛教名山之一，昔日“见屋皆寺庵，逢人尽僧尼”，现在山上山下，摊店林立，现代化娱乐设施遍布全山，流行音乐已淹没了寺院传来的梵音，洋楼与寺殿争高，摇滚与梵音共鸣，佛教圣地的原有氛围已不复存在。黄果树瀑布下游 7 千米处有一个天星景区，其内修了一个体积过大、黄色琉璃瓦屋顶的茶室，与景区的一个天然喀斯特盆景公园很不协调，破坏了自然美，违反了自然法则。

3.3 旅游的可持续发展

旅游资源作为旅游经济活动中的一个生产要素有其有限性和脆弱性。自然旅游资源无论是大自然的创造，还是内含人类劳动和智慧的半自然景观，都不再是可以任意无偿使用的资源，对它们的利用一定要考虑其再生能力。人文旅游资源具有垄断性、不可复制性，对它们同样要采取“只取利息，不动底本”的消费方式，以保证后人对这些历史文化遗产的继承和使用不受侵害。不合理地开发和使用这类文化性很强的旅游资源，带来的成本支出将是无穷的，也必将是永远的负效益。因此，开发不可再生的历史文化资源时，必须本着“保护第一”的原则，杜绝过度开发和掠夺性的破坏开发，适度开发旅游产品，保持资源的文化特性。

旅游业可持续发展的核心目标是为旅游者提供高质量的旅游环境，改善当地居民的生活水平，并在发展过程中保持和增强环境、社会和经济未来的发展机会。旅游业的可持续发展要使四方受益，即旅游者、当地百姓、未来的旅游者以及未来的当地居民，涉及同代人不同利益群体之间、同一利益群体代与代之间和不同利益群体代与代之间的公平问题。

知识拓展

古村镇旅游过度开发应该叫停

在经济利益的驱动下，一些古村镇相继被卷入旅游开发的大潮中，成片的伪古建筑替换了原汁原味的古建筑，原居民也被外地商人所代替，古镇纪念物更是大江南北相差无几，旅游给古镇带来不同程度上的损坏……由于很多古建筑物年代已久，已没有利用价值，因此，许多居民为了眼前利益而盲目地挖门楼、拆房梁、卸门窗、搬石雕，使得古村落的整体性遭到严重破坏。

分析：过度开发导致旅游地环境被破坏的事情屡见不鲜。古村镇是指那些保存文物特别丰富并且有重大历史价值或革命纪念意义的城镇、村庄。古村镇作为旅游产品不仅属于现在的消费者，还属于将来的消费者。我们不能因为经济利益而让古村落失去其赖以生存和发展的原汁原味，让其失去可持续发展的依据。

课间思考

古村镇在旅游开发中，应该如何做?

项目小结

旅游业的迅速发展对经济、社会文化及环境都产生了积极的促进作用，在这一点上，人们已达成了共识。但是任何事物都有其自身的局限性，旅游也不例外，它对经济、社会文化及环境的影响也有消极的一面，这已引起人们的广泛关注和重视。认识旅游对经济、社会文化及环境的影响，主要目的是在澄清认识的基础上，采取有效措施，积极发挥旅游的积极作用，杜绝或减少旅游的消极影响。总体而言，旅游的积极作用远大于其消极影响。

项目练习(满分100分)

一、填空题(共3题，每空5分，合计30分)

1. 旅游收入乘数可分为(　　　　　　　)和(　　　　　　　)。

2. 旅游业所创造的产值占全球国内生产总值(GDP)的份额已超过(　　)。

3. 旅游能增加外汇收入，平衡国际收支，主要表现在(　　　　)、(　　　　)和(　　　　)三个方面。

二、单选题(4个选项，有且只有一个选项正确；共2题，每题5分，合计10分)

1. 通过发展(　　)来增加就业机会，是有效解决就业问题的重要途径。

A. 第一产业　　B. 第二产业　　C. 第三产业　　D. 科技产业

2. 旅游业是个具有关联带动性的产业，旅游业每年增加1个直接就业人数，就可增加(　　)个与之相关联的间接就业机会。

A. 3　　B. 4　　C. 4.5　　D. 5

三、多选题(每题有4个选项，有2个至4个选项正确；共2题，每题5分，合计10分)

1. 国家货币回笼的渠道主要有(　　)。

A. 商务回笼　　B. 财政回笼　　C. 服务回笼　　D. 信用回笼

2. 在旅游活动中，(　　)对旅游环境的保护起着关键作用。

A. 旅游者　　B. 旅游地居民　　C. 旅行社　　D. 社会组织

四、简答题(共5题，每题10分，合计50分)

1. 旅游对经济发展有哪些积极影响?

2. 旅游对旅游地社会文化有哪些积极影响?

3. 旅游业对社会文化有哪些消极影响?

4. 旅游对环境有哪些积极影响?

5. 旅游对大气环境有哪些消极影响?

参考答案

一、填空题

1. 居民收入乘数　政府收入乘数　解析：旅游收入乘数是指旅游消费所带来的总收入与旅游消费之比，可分为居民收入乘数和政府收入乘数。

2. 10%

3. 换汇成本低　创汇便利　产品定价自主权大　解析：旅游能增加外汇收入，平衡国际收支，主要表现在换汇成本低、创汇便利、产品定价自主权大三个方面。

二、单选题

1. C　解析：旅游业与其他行业相比，在创造就业机会方面具有明显的优势，主要表现为就业容量大、就业门槛低、可带动间接就业。

2. D　解析：根据世界旅游组织资料，旅游业直接就业人数与其所带来的其他行业相关就业人数之比为1∶5；旅游资源丰富的发展中国家，每增加3万美元的旅游收入，将为社会增加两个直接就业机会和5个间接就业机会。

三、多选题

1. ABCD 解析：货币回笼的途径有很多种，比如财政回笼，即通过征税回笼货币；信用回笼，即通过吸收存款、收回贷款、发放国债等回笼货币；商务回笼，即通过销售商品回笼货币；服务回笼，即通过服务收费回笼货币。

2. AB 解析：旅游活动中有两类人群对旅游环境的保护起着关键作用，即旅游地居民和旅游者。旅游地居民能否积极保护该地环境，能否支持旅游业发展，是影响旅游业环境建设与发展的重要方面。另外，旅游者在整个旅游环境保护中也起着关键作用。优美的自然环境、和谐的氛围是引起旅游兴趣的要点。

四、简答题

1. 答：(1)增加外汇收入，平衡国际收支

增加外汇收入、平衡国际收支主要体现在国际旅游方面。一个国家获得外汇收入的途径有贸易收入、非贸易收入和资本往来三种。

(2)提供大量就业机会，吸收农村剩余劳动力

就业问题是国民经济发展中一个至关重要的问题。它不仅关系到每个劳动者的生存、发展和享受，而且关系到社会的安定、国家的繁荣。

(3)有助于旅游扶贫致富，缩小地区差异

一个国家不同地区之间的经济发展大都是不平衡的，旅游业的发展能实现财富在地区间的转移，有利于促进区域间经济和社会的协调发展。

(4)有利于优化产业结构，带动其他产业发展

加快发展第三产业是优化经济结构、提高整体竞争力的必要条件，第三产业的发展要以第一、第二产业的发展为基础，反过来又促进第一、第二产业的发展。

(5)有利于改善投资环境，扩大国际交流

旅游业是一种外向型经济，且具有投资少、见效快、产出多的特点，因此旅游业本身就是外商投资的热门行业。除此之外，旅游业的发展还会为其他行业引进外资创造良好的环境，从而扩大国际经济合作和交流。

(6)有利于回笼货币，促使良性循环

这项功能是就发展国内旅游产业来说的。为使经济社会正常运行，社会上流通的货币量必须与流通的商品量协调一致。国家投放货币后，要设法将其回笼，有计划地投放和回笼货币是一个国家或地区经济社会正常运行的前提。

2. 答：(1)促进旅游地社会文化的对外交流

文化沟通、文化交流是文化发展的前提。客观上，旅游起着促进不同地区、民族、国度文化之间相互沟通和相互交流的作用。旅游活动对文化沟通和文化交流的促进优势十分明显。

(2)促进旅游地民族传统文化的保护复兴

由于了解和体验不同文化是旅游者的主要动机之一，旅游地在旅游开发中就有

可能重视历史文化遗产的保护、开发和利用，以便尽可能多地吸引旅游者。

(3)促进旅游地社会文化的现代化

首先，旅游能促进旅游地社会文化在物质层面的现代化。其次，旅游能促进旅游地科学技术水平的提高。最后，在旅游活动的影响下，旅游地社会的行为方式、价值观念会发生改变，总体上会更加趋向开放，趋向国际化、现代化。

3. 答：(1)民族文化变异

人类社会的文化多样性正如自然界的生物多样性一样为人类社会发展所必需，“越是民族的，就越是世界的”。但在经济发展中民族文化可能被同化，甚至异化，旅游活动会加剧这一影响。

(2)思想观念腐蚀

旅游者给旅游地带来异质文化，注入文化活力，但同时，外部世界意识形态中的糟粕也会跟随旅游者悄然而至。

(3)物质文化破坏

旅游活动对旅游地物质文化的破坏，主要包括旅游者在旅游消费活动中和旅游经营者在旅游经营活动中有意无意的破坏，其中以旅游者有意无意的破坏较为典型。

4. 答：(1)保护了自然旅游景区和名胜古迹

旅游资源是旅游业的物质基础和赖以发展的条件，更是吸引旅游者的首要资源条件。为了发展旅游业，很多自然资源被作为旅游资源进行了开发。

(2)提高了旅游目的地的环境质量

这主要是因为，一是优越的环境质量本身就具有强大的旅游吸引力；二是提高了人们的环保意识，促进了环境保护活动的开展。

(3)改善了旅游目的地的基础设施和服务设施

交通是旅游基础设施的重要组成部分。发展旅游业，交通是关键。人们在旅游出行前，首先考虑的往往是所去旅游地的交通是否便利。因此旅游业的快速发展能带来目的地交通条件的大幅度改善。另外，通过旅游业吃、住、行、游、购、娱等产业的发展，休闲和娱乐场所及相关服务设施的数量得以增加，服务质量得以提高。

5. 答：随着游客进入旅游区以及供游客乘坐的交通工具蜂拥而至，汽车排放的大量有毒尾气、扬起的尘埃和众多游人呼出的二氧化碳，以及旅游区内的宾馆、饭店等生活锅炉排放的废气，都会对旅游区的大气环境造成严重的污染。

(1)交通工具污染

数以万计的游客使用的私人交通工具，是最没有效率的运输方式，它不但会消耗更多的资源，而且会排放出更多的大气污染物。

(2)垃圾等固体废弃物

垃圾等固体废弃物有机含量高，如处理不当，会滋生细菌和病毒，特别是堆放在底层的有机物，因严重缺氧，厌氧菌迅速繁殖，病原菌滋生，并产生恶臭；旅游公厕如管理不善也会产生恶臭，增加大气含菌数。

(3)封闭环境中的大气污染

溶洞、餐厅、娱乐场所等，除了受外界大气影响外，还受内部污染物排放影响。

(4)旅游设施对大气环境的污染

旅游宾馆饭店是任何一类旅游形式都必需的生活服务设施，对大气的污染源主要是供水、供热、供能的锅炉烟囱、煤灶的排气，旅游地域小吃摊排放的废气等。

实训项目

关于旅游产业在国民经济中地位的讨论

近年来，随着我国居民生活水平的提高和闲暇时间的增多，假日经济迅速升温。居民对旅游业产生强烈的需求。我国经济的发展，也使各地将寻找新经济增长点的视野由第一、第二产业扩展到第三产业，特别是旅游业。

但是，在发展旅游业时，如果忽视旅游业的特殊性，不考虑旅游业的负面影响，盲目选择旅游业作为主导产业，很可能会导致产业单一化，地区竞争激烈等后果。

如何正确定位旅游业？旅游业在各大产业中的地位如何？一个经济不发达的城市可以选择旅游业作为主导产业吗？

项目二　分析旅游业的新发展

知识目标

厘清旅游业的新态势；

阐述新型旅游业的特点。

能力目标

能够独立分析新型旅游业的特点；

认识全域旅游、在线旅游和绿色旅游；

撰写本地旅游业新业态调查报告。

关键术语

新业态　全域旅游　在线旅游　绿色旅游

>> 任务一　分析旅游业的新态势 <<

任务导入

新业态，创新不可逾矩

罗珊珊

共享经济等新业态、新模式的出现给经济发展注入了活力，也对传统监管模式提出了挑战。如何既鼓励创新又实现规范发展，是监管者面临的新课题。

这个暑假，旅游热潮持续高涨，如何让旅游住宿更放心、更舒适、更有特色，成为不少游客关注的话题。日前，文化和旅游部批准并正式公布新版《旅游民宿基本要求与评价》，新标准的发布对民宿行业的长期发展有着积极的指导和促进作用。

国家信息中心分享经济研究中心发布的《中国共享住宿发展报告 2019》显示，2018 年，我国以民宿为主要内容的共享住宿市场交易额为 165 亿元，同比增长 37.5%；主要共享住宿平台房源量约为 350 万个，覆盖国内近 500 座城市；共享住宿服务提供者人数超过 400 万人，房客数为 7945 万人。

快速发展的民宿行业潜力无限，但也存在标准模糊、规则缺失等问题。比如，有些民宿无需核验身份即可入住，存在人身和财产安全隐患；有些平台上的房源图片与实际不符，影响游客的旅游体验；还有些民宿没有经过治安、卫生、消防检查，未取得相关营业许可。凡此种种，归根结底是因为尚未形成与之相适应的管理制度体系。

在我国，从事旅馆业需要申请特种行业许可证，在消防、卫生、税务等方面也有相应的要求。与传统酒店有统一的标准和规范不同，民宿供给主体更加多元、服务内容更加多样、用户体验更加个性。如果忽视新业态的发展特征，沿用传统酒店的管理办法要求民宿从业者申请各类资质，显然不符合民宿业发展要求。加快制定符合行业特征的发展规范，是民宿业和广大游客的共同心声。

根据文旅部公布的《旅游民宿基本要求与评价》新标准，旅游民宿等级分为三星级、四星级、五星级3个等级，并明确了划分条件。特别提出旅游民宿评定实行退出机制，如果民宿在经营过程中出现违法违规事件，将取消星级。行业标准的确定为民宿业的规范发展指明了方向。

作为一种创新住宿模式，以互联网平台为依托的民宿业成为共享经济的重要组成部分。近年来，共享经济大放异彩，从共享单车、共享汽车到民宿等共享住宿，从野蛮生长到理性发展，新业态、新模式的出现给经济发展注入了活力，也对传统监管模式提出了挑战。如何在鼓励创新和规范发展之间实现平衡，是监管者面临的新课题。

此次文旅部公布民宿行业新标准，为民宿业高质量发展立下了规矩。希望有关部门积极探索经验，逐步建立长效监管机制，推动民宿业发展既保护创新，也遵守规矩，为游客提供更丰富的住宿选择，使人们的旅途更加多姿多彩。

（资料来源：《人民日报》，2019-08-21）

课堂活动

请同学们以小组形式分析和讨论：民宿是新业态吗？什么是新业态？请举例说明。

项目导读

旅游业是旅游主体与旅游客体连接的纽带。正是因为旅游业为旅游者的旅游活动提供便利，作为旅游活动主体的旅游者才能够顺利完成旅游活动。现今，随着社会的发展，旅游业出现了新业态。培育旅游新业态对于我国旅游业转型升级有重要意义，是旅游业供给侧改革、增加有效供给的关键步骤。加深对旅游新业态的认识，大力培育新业态是我们需要解决的重大问题。

知识链接

1.1 旅游新业态的基本概念

随着旅游需求的旺盛，旅游供给的快速增长，旅游项目的投资、开发水平不断提升(包括交通、景区景点、娱乐、住宿等)，旅游产业的地位不断提升。2009年国务院明确提出要“把旅游业培育成国民经济的战略性支柱产业和人民群众更加满意的现代服务业”。这说明，重视技术创新与国际接轨并优化产业结构，打造旅游综合体及统一区域旅游形象，并带动相关行业的发展。旅游业不只是个经济型产业，更是社会进步的象征，促进了经济发展和社会稳定。旅游业是一个涉及多个行业的综合性产业，其不同的跨界发展模式产生不同的旅游业态，于是，不断地产生旅游新业态。

旅游新业态应是一种全新的思维和方式，它实现了旅游发展、资源利用和环境保护之间的统一。旅游新业态的发展，可大大加快就业的步伐，以容纳与旅游相关的不同行业的人员就业。

旅游新业态是指围绕旅游市场的发展和消费需求而产生的新的旅游产品及消费运营形式，这种存在方式涉及资源(自然、经济、人力、环境)的合理利用，是形态与效能的有机统一。

旅游新业态的“新”主要体现在三个方面。

第一，实现产业融合。例如，旅游电子商务就是旅游业与信息产业的融合。旅游过程中的任何环节都可能会产生新需求，需要其他行业提供相应的产品和服务，存在着与其他行业融合的机会。产业融合是围绕旅游活动进行的，增加了旅游产业链的价值。例如，为更好地解决分时度假问题，旅游业将房地产与酒店业的产品及经营方式相结合，实行价格和服务策略，分流客流。为进一步开辟旅游业的新市场及增加其他产业链的价值，旅游业也可以融入其他产业链中。例如，医疗旅游就是一种具体融合方式。供给需求因素相互作用会激发旅游产业边界的扩融，以吸引其他产业的人才、资金、技术等资源融入旅游产业。要不断创造条件形成产业融合的新业态，以提高企业效率，增强企业跨界协作的竞争力。

第二，旅游服务的新业态。不同消费群体需要不同的旅游形式，一些新旅游形式的出现，使提供旅游服务的新业态产生了，旅行社以及线上服务机构利用自身资源、信息和专业优势，为各个企业提供量身定制的旅行服务包。旅游企业正在从产业链的消费环节向生产环节移动，进入社会生产的各个环节，提供整体全面的多样化旅游服务或为游客提供个性化服务。这样将会实现旅游要素的整合，节省游客的时间，改善游客的旅游体验，提高服务效率，由提供单一的旅游要素服务，向提供综合要素服务转变，并实现整个旅游要素企业的共赢。

第三，产品的创新。为满足游客的需求，旅游新业态的新还体现为产品的创新，以旅游者为导向，依靠科技手段进行产品的融合和创新。产品创新可以为旅游业的发展，注入新的活力，使旅游业进一步渗透到其他产业，这样将非常有利于国际竞争，满足多样化国际旅游需求。

1.2 旅游新业态的基本类型

旅游新业态的类型主要包括新的旅游组织形态、新的旅游产品形态、新的旅游经营形态三大类型。

1.2.1 新的旅游组织形态

一是产业间融合出现的业务融合型新组织形态，如会展旅游集团、景观房产企业、旅游装备制造业等。二是网络技术与旅游融合形成的新组织形态，如携程、艺龙等在线旅游运营商。三是新开发的特色组织形态，如家庭旅馆、主题餐厅等。

1.2.2 新的旅游产品形态

一是旅游与交通工具结合形成的新旅游产品形态，如自驾车旅游、高铁旅游、邮轮旅游、游艇旅游、自行车旅游、太空旅游等。二是以特色旅游资源为主的新旅游产品形态，如温泉旅游、影视旅游、高尔夫旅游、工业旅游、农业旅游、赏花旅游等。三是针对细分市场的新旅游产品形态，如夕阳红旅游、夏令营旅游等。

1.2.3 新的旅游经营形态

一是多类型企业形成的联合经营形态，如峨眉山景点与旅行社形成的“峨眉山旅游专卖店”，酒店和航空公司的联合营销等。二是出现的新型营销途径和方式，如“网络营销”、旅游大篷车、发放旅游消费券等。

1.3 旅游新业态的培育

1.3.1 转变传统观念

改革创新是旅游业转型升级的强劲动力，转变传统观念是改革创新的前提条件。发展旅游新业态，首先要抛弃传统固化的旅游观念，根据我国社会经济的新常态、我国旅游市场发展的新趋势及时调整旅游发展思路。

1.3.2 注重规划引领

注重规划引领作用，进一步明确旅游新业态发展目标，构建旅游新业态体系，规划旅游新业态发展时空布局，引导旅游新业态健康发展。

1.3.3 深化产业融合

深化产业融合，主要是推进旅游业与第一、第二产业以及第三产业其他行业之间的深度融合发展，以旅游业引领其他产业转型，拓展旅游新业态发展的范围类型。如用旅游业化解工业困境，发展工业旅游，促进旅游装备制造业成长壮大；助推旅游业与信息业的对接发展，主动融入“互联网＋”经济模式，提升旅游新业态发展的技术含量。

1.3.4　培育旅游创客

旅游创客是旅游市场经营中创意最活跃的群体，应鼓励社会共同参与，培育特色旅游创客空间、旅游创客基地，鼓励企业利用品牌优势，创办特色旅游创客空间，鼓励景区利用资源优势，申报中国乡村旅游创客示范基地。

知识拓展

培育新业态促进旅游业转型升级

尹福在　王霜

我省是旅游资源大省，虽然近几年旅游业发展较快，但与先进省市相比仍存在一定差距。要实现由旅游资源大省向旅游产业强省的新跨越，我省必须以供给侧结构性改革为契机，以提质增效为主线，加快培育发展旅游新业态，从更高层次、更多方面满足游客的消费需求，推动全省旅游业转型升级。

推动观光旅游向休闲旅游转型。世界旅游组织关于旅游与GDP发展关系研究显示，人均GDP超过3000美元时，旅游便由观光型向休闲型、度假型转变。目前我国人均GDP约合8000美元，正处在由观光型旅游向休闲型、度假型旅游转变的重要阶段。全省各地要牢牢把握旅游业发展趋势，把丰富的旅游资源转化为特色鲜明的旅游产品，满足广大游客消费升级的需要。尤其是拥有良好生态和独特景观的地区，更应该着力做好休闲旅游大文章，以吸引更多游客。推动乡村旅游向民俗文化旅游转型。燕赵大地历史底蕴深厚，乡村民俗文化异彩纷呈，应着力把乡村打造成为新的旅游热点，让乡村成为中华文明的传承之地、民俗乡愁的守望之地、农业文化的体验之地。2016年，全省有630多个乡镇、1650多个村庄发展乡村旅游，乡村旅游经营户已突破4.5万户。要支持这些地方提升旅游服务、更新旅游产品，让乡村旅游不仅仅局限于采摘农林产品、品尝农家饭等简单形式，而是能让游客留下来，在文化体验中传承民俗文化、体验乡情乡愁。

推动会议旅游向会展旅游转型。会议旅游曾经是一些地方旅游业的重要支柱。但会议旅游所带来的消费多限于餐饮、住宿、观光，对于拉动其他产业贡献较小。随着视频会议技术的发展，以会议为载体的旅游越来越少，而会展旅游则方兴未艾。会展可以短时间内聚集大量人员，并带动食、宿、行、购、娱等其他行业发展。同时，成功的会展品牌能够给当地带来相当高的美誉度，具有良好的辐射带动效应。

推动传统旅游向健康养生旅游转型。健康养生是最能与旅游融合的产业之一。随着经济社会的发展，居民的可自由支配收入大幅增加，闲暇时间也逐渐增多，人们对健康养生产品的需求不断增长，健康养生产业应运而生。从目前旅游业发展形势来看，发展健康养生旅游是大势所趋，有些地方已经把健康养生作为旅游业发展的重中之重，如云南普洱等地。在这一背景下，我省应该大力推动旅游业与健康养生产业融合发展，加大对健康养生旅游的支持力度，条件优越的地方应着力发展

“药、医、养、健、游”一体化高端健康养生产业集群。

推动静态旅游向参与型旅游转型。利用现代或传统艺术、体育比赛等吸引游客是当前旅游业的成功做法，如大型实景演出《印象·刘三姐》为桂林吸引了大量游客。不少省市在体育与旅游的结合上做文章，也取得了显著成效。我省各地要充分利用各自丰厚的文化和体育资源，大力发展文化艺术游和体育运动游等参与性强的旅游新业态，不断激发旅游产业新活力。

《河北省旅游业“十三五”发展规划》就提出，全力打造以崇礼为核心、以张家口和承德为支撑的中国冰雪旅游大区。

（资料来源：《河北日报》，2017-06-07）

康巴什新业态

康巴什依托自身资源和市场需求，重点培育十大旅游新业态。

1. 艺术派对

重点打造乌兰木伦艺术广场、文化艺术走廊、鄂尔多斯大剧院和鄂尔多斯文化艺术中心四大文化艺术项目。

2. 邮轮游艇

高标准规划建设游艇邮轮码头，以乌兰木伦湖区为支撑，在乌兰木伦中湖区及下湖区规划建设游艇码头。

3. 新型博物馆

将博物馆与康巴什的众多旅游景点在空间上串联在一起，“抱团”产生旅游吸引力，达到“1＋1＞2”的效果。

4. 展售基地

开启城市会客厅3.0时代，将20世纪80年代鄂尔多斯城市风貌与人民生活场景再现，工作人员着旧时衣物，用旧时物品，利用情景演绎的方式搭建体验互动式展演平台。

5. 文化演艺

以鄂尔多斯大剧院与乌兰木伦湖为主要抓手，重点盘活剧场资源与水上实景资源，构建夜间旅游演艺核心吸引产品。

6. 露营旅游

建设各具特色的区域性、规模化精品露营地(湖滨型、山地型、博物馆型和房车、汽车、帐篷、自行车等露营地8处)，构建覆盖全区的网络化露营地服务体系。

7. 婚庆旅游

依托康巴什蓝天白云、生态湖泊、精美建筑、婚庆民俗等丰富的资源，加快康巴什婚纱摄影行业的发展，开发水上婚礼、空中婚礼、森林婚礼和山岳婚礼等个性化婚庆产品。

8. 美食旅游

结合蒙医蒙药，挖掘美食的养生健身功效，将“食疗、食养”等内调作用与旅游有机结合促成美食旅游目的实现。

9. 低空飞行

推出滑翔机、空中飞伞等低空飞行体验项目，建设无人机飞行基地，开发空中婚礼游、乌兰木伦湖观光游、千亭山探秘游、低空飞行表演游等低空旅游产品，丰富低空旅游产品体系。

10. 会展旅游

以会展场馆建设为载体、平台，积极举办论坛、研讨会、大型会议等活动，推动其向会展旅游拓展，丰富会展产品体系，实现智慧文创城与鄂尔多斯国际会展中心有机结合。

课间思考

你的家乡有哪些新业态？除此之外，你还知道哪些新业态？请同学们举例说明。

>> 任务二　认识新型旅游业 <<

任务导入

在线旅游：从“新业态”到生力军

1997年，随着全球互联网技术不断革新，互联网开始向传统行业进行渗透，进而催生了中国第一批旅游网站，如华夏旅游网、携程旅行网、中青旅在线等。1999年，艺龙和携程相继成立，他们通过收购传统的分销商来拓展市场覆盖范围，是中国最早的一批OTA(Online Travel Agency)。BAT(百度、阿里、腾讯)也都在这一时期成立，对后来在线旅游的发展与格局起到了决定性的作用。

群雄逐鹿

2003年12月携程于美国纳斯达克上市，随后的3年里，同程、穷游、去哪儿、马蜂窝、途牛相继成立。在线旅游开启了电话呼叫中心服务与网络相结合的预订方式，向旅游消费者提供全方位的旅游产品预订服务。基于中国庞大的用户基数和休闲度假市场的需求，大量的在线旅游企业开始获得资本市场的关注，中国在线旅游行业呈现出多元化、差异化的发展态势。这一时期是在线旅游快速发展的阶段，传统旅游企业开始转型，航空、酒店加强自平台的建设，互联网巨头纷纷进军在线旅游市场，在线旅游市场呈现出欣欣向荣的态势。

2010年艺龙打响了同携程的价格战，艺龙放弃机票与度假业务，专攻酒店预订市场。到2012年年初，艺龙的酒店预订量达到了携程的一半。这迫使携程不得不采取有效行动，同年7月，携程宣布投入5亿美元与艺龙网对攻价格战。2015年5月22日，携程宣布联手铂涛集团和腾讯收购了艺龙大股东(Expedia)所持有的艺龙股权，携程出资约4亿美元，持有艺龙37.6%的股权，成为艺龙的最大股东，铂涛集团持股约22.3%，艺龙和携程的价格战告一段落。

2011年，社区网站马蜂窝正式成立公司投入运营，到2015年9月马蜂窝用户数已经过亿；2011年，途牛获得红杉资本、乐天集团、DCM、高原资本等C轮联合投资5000万美元，开始布局全国市场，设立多家分公司。2012年6月，美团刚刚开始启动酒店业务，次年7月，成立了美团酒店旅游事业群，业务范围进一步扩大；2014年，阿里旗下的阿里旅行成立，阿里开始进军旅游行业。

市场高度集中

战胜了艺龙的携程仍无法懈怠，抓住了旅游搜索引擎风口的“黑马”——去哪儿是携程更大的威胁，经过激烈的价格战，2015年10月28日，携程和去哪儿合并，在线旅游部分老玩家的“退场”给以价格战为显著特征的竞争时期画上了一个逗号，这以后，在线旅游市场的集中化趋势已经日益明朗。

携程通过资本运作先后收购同程、艺龙、去哪儿，结束了老玩家混战的时代。但市场并没有给携程太多的喘息时间，2016年10月，阿里巴巴集团宣布将旗下旅行品牌“阿里旅行”升级为全新品牌“飞猪”，2017年4月，美团点评正式推出旗下“美团旅行”。同程旅游集团旗下的同程网络与艺龙旅行网在2017年12月29日共同成立公司同程艺龙，该公司于2018年11月上市。阿里和美团虽未能撼动携程系的“霸主”地位，却也让携程感到了深深的危机。

时至今日，国内在线旅游企业基本形成了如下格局：以携程为首的携程系，虎视眈眈的美团和阿里飞猪位居三甲，其次的同程艺龙、途牛旅游、景域集团以及马蜂窝等新型业态已经占据了较大的市场份额。在线旅游的集中度迅速提高，2C领域的新企业创业空间狭窄，TOP5的集中度涵盖了约80%的市场份额，在市场高度集中、股权上升到BAT层面的情况下，恶性价格竞争暂时告一段落，行业创业热情也迅速回落。

据易观发布的《中国在线旅游市场年度综合分析2018》的相关数据，2017年携程旅游网和去哪儿网市场份额居于前列，交易规模分别为3191.9亿元和1514.2亿元人民币。携程网占据35.9%的市场份额，去哪儿网占据17%的市场份额，飞猪占据14.3%的市场份额。通过激烈的市场竞争，在线旅游企业已经形成了大企业相对集中，中小企业日趋减少的态势。

用户开拓现瓶颈

根据2018年中国互联网络信息中心(CNNIC)发布的第42次《中国互联网络发展情况统计》报告，截至2018年6月，在线旅行预订用户规模达到3.9285亿，较2017年年底增长1707万人，增长率为4.5%；在线旅行预订使用比例达到49%，较2017年年底提升0.3个百分点。手机成为在线旅行预订的主要渠道，通过手机进行旅行预订的用户规模达到3.5862亿，较2017年年底增长1901万人。我国网民使用手机在线旅行预订的比例由2017年的45.1%提升至2018年的45.5%。这标志着中国旅行预订用户的增长已经进入平台期，圈占新客户或侵蚀传统企业客户的业务主导模式或将让位于服务既有客户的客户主导思维。

互联网流量的集中化和新的用户数量增长出现瓶颈，导致在线旅游企业出现了四个动向：一是纷纷向上游资源端拓展，如酒店、景区等实体运营；二是介入实体零售网络和终端，如携程(6000家)、途牛(500家)、驴妈妈和同程艺龙(500家)大规模向线下门店进军；三是飞猪、携程等龙头企业纷纷加入国际在线旅游的竞争，开拓海外空间；四是转型进入B2B领域和供应链领域，避免2C市场的激励竞争。

旅游垂直领域的发展前景对海外巨头缤客(Booking)、爱彼迎(Airbnb)、OYO等有强大的吸引力，他们已经在逐步进行国内布局。此外，滴滴、今日头条、京东等流量巨头也开始布局旅游垂直领域。

(资料来源：《中国旅游报》，2019-01-22)

课堂活动

同学们，你们旅游时网上预订选用哪个平台呢？为什么？以小组形式讨论新型旅游业包括哪些，试着说一说它们的发展现状。

项目导读

随着政策和市场的深刻调整，旅游业呈现出众多新业态。其中，全域旅游、在线旅游、乡村旅游这三种新业态值得关注。“全域旅游”是空间全景化的系统旅游，是跳出传统旅游谋划现代旅游、跳出小旅游谋划大旅游。在线旅游，是旅游电子商务行业的专业词语，旅游消费者通过网络向旅游服务提供商预订旅游产品或服务，并通过网上支付或者线下付费。乡村旅游是指借助乡村自然资源、乡村文化资源、乡村农事活动和民俗文化，形成集度假娱乐、观光学习、休闲健身于一体的旅游体验活动。

知识链接

2.1 全域旅游

2.1.1 全域旅游的概念

在2017年政府工作报告中，李克强总理提到了“全域旅游”这一热词。报告指出，要完善旅游设施和服务，大力发展乡村、休闲、全域旅游。这是“全域旅游”第一次被写入政府工作报告，引起了公众广泛关注。

全域旅游是指在一定区域内，以旅游业为优势产业，通过对区域内经济社会资源尤其是旅游资源、相关产业、生态环境、公共服务、体制机制、政策法规、文明素质等进行全方位、系统化的优化提升，实现区域资源有机整合、产业融合发展、社会共建共享，以旅游业带动和促进经济社会协调发展的一种新的区域协调发展理念和模式。

“全域旅游”是空间全景化的系统旅游，是跳出传统旅游谋划现代旅游、跳出小旅游谋划大旅游。全域旅游强调把整个区域作为旅游区进行打造，把全域作为旅游发展的载体和平台，使旅游成为常态化生活方式；从全要素、全行业、全过程、全方位、全时空等角度推进旅游产业发展，实现旅游景观全域优化、旅游服务全域配套、旅游治理全域覆盖、旅游产业全域联动和旅游成果全民共享。2016年，海南省被确定为首个全域旅游创建省。

2.1.2 发展全域旅游的意义

2.1.2.1 全域旅游是推进旅游业转型升级的重要途径

当前，从旅游资源开发到经营管理、市场环境等，我国旅游业发展面临一系列挑战，新的发展形势要求旅游业必须改变传统的发展模式，更好地适应市场需求。发展全域旅游可以有效推进旅游业转型升级。

2.1.2.2 全域旅游是加速旅游管理体制改革的必要手段

从旅游业发展现实来看，旅游活动已经远远超越旅游管理的范畴，旅游管理从单一部门行为转变为由政府机构统筹管理是必然选择。发展全域旅游可以加速旅游管理体制的转变。

2.1.2.3 全域旅游是解决旅游供给不足的有力抓手

随着大众旅游时代的到来和交通通信技术的发展，人们的旅游方式发生了很大变化，只有从全域整体优化旅游供给才能有效满足游客需求。

旅游交通、旅游公共服务、智慧旅游三个网的发展，构成了景区全域化发展的一层结构。全域旅游融合区域水利、农业、工业、文化等资源优势，在创意设计与优势资源整合基础上，利用“互联网＋”与“旅游＋”概念提升休闲游憩交互体验，形成自主旅游生态圈，进而推动旅游发展结构的变革，用“旅游＋”包装项目，用互联网刺激和提升项目。全域旅游是涉及景区、乡村、综合体、小镇、城市这五个层面的旅游发展结构，景区景点要结合乡村、结合综合体、结合小镇、结合城市，形成全域旅游的发展架构。

2.1.3　加深对全域旅游的认识

全域旅游是对当前景区景点旅游方式的重要变革，赋予了旅游新的内涵，标志着旅游业发展进入了崭新阶段。但各地在发展全域旅游的过程中，尚需深化几个认识，把握好关键点。

2.1.3.1　全域旅游不是到处搞旅游开发、到处建设景区景点

全域旅游强调的是公共服务体系建设，突出合理布局和保护性开发。要认识到，全域旅游到处都是风景而非到处是景区景点，到处都有接待服务而非到处都是宾馆饭店，真正做到该保护的地方保护得更好，可开发的地方开发得更好。

2.1.3.2　全域旅游不是同一模式发展，没有条件的不可盲目大干

国家旅游局提出了全域旅游示范区的一系列标准，这是示范区共同达到的基本要求，但并不是说全域旅游要按照一个模子建设。全域旅游的发展有多种模式和路径，各地应在把握中央和省委要求的基础上，根据自身特色积极探索。

2.1.3.3　全域旅游不是全面同步建设

全域旅游注重区域协调、统筹建设，要求协调好旅游与社会经济其他部门、旅游区与生态区、文化区等的关系，使得区域内的建设有空间层次和时间序列，形成差异化发展，避免恶性竞争。

2.1.3.4　全域旅游不是包罗万象的战略

全域旅游建设要围绕旅游业切实进行改革创新，更好发挥旅游业的综合优势和带动作用，不能不加选择地搞“旅游＋”，必须结合实际、认真规划、细致部署，否则会适得其反。

2.1.4　全域旅游的五大特征

2.1.4.1　是在全域优化配置经济社会发展资源，充分发挥旅游带动作用

全域旅游要求不能停留在景区景点、宾馆饭店配置上，而是要更加注重经济社会发展。比如，水利建设不仅要满足防洪排涝、灌溉功能，还要有审美游憩价值和休闲度假功能；交通建设和管理，不仅要满足运输和安全，道路还应建成风景道，还需要规划建设厕所等公共服务设施，提供完善的自驾车旅游服务体系和配套标识、营地等；林业生态的建设，除了满足生态功能要求外，还要形成特色景观吸引和配套旅游服务功能；农业发展，除了满足农业生产需要外，也应满足采摘、休闲等需求；城镇不仅要满足居民居住和生产功能，还要注重特色、注重服务；美丽乡村建设，既要建成当地农民的幸福家园，也要建成城市居民休闲度假的幸福乐园。各类资源和公共服务实现了有效再配置，既宜居又宜游，处处是风景，处处可

旅游。

2.1.4.2 是全域按景区标准统筹规划建设

现在的情况往往是，景点景区内外、酒店内外，两极分化明显，一墙之隔或一河之隔，俨然两重天，景点景区内鸟语花香，干净整齐，景点景区外却私搭乱建，脏乱破差；酒店里流光溢彩，金碧辉煌，酒店外却污水横流，垃圾成山。

发展全域旅游，就是要拆掉景点景区“围墙”，实现景点景区内外一体化，以游客体验为中心，以提高游客满意度为目标，按照全域景区化的建设和服务标准，推进多规合一，整体优化环境、优美景观，优化旅游服务的全过程。

2.1.4.3 是构建全域大旅游综合协调管理体制

在旅游资源富集、旅游产业优势突出的区域，整个区域的管理体制设计，都应有旅游理念，围绕适应旅游发展“两个综合”需求，即综合产业发展和综合执法需求，创新区域治理体系，提升治理能力，实现区域综合化管理。

围绕形成旅游发展合力，通过综合改革，破除制约旅游发展的资源要素分属多头的管理瓶颈和体制障碍，更好地发挥政府的导向引领作用，充分发挥市场配置资源的决定性功能。围绕形成旅游市场综合监管格局，创新旅游综合执法模式，消除现有执法手段分割、多头管理又多头都不管的体制弊端。

2.1.4.4 是全域发挥旅游＋功能，使旅游与其他相关产业深度融合、相融相盛，形成新的生产力和竞争力

充分发挥旅游业的拉动力、融合能力，以及催化、集成作用，为相关产业和领域发展提供旅游平台，使之插上“旅游”翅膀，形成新业态，提升其发展水平和综合价值。在区域内，通过旅游＋新型城镇化，促进发展特色旅游城镇，发挥旅游对新型城镇化的引领作用；通过旅游＋新型工业化，促进发展旅游装备制造业、户外用品、特色旅游商品，发展工业旅游，创新企业文化建设和销售方式。

通过旅游＋农业现代化，促进发展乡村旅游、休闲农业等现代农业新形态；通过旅游＋信息化，将旅游业培育为信息化最活跃的前沿产业，用信息化武装旅游；通过推进旅游＋生态化，大力发展生态旅游，推进旅游生态化，使旅游发展从“围景建区、设门收票”向“区景一体、产业一体”转变，促进旅游与其他产业融合，产业链条全域化，旅游产业全域辐射带动。

2.1.4.5 是全民共建共享全域旅游

全域旅游形成的新型目的地，要求是一个旅游相关要素配置完备和全面满足游客体验需求的综合性旅游目的地、开放式旅游目的地。旅游质量和形象由整个社会环境构成，这就要求全域旅游必须走共建共享道路。

在景点旅游模式下，旅游从业者只是导游员、服务员等，而在全域旅游模式下，整个区域的居民都是服务者，都是主人，他们由旁观者、局外人变为参与者和受益者。全域旅游既要让建设方、管理方参与其中，也需要广大游客、居民共同参与。既要考虑让游客游得顺心、放心、开心，也要让居民生活得更方便、更舒心、

更美好。要通过旅游发展成果为全民共享，增强居民获得感和实际受益，来促进居民树立人人都是旅游形象意识，自觉把自己作为旅游环境建设一分子，真正树立主人翁意识，提升整体旅游意识和文明素质。

如海南三亚玫瑰谷采取“公司＋合作社＋农户”的旅游扶贫发展模式，走出一条共建共享的路子。玫瑰谷所在的三亚吉阳区博后村，原来是个生产生活方式十分落后的村落，耕地基本是撂荒多年的盐碱地。玫瑰谷公司采取每亩3300元年租金的方式租赁村里2755亩盐碱地种玫瑰开发旅游，安排村民300多人从事玫瑰种苗培植、种植、田间管理和采花，200多人从事旅游运营管理工作。

全域旅游是指在一定的行政区域内，以旅游业为优势主导产业，实现区域资源有机整合、产业深度融合发展和全社会共同参与，通过旅游业带动乃至统领经济社会全面发展的一种新的区域旅游发展理念和模式。全域旅游示范区分为全域旅游示范县(含县级市)和全域旅游示范市(州)。

2016年，国家旅游局先后公布了2批国家全域旅游示范区创建名单：2016年2月国家旅游局公布了首批国家全域旅游示范区创建名录，共计262个；2016年11月国家旅游局公布了第二批国家全域旅游示范区创建名录，共计238个。

2019年9月25日，国家文化和旅游部官网公布首批国家全域旅游示范区名单，共71个区县市。

2.2　在线旅游

2.2.1　在线旅游的定义

传统旅游业和电子商务相结合，形成了一个全新的行业——在线旅游业。近些年，在线旅游行业高速发展，引起了很多关注。截至2017年年底，在线旅游交易市场规模达到了7384.1亿元，较2016年增长了25.1%。预计未来几年，我国旅游业仍然会保持高速发展态势，市场份额的竞争会更加激烈。

在线旅游(Online Travel Agency，OTA)，是旅游电子商务行业的专业词语，指旅游消费者通过网络向旅游服务提供商预订旅游产品或服务，并通过网上支付或者线下付费，即各旅游主体可以通过网络进行产品营销或产品销售。

2.2.2　我国在线旅游发展历程

受互联网发展条件的制约，较欧美发达国家而言，我国的在线旅游起步较晚，大致经历了四个发展阶段：孕育时期、探索时期、成长时期和变革时期。

2.2.2.1　孕育时期(1998—2002年)

在这一时期，我国互联网经历了兴起和萧条的转变，线上旅游业刚刚起步。这个时期的线上旅游平台主要有三类：由从事团队旅游业务的传统旅行社投资组建、由传统的酒店及机票分销商投资组建，以及由国内外风险投资基金组建。在孕育时期，整个旅游业的发展仍以传统旅行社为主，旅游网站以发布旅游信息为主，并未真正进行旅游产品的销售。

2.2.2.2 探索时期(2003—2005 年)

在 SARS 经济的刺激下，电子商务的各个领域都有发展的机会，虽然出现了一定程度的萎缩，但相比于传统旅游，网上旅游发展状况良好。线上旅游经营模式以提供资讯转向以提供网络预订服务为主，市场定位更加清晰，对促销手段进行调整，预订模式开始兴起，服务理念也发生了巨大的变化。全新的线上预订模式初入市场，受到了青年群体特别是大学生群体的欢迎。

2.2.2.3 成长时期(2006—2010 年)

随着旅游产业在线预订模式渐入人心，国内各大航空公司、酒店集团、传统旅游服务提供商纷纷注资加入这一队伍，我国线上旅游市场获得爆发式高速增长，以携程、艺龙为代表的线上旅游服务平台迅速发展壮大。这一时期，各大在线旅游服务平台不再局限于单一酒店、机票销售，逐渐开始同线下传统旅行社合作，开发多元化和差异化的旅游组合产品。在线旅游市场与线下传统旅行社的结合更加紧密，旅游行业“线上＋线下”垂直销售渠道模式初步成型。

2.2.2.4 变革时期(2011 年至今)

线上旅游成为旅游产业经济的重要组成部分，尽管其业务未能覆盖旅游产业的各个方面，但是在线旅游市场高速发展，在线旅游市场的发展空间越来越大。这一时期，随着互联网的高速发展，在线旅游市场竞争日益激烈，原有的运营模式一再受到挑战，各大企业相继探索新的发展路径。很多在线旅游企业开始将业务范围扩展至线下，自设门店，甚至收购传统旅行社，新一轮并购整合浪潮逐渐展开。

2.2.3 国内在线旅游服务企业分类

根据成长路径和运营模式的不同，目前国内在线旅游服务企业大致可以分为四类。

第一，开展线上业务的传统旅行社，如众信旅游的门户网站、中青旅的遨游网等；线上渠道成熟、线下设立门店的 OTA，如携程、艺龙、芒果网、同程网、途牛、驴妈妈等；利用比价模式兴起的垂直搜索引擎，以去哪儿为代表；用户自行产生旅游需求的社交平台，以马蜂窝、穷游、到到网、面包旅行等攻略或游记类网站为主。开展线上业务的传统旅行社，我们以众信为例。众信建立了专业的旅行服务电子商务网站——众信旅游网，为旅游者提供酒店预订、机票预订、组合旅游产品预订、签证和定制旅游等多元化全方位的旅游服务。近几年来，众信旅游坚持实施“批发零售一体、线上线下结合”的发展战略。一方面，巩固扩大出境游批发业务，扩大和巩固旅游代理商网络，目前已拥有近 2000 家代理商；另一方面，积极拓展出境游零售业务，建立了众信旅游网站和呼叫中心，同时以北京总部为中心，设立旅游产品零售门店。众信坚持自主研发电子商务系统，建立了由 ERP 系统、众信旅游网、B2B 分销平台和呼叫中心、APP 等组成的线上电子商务平台，对上游旅游资源整合、旅游产品研发、销售渠道建设和旅游团队运作等业务关键环节进行管理控制，形成线下实体销售门店和线上电子商务相结合的业务模式。

第二，对于线上代理渠道的延伸、模式相对成熟的 OTA，我们以携程为例。在酒店预订方面，携程的市场份额比竞争对手艺龙要大 3 倍多；机票方面，携程的票量跟去哪儿网差不多，但是携程卖的是海外机票，收入是去哪儿网的两倍以上；旅游产品跟团游方面，携程和去哪儿差不多，但是携程的自由行比去哪儿高两倍左右，与同程处在差不多的水平。携程产品线涉及广泛，致力于发展自己擅长的细分市场，实行点面结合的销售策略。在短线旅游产品方面，携程与同程和驴妈妈合作，扩大自身的景区、周边游优势；在长线旅游产品方面，携程与途牛进行合作。与多方的合作，既能巩固自身的优势，还能将其他家的优势资源整合在一起，实现合作共赢的良好局面。

第三，对于在 OTA 前端，利用比价模式兴起的垂直搜索引擎，我们以去哪儿为例。去哪儿在创立初期是一个针对旅游的搜索入口，将客户的全部搜索转接给第三方供应商。随着酒店和旅游行业不断整合，其平台上的小代理商数量大幅增加，去哪儿也开始涉足 OTA 业务。去哪儿的核心业务是酒店和机票预订，与携程的部分业务重叠，但去哪儿采取了差异化和精准化的战略布局。同时，去哪儿寻求百度的合作，强大的合作伙伴实实在在地帮助了去哪儿顺利进行布局。百度为去哪儿提供了具有精准旅游需求的消费者流量，去哪儿将大量的酒店、机票、旅游类关键词和客户资源接入其后台系统，供应商在其后端平台运行管理，以此形成一个完整的商业闭环。

第四，对于用户自行产生旅游需求的 UGC 网站，我们以马蜂窝为例。马蜂窝旅行网成立于 2006 年，从 2010 年正式开始公司化运营，主要是站在自由行旅游者的角度，帮助用户做出最佳的旅游决策。与其他在线旅游平台相比，马蜂窝最大的特点是具有社交平台的功能，用户可以自由地交流信息、互帮互助。马蜂窝最开始并不是商业网站，而纯粹是出于爱好发展起来的业余平台。自 2006 年开始，这个社区网站就倡导团结互助精神，并以此起名为“马蜂窝”，用户以游记的形式，分享旅行攻略、经历等，同时也可以向他人咨询旅游建议。2010 年，马蜂窝正式作为一个商业项目开始运营。马蜂窝是基于旅游社交和旅游大数据的新兴自由行决策与交易平台，这也是马蜂窝的特有商业模式。马蜂窝依据用户偏好数据，提供个性化的自由行产品及服务。全球的 OTA、航空公司、酒店、民宿、当地旅行社等旅游产品供应商能够通过马蜂窝的旅游大数据精准匹配，节省大量的营销和推广费用，获得丰厚的利润回报。

2.3 乡村旅游

2.3.1 乡村旅游的概念

随着社会经济的发展，人们对生活质量的要求也越来越高，乡村旅游符合现代人回归田园、体验乡村风土人情的消费心理，得到了迅速发展；政府的大力支持，消费者强烈的消费意愿和信息技术的不断发展也为乡村旅游带来发展的机遇。

2016年，我国城镇化率已达57.35%，城市高楼大厦矗立，绿化率偏低，工作和生活压力大，“城市病”日益严重。城市居民逃离城市的钢筋水泥到乡村放松身心的旅游现象更加普遍。城市居民在生活水平提高的同时，对精神层次也提出了更高的需求。乡村旅游成了他们亲近自然、放松身心，与亲朋好友增进感情和寻求乡村美食的一种休闲娱乐旅游的生活方式。

乡村旅游以田园风光、自然生态、特色景观、历史民俗、农耕文化、休闲农业、名村名镇等乡村旅游资源为主要吸引物，是集观光、游览、餐饮、体验、娱乐、学习、购物、休闲、度假、康体、养生为一体的旅游活动。它依托农家庭院、果园、花园、堰塘、农场、牧场、渔村、古迹建筑，为旅游者提供观光、捕鱼、垂钓、运动、娱乐、住宿、餐饮、购物和劳作体验的服务。以农民为经营主体，旅游者在乡村旅游中回归了自然，体验了宁静、悠闲和淳朴的乡土气息。现代乡村旅游充分利用农村的优美景观、自然环境，建筑、文化等资源，现代乡村旅游的发展增加了农村的财政收入，给当地创造了就业机会，同时还给农村经济注入了新的活力，推动了当地农村的经济发展。

乡村旅游具体是指借助乡村自然资源、乡村文化资源、乡村农事活动和民俗文化，形成的集度假娱乐、观光学习、休闲健身于一体的旅游体验活动。

2.3.2 乡村旅游的特征

现代乡村旅游是在20世纪80年代出现在农村区域的一种新型的旅游模式，20世纪90年代以后发展迅速，旅游者的旅游动机明显区别于回老家的传统旅游者。

现代乡村旅游的特征主要表现为：旅游的时间不仅仅局限于假期；现代乡村旅游者充分利用农村区域的优美景观、自然环境和建筑、文化等资源；现代乡村旅游对农村经济的贡献不仅表现在给当地增加了财政收入，还表现在给当地创造了就业机会，同时还给当地衰弱的传统经济注入了新的活力。

2.3.3 乡村旅游的意义

对于西方发达国家而言，乡村旅游是工业城市污染和快节奏生活方式的产物。而作为农业大国，“三农”问题、国家政策等在我国乡村旅游产生及发展过程中起了不可忽视的推动作用。

乡村旅游作为连接城市和乡村的纽带，促进了社会资源和文明成果在城乡之间的共享以及财富重新分配的实现，并为地区间经济发展差异和城乡差别的逐步缩小、产业结构优化等做出很大贡献，推动欠发达、开发不足的乡村地区经济、社会、环境和文化的可持续发展，可以说乡村旅游对于加快实现社会主义新农村建设及城乡统筹发展具有重要意义。

发挥乡村旅游的综合带动效应，促进第一、第二、第三产业融合发展、集群发展，提高旅游扶贫总体效益。扶持贫困群众开展旅游创业就业，鼓励先富帮后富、先富带后富，积极探索以旅游资源、扶贫资金等入股参与旅游开发，让贫困群众从旅游业发展中获得稳定收益，提高旅游扶贫的精准度和有效性。

2006 年，据国家旅游局的测算，中国乡村旅游的年接待游客人数已经达到 3 亿人次，旅游收入超过 400 亿元，占全国出游总量的近三分之一。全国农业旅游示范点已经达到 359 家，遍布内地的 31 个省区市，覆盖了农业的各种业态。每年的黄金周，全国城市居民出游选择乡村旅游的比例约占 70%，每个黄金周形成大约 6000 万人次的乡村旅游市场，乡村旅游已经成为旅游业新的增长点。

截至 2012 年年底，全国有 9 万个村开展休闲农业与乡村旅游活动，休闲农业与乡村旅游经营单位达 180 万家，其中农家乐超过 150 万家，规模以上园区超过 3.3 万家，年接待游客接近 8 亿人次，年营业收入超过 2400 亿元。2009—2013 年，我国休闲农业与乡村旅游收入以年均 43%的速度递增。仅 2011 年，乡村旅游行业就带来了 860 亿元的经营收入，带动近 200 万城乡人口就业，其中安排农民就业 159 万人，实现农民增收 257 亿元，带动农产品销售收入 352 亿元。

2.3.4　乡村旅游的开发类型

乡村旅游的迅速发展，逐渐呈现出产业的规模化和产品的多样化。国外与乡村旅游相关的旅游主要有：农业旅游（Agricultural tourism）、农庄旅游（Farm Tourism）、绿色旅游（Green Tourism）、偏远乡村的传统文化和民俗文化旅游（Village Tourism）和周边地区旅游（Peripheral Area Tourism）等。

综合国内乡村旅游的现状，乡村旅游基本类型归纳为以下几类：

①以绿色景观和田园风光为主题的观光型乡村旅游。②以农庄或农场旅游为主，包括休闲农庄，观光果园、茶园、花园，休闲渔场，农业教育园，农业科普示范园等，是以休闲、娱乐和增长见识为主题的乡村旅游。③以乡村民俗、乡村民族风情以及传统文化（如民俗文化、民族文化及乡土文化）为主题的乡村旅游。④以康体疗养和健身娱乐为主题的康乐型乡村旅游。

2.3.5 乡村旅游发展的新特点

2.3.5.1 乡村旅游成常态

在周末，甚至在“五一”和国庆期间，旅游者不愿选择长距离跨省的国内旅游，劳神劳力还看人头，旅游一半的时间都花在路途上。所以旅游者选择了近距离的乡村旅游，携带亲友，亲近自然，放松身心。

2.3.5.2 乡村旅游是家庭自驾的一种国内旅游方式

根据中国旅游研究院联手中国电信建立的旅游大数据联合实验室的大数据，2017 年上半年全国参加自驾游客共计 2023 亿人次，广东省出行人次排名第一。自驾游以周末游、周边游为主。参考 2016 年“五一”小长假期间，约有 44.79%的自驾游选择本省乡村作为出游目的地。乡村旅游 3～5 人出行占比 59.48%，乡村旅游 2 人占比 22.88%，家庭出行比例高。

2.3.6 乡村旅游的发展思路

2.3.6.1 推进社会主义新农村建设

在工业化城镇化深入发展中同步推进农业现代化，是“十二五”时期的一项重大任务，必须坚持把解决好农业、农村、农民问题作为工作的重中之重，统筹城乡发展。加强社会主义新农村规划建设，完善农村基础设施和公共服务设施，开展农村环境综合整治，建设农民幸福生活美好新家园。

2.3.6.2 农业多产化

城市居民的休闲娱乐，形成了乡村旅游的核心结构，包括观光采摘农业、大棚生态餐厅、农家乐、农家大院、民俗村、垂钓鲜食等，带动了观赏经济作物种植、蔬菜瓜果消费、家禽家畜消费、餐饮住宿接待、民俗文化消费的全面发展，同时把第三产业引入农村。

2.3.6.3 农村景区化

乡村风貌成为旅游本底，用景观的概念建设农村，用旅游的理念经营农业，用人才的观念培育农民，将乡村装点成旅游度假腹地；乡村民居成为观光体验产品，乡村民居与本地资源及文化特色相结合，形成产业型、环保型、生态型、文化型、现代型发展思路。

2.3.6.4 农民多业化

乡村旅游的发展可以使农民以旅游为主业、种植为副业；农民的身份可以从务农转变成农商并举，农户可以独立经营，也可以形成私营企业；吸引农民大力发展观光农业、生态农业、精品农业。

2.3.6.5 资源产品化

把农村的生产、生活资料转换成具有观光、体验、休闲价值的旅游产品，并且一定区域内要差异化发展。具体有田园农业旅游、民俗风情旅游、农家乐旅游、村落乡镇旅游、休闲度假旅游、科普教育旅游等模式。

知识拓展

全域旅游要"全"更要"特"

戎章榕

"全域旅游"当下被越来越多的地方政府认同，但在操作上却各有千秋。2018年省政府曾发文，要求到2020年创建15家国家级全域旅游示范区。日前，永泰县、武夷山市、武平县入选首批国家全域旅游示范区。许多地方也跃跃欲试，力争跻身下一批。

全域旅游是一种旅游发展新模式。为适应大众旅游的蓬勃发展，加快旅游供给侧结构性改革，有关方面于2016年推出这一理念，并在2018年上升为国家战略。此举旨在促进旅游业从单一景点景区建设管理向综合目的地服务转变。

"全"是全域旅游的题中应有之义，包括全空间联动、全天候体验、全产业融合、全媒体营销、全社会共建。但是，"全"字不是包罗万象，切忌把它当作一个筐，什么都往里面装。全域旅游需要多方发力，但不是平均用力，尤其在多地积极创建国家级全域旅游示范区之际，要"全"更要"特"，才有可能在角逐中胜出。

何为特色？特色就是人无我有、人有我优、人优我强。

日前举行的中国闽侯文旅高峰论坛，发布闽侯县全域旅游发展总体规划，让人眼前一亮，颇受启发。闽侯旅游资源丰富，有昙石山文化遗址、"八闽首邑"之由来、全省最大的汽车城等。在诸多独特元素中，推出闽侯的主题形象则是："闽侯，闽江最美的问候。"这一主题句，不仅将闽侯县名嵌入首尾，而且突出了闽江在闽侯境内有100多千米的地域特色。推介闽侯全域旅游的品牌宣传，突出最具特色的一点，确有与众不同、脱颖而出的效果。当然，特色不光局限在形象营销，而是关系到今后建设的着力点。用斜穿全域的"一带"——百里闽江风情带带动开发，做足做美"一带"的开篇，也就做好了闽侯全域旅游的谋篇布局。

闽侯个案对发展全域旅游，至少有两点启示。

在全局中谋划定位。打造"全福游、有全福"品牌是省委省政府作出的决策部署，是对"清新福建"品牌的深化，目的是推进旅游业的高质量发展。因此，各地在谋划全域旅游时要站在全局的高度，以各自特色融入、丰富"全福"，要"特"字当头，"全"在其中，各美其美，美美与共。

从实际出发确立特色。不同的区域有不同的特色，在提炼全域旅游主题形象时，各地应当从实际出发，创新发展理念，丰富旅游业态。譬如，德化基于"中国天然氧吧"的认定，提出"来德化，我'氧'你"；秀屿区根据蓝色海洋、绿色山水、金色沙滩、银色饰品、白色盐场等旅游资源，推出"五彩旅游区"。多从历史文化、地域文化获得灵感，多从"吃、住、行、游、购、娱、文、体、养"寻求创意，以"旅游+"的形态，推进文旅融合、产旅融合，共融共生，这样，必能提升我省全域旅游发展水平。

（资料来源：《福建日报》，2019-11-02）

课间思考

你家乡的全域旅游以及乡村旅游发展得怎么样？试着给大家讲讲。

项目小结

旅游新业态是指，围绕旅游市场的发展和消费需求而产生的新的旅游产品及消费运营形式，这种存在方式涉及资源(自然、经济、人力、环境)的合理利用，是形态与效能的有机统一。在旅游大发展的形势下，以全域旅游、在线旅游、乡村旅游为代表的新型旅游业应运而生。全域旅游是一种旅游发展新模式，在线旅游成为旅游产业经济的重要组成部分，乡村旅游已经成为旅游业新的增长点。

项目练习(满分 100 分)

一、填空题(共 2 题，每空 5 分，合计 30 分)

1.（　　　）、（　　　）、（　　　）三个网的发展，构成了景区全域化发展的一层结构。

2. 乡村旅游具体是指借助乡村自然资源、乡村文化资源、乡村农事活动和民俗文化，形成的集（　　　）、（　　　）、（　　　）于一体的旅游体验活动。

二、单选题(4 个选项，有且只有一个选项正确；共 2 题，每题 5 分，合计 10 分)

1. 旅游新业态的“新”不包含（　　）。

A. 旅游服务　　B. 实现产业融合　　C. 产品的创新　　D. 网络创新

2. 2016 年，（　　）省被确定为首个全域旅游创建省。

1. 海南　　B. 广东　　C. 广西　　D. 西安

三、多选题(每题有 4 个选项，有 2 个至 4 个选项正确；共 2 题，每题 5 分，合计 10 分)

1. 下列关于对全域旅游的认识正确的有（　　）。

A. 全域旅游是到处搞旅游开发、到处建设景区景点

B. 全域旅游强调的是公共服务体系建设，突出合理布局和保护性开发

C. 全域旅游不是同一模式发展，没有条件的不可盲目大干

D. 全域旅游不是包罗万象的战略

2. 旅游新业态的基本类型有（　　）。

A. 新的旅游组织形态　　B. 新的旅游产品形态

C. 新的旅游经营形态　　D. 新的旅游营销形态

四、简答题(共 5 题，每题 10 分，合计 50 分)

1. 如何理解旅游新业态的概念？如何培育旅游新业态？

2. 如何理解全域旅游的概念？发展全域旅游有什么意义？

3. 全域旅游的五大特征是什么？

4. 在线旅游的定义是什么？试着简述我国在线旅游的发展历程。

5. 乡村旅游的发展思路是什么？

参考答案

一、填空题

1. 旅游交通　旅游公共服务　智慧旅游　解析：旅游交通、旅游公共服务、智慧旅游三个网的发展，构成了景区全域化发展的一层结构。

2. 度假娱乐　观光学习　休闲健身

二、单选题

1. D　解析：旅游新业态的“新”包含旅游服务的新业态、实现产业融合、产品的创新。所以选D。

2. A　解析：2016年，海南省被确定为首个全域旅游创建省。

三、多选题

1. BCD　解析：全域旅游建设要注意：全域旅游不是到处搞旅游开发、到处建设景区景点；全域旅游不是同一模式发展，没有条件的不可盲目大干；全域旅游不是全面同步建设；全域旅游不是包罗万象的战略。

2. ABC　解析：旅游新业态的基本类型主要包括新的旅游组织形态、新的旅游产品形态、新的旅游经营形态三大类型。

四、简答题

1. 答：旅游新业态是指，围绕旅游市场的发展和消费需求而产生的新的旅游产品及消费运营形式，这种存在方式涉及资源(自然、经济、人力、环境)的合理利用，是形态与效能的有机统一。

旅游新业态的培育应做到：

(1)转变传统观念

改革创新是旅游业转型升级的强劲动力，转变传统观念是改革创新的前提条件。发展旅游新业态，首先要抛弃传统固化的旅游观念，根据我国社会经济的新常态、我国旅游市场发展的新趋势及时调整旅游发展思路。

(2)注重规划引领

注重规划引领作用，进一步明确旅游新业态发展目标，构建旅游新业态体系，规划旅游新业态发展时空布局，引导旅游新业态健康发展。

(3)深化产业融合

深化产业融合，主要是推进旅游业与第一、第二产业以及第三产业其他行业之间的深度融合发展，以旅游业引领其他产业转型，拓展旅游新业态发展的范围类型。如用旅游业化解工业困境，发展工业旅游，促进旅游装备制造业成长壮大；助推旅游业与信息业的对接发展，主动融入“互联网＋”经济模式，提升旅游新业态发展的技术含量。

(4)培育旅游创客

旅游创客是旅游市场经营中创意最活跃的群体，应鼓励社会共同参与，培育特色旅游创客空间、旅游创客基地，鼓励企业利用品牌优势，创办特色旅游创客空间，鼓励景区利用资源优势，申报中国乡村旅游创客示范基地。

2. 答：全域旅游是指在一定区域内，以旅游业为优势产业，通过对区域内经济社会资源尤其是旅游资源、相关产业、生态环境、公共服务、体制机制、政策法规、文明素质等进行全方位、系统化的优化提升，实现区域资源有机整合、产业融合发展、社会共建共享，以旅游业带动和促进经济社会协调发展的一种新的区域协调发展理念和模式。

发展全域旅游的意义为：全域旅游是推进旅游业转型升级的重要途径，全域旅游是加速旅游管理体制改革的必要手段，全域旅游是解决旅游供给不足的有力抓手。

3. 答：全域旅游的五大特征：是在全域优化配置经济社会发展资源，充分发挥旅游带动作用；是全域按景区标准统筹规划建设；是构建全域大旅游综合协调管理体制；是全域发挥旅游＋功能，使旅游与其他相关产业深度融合、相融相盛，形成新的生产力和竞争力；是全民共建共享全域旅游。

4. 答：在线旅游是旅游电子商务行业的专业词语，指旅游消费者通过网络向旅游服务提供商预订旅游产品或服务，并通过网上支付或者线下付费，即各旅游主体可以通过网络进行产品营销或产品销售。

我国在线旅游市场发展历程：

受互联网发展条件的制约，较欧美发达国家而言，我国的在线旅游起步较晚，大致经历了四个发展阶段：孕育时期、探索时期、成长时期和变革时期。

孕育时期为1998—2002年。在这一时期，我国互联网经历了兴起和萧条的转变，线上旅游业刚刚起步。探索时期为2003—2005年。在SARS经济的刺激下，电子商务的各个领域都有发展的机会，尽管出现了一定程度的萎缩，但相比于传统旅游，网上旅游发展状况良好。成长时期为2006—2010年。随着旅游产业在线预订模式渐入人心，国内各大航空公司、酒店集团、传统旅游服务提供商纷纷注资加入这一队伍，我国线上旅游市场获得爆发式高速增长，以携程、艺龙为代表的线上旅游服务平台迅速发展壮大。变革时期为2011年至今。线上旅游成为旅游产业经济的重要组成部分，尽管其业务范围未能覆盖到旅游产业的各个方面，但是在线旅游市场高速发展，在线旅游市场的发展空间越来越大。

5. 答：乡村旅游的发展思路是：推进社会主义新农村建设；农业多产化；农村景区化；农民多业化；资源产品化。

实训项目

对本地区的旅游新业态基本情况进行调查。

调查目的：了解本地区旅游新业态各组成部分的发展情况和特点。

调查工具：相机、摄像机、录音笔、统计年鉴等。

调查要求：分组调查。

具体调查内容：所在地旅游新业态的类型及发展现状。

调查报告：以小组为单位形成调查报告，阐述本地区旅游新业态的类型及发展现状。1000～2000字。

项目三　分析旅游业的发展趋势

知识目标

了解世界旅游业的发展趋势；

掌握我国旅游业的发展现状和发展趋势。

能力目标

调查当地旅游业发展现状，撰写当地旅游业发展趋势报告。

关键术语

旅游业　发展趋势　世界　中国

>> 任务一　分析世界旅游业的发展趋势 <<

任务导入

中国为世界旅游发展注入活力

鲁元珍

我国快速发展的旅游业，不仅是满足人们美好生活需要的重要源泉，也成为经济增长的重要引擎，在业态创新、旅游扶贫、国际合作等方面为世界旅游发展作出重要贡献。近日，在由世界旅游联盟主办的第二届“世界旅游联盟·湘湖对话”上，来自世界各地旅游界的专家学者共同探讨了中国和世界旅游发展的新趋势与新机遇。

科技创新：新技术引爆新的旅游经济增长点

如今，互联网和科技创新改变了人们的生活，也改变了旅游产业的发展模式。数字化是旅游业面临的最大机遇，在文旅融合的大背景下，科技进步尤其是以大数据、人工智能为代表的新技术主导的文化内容创新，会促进形成很多新的消费热点。

“从目前来看，VR、AR等技术与博物馆、科技馆的结合，丽江古城、故宫等景区与游戏的结合，都是很好的尝试，通过强化与用户的互动，给用户更好的体验，让游客对目的地有更全面的感知。”腾讯文旅总经理舒展说。

在移动互联网时代，内容营销更多元化，传播和分享的门槛更低。中国旅游集团总经理杜江举例说，在新趋势的推动下，重庆、西安、厦门等一批旅游城市成为“网红”，重庆李子坝轻轨站、西安永兴坊“摔碗酒”、厦门鼓浪屿“土耳其冰激凌”等成为热点，游客量和旅游收入显著增长。

在世界旅游联盟副秘书长王昆欣看来，5G浪潮将给文旅产业带来一场新的变革。他预测，5G与人工智能技术的大规模应用，很可能在将来让智能机器人成为提供旅游服务的主体，使得高品质的AR、VR技术进入寻常百姓家，从而改变消费者的消费决策和出游体验。

旅游减贫：延伸产业链带动经济发展

在最新发布的《世界旅游联盟旅游减贫案例》中，贵州遵义花茂村、山东沂南、西藏林芝等几十个中国旅游扶贫典型案例，为世界旅游减贫贡献了中国经验。

“在政府和公共部门的推动下，旅游在我国和世界的减贫事业中扮演了日益重要的角色。”中国旅游研究院院长戴斌指出，将旅游业发展成为当地大部分人口都能参与的产业，并进一步延伸旅游产业链条，融合带动相关产业发展，是很多地方脱贫致富的典型经验。

世界银行全球文化遗产与可持续旅游协调官艾威达·艾哈迈德表示，应从提升竞争性、可居住性、包容性以及抗风险能力等方面让旅游业可持续发展、助力脱贫，如提升基础设施、安全保障、交通便利性，吸引当地居民参与本地旅游发展规划以及建设进程等。他认为，一些地区过度旅游化的问题就是因为忽略了可居住性和包容性。

“为了促进旅游减贫，促进共同繁荣，应综合考量当地因素，为不同地区制定合适的旅游发展策略。”艾威达·艾哈迈德表示，如在拥有很多文化和自然遗产项目的贵州、甘肃等地，世界银行帮助当地改善基础设施，打造具有独特魅力的民宿，与当地民间手工艺人合作打造创意产业，都将有助于当地的民生改善。

交流合作：我国旅游业国际化前景更加广阔

我国已连续多年成为世界第一大出境旅游客源国，庞大的出境旅游人数和国际旅游消费量为世界旅游业发展带来巨大红利。在全球旅游格局中，我国旅游市场的体量、分量和质量愈发突出，成为影响全球旅游版图和竞争格局的重要力量。

“近20年高速增长的出境旅游把中国与世界旅游业紧密联系在一起，并成为‘一带一路’倡议、亚洲文明对话和人类命运共同体建设的重要组成部分。”戴斌表示，近年来我国推进的旅游年、中美旅游峰会、中意文化交流、中俄人文交流等活动促进了文化旅游交流，中国发起成立的世界旅游联盟、世界旅游城市联合会、世界山地旅游组织等搭建了各国旅游合作的平台。

“一带一路”倡议的提出，为我国旅游企业国际化布局开拓了广阔前景。截至

2018年年底，我国与“一带一路”沿线国家直飞航线数已经达到近1000条；截至今年4月，已经有51个“一带一路”沿线国家面向我国游客开放便利签证政策。这些都为我国消费者出境旅游提供了便利。

杜江指出，“一带一路”沿线是旅游资源的富集区，汇集了80%的世界文化遗产，涉及60多个国家、44亿人口，被视为世界上最具活力和潜力的黄金旅游之路。随着我国与“一带一路”沿线国家旅游合作的持续深入，旅游便利化水平持续提高，我国旅游企业沿着“一带一路”实施国际化布局的脚步将越走越快。

（资料来源：《光明日报》，2019-10-10）

课堂活动

结合生活实际，组织学生以小组形式搜集整理旅游业发展的新趋势、新变化，由此展开课堂讨论。

项目导读

世界旅游业从形成到发展，现在进入稳定发展时期，21世纪将是旅游业的第二个黄金时代。旅游业将发展成为世界上最大的产业，旅游者将达到空前的规模，来自各个国家、各个阶层的旅游者将把他们的足迹印在世界的每一个角落。

知识链接

1.1 世界旅游业的发展特点

旅游业是19世纪发展起来的，世界旅游业发展的重要时期是20世纪，尤其是20世纪中期，也就是第二次世界大战后，旅游业的发展环境非常稳定，成为世界上最重要的产业之一。进入21世纪以来，世界旅游业发展特点主要体现在以下几点。

1.1.1 世界旅游业仍旧发展迅速

从20世纪50年代开始，世界旅游业每年的增长速度都超过6%。世界旅游组织的有关调查资料显示，世界旅游业收入在1992年已经远远高于汽车工业，成为全球重要产业之一。2002年，世界旅游业的直接收入超过12亿美元，在全世界GDP中占据约4%的比例，旅游业总收入达到26亿美元，在全世界GDP中占据约10%的比例；旅游出口创汇约9.5亿美元，在全世界总出口额中占据约12%的比例；旅游就业人数的工作岗位超过19万个，在全世界就业总数中占据约8%的比例。结合世界旅游组织提供的资料预测，在新冠肺炎疫情过后全世界国际旅游人数必定超过16亿人次，全世界国际旅游消费收入将超过2万亿美元，国际旅游业人数年均增长速度约4.5%。就年均约3.8%的消费需求来分析，预测在新冠肺炎疫情过后世界旅游业必定会产生超过8万亿美元的国内总值，在世界投资中占据约13%的比例。就旅游就业来讲，世界旅游业可提供新的就业岗位超过1000万个，在世界就业总人口中占据约10%的比例。

1.1.2　全球大部分国家和地区都日益注重旅游业发展

旅游业不但具有一定的综合性以及产业关联度较高等多方面的特征，直接影响国有或者地区的文化产业和社会经济的发展，而且对优化整合就业结构有着至关重要的作用。有关调查资料显示，旅游业和有关产业的投资促进作用比例大概是1∶6，因为旅游可以推动社会和经济发展，旅游业重要的经济地位和解决社会就业问题，已经得到全球许多国家以及地方政府的高度关注，不管是中央政府还是地区政府，都将旅游业作为重要的经济发展战略。20世纪中期以后，全球有不少国家，特别是很多欧美发达国家，将旅游业当作与房地产行业、金融行业和外贸行业共同发展的关键支柱，促进本国社会经济的快速发展。世界旅游组织发布的资料显示，截至2008年，已经有130多个国家在本国国民经济中列入旅游业，先后制定出很多关于帮助旅游业发展的政策以及法律法规，而且成立独立的旅游管理机构以及旅游研究机构，加强政府对旅游业的管理。此外，为了推动本国经济和旅游业的高速发展，很多国家与地区的政府都非常注重不同国家之间的旅游合作和沟通。就该角度来讲，21世纪世界旅游业发展方向主要是以政府主导为核心，实现国际竞争和合作同时发展。

1.1.3　旅游会成为人们常见的生活方式

在20世纪50年代以前，旅游活动是奢侈的活动，旅游者多数是有钱人。然而从20世纪50年代以后，旅游活动开始倾向于大众化的发展。到了20世纪末，在世界经济迅速发展的背景下，无论是人们的经济收入还是生活质量，都日益提升。并且随着科技的日益发展，社会劳动生产水平显著提升，人们每天的工作时间也越来越少，休息时间日益增多，这样很多人都利用休息时间选择旅游。特别是最近几年，很多国家都重视旅游发展，而且已经在短时间内形成一种全球的趋势。根据世界旅游组织统计的资料显示，每年参与不同形式旅游活动的旅游者人数已经超过42亿人次，2017年世界国际旅游人数已经超过9亿人次，预计在2022年超过17亿人次。另外，世界旅游渐渐从欧美发达国家旅游向发展中国家旅游转移。在20世纪中期，国家旅游以欧美发达国家为主，在20世纪80年代后，全球形成多样化的国际旅游市场格局体系，该体系的形成说明人类已经全面进入旅游大众化时代。在21世纪，人们的生活方式必定以旅游为主。

1.2　世界旅游业的发展趋势

1.2.1　度假旅游会成为世界旅游业的关键支柱与主要产品

在今后的旅游市场中，观光型旅游依旧有着广阔的市场前景，然而度假旅游在原来的旅游客源国家中已经占有重要的比例，而且将成为国际旅游的核心主体。今后世界旅游发展的趋势主要是个性化、专项旅游以及度假旅游等产品。很过旅游度假胜地，如加勒比海盗地区等，依旧是全球各个国家旅游者都喜欢的旅游目的地。在东亚地区，很多国家的海滩资源都是相当多的，是多数旅游者中意的旅游目的地。而吸引买东西者以及商务旅游者的旅游地，如新加坡以及中国香港等，都容易丧失度假旅游市场。将来，泰国很有可能将中国香港代替，逐渐成为东亚地区的重要旅游接待地。

1.2.2 旅游产品市场细分化

现如今，不同层次和不同群体的旅游者由于个人想法的差异，选择的旅游目的开始朝着个性化的方向发展，而且很多驴友组织者都更加注重深入挖掘人们的旅游消费需求，所以旅游产品市场越来越细分化。不只是商务旅游和观光旅游，特殊旅游的发展前景也十分广阔，像蜜月旅行、探险旅行以及购物旅行等，都很有可能成为独具特色的旅游细分化市场。开发设计旅游产品应越来越重视将地方特色与民族风土风情进行有机结合。在1991年我国旅游局已经面向世界旅游市场提出第一批国家级旅游线景点，这是实现旅游产品市场发展细分化的关键策略。

1.2.3 旅游业经营将实现互联网化和集团化

近年来，在国际贸易自由化发展的背景下，世界各个国家都在尽可能消除一些贸易壁垒，而这些贸易壁垒有可能是无形的，也有可能是有形的。就旅游业来讲，很多国家为了促进旅游业稳定发展，逐渐将复杂的签证手续变得简单化，尽可能减少签证时间。并且多家跨国企业在本国通过合资等不同形式，建立旅游企业，开展各项旅游经营活动。因此，将来旅游业经营必定向着国际化的趋势发展，旅游业的竞争也更加激烈。在这种竞争环境下，旅游企业可以采用各种各样的形式，如兼并以及联合等，实现集团化发展，进而增强实力和减少成本。此外，电子信息技术可以促进旅游业变革，既可以优化旅游业结构，又可以创新旅游企业的经营模式。旅游企业的经营，从旅游者的预订到平时经营管理以及服务，都开始呈现网络化的发展趋势。美国旅游协会的调查资料表明，在2017年利用互联网制定旅游规划的人数已经超过1亿人次，增长幅度大概是17%。这说明将来旅游发展的核心媒介是网络。调查资料还表明，在2018年美国利用网络预订旅游酒店、旅游飞机票的人数已经超过1.3亿人次，增长速度大概是22%。综合以上来讲，互联网化和集团化必定在很大程度上冲击我国传统旅游业的发展。

1.2.4 非洲旅游业将迅速发展

在21世纪，非洲旅游业将迅速发展，非洲将成为热门的旅游目的地。世界旅游组织的有关资料显示，非洲在2016年接待国际游客人数已经超过5000万人次，旅游收入超过120亿美元，比2015年上升约7.8%。在收入增长速度以及接待游客人数上，其增长速度在全球各个洲中名列第一。非洲旅游业迅速发展的原因主要有以下几点。第一，非洲的生态旅游资源很多。相对于亚洲和北美洲来说，非洲的自然景观以及野生动植物资源都是非常大的，而且这些资源通常都处在原始的状态，与生态旅游发展形势是相符的，其旅游业的发展空间相当大。尤其是非洲南部，其国家野生公园都具有一定的特色。非洲北部分布着很多海滩，吸引了大量的欧美国家游客。第二，在世界舞台上南非形象发生变化。一直以来，南非的旅游资源都非常多，经济发展迅速。然而在一段时间里，因为受到被国际社会制裁，经济出现衰退。但是自从曼德拉执政后，在经济和政治方面都发生重大改变，改善了南非在世界上的形象，提升了南非在国际经济领域以及政治领域中的地位，甚至带动了南非旅游业的稳定发展。

1.2.5　旅游方法更加多样化

旅游方法势必越来越自由化和个性化，很多具有特色的旅游方式陆续出现。在追求个性化的趋势下，今后散客旅游尤其是短距离和中距离区域内的家庭旅游的占比会不断提高。多数旅游者在实际旅游中都向往娱乐性以及参与性，具有较强趣味性和鲜明特征的旅游场所，将游玩和娱乐相融合的旅游方式，会受到更多旅游者的喜爱和认可。今后设计开发旅游产品的主要趋势是将地方特色、游戏、娱乐和民族风情相融合。

1.2.6　银发市场日益扩大

根据当前联合国的有关标准，一个国家的总人口中超过60岁的老年人口占据的比例高于11%，就说明这个国家已经进入老龄化阶段。世界上任何一个国家，都不可避免地存在老龄化的问题，尤其是一些欧美发达国家，其老年人口已经超过21%，发展中国家的形势稍微缓和点，但是也渐渐出现老龄化的情况。在现代化社会，由于经济的迅速发展，很多老年人有着良好的经济基础，他们倾向于一些异国古老传统文化以及名胜古迹，甚至比年轻人更加喜欢，这就表示老年人势必是旅游者团队中的关键力量。最近几年，很多欧美发达国家都出现老年人带着孙子或者孙女旅游的情况。相信在不久的将来，每个国家都会重视银发旅游市场潜力的开发。

1.2.7　绿色旅游将成为全新的动向

世界上大多数国家都非常重视旅游业的稳定发展，并且越来越注重生态环境与自然资源的保护，积极推进旅游目的地环境建设；科学引导旅游者以及各大中小型旅游企业认真履行自身的环境以及社会责任；重视全球变暖情况，尽可能降低旅游活动对生态环境以及自然环境等造成的不利影响。例如，世界自然保护联盟在1983年第一次提出生态旅游，认为生态旅游是具有维护本地人民生活以及保护自然环境的旅游活动，而且也有专家学者将其定义成绿色旅游。现阶段，生态旅游业迅速发展的国家，主要有加拿大以及英国等，这些国家在开发生态旅游过程中，尽可能防止出现对自然景观造成破坏的做法，在选择旅游交通工具时首选步行，旅游接待设备规模不大，而且与自然景观相结合，住宿以帐篷露营为主，在最大限度上降低旅游业发展对旅游环境造成的污染。

1.2.8 世界旅游经济增长速度优于全球经济增长速度

旅游业属于新兴产业，被列入第三产业的范畴，在世界经济发展中已经逐渐形成规律化的趋势，也就是世界旅游业发展速度比世界经济发展速度快。具体表现在规模日益扩大、产值越来越高，对促进世界经济发展的作用也越来越大。比如，从1950年到1996年，世界旅游业每年增长速度都超过7%。20世纪末，世界经济开始慢慢衰退，然而世界旅游业的发展速度非但没有降低，反而不断增长。在2008年的全球金融危机中，虽然世界经济发展受到很大的冲击，但是世界旅游业有很强的抗风险能力，在短时间内迅速恢复。中国旅游研究院发布的《中国旅行服务业发展报告2018》显示，从全球范围来看，2017年全球旅游业增长速度已连续第七年超过经济增长速度。

1.2.9 世界旅游业呈现一体化发展趋势

就世界旅游业发展来讲，其一体化发展趋势呈现出多个层面的内容：一方面是同质，其具体表现在城市自然环境以及旅游接待设施的规范化和国际化的要求，还体现在日益重视环境上；另一方面是异质，具体表现在对文化性提出更高的要求，明确提出旅游经营内涵要体现个性化，满足旅游者的不同需求。以上两个方面就是世界旅游发展的一体化趋势，其要求每个国家在接待设施方面更加国际化，但经营内容具有民族化的特征。

1.2.10 世界旅游业国际化竞争激烈

世界旅游业的国际化竞争，简单来说，就是国际竞争国内化和国内竞争国际化。现如今，全球旅游客源市场已经朝着分散化的方向发展，全球旅游区域的核心也开始转移到亚太地区，而不是以前的北美市场和欧洲市场，对于中国旅游业而言，这在中国加入世界贸易组织后，变得越来越突出。因为当前中国市场中已经进入越来越多的跨国旅游集团，这样就必定形成国内市场国际竞争的情况。这种发展趋势让中国旅游业需要面对国内外市场。将来中国旅游业面临的挑战是怎样对全球旅游市场竞争的话语权进行科学把握。

总而言之，当前世界旅游业的整体发展趋势是良好的，要充分认识到旅游业的现状，而且需要利用经济全球化的背景，促进国家和国家之间、地区和地区之间的旅游发展，这样才可以真正推动世界旅游业的稳定发展。

>> 任务二 分析我国旅游业的发展趋势 <<

任务导入

2019 中国旅游产业发展年会综述

王 洋 王 菀

1 月 23 日，2019 中国旅游产业发展年会在京举办，与会嘉宾以“新时代 新视野 新传播 新动能”为主题，围绕文旅融合需要具备什么样的新视野，开展什么样的新传播，怎样释放新动能等议题进行深入探讨交流。

活化遗产资源助力保护传承

文化需求是旅游活动的重要动因，文化资源是旅游发展的核心资源。文化和旅游部党组成员、故宫博物院院长单霁翔介绍，习近平总书记提出的“让收藏在禁宫里的文物、陈列在广阔大地上的遗产、书写在古籍里的文字都活起来”要求，给故宫博物院指明了方向，也推动了文旅融合实践的开展。如故宫带头开展“厕所革命”，把一座座厕所改造成最有文化的厕所；陆续采取限流、全网购票等措施，应对平衡观众数量和参观感受、文化遗产和观众安全等挑战。目前，故宫文创产品越来越受到游客的欢迎。

“发现非遗之美，旅游才能更有可持续发展的力量。借助旅游之势，非遗才能更好地传承发展。”文化和旅游部非物质文化遗产司副司长胡雁认为，非遗具有整体性、共享性、实践性等特点，能够提升旅游的参与度和吸引力。同时，旅游产业为非遗保护传承拓宽了渠道，为发现非遗之美提供了视角。

在国家文物局文物保护与考古司资源管理处副处长王彬看来，文物和旅游有着天然的联系，文物是旅游的重要资源之一。文物在促进旅游业发展中的作用是积极的、独特的，甚至是不可替代的。同时，旅游业发展也不可避免地给文物保护带来了挑战。文物部门要综合施策，促进以文物遗产地为目的地的旅游可持续发展。

“现阶段，我国文化遗产旅游活化还处于初级阶段，其最大挑战是如何从旅游视角审视文化遗产的价值和资源特性。”复旦大学旅游学系教授、国际旅游学会常务副秘书长沈涵提醒道，在文化遗产活化的可持续发展中，除了要以旅游者的眼光去开发挖掘文化价值、文化遗产的意义，还要尊重当地历史和居民。

文旅加速融合助力动能释放

文化和旅游相互支撑、优势互补、协同共进，两者的深度融合将不断形成新的发展优势和增长点，释放出新动能。

北京大地风景文化遗产保护发展有限公司总经理黎筱筱认为，近年来，我国游客的旅游消费偏好发生了深刻变化。人们有了较强的文化和精神层面的消费需求。文化遗产要通过旅游实现创造性转化、创新性发展，需要做好高颜值的旅游场景、原真性的文化体验、启发式的遗产教育三个方面工作。

同程旅游创始人、同程国旅集团总裁吴剑说，互联网行业正面临着20年高速发展红利消退后的各种挑战，其中最重要的是“产品创意、内容创新和技术革新都面临挑战”。在她看来，2019年，文旅融合将迎来新变化，国内文化旅游需求将被进一步激发，人工智能和智慧旅游将进入产品落地整合阶段，乡村振兴和旅游扶贫在政策引领下将更好实现多方共赢，“一带一路”及文化旅游国际合作交流将更加成熟。

中国社会科学院新闻与传播研究所所长唐绪军表示，文旅融合是文化和旅游部成立后传达给社会的一个最为核心和最为重要的理念，如何将传播加入其中值得探讨。如今，新媒体已经成为人们分享旅游感悟的最佳渠道之一，无数新媒体应用正在助力文旅融合。如西安、南京等地通过短视频促进旅游资源传播。新媒体正从媒体融合、传受融合、大数据与小数据融合、智能体验与“人心计算”融合等方面促进旅游产业发展。

北京大学城市与环境学院旅游研究与规划中心主任吴必虎归纳古往今来的各类游历，提出了“游历五生论”，即生拓、生易、生思、生业、生悦。他指出，以滕王阁修建史全息影像为例，这种“生思”型活化，能够让游客边游边想；以故宫角楼咖啡为例，“生悦”型活化，让游客边游边爽，这些都是提升旅游目的地文化内涵的好方法和好手段。

凝聚发展合力助力城乡发展

文化的生产、传播和消费与旅游活动密切相关。旅游是文化传播的重要载体，是文化交流的重要纽带。当前，各地正抓住文旅融合契机，大力推进旅游发展，无论城市还是乡村，文旅融合正在悄然深化。

当前，海南三亚正在积极建设国际旅游消费中心。三亚市市长阿东表示，三亚正从三方面着力打造业态丰富、品牌集聚、环境舒适、特色鲜明的世界级滨海旅游城市，即拓展旅游消费发展空间，构建丰富多彩的旅游消费新业态，全面提升旅游消费供给质量；提升旅游消费服务质量，创建国际一流的旅游消费环境；对接国际化消费理念和消费模式，提升旅游消费要素的国际化水平，建设世界知名的旅游消费目的地。

江苏省苏州市作为典型的文化遗产旅游城市，近些年在文化遗产的旅游活化利用方面进行了诸多探索。苏州市文化广电和旅游局党委书记、副局长朱国强介绍，苏州市委、市政府正在打造“百园之城”，通过旅游充分活化利用文化遗产。像昆曲这样的非遗资源，正在以增加交互体验的方式达到活化利用目的。“希望苏州旅游让历史遗存活化，让千年古城重生，让八方来客在小桥流水边享受生活，让苏州市民在红砖黛瓦下受益。”

文旅融合同样为乡村旅游尤其是乡村民宿带来了发展新契机。文化和旅游部产业发展司副巡视员蔡家成认为，从旅游项目视角看，乡村民宿呈现出“三美一不美”特点，即境美、净美、静美，而“不美”则是实际感受后，想尽快走，不再来，让别人最好也别去……要想解决这一问题，发展乡村民宿，既要保证乡村风貌又要兼顾城市标准，借鉴“外来的和尚会念经”的思路，治本之策是教育引导好农民。

北京第二外国语学院教授、世界旅游城市联合会专家委员会特聘专家厉新建认为，全域旅游使得旅游发展中的文化类型、文化元素更丰富。“全域旅游发展应多方合力共同推动，也需要文旅融合助力”。在他看来，文旅融合既需要阳春白雪，也需要下里巴人；全域旅游发展离不开乡村，乡村旅游发展离不开民宿。

（资料来源：《中国旅游报》，2019-01-27）

课堂活动

分组讨论，移动客户端、旅游电子商务、在线支付的出现和普及对我国旅游发展的影响有哪些？

项目导读

旅游业属于第三产业，是影响国民经济发展的重要支柱行业。由于综合实力的加强、经济的迅速发展和人们消费观念的改变，我国的旅游业有着巨大的发展空间。基于此，本节首先分析我国旅游业的发展现状，然后介绍我国旅游业发展面临的主要挑战，最后提出我国旅游业的发展趋势。

知识链接

2.1　我国旅游业的发展现状

改革开放 40 多年来，随着全球旅游业的迅速发展，我国旅游业也保持着持续稳定发展的态势，尤其是出境旅游以及国内旅游，与我国政府改革开放政策以及注重旅游业的发展存在密切联系。我国旅游业的稳定发展促进我国服务业整体规划的不断扩大和总体质量的日益提高，已经成为影响我国服务业发展的重要因素。

2.1.1　我国旅游业不断发展为促进出入境旅游发展提供有力的保障

最近几年，随着社会的不断发展和进步，我国城乡居民收入越来越高，很多居民选择在节假日旅游，而且消费水平不断提升。我国旅游市场已经渐渐成为全球发展前景非常广阔的旅游市场，我国旅游发展在 2012 年已经在全世界处于领先的地位。现阶段我国旅游业的发展主要利用产品质量的提高以及旅游市场的细分，更加重视质量，扩大旅游深度。许多知名国外旅游企业开始认识到我国市场的发展前景，纷纷涉足我国旅游市场。

2.1.2　改革开放为我国入境旅游业创造全新的发展契机，为推动入境旅游市场稳定发展奠定坚实的基础

在旅游宣传日益扩大的背景下，我国各地方政府非常注重旅游产业发展，积极优化交通基础设备，而且我国顺利举办多项国际体育赛事，这在一定程度上可以带动我国入境旅游的健康有序发展。通过长时间的改革开放，2012 年我国入境旅游

者数量已经位列世界前三名，不仅规模扩大了，而且为提高我国综合软实力和增加我国旅游外汇收入打下良好的基础。另外，由于国际经济形势的影响，我国入境旅游业发展受到阻碍。

2.1.3 出境旅游需求日渐旺盛，出境旅游目的地日益增多

因为社会经济的不断发展，我国居民消费水平不断提高，尤其是中等收入群体数量增加，这样就造成居民出境旅游需求是相当大的。出国旅游目的地也日益增加，政府在政策方面也渐渐放宽，从而促进我国出境旅游稳定发展。从 2017 年到 2018 年，中国出境旅游人数已经超过一亿多人次，而中国境外旅游在 2018 年的消费额也高于欧美发达国家。

2.2 我国旅游业发展面临的主要挑战

国际形势的激烈动荡、自然灾害的经常出现和新冠疫情的持续影响，造成经济发展速度缓慢。这不但影响世界旅游业的稳定发展，而且不利于我国旅游业的发展，导致我国旅游市场发展面临诸多严峻的挑战。

第一，我国旅游很有可能存在三减一短的情况。虽然当前多数人认可通过刺激我国旅游业发展来拉动内需，然而在居民消费水平降低、就业压力沉重的情况下，我国旅游市场容易出现减少出游次数、减少出游动机、减少出游成本和缩短出游距离的局面，这样势必导致将来我国旅游发展在很长时间内处于尴尬的境地。

第二，入境旅游很有可能不断下滑。在国际经济形势日益恶化的背景下，全世界失业率很有可能日益增高，导致居民收入增速减缓，不利于促进我国入境旅游迅速发展。

第三，出境旅游增长速度很有可能停滞不前。新冠疫情的持续影响和中美贸易争端，使得我国经济形势紧张，不能为促进我国出境旅游发展提供大力的支持，多数涉外旅游企业在短时间内都面临经营障碍，不仅人才流失大，而且业务量大幅度减少。

2.3 我国旅游业的发展趋势

2.3.1 旅游盈利模式的复合化

在旅游产品开发过程中，盈利模式涵盖旅游投资收益商业模式的各种经济关系与有关利益人运行制度，是很多旅游经营中盈利方法相结合而构成的商业架构。未来，我国旅游产品的盈利手段会呈现出两个层次。第一个层次，结合区域内部的各项旅游资源优化，及时提供相对应的服务和产品，以获取一定的收益。第二个层次，及时结合对早期旅游开发过程中的资金投入所创造的经济溢出实施服务开发。

2.3.2 旅游服务人性化

旅游服务会越来越人性化。伴随着旅游从以往的经验管理逐渐过渡到科学管

理，开展规范化服务可以明显提升服务水平。但是因为旅游需求具有多方面的特征，如多样性，规范化的服务也开始出现不足，于是需要发展个性化服务。现代旅游业明确提出在规范化的前提下，需要尽量为旅游者提供多样化的服务，满足每个层次旅游者的实际消费需求。今后的旅游服务必须要利用个性化的发展，以满足旅游者在旅游方面的需求，在最大限度上赢得每个旅游者的认可。

2.3.3 旅游产业地位提高和发展环境不断优化

我国旅游业迅速发展，在国民经济中的地位不断提高，发展目标日益完善。改革开放以来，旅游业逐渐成为我国第三产业的重要组成部分，成为国民经济全新的增长点。在21世纪，我国旅游业的产业地位显著提高，并开始改变发展目标。2000年我国在有关会议上明确提出战略目标是加强世界旅游强国建设，重视新兴支柱产业的培育。我国旅游业已经逐渐成为国民经济的核心支柱产业。

2.3.4 旅游产业结构科学化

其一，旅游产业结构日趋科学化。伴随着旅游需求的个性化和多元化发展，开发旅游产业必须要结合市场需求日益变化的特征，积极开发出不同类型的产品，尽可能满足旅游者的需求。当前，团体观光旅游的比例不断降低，专项旅游和度假旅游的产品比例越来越大。其二，旅游市场结构不断完善。我国旅游市场是由多个部分组成的，如出境游市场、入境游市场等，市场是相当成熟的，然而现阶段市场结构仍旧处于初步发展阶段。在旅游市场全方位开放的背景下，政府必须要适当地改变旅游政策以及观念，以推动出境旅游的稳定发展，充分体现出旅游市场结构的科学化。其三，要素结构相配套。旅游的各个要素结构出现协调性弱和总体效益不高的情况。并且每个地区所出现的失衡情况和约束瓶颈也有所不同。将来每个地区为了增加当地的旅游经济效益、环境效益和社会效益，势必对该地区的薄弱环节加大投入力度，从根本上实现各业兼举，各个要素共同发展，旅游要素必定越来越配套化。另外，在旅游经济结构优化中很多要素都有相当大的可提高空间，如旅游娱乐以及旅游购物等。其四，旅游合作普遍化，各区域结构协调化。结合旅游特色和旅游产品，对各项旅游资源进行有效整合，推行多赢以及双赢的两项策略，促进不同国家之间和不同地区之间的旅游经济合作，这是将来旅游经济发展的必然趋势。其五，旅游投资结构科学化。将来，旅游投资的主体势必出现多样化的发展趋势，存在多种结构共存的趋势，主要包括个人投资以及国有投资等。此外，投资结构会出现改变，国有投资的比例将逐渐降低，个人投资和外商投资的比例将慢慢提高。

2.3.5 旅游消费广泛化和小型化

首先，旅游消费广泛化和常年化。随着人们消费习惯的转变和经济收入的不断增加，旅游已经成为人们的一种必需品，很多人都选择在节假日期间到国内外旅游，这呈现出广泛化的趋势。我国黄金周制度的进一步完善和带薪休假制度的推行，势必对现阶段旅游消费过于集中的不足进行弥补，旅游消费凸显出常年化的特征。其次，旅游消费多样化和小型化。在个性化消费时代，旅游消费需求呈现出多样化的发展趋势，各种各样的旅游产品纷纷涌现出来，如会展、娱乐以及观光等，可以在很大程度上满足各个层次旅游者的实际需求；就旅游消费的方法来讲，自助游和散客游的比例会提高，团体旅游所占据的比例会降低。在将来很长一段时间内，我国旅游方法都是小型化的，散客游的比例日益扩大。最后，旅游消费环境更加安全舒适。旅游经营者行为的标准化，旅游法制建设的不断加强，还有经营者形成良好的诚信经营理念，势必可以降低或者避免出现旅游者合法权益被侵犯的情况，也会显著减少旅游投诉事件的发生，旅游者消费环境越来越安全，越来越舒适。

2.3.6 市场竞争激烈化和有序化

自从加入世界贸易组织后，我国旅游市场更加对外开放，其他国家知名的旅游企业参与到我国旅游市场中。这些企业不仅可以带来很多国外客源，而且使得我国旅游市场竞争更加激烈，甚至严重冲击我国各大旅游企业。我国旅游企业与国际旅游企业相比还存在一定的差距，如服务质量以及规模实力等。如今，我国旅游企业处在尴尬的境地，既面临冲击又不能选择后退，只有积极面对各种挑战。我国旅游企业不能停滞不前，必须要不断创新和发展，要创新现有的经营理念以及降低违约事件的发生等。

2.3.7 行业管理标准化

截至目前，我国旅游行业市场仍旧存在一定的问题，行业管理方法单一，很多经营者为了提高自身的竞争优势，采用非法的竞争手段。之所以出现这样的情况，主要有两个原因，一是旅游法制建设有待健全，立法落后，执法力度不够；二是行业协会没有将自身的作用充分发挥出来。因此，必须要结合我国旅游业发展的实际情况，积极借鉴和吸取其他国家的成功经验，通过推动旅游法制建设，促进旅游行业管理标准化。第一，利用优化我国旅游法制建设使旅游市场秩序更加规范，以实现旅游行业可持续发展。要在短时间内出台多项关于旅游业的法律法规，如旅游基本法，也要认真执法，一旦发现违反法律的行为，势必要对其追究。第二，行业组织全面发挥作用，实现旅游业的自律。我国旅游行业协会需要发挥自身的各项职能，其职能主要包括以下几个方面：科学制定每个成员都要严格遵循的经营标准以及行业规定等；避免行业内部出现违法竞争的情况；如果成员和成员之间发生矛盾，或者成员和其他组织出现纠纷，必须要及时调解。就行业管理来讲，必须要对行业协会的重要作用引起关注，利用行业协会自身各项职能的发挥，如协调职能以及服务职能等，更好地推动旅游业稳定发展。

2.3.8　旅游产业组织的集团化

今后世界旅游企业发展的主流趋势是旅游企业集团化，这是由于旅游企业集团可以创造更多的规模效益，可以更加完善产业结构，提高国家旅游企业的国际竞争力。当前，我国旅游产业组织集团化是非常有必要的，第一，旅游市场需要承担外部压力，这导致旅游企业只能采用集团化发展的策略。第二，就内部动力来讲，旅游企业为了获得更多的经济利润，要运用集团化的手段。我国旅游企业集团可以利用自身优势普遍布点，推行批量经验，这样可以显著减少成本，获得更多的规模效益，进而使企业得到越来越多的经济效益。

2.3.9　旅游业发展的生态化与可持续化

现代旅游业侧重对自然环境的培育和保护，倡导旅游产品的开发和旅游经营的大力推广，重视绿色消费、加大绿色宣传力度，制定绿色旅游管理制度，发展成环境友好型企业。我国旅游企业要将可持续发展理念当作核心经营指导思想，在旅游产品实际开发过程中要结合各个时期的旅游需求以及旅游市场的发展情况，在第一时间推出全新的旅游产品，对以往的旅游产品积极完善。规划者在旅游地规划和开发过程中必须要融入可持续发展战略以及生态学的有关理论，对污染生态环境的行为必须要加强管制，也要给予严厉的惩罚。

2.3.10　旅游业支撑的科学技术化

科学技术的迅猛发展使旅游业出现重大的变革。将来，旅游者数量会不断提高，旅游需求会更加复杂，旅游服务也会更加智能化，这要求我国旅游企业积极促进旅游信息化建设，重视旅游电子商务的发展，制定完善的旅游信息预报和旅游信息调查制度，实现互联网经营，这样可以让旅游者体验世界化网络联系方法和公开透明的国际化全天候旅游服务。

项目小结

在经济迅速发展的背景下，中国已经成为全球的主要旅游国家，这是今后很长一段时间内的发展趋势。就现阶段来讲，中国旅游业始终在进步和发展，中国已经逐渐成为旅游强国，相信在不久的将来，中国旅游业会发展得更好。

项目练习

1. 简述世界旅游业发展的特点。
2. 论述中国旅游业的发展趋势。

实训项目

以小组为单位，调查当地旅游业的发展现状，分析当地旅游业的发展趋势。

参考书目

1. 白翠玲．旅游学概论[M]．浙江：浙江大学出版社，2013.
2. 程道品．旅游学概论[M]．大连：东北财经大学出版社，2018.
3. 芬杏娟，张闵清．旅游学概论[M]．重庆：重庆大学出版社，2013.
4. 李长秋．旅游学概论[M]．北京：旅游教育出版社，2011.
5. 李天元．旅游学概论[M]．天津：南开大学出版社，2014.
6. 王洪滨，高苏．旅游学概论[M]．北京：中国旅游出版社，2010.
7. 曹诗图．《旅游哲学——从现象到本质》评介[J]．旅游论坛，2017(5).
8. 谢彦君．基础旅游学[M]．北京：商务印书馆，2015.
9. 陶汉军．新编旅游学概论[M]．北京：旅游教育出版社，2001.
10. 韩燕平，王协斌．旅游学概论[M]．北京：北京理工大学出版社，2017.
11. 杨莉，毛金凤．旅游学概论[M]．北京：中国电力出版社，2016.
12. 朱华．旅游学概论(双语)[M]．北京：北京大学出版社，2017.
13. 谢彦君，陈才，谢中田．旅游学概论[M]．大连：东北财经大学出版社，1999.
14. 满孝平，刘迎华，常红旭．旅游学概论[M]．北京：中国人民大学出版社，2018.
15. 丁勇义，李玥瑾．旅游学概论[M]．北京：清华大学出版社，2015.
16. 苏伦高娃．旅游学概论[M]．长沙：湖南师范大学出版社，2012.
17. 金丽娟．旅游学概论[M]．北京：清华大学出版社，2016.